PUNTO DE VISTA

NUEVA EDICIÓN

Cornelsen

PUNTO DE VISTA
NUEVA EDICIÓN

Texte und Aufgaben für die Oberstufe

Im Auftrag des Verlages erarbeitet von:
Luis Escárate López, Wolfgang Steveker, Ursula Vences
und Dr. Christine Wlasak-Feik

und der Redaktion Spanisch
Matthias Nusser, Soledad Rodríguez
Ulrike Schick *Assistenz*
Heike Malinowski *Projektleitung*

Beratende Mitwirkung:
Manuela Franke, Doris Jakob-Fuchshuber, Dr. Ute von Kahlden,
Gisela Kanngießer-Krebs, Dr. Barbara Köberle, Werner Kraft,
Wolfgang Petzsch und Kathrin Sommerfeldt

Gesamtgestaltung und technische Umsetzung:
SOFAROBOTNIK GBR, Augsburg & München

Karten:
Dr. Volkhard Binder

Symbole und Verweise

1	Audio-CD/Tracknummer
Video	DVD
Punto final	Vorbereitung auf die Projektaufgabe
Examen oral	Aufgabenformat mündliche Prüfung
B1 Hacer un resumen → *p. 242*	Verweis zu Option B, Aufgabe 1

Begleitmaterialien zu Punto de Vista Nueva Edición:
Audio-CD ISBN 978-3-06-024222-1
Video-DVD ISBN 978-3-06-024226-9
Handreichungen für den Unterricht ISBN 978-3-06-024223-8
Kompetenztrainer Grammatik ISBN 978-3-06-024225-2

Die zum Lernmittel gehörige CD und DVD enthalten ausschließlich optionale Unterrichtsmaterialien; sie unterliegen nicht dem staatlichen Zulassungsverfahren.

Soweit in diesem Lehrwerk Personen fotografisch abgebildet sind und ihnen von der Redaktion fiktive Namen, Berufe, Dialoge und Ähnliches zugeordnet oder diese Personen in bestimmte Kontexte gesetzt werden, dienen diese Zuordnungen und Darstellungen ausschließlich der Veranschaulichung und dem besseren Verständnis des Inhalts.

www.cornelsen.de

1. Auflage, 4. Druck 2016

Alle Drucke dieser Auflage sind inhaltlich unverändert
und können im Unterricht nebeneinander verwendet werden.

Druck: Mohn Media Mohndruck, Gütersloh

ISBN 978-3-06-024221-4

Juventud en movimiento 10

Dictaduras y democracia 162

trabajo solidario libertad paro convivencia de generaciones
crecer emancipación expectativas estilos de vida hacerse adulto
colaborar con la sociedad
amor enseñar criticar el sistema movimiento juvenil discutir
sueños profesión raíces educación
sentimientos desamor
pareja identidad autonomía amigos
ser uno mismo
madurar carrera contribuir en una organización miedos
preocupaciones cambiar la sociedad
jóvenes hogar ídolos perspectivas
comprometerse tener una causa común
protestar luchar iniciativa corazón
participación política valores formación
convivencia social
conflictos manifestarse familia compromiso social
independizarse aprender
apoyar una causa emprendedores estudiante
solidaridad futuro
juventud voluntariado
ayudar tipos de familia
amistad

Juventud en movimiento

HABLAR SOBRE LOS TÉRMINOS

1a Mira la nube de palabras y haz un ranking de los diez términos que te parezcan más importantes o interesantes.

1b Preséntale tu ranking a un/a compañero/-a. Comparad vuestras ideas y justificad vuestra elección.

1c Elige cinco términos y formula adivinanzas. Tus compañeros adivinarán de qué término se trata.

Ejemplo: Lo hace la gente en la calle cuando está completamente en contra de la situación social o política. Solución: manifestarse.

HABLAR DE LAS FOTOS

2a Trabajad en seis grupos. Cada grupo elige una foto y asocia a ella la mayor cantidad posible de términos.

2b Presentad vuestras asociaciones al curso y explicad por qué los términos que habéis elegido se relacionan con la foto.

2c Inventa una pequeña historia a partir de la foto utilizando los términos que habéis elegido. Cuéntasela a tus compañeros.

FORMULAR HIPÓTESIS

3 Teniendo en cuenta el título de este capítulo, las fotos y la nube de palabras: ¿de qué piensas que tratarán los textos del capítulo? Comparte tus ideas con un/a compañero/-a.

Palabras en contexto

Identidad joven

El Instituto Nacional de la Juventud (INJUVE) publicó un estudio sobre la juventud que tenía como objetivo conocer, entre otras cosas, los estilos de vida de los jóvenes urbanos españoles[1]. Los resultados muestran cinco tipos principales de jóvenes: los estudiosos (42%) son aquellos que priorizan el desarrollo intelectual y el aprendizaje. El segundo grupo más importante es el de los trabajadores (23%), seguido por los marchosos (17%), quienes no solo están enfocados a sus actividades de tiempo libre, sino que también se autodefinen críticos y orientados al compromiso social y político. Los consumidores (12%) priorizan lo material y, finalmente, el grupo de los hogareños (6%) representa a aquellos para quienes las tradiciones, la familia, la fe y la estabilidad son lo más importante.

El estudio llega a la conclusión de que se puede reconocer un cambio en la generación joven a través de los años: el paso de un estilo de vida más tradicional, conservador y familista a otro más individualista, orientado a la emancipación a través del estudio y el trabajo. Atrás queda el mito de la «pasividad»: los jóvenes tienen cada vez más influencia en la sociedad.

© Eneko, 2012

Comprometidos

Prueba de este protagonismo es el 15-M, un movimiento juvenil que nace el 15 de mayo de 2011 en España. Millones de ciudadanos se manifiestan en las calles de Madrid de manera pacífica y apartidaria. Los «indignados» protestan contra la injusticia social, financiera y política. Critican los sistemas políticos corruptos, el poder de los bancos, la alta tasa de desempleo entre los jóvenes, en su mayoría sobrecualificados, y luchan por un cambio en la sociedad, por una democracia más participativa y por el cumplimiento de los derechos humanos.

El crecimiento del compromiso social es una muestra más de que la juventud está en movimiento. Numerosos voluntarios consideran fundamental colaborar con la sociedad, ya sea contribuyendo con una organización no gubernamental (ONG) o simplemente apoyando una buena causa e identificándose con una organización caritativa o un proyecto solidario. En España, el 15% de la juventud (unos 1 270 000 jóvenes), colabora con alguna ONG. Cuando se les pregunta por qué realizan esta labor solidaria, la mayoría responde «sentirme bien y útil ayudando a los demás» (86,4%), «cambiar a mejor el mundo y esta sociedad» (81,2%) o «madurar personal y profesionalmente» (70,1%)[2].

Soñadores y emprendedores

¿Cómo se ven los jóvenes españoles en el futuro? La mayoría se ve estudiando o trabajando (53,3%) y un alto porcentaje ve la solución al paro en sí mismo: un 44% se ve emprendiendo y dirigiendo su propia empresa en el futuro[3]. Los jóvenes han salido a las calles, han tomado la palabra, tienen preocupaciones, pero también sueños y perspectivas y están decididos a ser los actores del cambio: esta es una generación en acción.

FUENTES

1 INJUVE (2003): Jóvenes y estilos de vida.
2 Juventud solidaria (2008): Observatorio juvenil.
3 Fundación Príncipe de Girona (2011): Impulsa tu ilusión

COMPRENSIÓN DE VOCABULARIO

1a Busca en el texto las palabras marcadas que se corresponden con las siguientes definiciones.

1. la falta de puestos de trabajo
2. la independencia, la autonomía
3. la manera de vivir
4. el trabajo voluntario ayudando a otras personas
5. fundar una empresa propia
6. sin violencia
7. manifestarse en contra de algo
8. estar más preparado/formado de lo que requiere el puesto de trabajo
9. ayudar con algo
10. crecer, desarrollarse

1b Escribe una definición para otra expresión marcada en el texto. Después intercambiad vuestras definiciones y buscad las palabras en el texto.

DEFINICIONES

2 Define los estilos de vida de los jóvenes urbanos españoles según el texto.

1. El joven marchoso ...
2. El joven hogareño ...
3. El joven consumidor ...
4. El joven estudioso ...
5. El joven trabajador ...

a) está orientado a las tradiciones y a la familia.
b) está enfocado al ocio.
c) se define por lo que compra.
d) prioriza la fe y la estabilidad.
e) se identifica con el compromiso sociopolítico.
f) pertenece al mundo laboral.
g) cree en el desarrollo intelectual.
h) es crítico.
i) quiere aprender.

SINÓNIMOS

3a Busca los sinónimos en el texto.

3b Elige tres sinónimos y formula frases con ellos.

tener como meta • autodescribirse • expresarse • estar concentrado en • expresar desacuerdo • el desempleo • pelear por algo • considerar prioritario

ACTIVAR EL VOCABULARIO

4 Completa las frases con las palabras marcadas del texto.

1. Los jóvenes españoles han pasado de un estilo de vida ___, ___ y ___ a uno más emancipado.
2. El ___ es un movimiento juvenil que nació el 15/5/2011 en España.
3. Los «indignados» luchan por una ___ participativa y por el cumplimiento de los ___. Se manifiestan en contra de la ___ social, política y financiera.
4. Cada vez más voluntarios ___ con la sociedad: algunos ___ con una ONG, otros ___ una buena causa o ___ con organizaciones caritativas.
5. La mayoría de los jóvenes realiza una ___ porque se siente bien y útil ayudando a otros.
6. Lejos de ser pasivos, los jóvenes ven la solución a muchos problemas en sí mismos y están decididos a ser los ___.

Identidad

Acercarse al tema

1 Define con tus palabras el término «ídolo» y explica su función en la adolescencia.
2 Haz una breve encuesta en tu clase: ¿quiénes son vuestros ídolos?

Estadísticas → p. 259

3a Describe la estadística sobre las personas admiradas por los jóvenes españoles.
3b Compara la situación de los jóvenes españoles con la de tu clase.

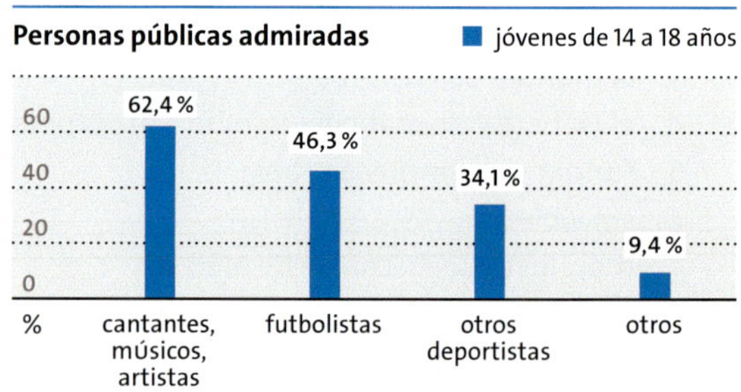

Fuente: Ministerio de Sanidad, Servicios Sociales e Igualdad, 2010

La canción

OPCIÓN (A) Comprender globalmente el tema de una canción

Canciones → p. 253

1 Escucha la canción sin leer la letra y describe qué emociones ha despertado en ti:
alegría · tristeza · enfado · ganas de bailar · curiosidad · melancolía · indiferencia · ...
2 Vuelve a escuchar la canción y apunta los temas que se tratan.
3 Trabajad en parejas. Intercambiad vuestros resultados de la tarea 2 y formulad hipótesis sobre el mensaje de la canción.
4 Leed la letra y comprobad vuestras hipótesis.
5 Explica de qué trata la canción.

OPCIÓN (B) Analizar la letra de una canción

1 Escucha la canción e indica de qué trata.
2 Trabajad en parejas con la letra. Uno/-a se encarga de las tareas a-c; el/la otro/-a, de las tareas d-f.
   a) Nombra las cosas que critica el yo lírico.
   b) Describe los contrastes que se mencionan.
   c) Analiza a quién se dirige la canción.
   d) Formula los consejos que da el yo lírico.
   e) Explica el título de la canción y analiza sus últimos dos versos.
   f) Inventa otro título y justifica tu elección.
3 Presentaos mutuamente los resultados de vuestros análisis.

Eres tonto

Esta historia que te cuento es como un grito
Una voz desesperada que grita pidiendo auxilio
Auxilio por no ver nada que me llene en el camino
Auxilio por ver que hay mucha falta de cariño

Me paro y me pregunto por qué no vives
Rodeado de más verdad y buscando ese equilibrio
Que te llene de valor y que te quite del suicidio
No tener que depender para sentirte más querido

Usando menos el coco y un poquito más la piel
Ya que somos lo que somos y si no lo quieres ver
¡Eres tonto!
Si no te gustas es que no estás vivo
¡Eres tonto!

Pero eso es algo que nació contigo
Y mañana al despertar, saltar de la cama
Luchar tu mañana, mirar a la cara
Que no debes nada
¡Eres tonto!
Salir a la calle sin la tontería
Sacando de dentro entera tu vida
Entera tu vida

Parece que está de moda ir de tontito
Aparentar ser la persona que siempre tú habías querido
Dime por qué no te quieres aunque sea solo un poquito
¿Por qué no eres tú mismo y no algo parecido?

Usando menos el coco y un poquito más la piel …

El canto del loco: Eres tonto © Warner Chappell Music Spain S. A. Neue Welt Musikverlag GmbH, Hamburg

2 **el grito** Schrei 3 **la voz** Stimme 3 **desesperado/-a** verzweifelt 3 **el auxilio** la ayuda, el socorro 4 **llenar** *aquí* dar sentido 6 **pararse** quedarse de pie, no seguir caminando 7 **rodeado/-a de** umgeben von 8 **quitar a alg. de a/c** apartar a alg. de a/c 10 **el coco** *fam.* la cabeza 24 **aparentar ser** hacer como si uno fuera

Expresión oral

1a Agrupa y comenta los aspectos que definen nuestro estilo de vida y nuestra identidad según el cómic.

Liniers: El Macanudo universal © Ediciones de la Flor, 2009

1b ¿Qué otros aspectos se te ocurren? Inventa más preguntas para las viñetas.

2 Trabajad en parejas e inventad un diálogo: un/a joven está un poco desanimado/-a. Su amigo/-a le quiere convencer de que no hay razón para estarlo. Presentad la escena.

Expresión escrita

Punto final

3 Y tú ¿quién eres? Escribe un poema o un breve texto describiendo tu estilo de vida y explicando con qué valores te identificas. Los principales estilos de vida de los jóvenes españoles (p. 12, ll. 1–25) pueden ayudarte.

4 Imagina a una persona que está en una situación parecida a la de la canción. Sírvete de las ideas de la canción para escribirle una carta. Puedes añadir o quitar elementos según la intención que tengas.

Escribir una carta → *p. 246*

Cambios sociales

Acercarse al tema

Describe el cuadro que ilustra el texto y di qué sentimientos expresa. Imagina lo que estará pensando la madre.

El texto

Textos narrativos → p. 249

B1 Hacer un resumen → p. 242

OPCIÓN (A) Caracterizar a la protagonista de un texto literario

1 Busca los pasajes en el texto que demuestran la importancia que el niño tiene para Miriam y apunta las ideas principales.
2 Busca el resto de la información que el texto da sobre Miriam.
3 Caracteriza a Miriam basándote en la información que has encontrado.

OPCIÓN (B) Analizar y comentar un texto literario

1 Resume la biografía de Miriam.
2 Explica qué pensaba/piensa Miriam sobre los cuatro «hombres» en su vida (ll. 80–87): ¿qué cambió con el tiempo?
3 Comenta en qué sentido este texto toca los temas: las diferencias sociales · los nuevos tipos de familia · el paso del tiempo · crecer · el (des)amor · la responsabilidad.

Miriam y Daniel se casaron jóvenes y tuvieron a Teo. Hoy Miriam está separada de Daniel y vive con su hijo Teo en el barrio madrileño de Lavapiés, una zona multicultural de la ciudad. Ella y Daniel se están divorciando y no está claro quién se quedará con la custodia de Teo. Miriam acaba de conocer a Antón y recuerda a un antiguo novio, Yamal. También reflexiona sobre cuán importante es Teo para ella.

Cuando Miriam mete al niño en la cama, el crío se aferra al osito rojo que le regaló la abuela por Reyes. Luego se da la vuelta y cierra los ojos. A Miriam siempre le sorprende lo rápidamente que se queda dormido, probablemente sea porque sus días son agotadores. Miriam lo recoge del colegio y lo lleva al parque [...].

«Madre con niño» (Pablo Picasso)

Miriam ha elegido un parque fuera de los límites del barrio de Lavapiés, ya en Huertas, en la zona más turística, la cara. Allí los niños son todos blancos, excepto alguna chinita adoptada. Y la mayoría va con sus cuidadoras, ecuatorianas y colombianas. Antón insiste en que debería llevar a los niños al parque donde está la ludoteca, pero a Miriam no le hace ninguna gracia la presencia de los borrachos y los marroquíes que esnifan pegamento, así que Antón no ha logrado convencerla. Lo que Miriam no le dice a Antón es que no quiere bajar hacia esa parte del barrio porque allí es donde ella vivía con Yamal, y que por eso prefiere quedarse en la zona de los ricos, en la que vivió con Daniel. Es curioso que a dos mundos tan diferentes los separe sólo una calle ancha. A un lado, el Barrio de las Letras, los lofts de diseño, los bares para turistas, los teatros, los hoteles y las cafeterías; al otro, los inmigrantes, los niños derivados de los Servicios Sociales, los borrachos [...]. Por el mismo café que cuesta un euro en una zona te cobran tres en la otra.

Antón vendrá dentro de un rato, cuando el niño esté ya dormido, porque Miriam no quiere que Teo se acostumbre a verle en casa, y es que el niño ya habla mucho y un día le soltó a su papá que a casa venía un chico a ver a mamá. Cuando Daniel le preguntó a Miriam, ella le dijo que Teo se refería al fontanero [...]. Daniel fingió creérselo y no preguntó más. De todas formas, si Miriam se ve o no con alguien, eso ya no es de la incumbencia de Daniel. Miriam es consciente de ese detalle pero, aun así, prefiere que Daniel no sepa nada.

Cuando contempla a su hijo dormido, abrazado a su osito con cara de felicidad, Miriam recuerda aquella pregunta que le hizo la abogada: «¿Y no preferirías ceder la custodia? [...].

Ella nunca habría esperado que Daniel reclamara la custodia [...]. La sola idea de vivir sin Teo le hacía sentirse sin aire. Estaba más enamorada de ese niño de lo que hubiera estado nunca de su padre e, incluso, de Yamal. Le encontraba perfecto; guapo, bueno, dulce, cariñoso, divertido, tierno. No sabía si todas las madres sentían eso por sus hijos. Seguramente, muchas no. [...].

A Yamal no le ha vuelto a ver [...]. Él no volvió a llamarla y ella decidió que si él no lo hacía ella tampoco intentaría contactarle; se trataba de una cuestión de orgullo. Sin embargo varias veces fue a La Taberna Encendida, por si acaso le veía, pero sin suerte. Y una de esas noches, acompañada por Diana, conoció a Antón. Antón no es importante para Miriam, tampoco lo es Yamal, y mucho menos Daniel. Para Miriam es importante el niño, que últimamente no quiere comer. Hace tiempo pensó que Yamal era el Hombre De Su Vida, después lo pensó de Daniel. Nunca se le ocurrió engañarse con Antón, porque Miriam ha crecido y no es la niña tonta que fue, y ahora sabe que el único Hombre De Su Vida es el niño que duerme aferrado a su osito rojo, ignorante del mundo que, ahí afuera, espera con las fauces abiertas a que crezca.

Lucía Etxebarria: Cosmofobia © Ediciones Destino, Barcelona 2007

1 **estar separado/-a de** getrennt sein von 3 **divorciarse** sich scheiden lassen 3 **la custodia** Sorgerecht 7 **el crío se aferra al osito** el niño tiene al oso pequeño con fuerza 9 **Reyes** el día 6 de enero, cuando en muchas familias españolas se dan regalos 14 **agotador/a** que cansa mucho 15 **recoger a alg.** jdn. abholen 26 **la ludoteca** sala con juegos para niños 26 **hacerle gracia a alg.** divertirle a alg., gustarle a alg. 28 **esnifar pegamento** Klebstoff schnüffeln 30 **lograr a/c** conseguir a/c 51 **soltarle a/c a alg.** decirle espontáneamente a/c a alg. 53 **referirse a alg.** hablar de alg. 53 **el fontanero** Klempner, Installateur 54 **fingir** so tun, als ob 56 **ser de la incumbencia de alg.** jdn. etw. angehen 62 **ceder** *hier* auf etw. verzichten 74 **el orgullo** Stolz 82 **engañarse con alg.** sich in jdm. täuschen 87 **las fauces** *fig.* Schlund

Expresión escrita

1 Imagina cómo vivirán su madre y el niño cuando él tenga 17 años: ¿qué cambios habrá en el joven ya crecido y casi adulto? ¿Qué cambios habrá en la familia? Describe un día en su vida.

Redactar textos creativos → p. 245

Expresión oral

Examen oral

2a Describe los cambios familiares que hubo en España de 1981 a 2009.

Estadísticas → p. 259

Cambios familiares en España

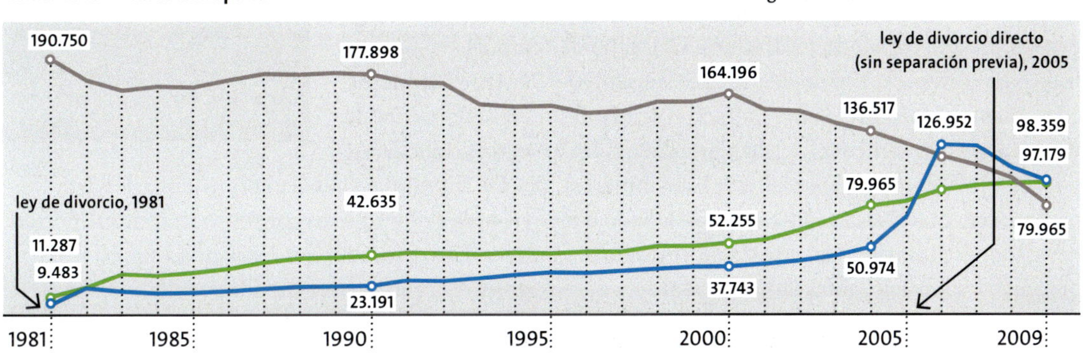

Fuente: El País, 2011

2b Discutid sobre las posibles causas y consecuencias de estos cambios para la sociedad española actual.

Amistad, conflictos y emancipación familiar

Acercarse al tema

Reunid ideas: ¿qué preocupaciones o miedos suelen tener los padres cuando sus hijos se independizan?

El texto

Textos narrativos → p. 249

B1 Hacer un resumen → p. 242

OPCIÓN (A) Comprender los puntos de vista de los personajes principales

1 Trabajad en parejas: leed el texto una vez y explicad qué es Mika de Nadia.

2 Volved a leer el texto. Uno/-a apunta la información sobre la vida, las ideas y preocupaciones de Mika; el/la otro/-a, sobre las de Nadia. Luego intercambiad vuestros resultados.

3 Reconstruid la pelea entre Mika y Nadia basándoos en los resultados de la tarea 2. Después, añadid la «voz interior» de las dos a vuestro diálogo.

OPCIÓN (B) Analizar y comentar el extracto de una novela

1 Resume el texto: ¿dónde? · ¿cuándo? · ¿quién/es? · ¿qué? · ¿por qué? · ¿cómo?

2a Analiza la relación entre Mika y Nadia.

2b Identifica al tipo de narrador y explica su función.

3a El argumento transcurre en 1922. Busca en el texto los pasajes que lo indican.

3b Identifica los conflictos generacionales que presenta el texto y comenta si siguen siendo actuales o no. Justifica tu respuesta.

Mika vive y estudia en Buenos Aires. Sus padres son judíos y viven en Rosario, una ciudad del interior de Argentina. Al principio no estaban de acuerdo con que su hija se fuera a vivir sola a una pensión en la capital, pero finalmente lo aceptaron.

La pelea con su madre le ha dejado un mal sabor. Va a escribirle una frase tan sólo, la respuesta que no quiso darle en la estación de ómnibus, le hará bien. A las dos. […].

Sabe que para sus padres es un enorme esfuerzo, no sólo económico, que Mika viva y estudie en Buenos Aires y le gustaría satisfacerlos, que estén contentos, pero no puede. Las diferencias entre Nadia y Mika se están tornando insalvables. Ha hecho de todo para convencer a su madre de que está equivocada: mostrarle su libreta universitaria con las buenas notas de sus exámenes […], hablarle de sus ideas y apelar a los valores que sus padres le transmitieron, pero no hay caso, Nadia sigue con que la vida que lleva, todo el día en la calle, no es la de una señorita, que vuelva a Rosario, antes de que sea tarde.

La chismosa de Gertrudis. La dueña de la pensión le ha contado que Mika no ha regresado a dormir varias noches, y vaya a saber qué más le ha dicho para que Nadia tenga tanto miedo: que cuidado con las malas compañías, los hombres buscan muchachas ingenuas de la provincia.

—Qué malas compañías, mamá, las mejores. Tengo amigas y amigos extraordinarios, luchadores, inteligentes, solidarios.

De Hipólito no había querido hablarle hasta ahora, para evitar que sus padres coartaran su libertad, pero, si su madre supiera la felicidad que está viviendo, no estaría tan preocupada por ella, y avanzó […]: tengo buenos amigos … y un amor, mamá, alguien maravilloso, Hipólito.

Quiso de verdad compartirlo con su madre, transmitirle su alegría, pero el miedo de Nadia zanjó la confidencia [...]: que Hipólito no es nombre judío, y que después con los hijos, y que si le propuso matrimonio o sólo quería ... y que si tiene trabajo. [...]

—¿Y él te quiere?— le preguntó Nadia, despacito, ya a punto de subir al ómnibus [...].

Demasiado tarde, a Mika le dio fastidio: —Subí, dale, apurate, vas a perder el ómnibus.

Ahora lamenta no habérselo dicho. Se lo escribirá en una carta: Sí, me quiere mucho. Y yo a él.

Elsa Osorio: La Capitana © Ediciones Siruela, Madrid 2012

5 **la pelea** la discusión 5 **el sabor** Geschmack 9 **el esfuerzo** Anstrengung 11 **satisfacer a alg.** poner contento/-a a alg., hacer lo que alg. desee 13 **tornarse** volverse 13 **insalvable** que no se puede superar 14 **estar equivocado/-a** no tener razón 15 **la libreta universitaria** Unizeugnis 18 **no hay caso** *etwa* es nutzt nichts 21 **el/la chismoso/-a** alg. a quien le gusta contar cosas verdaderas o falsas sobre otra gente 21 **el/la dueño/-a** el/la propietario/-a 23 **vaya a saber** *etwa* wer weiß 28 **ingenuo/-a** naiv 38 **coartar a/c** poner límites a a/c 40 **avanzar** *aquí* decir 44 **zanjar a/c** *aquí* terminar con a/c 50 **darle fastidio a alg.** darle rabia a alg., enojarse 50 **subí, dale, apurate** *arg.* sube, date prisa

Expresión oral

1 Intercambia opiniones con un/a compañero/-a: ¿qué conflictos surgen cuando los jóvenes se vuelven más independientes? ¿A quién/es creéis que recurren en busca de ayuda?

2 Comparad vuestras conclusiones de la tarea 1 con el siguiente gráfico sobre los jóvenes españoles. Luego explicad en qué casos hay diferencias notables entre chicos y chicas.

Estadísticas → p. 259

Personas a las que recurren los jóvenes españoles en caso de conflicto (%)

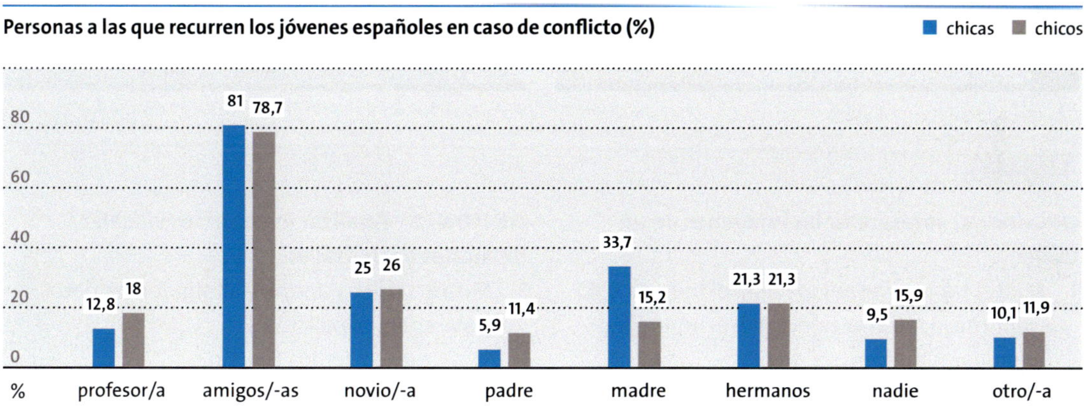

Fuente: Ministerio de Sanidad, Servicios Sociales e Igualdad, s/f

Comprensión auditiva

Punto final

3a Reflexiona y anota tus ideas: ¿qué es la amistad para ti? ¿Por qué es importante tener amigos?

3b Escucha el siguiente debate sobre la amistad e indica qué opción es correcta. Puede haber más de una. 3

Comprensión auditiva → p. 239

1. Tener amigos
   a) es un arma de doble filo: puede ayudar, pero también ser problemática.
   b) ayuda contra el estrés.
   c) soluciona problemas psicológicos.
2. Puedes notar si un amigo es verdaderamente tu amigo
   a) cuando estás mal.
   b) si os divertís mucho juntos.
   c) si la relación se basa en el apoyo mutuo.
3. La cantidad de amigos
   a) es tan importante como la calidad.
   b) muchas veces se sobrevalúa.
   c) no es tan esencial como la calidad.

3c Vuelve a escuchar y cuenta qué más entiendes de lo que se dice sobre la amistad. 3

Medianeras

Acercarse al tema

Describe los siguientes fotogramas y comenta: ¿qué asocias con el amor/desamor en la gran ciudad?

1 1:24

2 1:47

Vídeo

El vídeo

Vídeos → p. 256

A1 + B1 Tomar apuntes → p. 261

OPCIÓN (A) Interpretar las imágenes de un tráiler

1 Mira el tráiler sin sonido hasta el minuto 0:45 y apunta la información sobre el lugar y los personajes que ves.

2a Compara tus apuntes con los de tu compañero/-a y complétalos.

2b Imaginad cómo continuará el tráiler a partir de vuestros apuntes.

3a Mira el tráiler hasta el final sin sonido concentrándote en las escenas que te sorprenden.

3b Intercambiad vuestras impresiones sobre las escenas que más os han impactado. Los términos de abajo os pueden ayudar.

4 Mira el tráiler con sonido y compáralo con las hipótesis de la tarea 2b.

5 Imagina el argumento de la película «Medianeras» y cuéntalo.

OPCIÓN (B) Analizar los recursos visuales/musicales de un tráiler

1 Mira el tráiler y apunta los siguientes datos clave sobre la película:
- ¿A qué se dedica Martín?
- ¿Qué profesión tiene Mariana y de qué trabaja?
- Historias de (des)amor: ¿quién dejó a quien?, ¿a quiénes encuentran Martín y Mariana en el camino?
- ¿Por qué es difícil encontrar el amor en una gran ciudad?

2 Analiza qué recursos visuales y musicales se utilizan en el tráiler para atraer la atención del espectador.

3 Comenta si el tráiler te da ganas de ver la película y explica por qué (no).

diseñar sitios web crear páginas de Internet • **dejar a alg.** abandonar a alg. • **el eslabón perdido** *aquí* la mezcla • **el peluche** Plüschtier • **atar a/c** etw. binden • **decorar vidrieras** Schaufenster dekorieren • **el maniquí** Schaufensterpuppe • **ser tal para cual** ser el uno para el otro • **buscar a alg., pero encontrarse con otros** sich verpassen • **la cita** Verabredung • **el ascensor** Aufzug • **el/la paseador/a de perros** Person, die Hunde ausführt • **la lupa** Lupe • **el albañil, la mujer albañil** Bauarbeiter/in • **abrir ventanas en la medianera** Fenster in die Brandschutzmauer einbauen • **el martillo** Hammer

Expresión oral

Punto final

Examen oral

Cómics
→ p. 258

1 Quieres filmar una película sobre el mismo tema que «Medianeras» en tu región. Habla sobre los lugares que escogerías y las escenas que filmarías.

2a Martín, el protagonista del tráiler, es un diseñador web que pasa mucho tiempo frente al ordenador. Describe qué medios digitales usas tú y cómo son tus hábitos.

2b Explica qué problemática se tematiza en el siguiente cómic y cuál es su mensaje.

2c Discutid en parejas: ¿cuál es el papel que tienen los medios digitales en la vida de los jóvenes?

Expresión escrita

3a Escribe un breve artículo para una revista juvenil titulado «Era un hábito y de repente se transformó en adicción». Comenta cuándo una costumbre mediática (las redes sociales, los videojuegos, el chat, etc.) se vuelve adictiva y cómo se puede evitar.

3b Has encontrado una página de Internet española donde los usuarios comentan películas. Escribe un comentario sobre tu película favorita para publicarlo en esta página.

Generación nimileurista

Acercarse al tema

Intercambiad ideas: ¿cómo os imagináis en 10 años? ¿Qué temores, sueños o planes tenéis?

El texto

Textos informativos → *p. 255*

B3 Escribir una carta → *p. 246*

OPCIÓN (A) Identificarse con un personaje

1 El reportaje presenta a tres jóvenes: Amanda, Beatriz y Elías. Trabajad en grupos de tres: cada uno/-a apunta lo que se dice sobre la persona que le toca preparar.

2 Asumid el papel de la persona e identificaos con su destino. Preparaos para contar vuestro caso a los demás. Podéis acentuar vuestro estado de ánimo o añadir información.

3 Imaginaos que hay una reunión en la asociación «Juventud sin Futuro». Formad nuevos grupos con los tres integrantes. Cada uno se presenta y explica su situación.

OPCIÓN (B) Analizar cómo se presenta un fenómeno sociopolítico en un reportaje

1a Resume la situación de la generación joven en España e indica cómo ha cambiado en los últimos años.

1b Describe las consecuencias de la precariedad laboral para esta generación.

2 Analiza cómo la periodista presenta la situación de la generación joven.

3 Escribe una carta al periódico «El País» en la que hagas referencia a este reportaje y comentes el fenómeno del «nimileurismo» desde tu perspectiva personal de estudiante alemán/alemana.

Hace seis años, el «mileurismo» nació como un símbolo de precariedad. Ahora es una aspiración.

En agosto de 2005, una joven catalana escribió una carta a este periódico. Se titulaba «Yo soy mileurista». Carolina Alguacil tenía entonces 27 años y se quejaba de la precariedad laboral de su generación. Releer hoy aquella carta deja un sabor amargo. El mileurismo ha dado paso a una versión aún más precaria de sí mismo, el *nimileurismo*. «Antes éramos mileuristas y aspirábamos a más. Ahora la aspiración es ganar mil euros», resume la propia Alguacil.

Miles de jóvenes sienten que caminan hacia atrás. En 2005 el paro juvenil rondaba el 20%. Ahora araña el 50% y hace tiempo que duplicó la media europea (22,4%). La generación mejor preparada tiene las peores perspectivas desde la Transición. «La sensación extendida es que no hay futuro», resume Guillermo Jiménez, de la asociación de universitarios «Juventud sin Futuro».

Amanda, una valenciana de 29 años (no quiere decir su apellido), ingresa mil euros mensuales y

Ana, 29 años. Trabaja como educadora por 1.000 euros.

trabaja de diez de la mañana a 21.30 de la noche «con media hora para comer». «Es surrealista, cuando salgo de casa no ha abierto el supermercado y cuando vuelvo, ya está cerrado. No me da tiempo a nada, ni a hacer cursos, ni muchas veces ni siquiera a prepararme la comida del día siguiente. Curro como una directiva, pero cobro como una pringada». En Amanda conviven en extraña armonía dos sensaciones enfrentadas: la de sentirse explotada y privilegiada. Hasta encontrar su actual empleo, en un departamento de ventas, se sentía «la eterna becaria». «Había encadenado seis becas. La primera fue sin remunerar. Bueno, me daban tickets de comida. Y la última, en un organismo público, fue la mejor pagada: 600 euros. Lo de las becas no tiene límite, todo depende de cuánto tiempo puedan estar apoyándote tus padres. Por eso ahora estoy feliz de mantenerme a mí misma. Aunque no me da para nada, no ha habido otra época en que haya pensado tanto en lo afortunada que soy. Y cruzando los dedos, porque mi contrato es temporal. Me da pánico que me echen».

Muchos que habían logrado independizarse, han tenido que regresar al hogar familiar. Otros no han conseguido marcharse, como Beatriz Arrabal, de 32 años. Lleva 550 días sin nada. Diplomada en Trabajo Social y Gestión y Administración Pública, pagó su carrera trabajando de teleoperadora por 1.100 euros, un sueldo que hoy ve inalcanzable. La mayoría de sus empleos una vez licenciada no han tenido que ver nada con su vocación. Ha sido administrativa en una empresa de alimentación (850 euros) y en una cadena de ropa (mismo sueldo). También ha sido dependienta, su trabajo mejor pagado (1.100 euros fijos más unos 500 en comisiones). Pero en junio de 2009 la echaron. Desde entonces, ha hecho unas prácticas no remuneradas. Su novio tampoco tiene trabajo estable y han pensado en marcharse de España, pero a ella la frena su situación familiar: cuida de su padre, enfermo (ambos viven de la pensión de él).

Ante la falta de expectativas, muchos cerebros de la generación mejor preparada siguen haciendo las maletas, protagonizando una fuga de cerebros «sin precedentes», en palabras de Fátima Báñez, actual Ministra de Empleo y Seguridad Social. «Es muy serio lo que está pasando», dice la socióloga Almudena Moreno. «Todo esto se traduce en una grave pérdida de capital humano. Tenemos pocos jóvenes, que cada vez son menos, y los pocos que hay, se marchan. ¿Quién va a tener hijos? A largo plazo es un problema demográfico, económico y social muy serio».

Jóvenes manifestándose en las calles de Madrid.

Y mientras unos se marchan a su pesar, otros querrían hacerlo, pero no pueden. Como Elías, de 28 años, que estos días patea Madrid buscando tarea. Es boliviano y llegó a España hace cuatro años. Instalaba calderas por unos 700 euros al mes, pero desde hace meses no tiene trabajo, ni tampoco cobra ya el paro. Su tarjeta de residencia le permite trabajar legalmente en España pero no en otros países de la Unión Europea. Sus opciones son volver hacia atrás, de donde partió, o revivir en otro país la angustia de ser un ciudadano sin papeles. Y se niega. «No quiero vivirlo otra vez».

2 **la precariedad** finanzielle Unsicherheit 3 **la aspiración** el deseo 8 **el sabor amargo** bitterer Nachgeschmack 16 **arañar** *aquí* llegar a, alcanzar 23 **ingresar** ganar, cobrar 30 **currar** *fam.* trabajar 30 **el/la directivo/-a** leitende/r Angestellte/r 31 **el/la pringado/-a** *etwa* armes Schwein 35 **el/la eterno/-a becario/-a** *etwa* ewige/r Praktikant/in 35 **encadenar a/c** etw. aneinanderreihen 36 **sin remunerar** sin pago, sin sueldo 42 **no me da para nada** no basta 44 **cruzando los dedos** *etwa* mit gedrückten Daumen 51 **Gestión y Administración Pública** Öffentliche Verwaltung (Studiengang) 54 **una vez licenciado/-a** después de los estudios universitarios 56 **el/la administrativo/-a** Bürokraft 60 **en comisiones** als Provision 64 **frenar a alg.** jdn. zurückhalten, jdn. bremsen 67 **el cerebro** *fig.* persona inteligente y bien formada 69 **la fuga de cerebros** Abwanderung hochqualifizierter Fachkräfte 70 **sin precedentes** beispiellos 79 **a su pesar** *aquí* tristes, lamentándolo 81 **patear** *fam.* recorrer, ir de un lado para otro 83 **la caldera** Heizkessel, Boiler 85 **cobrar el paro** *hier* Arbeitslosengeld beziehen 89 **la angustia** el miedo 90 **negarse** decir que no

Expresión oral

Fotos → p. 257
Carteles → p. 258

1a Basándote en la información del texto, describe y explica las imágenes de abajo.
1b Prepara una charla de dos minutos sobre el tema: «La situación actual de la generación joven en España».

© Andrés Rábago, 2011

© Juventud sin Futuro, 2011

Expresión escrita

Escribir una carta → p. 246

2 Escribe una carta al periódico «El País» titulada «Yo soy nimileurista» desde la perspectiva de un/a joven español/a nimileurista en la que definas y describas tu situación social y laboral.

Vídeo

Comprensión audiovisual

Vídeos → p. 256

3a Mira el cortometraje «Juventud sin futuro» sin sonido. Observa la secuencia de imágenes, el ambiente, los colores y la velocidad de los movimientos. Luego formula hipótesis sobre el mensaje del vídeo.

Punto final

3b Trabajad en parejas y redactad un texto para el/la narrador/a del cortometraje teniendo en cuenta los resultados de 3a.
3c Practicad la representación del vídeo con vuestro texto. ¿Hasta qué punto armonizan?
3d Elegid y premiad el mejor texto.
3e Mirad el cortometraje con sonido y comentad:
- ¿Cuál es el mensaje del vídeo?
- ¿En qué puntos coincide con vuestras ideas, en cuáles se diferencia?
- ¿De qué manera se relaciona con la participación política joven?

1 2:05

2 2:29

© B. Ordóñez, A. González, J. M. Montalbán, 2011

Participación política

Acercarse al tema

Si mañana hubiera elecciones y tú pudieras votar: ¿lo harías? Justifica tu respuesta.

El cartel

Carteles → p. 258

OPCIÓN (A) Opinar sobre una campaña

1 Describe el cartel y formula hipótesis sobre el objetivo de la campaña y el grupo al que se dirige.
2 Imagina otros eslóganes para la campaña.
3 Opina: ¿crees que las campañas aumentan la participación política en los jóvenes? Justifica tu respuesta.

OPCIÓN (B) Analizar el mensaje de un cartel

1 Describe los elementos del cartel:
- el eslogan
- la foto y sus planos
- el «sello» azul
- el logotipo (abajo, izquierda)
- los tipos de letra

2 Identifica la función de cada elemento y justifica tu respuesta.
3 Analiza el mensaje que transmite el cartel y explica a quién se dirige.

la ciudadanía *etwa* Bürgersinn

© Instituto Nacional de la Juventud (Chile), 2013

Expresión oral

Estadísticas → p. 259

1 Describe el diagrama de la derecha sobre la intención de voto de los jóvenes en Chile y relaciónalo con la campaña.
2 Expresad vuestra opinión sobre las diferentes condiciones para participar en elecciones nacionales en los siguientes países:

voto obligatorio

México (18 años), Argentina (18 años)

voto voluntario

Alemania (18 años), Argentina (16/17 años), Austria (16 años), Chile (18 años), España (18 años)

¿Votará en las elecciones municipales?
jóvenes entre 18 y 29 años

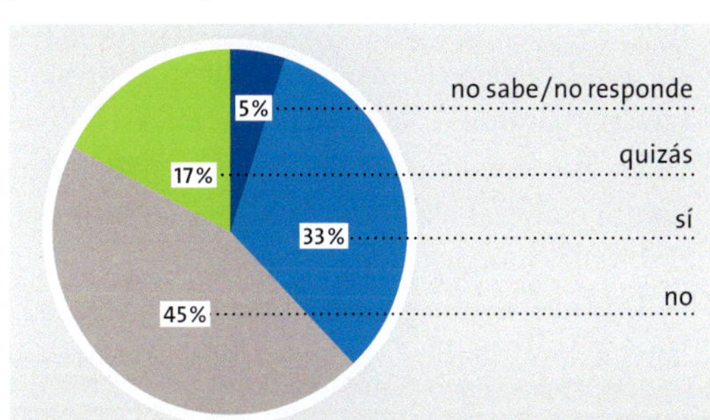

Fuente: Instituto Nacional de la Juventud (Chile), 2012

Jóvenes emprendedores

Acercarse al tema

¿Qué cualidades debería tener una persona que quiere fundar una empresa?

El texto

Textos informativos → p. 255

A1 Hacer un resumen → p. 242

B1 Tomar apuntes → p. 261

OPCIÓN (A) Hacer un resumen

1 Trabajad en parejas: resumid ambos artículos teniendo en cuenta los siguientes aspectos:
- datos personales
- idea original
- oportunidad
- dificultades
- recomendaciones

2 Presentadle vuestro resumen a otra pareja.

3 Comparad ambas empresas: ¿qué tienen en común y qué las diferencia?

OPCIÓN (B) Analizar y comentar la intención de la autora

1 Trabajad en parejas: cada uno/-a toma apuntes sobre la información clave de una de las empresas. Luego intercambiad vuestros resultados.

2 Extrae los pasajes del texto que contienen valoraciones de la autora:
- ¿Qué argumentos se citan / se comentan?
- ¿Dónde se hace evidente la simpatía / la antipatía de la autora?

3 Comentad: ¿cuál es la intención de la autora al publicar estos casos?

Fluff

¿Qué hacen una psicóloga y un diseñador gráfico juntos? Crear una marca de juguetes con contenido psicológico (muñecos para ayudar a niños con fobias y miedos): «A mí siempre me había gustado trabajar con niños y ya desde tercero de carrera sabía que quería hacer algo relacionado con ello. Coincidió que, en aquel momento, Alberto tenía que crear una marca para un proyecto para su carrera», relata Marta Rueda, la mitad psicológica del tándem. Al mismo tiempo, un profesor le habló de unos premios para jóvenes emprendedores en los que sólo hacía falta una idea. «Como ya teníamos en marcha la imagen corporativa para el trabajo de Alberto, lo presentamos y pasamos a la siguiente fase». Así, lo que en un principio iba a ser una colaboración estudiantil empezaba a tomar la forma de empresa. Era 2008 y tenían 21 años. ¿Sus claves?

-**Introducirse en el sector.** Tuvieron que aprender a ser uno de ellos. «El sector juguetero es muy

Marta Rueda y Alberto Romero (23 años)

cerrado y si no perteneces a ellos desde el principio, eres un extraño». Por eso, Alberto consiguió una beca para el Instituto Tecnológico de Juguetes.

-**Aprovechar los concursos.** Además de ganar el premio CIADE, fueron seleccionados por Banespyme Orange donde les dieron un nuevo curso de formación.

-**Informarse a fondo:** Tanto para encontrar el vivero de empresa como para encontrar los fabricantes que necesitaban.

2 **el/la diseñador/a gráfico/-a** Grafikdesigner/in 3 **el juguete** Spielzeug 4 **el/la muñeco/-a** Puppe 6 **ya desde tercero de carrera** bereits seit dem sechsten Semester (Studium) 14 **la imagen corporativa** *corporate image* 19 **la clave** *fig.* Schlüssel 25 **el concurso** Wettbewerb 26 **CIADE** Centro de Iniciativas Emprendedoras de la Universidad Autónoma de Madrid 26 **Banespyme Orange** Programm der Stiftung Banes, das kleine und mittlere Unternehmen u. a. durch Fortbildungskurse unterstützt 30 **el vivero de empresa** *fig.* Nährboden für das Unternehmen

Placeres Ibéricos

Jorge Dobón y Carlos García (21 años)

Estudian Administración de Empresas: Carlos está en 4º y Jorge, en 5º. Y son de la opinión de que «si te planificas bien, tienes tiempo para todo». Cada vez que se juntaban, planeaban montar un negocio juntos, pensaban en algo relacionado con la tecnología, con los móviles, con la electrónica, pero la oportunidad surgió de la forma más insospechada. «Mi tío acaba de montar una empresa de frutas de cuarta gama y empecé a trabajar de comercial con él. Durante las visitas me di cuenta de que había una posibilidad en la comercialización de ibéricos y aceites que a mi tío no le apetecía. Así que le propuse quedarme yo con la nueva línea y lo hablé con Jorge». La idea era hacer una primera versión para el mercado nacional, pero pronto decidieron que a medio plazo tenían que dirigirse al mercado internacional y en ello están, contactando con distribuidores internacionales, especialmente en Suramérica y Asia.

¿Sus claves?

-**No dejar pasar las oportunidades.** Aunque suponga cambiar el planteamiento inicial: «Es cierto que nosotros nos planteábamos otro tipo de negocio, pero las oportunidades están ahí y cuantas más puedes coger en la vida, mejor». Tampoco pensaban arrancar tan pronto, pero se enteraron de una subvención cuyo plazo acababa en julio y se lanzaron.

-**Reconocer el expertise ajeno.** «Somos conscientes de que nos falta formación y experiencia, por eso tenemos que apoyarnos en otras personas: desde nuestros familiares hasta los propios proveedores y clientes.»

5 **montar un negocio** ein Geschäft gründen 8 **surgir** presentarse, llegar 8 **insospechado/-a** unvermutet, unerwartet 10 **(el alimento) de cuarta gama** el alimento fresco, limpio, cortado y envasado para su consumo inmediato 13 **el (jamón) ibérico** luftgetrockner Schinken von den original iberischen schwarzen Schweinen 14 **la nueva línea (de productos)** neue Produktlinie, Produktauswahl 19 **el/la distribuidor/a** Vertriebspartner/in 23 **suponer a/c** *aquí* significar a/c 23 **el planteamiento** *hier* el plan 27 **arrancar** starten, loslegen 28 **el plazo** Teilnahmefrist 29 **lanzarse** *hier* animarse a participar 33 **el/la proveedor/a** Lieferant/in

Comprensión auditiva

5 Comprensión auditiva → *p. 239*

1 Escucha lo que cuenta un joven emprendedor y toma apuntes enfocándote en los siguientes aspectos: el tipo de emprendimiento · las razones para emprender · la situación inicial · los consejos.

Expresión escrita

Punto final
Estadísticas → *p. 259*

2 Escribe un breve informe sobre cómo se ven los jóvenes españoles en el futuro:
- Describe el diagrama.
- Menciona las posibles causas de estos resultados.
- Relaciónalo con los artículos que acabas de leer.

¿Cómo te ves en el futuro?

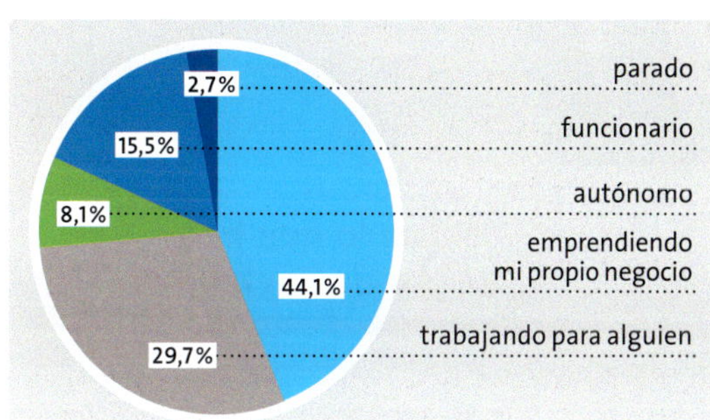

Fuente: Forum Fundación Príncipe de Girona, 2011

Una campaña sobre compromiso social

Acercarse al tema

Mapa mental → p. 261

Haz un mapa mental sobre el tema «compromiso social».

La campaña

Carteles → p. 258

OPCIÓN (A) Comprender el mensaje principal de una campaña

1. Observa el cartel y reúne toda la información que te da.
2. Lee el artículo (p. 31) y resume brevemente de qué trata.
3. Escribe un texto informativo sobre esta campaña que responda a las preguntas: ¿quién/es? · ¿qué? · ¿cómo? · ¿por qué?

OPCIÓN (B) Comentar el efecto de una campaña

1. Lee el artículo (p. 31) y formula cinco frases que resuman cada uno de los párrafos.
2. Analiza los elementos del cartel: el eslogan · las fotos y sus planos · los tipos de letra.
3. Comenta hasta qué punto la campaña logra el efecto buscado en el lector. Justifica tu respuesta con los resultados de 1 y 2.

El PVE lanza una campaña de sensibilización social

La Plataforma del Voluntariado de España (PVE) ha lanzado una campaña de sensibilización social cuyo objetivo es invitar a la población a sumarse a la acción voluntaria.

La campaña «Son personas como tú, hacen voluntariado» desea infundir en la ciudadanía la idea de que las personas que dedican tiempo a la solidaridad no tienen cualidades especiales, ni son excepcionales, ni se comportan como héroes o heroínas, simplemente han decidido asumir un compromiso ciudadano e implicarse en mejorar el mundo que nos rodea.

En esta misma línea, todas las imágenes que se han utilizado en esta campaña reflejan escenas reales en las que voluntarios y voluntarias ejercen su tarea en distintos ámbitos como los comedores sociales, las catástrofes naturales o la formación a personas en riesgo de exclusión.

Para todas aquellas personas que deseen sumarse a la acción solidaria, la Plataforma del Voluntariado de España ha diseñado cinco pasos que pueden ayudar a definir cuál es la mejor forma de participar y la que más se ajusta a cada perfil.

Estos pasos son:

1. Reflexiono: ¿por qué quiero hacer un voluntariado?
2. Miro: ¿qué cosas me gustaría cambiar?
3. Me pregunto: ¿cuánto tiempo puedo entregar?
4. Busco: ¿qué ONG es la más adecuada para mí?
5. Elijo: me entrevisto con la ONG y decidimos las tareas que haré.

1 **lanzar a/c** *hier* etw. auf den Markt bringen 5 **sumarse a a/c** participar en a/c 8 **infundir a/c** *aquí* hacer conocer a/c 10 **la cualidad** Eigenschaft 11 **excepcional** *aquí* especial 11 **el héroe, la heroína** Held/in 12 **asumir un compromiso** sich engagieren 13 **implicarse en a/c** *aquí* trabajar para a/c 16 **reflejar a/c** etw. widerspiegeln 17 **ejercer a/c** hacer a/c 18 **el ámbito** Bereich 18 **el comedor social** soziale Einrichtung, die Mahlzeiten für Bedürftige zubereitet 25 **ajustarse a a/c** ser adecuado/-a para a/c 26 **el perfil** Profil

Comprensión auditiva

1a Escucha el testimonio de Beatriz, una ex-voluntaria e indica qué frases son correctas. 6

1. Beatriz hizo un voluntariado en una organización que lucha contra el trabajo infantil en Panamá.
2. Aprender a adaptarse a una cultura diferente ha sido lo más importante de su experiencia.
3. Poco ha cambiado en ella como persona después de haber vivido esta experiencia.
4. Se siente sorprendida por todo el cariño que ha recibido por parte de los niños.

Comprensión auditiva → p. 239

1b Vuelve a escuchar e indica qué información es incorrecta en las opciones falsas. 6

Un mensaje a los jóvenes

Acercarse al tema

1 «¿Qué les queda a los jóvenes?» Reúne respuestas que contesten esta pregunta.
2 Elige una foto y explica cómo la asociarías con la pregunta de la tarea 1.

El poema

Poemas → p. 253

B3 Recursos estilísticos → p. 250

OPCIÓN Ⓐ Comprender el contenido de un poema a través de su composición

1 Trabajad en grupos de tres (alumno/-a **A**, **B**, **C**):
A lee los dos primeros versos de cada estrofa y formula hipótesis sobre la intención del yo lírico.
B lee el tercer verso de cada estrofa y determina si hay similitudes o diferencias entre las palabras.
C lee desde el cuarto verso hasta el final de cada estrofa y elige dos palabras clave para cada una.
2 Intercambiad vuestros resultados, explicad la composición del poema y resumid su contenido.

OPCIÓN Ⓑ Analizar y comentar un poema

1 Lee el poema e indica cuál es el tema, qué describe, quién es el yo lírico, a quién se dirige y cuál es su intención.
2 Analiza la composición del poema según las categorías: pregunta · respuesta interrogativa · respuesta afirmativa.
3 Identifica los siguientes recursos estilísticos en el poema: la enumeración, la pregunta retórica, la repetición.
4 Comenta qué efecto ha producido el poema en ti y qué influencia tuvieron la composición y los recursos estilísticos.

¿Qué les queda a los jóvenes?

¿Qué les queda por probar a los jóvenes
en este mundo de paciencia y asco?
¿sólo grafitti? ¿rock? ¿escepticismo?
también les queda no decir amén
no dejar que les maten el amor
recuperar el habla y la utopía
ser jóvenes sin prisa y con memoria
situarse en una historia que es la suya
no convertirse en viejos prematuros

¿qué les queda por probar a los jóvenes
en este mundo de rutina y ruina?
¿cocaína? ¿cerveza? ¿barras bravas?
les queda respirar / abrir los ojos
descubrir las raíces del horror
inventar paz así sea a ponchazos
entenderse con la naturaleza
y con la lluvia y los relámpagos
y con el sentimiento y con la muerte
esa loca de atar y desatar.

¿qué les queda por probar a los jóvenes
en este mundo de consumo y humo?
¿vértigo? ¿asaltos? ¿discotecas?
también les queda discutir con dios
tanto si existe como si no existe
tender manos que ayudan / abrir puertas
entre el corazón propio y el ajeno /
sobre todo les queda hacer futuro
a pesar de los ruines de pasado
y los sabios granujas del presente.

Mario Benedetti: Memoria y esperanza.
Un mensaje a los jóvenes. © Destino, Barcelona 2004

3 **el asco** Ekel 5 **decir amén** zu allem Ja und Amen sagen 7 **recuperar a/c** etw. zurückgewinnen 10 **prematuro/ a** verfrüht, vorzeitig 13 **la barra brava** *ur.* Hooligans 16 **así sea a ponchazos** *fam. ur.* selbst unter großen Schwierigkeiten 18 **el relámpago** Blitz 20 **esa loca de atar y desatar** *hier* dieser Wahnsinnige (Tod) 22 **el humo** Rauch 23 **el vértigo** Schwindelgefühl 23 **el asalto** Überfall 26 **tender manos** Hände reichen 27 **ajeno/-a** fremd 29 **el ruin** *hier* Last, Bürde 30 **el granuja** Gauner

Expresión escrita

Punto final

1 Escribe una estrofa más del poema utilizando las ideas que has juntado en *Acercarse al tema*, pero cambiando de perspectiva: ¿qué nos queda a nosotros, los jóvenes?

Competencia intercultural

Punto final

2a Haced una encuesta en clase sobre vuestra escala de valores. Para ello, preguntad por los aspectos del recuadro: ¿qué es más/menos importante para ti?

> la carrera profesional • la familia • el dinero • el tiempo libre • el trabajo • ser famoso/-a • vivir experiencias nuevas

2b Presenta las aspiraciones que los jóvenes españoles tienen para su futuro según la siguiente estadística:

Estadísticas → p. 259

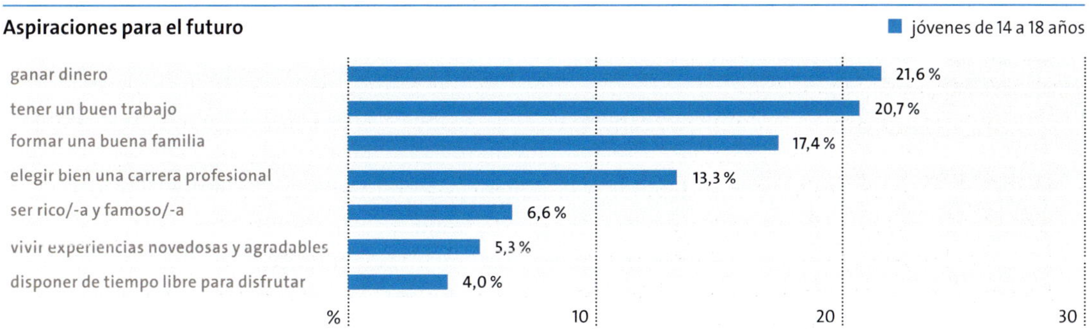

Fuente: Ministerio de Sanidad, Servicios Sociales e Igualdad, 2010

2c Compara el gráfico con vuestra encuesta. Escríbeles un e-mail a los estudiantes de tu instituto de intercambio contándoles los resultados de la comparación.

Escribir un e-mail → p. 246

Gramática en contexto

DESCRIBIR LOS ESTILOS DE VIDA • El uso de ser/estar + *adjetivo*

1a Completa la siguiente descripción de los diferentes estilos de vida poniendo las formas correctas de los verbos **ser** y **estar**.

Existen millones de respuestas a la pregunta ¿quién ___ (1ª pers. sg.)? Sin embargo, algunos estudios distinguen ocho estilos de vida diferentes: los jóvenes que buscan el cambio y la innovación ___ *soñadores*. Quienes priorizan romper con viejas normas y ___ ilusionados por vivir una vida diferente a la de la familia, ___ *aventureros*. Dentro de este primer grupo, también ___ los jóvenes que ___ *abiertos al mundo:* ellos ___ convencidos de que independizarse ___ muy importante.
A diferencia de este grupo, hay jóvenes que ___ más *hogareños*, es decir que priorizan la familia y ___ enfocados a llevar una vida similar a la que ya conocen. También para los *conservadores* ___ necesario mantener ciertas tradiciones conocidas. Por su parte, los *realistas*, ___ orientados a la estabilidad y a la seguridad.
Los jóvenes *críticos* ___ acostumbrados a comprometerse con la situación sociopolítica en la que viven. ___ seguros de que el aprendizaje y el autodesarrollo son las claves[1] para progresar y ___ dispuestos a luchar por ello. Además, dentro de este grupo, están los jóvenes que ___ *exigentes*, es decir que ___ concentrados en la disciplina.

1 **la clave** Schlüssel

1b Escribe brevemente con qué estilo/s de vida te identificas y justifica tu elección.

EXPRESAR CÓMO UNO SE COMPROMETE • Verbos con preposición

2a Combina los siguientes verbos con las preposiciones adecuadas.

luchar • manifestarse • protestar • rebelarse • oponerse • indignarse • comprometerse • colaborar • contribuir • unirse • participar • solidarizarse • hacerse miembro

a (3x) • con (4x) • contra • de • en • por • por/contra (3x)

2b Escribe frases contando cómo te comprometes y/o cómo lo hacen tus amigos. Para ello, combina los verbos y preposiciones de 2a con los siguientes elementos:

Yo mismo/-a
Mi amigo/-a
Mis amigos/-as
Mis compañeros/-as y yo

un cambio en la sociedad • una democracia más participativa • el cumplimiento de los derechos humanos • la dignidad laboral • la injusticia social/financiera/política • el sistema político corrupto • la alta tasa de desempleo • los recortes en la educación • una organización no gubernamental (ONG) • una buena causa • una organización caritativa • una iniciativa solidaria • un proyecto solidario • …

EXPRESAR PREOCUPACIONES • Expresiones de sentimiento con subjuntivo o infinitivo

3a Lee las frases del ejemplo y explica la diferencia.

Ejemplo: Tengo miedo de perder el trabajo. Tengo miedo de que mi hermano pierda el trabajo.

3b Formula preocupaciones. Primero habla de ti o de vosotros. Luego refiere las frases a otras personas. Pon atención a los verbos reflexivos.

	afecta		no poder independizar*se* de la familia
	alarma		quedar*se* sin pareja
	angustia		no romper con viejas normas
Me/Nos	desespera		perder el trabajo
	preocupa	(que)	no conseguir trabajo
	molesta		vivir en un mundo con guerras y hambre
	fastidia		ser ciudadano/-a de un país con corrupción
Tengo/Tenemos miedo de			ser testigo de injusticias y discriminación
			respirar aire contaminado

3c ¿Qué otras cosas te preocupan? Escribe más ejemplos utilizando los verbos de 3a.

FORMULAR EXPECTATIVAS Y SUEÑOS • Futuro/Subjuntivo con subordinadas

4a Completa el texto con los sueños y planes de Irene. Para ello, coloca los verbos en la forma correcta del futuro o del subjuntivo:

> En el futuro, cuando yo ___ *(trabajar)* y ___ *(ganar)* un sueldo, finalmente ___ *(poder)* viajar a países lejanos. Aunque no ___ *(ser)* fácil, ___ *(hacer)* todo lo posible para conocer otras culturas. Por ahora soy estudiante, y mientras ___ *(haber)* becas de la Unión Europea, ___ *(aprovechar)* la posibilidad de vivir y estudiar un semestre en otro país, por ejemplo en Francia.
> Una vez allí, ___ *(esforzarse)* por perfeccionar mi francés para que ___ *(aumentar)* mis posibilidades de conseguir un buen empleo. Aunque mis padres ___ *(tener)* miedo de que yo ___ *(vivir)* sola en el extranjero, ___ *(tener)* que acostumbrarse a que yo me quiero independizar cuando ___ *(ser)* mayor.
> Sé que ___ *(ser)* difícil para ellos que yo ___ *(irse)* de casa, pero para mí también lo ___ *(ser)*. Aunque yo misma ___ *(sentir)* mucha nostalgia de España, hoy ___ *(saber)* que vale la pena ir en busca de los sueños que una ___ *(tener)*.

4b Escribe un breve texto como el de 4a contando cuáles son tus expectativas y sueños para el futuro. Puedes referirte a los siguientes temas:

- **tus estudios / tu carrera**
- **tus prácticas / tu voluntariado**
- **tu futuro laboral**
- **tu compromiso político/social**
- **tus viajes/experiencias personales**

Vocabulario temático

IDENTIDAD Y ESTILOS DE VIDA

Lo que más	valoro · me importa	es son	mi familia mis amigos/-as mi pareja	porque ... ya que ... debido a que ...
No podría renunciar a				

Me autodefino como Me veo como Me identifico con	alguien una persona	estudioso/-a	que busca que prioriza que cree en que se identifica con	el desarrollo intelectual. el aprendizaje.
		trabajador/a		el mundo laboral.
		marchoso/-a		el ocio / las actividades de tiempo libre. la crítica. el compromiso sociopolítico.
		consumidor/a		lo material.
		hogareño/-a		las tradiciones y la estabilidad. la familia y la fe.

EL COMPROMISO POLÍTICO Y SOCIAL

Considero que es Dudo que sea No considero que sea Pienso que es	decisivo importante elemental esencial fundamental primordial relevante vital	luchar por protestar por	un cambio en la sociedad. una democracia más participativa. el cumplimiento de los derechos humanos. la dignidad laboral.
		protestar contra rebelarse contra luchar contra manifestarse contra oponerse a indignarse por criticar	la injusticia social/financiera/política. los sistemas políticos corruptos. la alta tasa de desempleo. los recortes en la educación.
		comprometerse con colaborar con contribuir con solidarizarse con unirse a participar en	una organización no gubernamental (ONG). una buena causa. una organización caritativa. una iniciativa solidaria. un proyecto solidario.

PREOCUPACIONES, EXPECTATIVAS Y SUEÑOS

Me	afecta/n · alarma/n · angustia/n · desespera/n · preocupa/n · molesta/n · fastidia/n	el incumplimiento de ... · el aumento de ... · los recortes en ... · la reducción de ... · la falta de ...

Voy a	luchar por esforzarme por esmerarme por	conseguir el título de Bachillerato / de FP (Formación Profesional). empezar la carrera de ... conseguir un puesto de prácticas/voluntariado. desarrollar una idea y transformarla en un proyecto. emprender/fundar mi propia empresa. dedicarme un tiempo a una labor solidaria. vivir un tiempo en otro país. viajar por el mundo y conocer otras culturas.
Sueño con Desearía Me gustaría Me encantaría		

⊙ Punto final

Tarea mini: redactar un artículo de revista

Una revista española está preparando un reportaje sobre el tema «Jóvenes europeos» y le ha pedido a cada uno de vosotros que envíe un breve artículo que será publicado en su próxima edición. El texto se titulará «Cómo me veo» y deberá tener entre 200 y 300 palabras.

1 Para preparar tu artículo, toma apuntes sobre cómo te identificas con los siguientes aspectos:
- Identidad: ¿qué importancia tienen para ti la familia, los amigos, tu pareja?
- Estilos de vida: ¿cómo describirías tu estilo de vida?
- Compromiso: ¿qué valor tienen para ti la participación política y el compromiso social?
- Expectativas: ¿cómo ves tus estudios? ¿Qué carrera te gustaría seguir?
- Preocupaciones y sueños: ¿qué te preocupa? ¿Qué sueños tienes?

2 Redacta el artículo para la revista contando quién eres. Luego explica cómo te ves y con qué te identificas.

Tarea final: escribir un guion y rodar un cortometraje

Tu clase ha decidido presentarse en un concurso español de cortometrajes bajo el lema «Cómo nos vemos los jóvenes europeos» y estas son las bases del concurso:
- Tema: cómo os veis vosotros mismos, adolescentes que vivís y crecéis en Alemania, con qué os identificáis y qué cosas son importantes para vosotros. Podéis utilizar música, animaciones o fotos.
- Duración máxima: de tres a cinco minutos.
- Idioma y filmación: español; con móvil o cámara.

1 Formad grupos y completad el mapa mental con vuestras asociaciones:

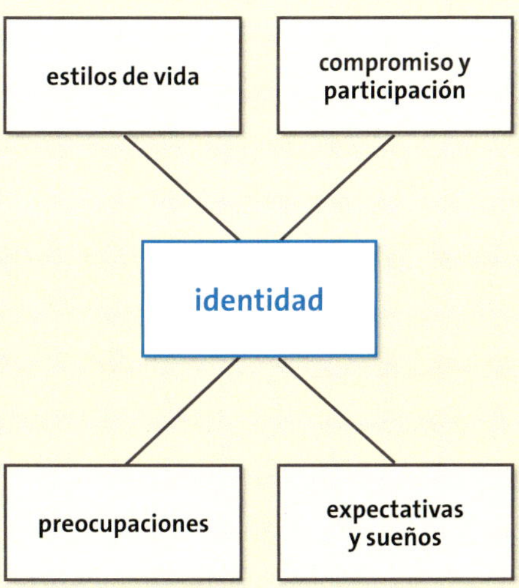

2 El cortometraje «Juventud sin futuro» (p. 26) puede daros ideas de qué escenas filmar. Discutid qué escenas queréis rodar (con qué tema o contenido, con quién, dónde, etc.)

3 Escribid el guion del cortometraje teniendo en cuenta los resultados de 1.

4 Filmad las escenas.

5 Evalúa los cortometrajes de tus compañeros/-as.

LA VANGUARDIA.com | Cantabria

'El cine en tus manos' arranca mañana con una primera clase gratuita y abierta al público

Tendrán lugar diez talleres sobre cine para la realización de un cortometraje de calidad profesional

ABC*desevilla.es* | CULTURA

ARTE

El poder transformador de la música se hace notar en Cartuja

El Centro Andaluz Contemporáneo inaugura tres muestras en torno a la canción

La España moderna

HABLAR DE LAS FOTOS

1a Piensa: ¿en qué sentido las fotos representan la modernidad? Apunta ideas.

1b Discute: en parejas, comparad vuestras ideas.

1c Comparte: ¿qué relación hay entre las fotos y el título del capítulo «La España moderna»? Intercambiad opiniones con otra pareja.

EL PAÍS

TECNOLOGÍA

Seis españolas, entre las empresas más innovadoras de Europa

- Se volvieron a elegir, como cada año, a las 100 tecnológicas más destacadas del continente

EL PAÍS

VIAJEROS URBANOS

Arquitectura de vanguardia en el centro histórico de Córdoba

- Tras una sobria fachada se oculta uno de los edificios contemporáneos españoles más singulares

EL MUNDO.es | Cocina

En busca de la nueva gastronomía

Madrid Fusión cumple diez años como punto de encuentro de chefs y profesionales en una década marcada por el buen posicionamiento internacional de la cocina española de vanguardia.

RELACIONAR TEXTOS CON IMÁGENES

2a Relaciona los titulares de los principales periódicos españoles con las fotos.

2b Justifica tu elección con ayuda de las palabras clave de los titulares.

JUSTIFICAR UNA ELECCIÓN

3a Elige la foto que para ti más represente a la España moderna y piensa por qué.

3b Busca a más compañeros que hayan elegido la misma foto e intercambiad vuestras ideas.

3c Presentad vuestra foto al curso y explicad por qué pensáis que es la que más representa a la España moderna.

Palabras en contexto

España en el contexto europeo

España es miembro de la Comunidad Europea desde 1986. Es un Estado social y democrático de derecho y tiene como forma de gobierno una monarquía parlamentaria donde el rey es el jefe de Estado y tiene un importante papel representativo, pero no gobierna. La política española está dirigida por el parlamento (Cortes Generales).

España se compone de 17 comunidades autónomas y dos ciudades autónomas al norte de África: Ceuta y Melilla. Con una extensión de 504 645 km², es el cuarto país más grande del continente europeo y uno de los más montañosos. Su población supera los 46 millones de habitantes. Su economía, con una gran presencia de multinacionales, es la 13° a nivel mundial en términos de PIB (producto interno bruto) pero, al mismo tiempo, presenta la mayor desigualdad social de la Eurozona.

Debido a la importancia del español en el mundo, a su clima y a su fama de ser un país con marcha, España es el país de destino favorito de los estudiantes universitarios europeos que solicitan una beca ERASMUS: es el país que más estudiantes extranjeros acoge (37 464) y el tercero que más exporta (22 322), por detrás solo de Alemania (23 884) y Francia (22 981). Alemania, sin embargo, es el país de destino preferido por los españoles ERASMUS, sobre todo por las mejores perspectivas que les ofrece el mercado laboral alemán.

Comunidades autónomas bilingües

La integración lingüística no es tan fácil para los estudiantes ERASMUS en Barcelona donde el catalán es una lengua de uso público y mayoritaria en la enseñanza. Esto se debe a que Barcelona está ubicada en Cataluña, una de las tres comunidades autónomas bilingües de España de habla catalana, junto a la Comunidad Valenciana y a las Islas Baleares. Otras comunidades bilingües son Galicia y el País Vasco, donde se hablan el gallego y el euskera (o vasco) respectivamente. Además de la lengua oficial de todo el país: el español o castellano, estas tres lenguas también son oficiales en dichas comunidades autónomas.

Aunque exista oficialmente el bilingüismo en varias regiones españolas, actualmente se discute el problema del monolingüismo catalán ya que, al ser el idioma favorecido por las instituciones y la *Generalitat* (el gobierno regional catalán), discrimina el uso del español.

Edificio Mirador (Madrid)

Foco de transformación

En las últimas décadas, España ha pasado de ser un país poco progresista y aislado por la dictadura franquista a un referente de modernidad. Esto se puede ver en varios ámbitos: a nivel sociopolítico, fue uno de los primeros países del mundo que introdujo matrimonios homosexuales (en 2005); en el campo técnico, es líder en tecnologías para la obtención de energías renovables como la energía solar o eólica; y sus producciones de cine o televisión, como por ejemplo la película de animación «Planet 51» o «Pocoyo», una serie infantil, son exportadas a países de todo el mundo. España también está a la vanguardia de la arquitectura mundial con edificios como el Museo Guggenheim en Bilbao que, además, ha sido un motor transformador de la ciudad, o el Edificio Mirador en Madrid, un edificio de viviendas sociales que se destaca por su diseño original y llamativo.

Pero también las tradiciones populares reflejan cambios hacia la modernidad. Eventos tradicionales como los Sanfermines, en Pamplona, han pasado a ser grandes fiestas internacionales que atraen a turistas de todo el mundo.

CAMBIO DE REGISTRO

1 Reescribe las partes subrayadas de las siguientes frases utilizando expresiones más formales del texto, pero sin cambiar su significado.

1. España tiene 17 comunidades autónomas. se compone de se compone de
2. Hoy en día, Bilbao es un ejemplo importante de modernidad. referente
3. España es un país con muchas montañas. montañoso
4. España cuenta con muchísimas multinacionales. una gran presencia de
5. Muchos estudiantes españoles piden una beca ERASMUS para Alemania. solicitan
6. España muestra modernidad en muchas cosas diferentes. varios ámbitos
7. La arquitectura de Bilbao es supermoderna. a vanguardia
8. «Planet 51» es una peli española. serie infantil producción de cine
9. España es parte de la Comunidad Europea desde 1986. miembro de
10. Obras como el Museo Guggenheim o el Edificio Mirador tienen un diseño único. se destacan por
11. Las tradiciones populares muestran cambios hacia la modernidad. reflejan

SUFIJOS

2a Transforma los verbos y adjetivos del recuadro en sustantivos que terminen con los sufijos **-ción/-sión** o **-dad**.

> poblar • obtener • animar • extender • desigual • moderno/-a • transformar • televisar • producir • integrar • tradicional

2b Completa la lista con más sustantivos que terminen con los sufijos **-ción/-sión** o **-dad**.

NEOLOGISMOS

3 Explica el significado de los neologismos[1] del recuadro. ¿A qué ambitos pertenecen? Utiliza un diccionario o una enciclopedia si es necesario.

> el bonobús • chatear • la cookie • zapear • la banda ancha • antisistema • el mensaje sms • el cibercafé • el antiespañolismo • el antispam • el/la bloguero/-a • el chat de voz • el/la desarrollador/a de software

1 **el neologismo** la palabra nueva que aparece en un idioma

EXPRESIONES IDIOMÁTICAS

4a Lee las siguientes expresiones idiomáticas y trata de explicarlas. Da ejemplos de situaciones en las que se puedan usar. Si existe, nombra también la expresión idiomática alemana correspondiente.

1. Quien no arriesga, no gana.
2. Quien se fue a Sevilla, perdió su silla.
3. No es oro todo lo que reluce.
4. Dicho y hecho.

4b Identifica las expresiones idiomáticas en las siguientes frases. Luego explícalas.

1. Para los estudiantes ERASMUS extranjeros, el español no es pan comido.
2. Los «ERASMUS» se sienten como pez en el agua en Granada.
3. A pesar de la crisis, España mira hacia adelante: al mal tiempo, buena cara.
4. Con la construcción del Museo Guggenheim se mataron dos pájaros de un tiro: Bilbao alcanzó proyección internacional y se logró la transformación urbana de la ciudad a través del arte.

Europa, unida en la diversidad

Acercarse al tema

Carteles → p. 258

En 2011, la Unión Europea publicó el folleto informativo «Unida en la diversidad» con ilustraciones de todos los estados miembros de la UE.

1a Describe e interpreta el gráfico.

1b Explica qué significa para ti el lema «Unida en la diversidad» en el contexto europeo.

© Unión Europea, 2011

La ilustración

Cómics → p. 258

OPCIÓN (A) Reconocer los elementos de una ilustración

1. Mira la ilustración de España en la página 43 y nombra las imágenes que reconoces.
2. Comparad los resultados entre todos. Identificad la mayor cantidad posible de imágenes.
3. Elige espontáneamente las tres imágenes que más te interesan o que más te llaman la atención. Luego explica por qué estas imágenes sirven para representar a España en el folleto «Unida en la diversidad».

OPCIÓN (B) Analizar una ilustración

1. Clasifica las imágenes según los ámbitos a los que pertenecen: arte, literatura, arquitectura, historia, gastronomía, turismo, tradiciones, etc.
2. Analiza el mensaje de la ilustración: ¿cuáles son los aportes de España a la cultura europea?
3. Comenta si te parece lograda la ilustración. ¿Qué otras imágenes habrías agregado que representen a España y a su cultura?

Competencia intercultural

1a ¿Con qué imágenes se debería representar a Alemania en el folleto? Discutid en grupos y poneos de acuerdo.

1b ¿A qué ámbitos (arte, literatura, arquitectura, historia, gastronomía, turismo, tradiciones, etc.) pertenecen las imágenes que habéis elegido?

1c Comparad vuestras imágenes con las que se han elegido para representar a España. ¿Qué diferencias hay?

Punto final

Expresión escrita

Redactar textos creativos → p. 245

2 Transforma la ilustración de España en un texto para una guía turística. Podéis organizar la información por ámbitos, por regiones, etc.

ESPAÑA

= 504 800 km^2

= 46 087 000

1986

Un día en Barcelona

Acercarse al tema

Imagina que pudieras pasar un día entero en Barcelona: ¿qué harías?

El texto

Textos narrativos
→ p. 249

OPCIÓN (A) Comprender un texto autobiográfico

1 Resume la información principal sobre el narrador en la primera parte del texto (ll. 1–65).
2 Explica qué diferencias culturales le llaman la atención al narrador en España (ll. 1–65).
3 Lee el texto hasta el final y compara las impresiones del narrador con las de la primera parte de texto.

OPCIÓN (B) Analizar el estado de ánimo del narrador de un texto autobiográfico

1 Presenta brevemente al narrador.
2 Analiza cómo se desarrolla el estado de ánimo del narrador. Ten en cuenta las palabras e imágenes que utiliza para describir sus impresiones y sentimientos.

El narrador del siguiente fragmento, Daniel Brühl, es hijo de un director de televisión alemán y de una profesora española de Barcelona.

El estadio Camp Nou

Mi primera visita a un estadio fue probablemente la culpable de mi contagio eterno. Cuando yo tenía ocho años, en 1986, el Barça jugó los octavos de final de la Copa de la UEFA contra el Bayer Uerdingen. Jamás olvidaré aquel día.

Cuando mis padres tenían que ir a España por trabajo, la escuela me daba permiso para viajar antes de que empezaran las vacaciones, cosa que ocurría a veces, y en mi fuero interno me alegraba ver cada vez la envidia de mis compañeros de clase, que tenían que seguir yendo unos cuantos días más al colegio. Por eso intentaban meterse conmigo, diciéndome que otra vez se «deshacían de mí», mandándome a España, pero a mí eso no me molestaba, porque la aventura estaba siempre garantizada.

Aquel año en cuestión mi padre tenía que rodar un documental sobre los reinos moros, por lo que siguió en coche con mi madre hacia el sur, hasta Córdoba. A mí, en cambio, me dejaron en Barcelona al cuidado de mi tío Juan.

Era invierno, y resulta que me tocó vivir la estación fría de España, lo cual no fue curioso, ¡sino agobiante! ¿Por qué? Cada vez que quería salir a la calle, a mis parientes les entraba el típico pánico español a los resfriados y me abrigaban como si fuese a enrolarme en una expedición al Polo Norte. Leotardos de lana que me picaban y odiaba más que a nada en el mundo, botas de nieve Moon-Boots, tres capas de ropa para la parte superior del cuerpo, más un plumífero, un gorro por el que sólo asomaba media cara, y manoplas, con las que no podía agarrar nada; así me mandaban a la calle… ¡con doce grados!

Soltando tacos en voz baja y sudando como un cerdito, caminaba junto a mi tía mientras trataba de explicarle, desesperado, que lo que ellos consideran invierno, para nosotros, en Alemania, son temperaturas primaverales con las que salimos por ahí en manga corta. Pero no había nada que hacer.

«Uy, no, te vas a constipar», dijo ella. Y así, como una cebolla gorda, me abrí paso por las calles con luces de colores y los grandes almacenes, donde la calefacción estaba demasiado alta, y me extrañó que los demás niños no parecieran quejarse, a pesar de que llevaban el mismo uniforme de invierno que yo.

Lo que más me habría gustado es armar una revolución. Mi tía notó claramente mi malhumor y me contó que en España los niños no reciben los regalos de Navidad hasta el día de Reyes, o sea, el 6 de enero. Si me portaba bien, seguro que los Reyes me traerían algo chulo. [...]

También mi tío se dio cuenta de lo decaídos que estaban mis ánimos. [...] Bueno —empezó a decir con su voz sonora, en la que se percibía claramente un marcado acento catalán—, hoy no has tenido un buen día, así que algo tenemos que hacer, ¡o no querrás venir nunca más a casa! [...]

Para que se sintiera mejor, esa misma tarde su tío Juan lo lleva a un partido del FC Barcelona.

Mientras nos dirigíamos a las escaleras del estadio para ir a nuestros asientos, me dijo solemne:

—*Benvingut al Camp Nou.*

Bienvenido al Camp Nou.

En ese preciso instante se me puso la piel de gallina en todo el cuerpo. Nunca había visto algo así. Es verdad que había seguido muchos partidos de fútbol en la tele, pero eran de risa comparados con aquello. ¡Estaba en un coliseo! Daba la impresión de que las tribunas llegaban casi hasta el cielo, seguramente desde allí arriba el terreno de juego parecía enano; desde abajo, el estadio, inmenso. Nunca había visto a tanta gente junta, como mucho durante el carnaval de Colonia, pero no reunida en un mismo recinto. Me volví como loco cuando sonó el himno del Barça. Aunque no entendía ni papa de la lánguida canción, me uní al canto en el «Barça, Barça, Baaaaarça», sintiéndome ya parte del todo.

Me alegré de que mi madre fuese de esta ciudad y de que, en consecuencia, yo pudiese estar aquí, en el segundo estadio más grande del mundo, como me explicó mi tío. El estadio tiene cabida para cien mil personas. Se lo contaría a mis amigos alemanes, con pelos y señales, además. [...]

—Ya estás perdido. ¡Ahora no querrás perderte ningún partido de tu equipo!

Esta frase [de mi tío] hizo que me sintiera tremendamente orgulloso.

Daniel Brühl: Un día en Barcelona © Ediciones Urano, Barcelona 2012

8 **el contagio** *aquí* el entusiasmo 9 **el Barça** el Fútbol Club Barcelona 10 **los octavos de final** Achtelfinale 16 **en mi fuero interno** *etwa* im tiefsten Inneren 20 **meterse con alg.** *hier* jdn. aufziehen 21 **deshacerse de alg.** jdn. loswerden wollen 25 **los reinos moros (en España)** maurische Königreiche (711–1492) 29 **la estación** Jahreszeit 31 **agobiante** *hier* nervig 32 **el/la pariente** Verwandte/r 33 **el resfriado** Erkältung 33 **abrigar a alg.** ponerle mucha ropa a alg. 34 **enrolarse en** participar en 35 **los leotardos de lana** Wollstrumpfhose 35 **picar** *hier* kratzen (Wolle) 38 **el plumífero** Daunenjacke 39 **asomar** *aquí* ser visible 39 **los manoplas** Fausthandschuhe 40 **agarrar a/c** etw. greifen 42 **soltar tacos** fluchen 42 **sudar** schwitzen 44 **desesperado/-a** verzweifelt 47 **en manga corta** mit kurzen Ärmeln 48 **constiparse** sich einen Schnupfen holen 51 **extrañar** *aquí* sorprender 52 **a pesar de que** aunque 59 **chulo/-a** bonito/-a 60 **decaído/-a** antriebslos 69 **solemne** feierlich 72 **ponérsele la piel de gallina a alg.** Gänsehaut bekommen 76 **el coliseo** Kolosseum 79 **enano/-a** *aquí* muy pequeño/-a 82 **el recinto** *aquí* el lugar 83 **no entender ni papa** no entender ni una palabra 84 **lánguido/-a** schleppend 91 **contar con pelos y señales** contar con todos los detalles 96 **orgulloso/-a** stolz

Expresión escrita

Redactar textos creativos → p. 245

1 «También mi tío se dio cuenta de lo decaídos que estaban mis ánimos» (ll. 60–61). Ponte en el lugar del narrador y escribe un monólogo interior: ¿qué se le pasaba por la cabeza en aquel momento?

Competencia intercultural

2a ¿Conoces una situación en la que haya habido un malentendido o un conflicto por una diferencia cultural? Cuenta la anécdota y cómo se solucionó.

2b Explica las posibles ventajas y desventajas de crecer entre dos o varias culturas.

Muévete por Europa

Acercarse al tema

¿Te gustaría salir de tu país y «moverte por Europa»? Explica adónde y por qué.

El texto

Textos informativos → p. 255

OPCIÓN (A) Comprender y comentar un reportaje

1 Describe el programa «Erasmus».
2 Explica el título del texto.
3 Comenta las experiencias de Alberto Bernal en Alemania.

OPCIÓN (B) Analizar la postura del autor de un reportaje

1 Resume la información sobre Alberto Bernal.
2 Analiza cómo el autor del texto presenta el programa «Erasmus».

«Soy el Peter Pan de los Erasmus»

Cuando se fue de Erasmus a Stralsund, una pequeña ciudad al norte de Alemania, Alberto Bernal no tenía ni idea de alemán, más allá del «guten Abend». Lo cierto es que cuando terminó la beca, nueve meses después, tampoco. El idioma lo aprendería unos años más tarde, pero esa sensación de haber vivido lo mejor de su vida que se les queda a muchos estudiantes que participan en este programa, la notó rápido. Tanto, que no quiso que terminara y, poco después de regresar a España, volvió a Alemania para quedarse. Bernal, ilicitano de 28 años, es uno de los casi tres millones de estudiantes que han participado en el programa Erasmus desde su nacimiento, hace ahora 25 años. Es una experiencia que este año vivirán unos 42.000 universitarios españoles, lo que lo convierte en el país con más becarios de la Unión Europea.

Cuando Bernal solicitó la beca su idea era irse al Reino Unido a aprender inglés. Pero no consiguió este preciado destino y tuvo que conformarse con la pedrea que se reparten los estudiantes a quienes no les ha tocado ninguna de las universidades que pidieron. Pero a la larga, como suele suceder en estos casos, se alegró. «Es una experiencia increíble. Conocí a gente de todos los países, a chicas de todos los colores. Cuando regresé a España no estaba en mi sitio. No sabía dónde estaban mis amigos. Sentí un vacío». En parte se lo causó la ausencia de una de esas mujeres que conoció, la que es ahora su novia, que se quedó allí. Dos meses en Alicante buscando trabajo como ingeniero le bastaron para recapacitar, volver y, a la larga, encontrar un empleo con unas condiciones «mucho mejores de lo que encontraría en España».

La mejora de la empleabilidad es uno de los hechos «demostrados» tras una beca Erasmus, según explica Xavier Prats, de la Dirección General de Educación y Cultura de la Comisión Europea. «Pero no el único. Además de los beneficios para el estudiante, su cualificación y su formación en el sentido más amplio, estas becas queremos que repercutan positivamente en las universidades, que se modernizan gracias a su cooperación». Y hay un tercer eje, menos cuantificable: «La perspectiva europea aumenta mucho. No hay nada que sea mejor como antídoto para xenofobia y exceso de nacionalismo que conocer otras cosas». Es lo que le pasó a Bernal con los alemanes: «No tienen nada que ver con la idea que yo tenía de ellos». Gracias al padre de una amiga consiguió hacer unas prácticas en una empresa de lo que en España sería la ITV. Fue su primera experiencia laboral allí y lo que le serviría para ir soltándose con el idioma. «Acabaron tratándome casi como a uno de la familia», relata.

Igual que Bernal, las becas Erasmus también evolucionan. El programa presupuestado entre 2014 y 2020 prevé que cinco millones de estudiantes lo disfruten. Y agrupará bajo un mismo nombre todos los programas: los de estudiantes universitarios, de formación profesional, los de alumnos de máster o de prácticas en empresas y profesores. En este mapa de becas, España es el país favorito. Durante el curso escolar 2009 – 2010, recibió 35.389 estudiantes, con lo que superó a Francia (26.141) y Reino Unido (22.650).

La vuelta a su país es algo que a Bernal le gustaría, pero en el largo plazo. «Cuando tenga la experiencia suficiente para ir a un puesto importante en una empresa», afirma. Ahora, se ve como el becario que no quiso que su sueño se acabara. «Soy el Peter Pan de los Erasmus», dice, aunque su vida ya poco tiene que ver con la que inició en Alemania hace tres años y medio.

© Pablo Linde, en El País, 25/1/2012

6 **la beca** Stipendium 13 **ilicitano/-a** *adj.* habitante de Elche (ciudad cerca de Alicante) 22 **preciado/-a** popular 23 **la pedrea** *aquí* el resto 29 **no estar en su sitio** *etwa* sich fehl am Platz fühlen 31 **la ausencia** la falta 34 **recapacitar (sobre) a/c** pensar en a/c, reflexionar sobre a/c 38 **la empleabilidad** la probabilidad de encontrar un empleo 45 **repercutar en a/c** tener efecto sobre a/c 47 **el eje** *aquí* el aspecto 47 **cuantificable** messbar 49 **el antídoto** Gegenmittel 56 **la ITV** la Inspección Técnica de Vehículos (spanischer TÜV) 57 **soltarse con el idioma** *aquí* comunicarse en alemán 62 **prever a/c** etw. voraussehen 72 **en el largo plazo** *aquí* más tarde

Comprensión auditiva

7

Comprensión auditiva
→ *p. 239*

1a Escucha el reportaje de radio y resume brevemente de qué trata.

1b Vuelve a escuchar y relaciona cada una de las siguientes frases con uno de los estudiantes:
- «Erasmus es un programa contra la intolerancia».
- «Erasmus fomenta la emancipación de los becarios».
- «Erasmus ayuda a construir Europa».
- «La mayor ventaja del programa Erasmus, es que aprendes otra lengua».

1c Escucha de nuevo y apunta la información que justifica tus respuestas en 1b.

Expresión oral

2 Explica y comenta la frase: «No hay nada que sea mejor como antídoto para xenofobia y exceso de nacionalismo que conocer otras cosas» (ll. 49 – 51).

3 Describe el cartel y el efecto que produce en ti.

Carteles
→ *p. 258*

Unión Europea, 2012

Sombras en el tiempo

Acercarse al tema

Lee la siguiente información sobre el catalán, luego resume su situación a lo largo de la historia.

Info: el catalán

siglo XII Primeros textos encontrados escritos en catalán
1704–1714 Guerra de Sucesión a la corona española: exclusión del catalán del uso oficial
siglo XIX Renacimiento del catalán en la literatura y la prensa. Creación de diccionarios y ortografías
1932 Estatuto de autonomía: el catalán se vuelve lengua oficial
1939–1975 Dictadura de Franco: prohibición del catalán en escuelas, periódicos, radio, televisión, cine y en cualquier documentación oficial
1978 Constitución española: reconocimiento de la pluralidad lingüística (Artículo 3 de la Constitución, p. 52)
1983 Ley de Normalización Lingüística: el Parlamento catalán apoya el uso del catalán en escuelas, medios de comunicación institucionales y en la administración

Distribución del catalán

El texto

Textos narrativos → p. 249

OPCIÓN Ⓐ Ponerse en el lugar de un personaje literario

1a Formad grupos de cuatro y repartid los roles de Úrsula, María, Jordi y un/a narrador/a.
1b El/la narrador/a describe la situación, presenta a los tres personajes (edad, origen, condiciones de vida, etc.) y explica la relación entre ellos.
1c Cada personaje se presenta a sí mismo (ideas, esperanzas, sentimientos), dice lo que piensa sobre los otros dos y opina sobre cómo va a continuar la historia.

OPCIÓN Ⓑ Captar el ambiente de un texto literario

1 Describe la casa en la que va a trabajar Úrsula.
2 Nombra los elementos que sitúan el texto a mitades del siglo XX.
3 Comenta el comportamiento de María.
4 Explica por qué Jordi parece ser «un aliado» de Úrsula.
5 Comenta el papel que desempeña la lengua catalana en el texto.

En 1949, durante la época franquista, la joven Úrsula ha emigrado a Barcelona para buscarse una vida mejor de la que llevaba en Murcia. Al llegar, se presenta en la casa donde va a trabajar como criada.

La casa era preciosa. […] Preciosa de verdad. […] Y luego estaban las habitaciones, con sus camas, sus cómodas, sus tocadores, sus armarios. Dejó de contarlas. Parecía que allí vivieran al menos cinco familias como la suya, y sólo eran tres personas: el señor, la señora y el niño. […]

—Ésta es la cocina…

Úrsula volvió a descolgar la mandíbula inferior. ¡La cocina era más grande que su casa del pueblo y que las de sus vecinos juntas!

—Todo lo que no sepas o no entiendas, lo preguntas, sin problema. Nada de manejar un aparato sin conocer su funcionamiento o su función. […] Entiendo que eres muy joven, casi una niña, pero mira, después de mis últimas experiencias con el servicio, prefiero enseñarte a que vengas ya con malos hábitos de otras casas en las que hayas podido servir. ¿Recuerdas mi nombre?

—María, para servirla.

—Bien. Muy bien. Buena memoria. Él es Jorge y mi marido se llama Enrique.

—Hola —dijo el niño.

—Tanto gusto, señorito.

—Mamá, ¿tiene que llamarme señorito?

—Si no te gusta, no, tesoro. Lo que tú digas.

—Entonces Jorge, y nada de usted.

Su madre le miró por encima de las gafas, pero no puso ningún reparo. Continuó encabezando la expedición por las entrañas del enorme piso. El lavadero, el retrete, el aseo, la galería, los trasteros, la despensa…

—¿Todo eso es comida? —no pudo contenerse.

—Sí.

—Válgame el cielo.

—¿Pasabas mucha hambre en el pueblo?

—No mucha —le dio vergüenza decir la verdad—, aunque… Bueno, lo que es que aquí hay tanto que… […]

—¿Cómo prefieres que te llamen, Ursu, Lina, Ursulina…?

—Úrsula. Todos me han llamado así siempre.

La señora parpadeó un par de veces. —Oh —dijo—. Bien, si lo prefieres…

Jorge seguía mirándola fijamente.

—Ahora lo primero que has de hacer es aprender el catalán —proclamó como si tal cosa la dueña de la casa—. Cuanto antes lo sepas, mejor. Así que yo voy a hablarte en catalán, y tú te esforzarás en comprenderlo. Un día me lo agradecerás.

—¿Cómo dice?

—Estás en Cataluña, ¿no? Pueden prohibirlo todo lo que quieran, que aquí, en casa, se habla el catalán.

—Pero señora, yo… Bueno, que no entiendo…

—Ah. —La mujer levantó las dos manos, como si la apuntaran con una pistola—. Verás cómo no es difícil. Otra cosa es la pronunciación, o el acento, pero entenderlo… En unos días lo tienes cogido. Así que para empezar… Algo sencillo, *vinga, posa la taula*.

Y tras decirlo salió de la sala complacida y feliz.

Úrsula se quedó mirando su estela con el corazón en un puño.

—No te preocupes, yo te ayudaré —le susurró Jorge.

—Pero usted no siempre estará aquí, señorito.

—Si me llamas de usted o señorito te dejo sola.

—No, no, espere… digo, perdón, espera. —Lo retuvo sujetándolo por un brazo—. ¿Qué ha dicho?

—Que pongas la mesa. […]

¿Que la ponga… dónde? ¿Cómo voy a [illegible]?

Jorge contuvo una carcajada ante su tribulación.

—Poner la mesa es preparar la mesa: colocarle el mantel, las servilletas, los cubiertos, los vasos, los platos… Todo lo tienes ahí, en el aparador. Tú ve abriendo cajones.

La voz de su madre le llegó desde el pasillo.

—Jordi, que t'estic escoltant…

—No li dic res, mama, només que obri l'aparador i ho vagi trobant tot.

Úrsula empezó a sentir dolor de estómago.

—Me va a despedir en dos días —lamentó.

—No seas tonta —le reprochó el niño mientras abría un cajón y empezaba a sacar utensilios de su interior—. ¿Ves? El tenedor es la *forquilla*, el cuchillo es el *ganivet*, la cuchara es la *cullera*, el vaso es el *got*, el plato el *plat* y la servilleta el *tovalló*. La mayoría se parecen mucho.

—Jordi!

—Vaig, mama!

Le guiñó un ojo y echó a correr pasillo arriba.

Un aliado. Un aliado inesperado aunque de apenas doce años que la miraba de una forma insistente, nada prometedora. Úrsula suspiró.

Jordi Sierra i Fabra: Sombras en el tiempo © Random Mondadori House, Barcelona 2011

3 **el/la criado/-a** Hausangestellte/r 6 **el tocador** *hier* Frisiertisch 11 **descolgar la mandíbula inferior** jdm. klappt der Unterkiefer herunter 15 **manejar a/c** etw. bedienen 20 **el hábito** Angewohnheit 28 **el tesoro** Schatz 31 **poner reparo/s a a/c** Einwand gegen etw. erheben 31 **encabezar** ir por delante 32 **las entrañas** *pl. fig.* Eingeweide 33 **el lavadero** Waschküche 33 **el retrete** WC 33 **el aseo** *aquí* el cuarto de baño 33 **el trastero** Abstellkammer 34 **la despensa** Speisekammer 35 **contener(se)** (sich) zurückhalten, beherrschen 37 **Válgame el cielo** Du lieber Himmel! 39 **dar vergüenza (a/c a alg.)** (sich für etw.) schämen 45 **parpadear** blinzeln 48 **haber de + *inf.*** tener que + *inf.* 49 **proclamar a/c** etw. verkünden 49 **como si tal cosa** *etwa* einfach so, mit der größten Leichtigkeit 49 **el/la dueño/-a** Eigentümer/in, Herr/in 51 **esforzarse** sich bemühen 58 **apuntar a alg.** auf jdn. zielen 63 **complacido/-a** satisfecho/-a 64 **la estela** Spur 65 **el puño** Faust 70 **sujetar a alg.** jdn. festhalten 73 **la carcajada** Lachanfall 73 **la tribulación** el sufrimiento 75 **el mantel** la tela que se pone sobre la mesa 76 **el aparador** el armario donde están los platos, los vasos, etc. 77 **el cajón** Schublade 83 **lamentar** quejarse 84 **reprochar a/c a alg.** jdm. etw. vorwerfen 92 **guiñar un ojo (a alg.)** jdm. zuzwinkern 92 **echar a correr** empezar a correr 93 **el/la aliado/-a** Verbündete/r 93 **apenas** *hier* gerade mal 94 **insistente** eindringlich 95 **suspirar** seufzen

La política lingüística en Cataluña

Acercarse al tema

Estadísticas → p. 259

En regiones bilingües como Cataluña, se discute el tema de qué idioma/s se debería/n usar en los institutos y universidades. Presenta los gráficos y coméntalos con respecto a esta cuestión.

Lengua de identificación de los ciudadanos en Cataluña

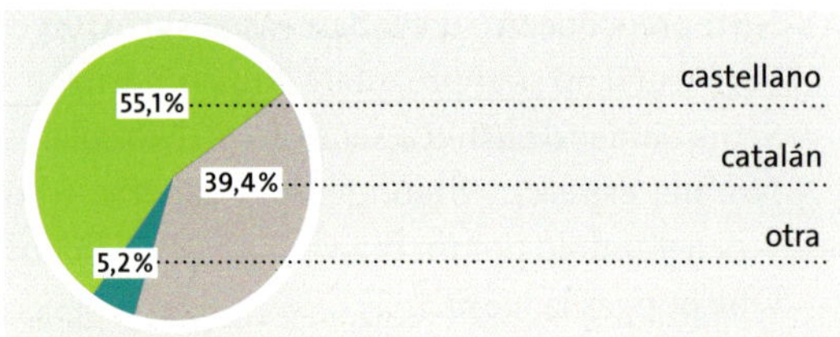

© FUNDACC, 2010

Conocimiento del catalán en Cataluña

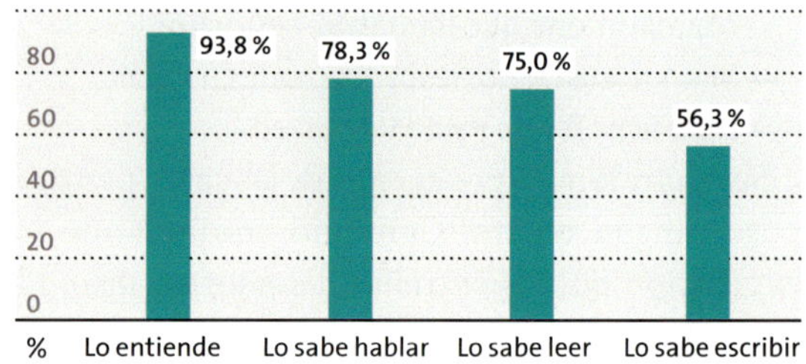

Fuente: Instituto de Estadística de Cataluña, 2008

El texto

Comentarios → p. 255

B3 Recursos estilísticos → p. 250

OPCIÓN (A) Sacar información objetiva de un texto subjetivo

1. Define el sistema de inmersión lingüística en Cataluña: ¿qué es y cómo funciona?
2. Compáralo con la información que da el texto sobre los sistemas en otras regiones bilingües de Europa.

OPCIÓN (B) Analizar el punto de vista de una autora

1. Indica el mensaje del texto.
2. Enumera los argumentos que la autora presenta para justificar su posición.
3. Localiza algunos recursos estilísticos y explica su función en el contexto.

El objetivo prioritario de las escuelas debería ser el de reflejar la realidad bilingüe de Cataluña

El sistema educativo catalán es, desde hace tiempo, criticado encendidamente por unos y defendido a ultranza por los otros porque en él se usa una sola lengua vehicular, el catalán. Como es bien sabido, esta es la lengua en la que se desarrolla toda la actividad escolar y el español es enseñado como asignatura durante tres horas a la semana. El llamado sistema de inmersión es considerado por la *Generalitat* el sistema-único-posible para todos los alumnos catalanes. Sin embargo, ¿cuáles son los intereses de los alumnos? ¿Cuáles son sus necesidades lingüísticas? ¿Qué es más útil para ellos? ¿Qué es más enriquecedor? ¿Cuál es el deseo de la mayoría de alumnos, el conocer y saber usar bien una lengua o las dos? Tal vez ha llegado la hora de pensar en los alumnos y en lo que es mejor para ellos.

Si analizamos la cuestión objetivamente, parece claro que las necesidades lingüísticas de los alumnos catalanes pasan por el aprendizaje sólido y en profundidad de ambas lenguas, el catalán y el español. Para poder realizar un aprendizaje de ambas lenguas oficiales en condiciones y de manera equitativa para todos los alumnos, estos deberían poder aprender ambas lenguas en la escuela (y no una en la escuela y la otra en la calle), recibiendo asignaturas en ambas, familiarizándose con la terminología académica de ambas y disponiendo del espacio para realizar trabajos escritos y presentaciones orales en ambas. El objetivo prioritario de las escuelas debería ser el de reflejar la realidad bilingüe de Cataluña y equipar a los alumnos para desenvolverse adecuadamente en ella.

El sistema de inmersión que se practica en Cataluña es único en Europa. Ninguna otra comunidad bilingüe de Europa lo ha implementado. Todas ellas han optado por uno de estos dos modelos: una doble red de escuelas, como por ejemplo Gales, con una red de escuelas en galés y otra en inglés, o el modelo de escuela bilingüe o trilingüe, como Luxemburgo, donde todas las escuelas imparten la educación en las tres lenguas del país. Nadie nos quiere explicar por qué en Cataluña se ha optado por un modelo monolingüe obligatorio para todos los alumnos, inédito en el resto de Europa. ¿Qué razón pedagógica hay? Nos tememos que ninguna, que el motivo es de otro orden, el de siempre: político.

1 **el objetivo** Ziel 1 **prioritario/-a** más importante 2 **reflejar a/c** etw. widerspiegeln 5 **encendido/-a** *fig.* brennend, stark 6 **a ultranza** aufs Äußerste 7 **la lengua vehicular** Verkehrssprache 8 **desarrollarse** sich entwickeln, *hier* ablaufen 12 **la *Generalitat*** el Gobierno de Cataluña 16 **enriquecedor/a** bereichernd 24 **la profundidad** Tiefe, *hier* Gründlichkeit 26 **ambos/-as** los/las dos 27 **equitativo/-a** justo/-a 30 **familiarizarse con a/c** sich mit etw. vertraut machen 31 **la terminología** el vocabulario 32 **disponer de a/c** tener a/c, poseer a/c 35 **equipar a alg.** jdn. ausstatten 36 **desenvolverse** sich entwickeln, zurechtkommen 36 **adecuado/-a** angemessen 39 **único/-a** einzigartig 40 **implementar a/c** introducir a/c 43 **Gales** Wales 43 **galés** Walisisch (Sprache) 46 **impartir (clases)** dar (clases) 48 **optar por a/c** decidirse por a/c 49 **inédito/-a** desconocido/-a, no común

Comprensión audiovisual

1a Mira el cartel «Encomana[1] el català!» de la *Generalitat de Catalunya* y formula hipótesis sobre el objetivo de esta campaña.

1b Mira el vídeo de la campaña:
- Describe la situación que se muestra.
- Interpreta el comportamiento y el estado de ánimo de las personas.
- Comenta el efecto de la música.

1c Comprueba si tu hipótesis de 1a ha sido correcta.

1 **encomanar a/c** contagiar, propagar a/c

© Generalitat de Catalunya, 2010

Carteles → p. 258

Vídeo

Vídeos → p. 256

Expresión escrita

2 Escribe un comentario para un foro de Internet en el que se discute el sistema de inmersión lingüística que se practica en los institutos de Cataluña. Ten en cuenta las estadísticas de *Acercarse al tema,* la información del texto de Mercè Vilarrubias, de la campaña «Encomana el català!» de la *Generalitat de Catalunya* y del recuadro sobre el catalán de la página 48.

Punto final

Escribir un comentario → p. 243

¿Identidad regional o identidad nacional?

Acercarse al tema

Describe la situación lingüística de España. Básate en el mapa y añade más información, si la tienes.

Artículo 3 de la Constitución Española

1. El castellano es la lengua española oficial del Estado. Todos los españoles tienen el deber de conocerla y el derecho de usarla.
2. Las demás lenguas españolas serán también oficiales en las respectivas comunidades autónomas [...].

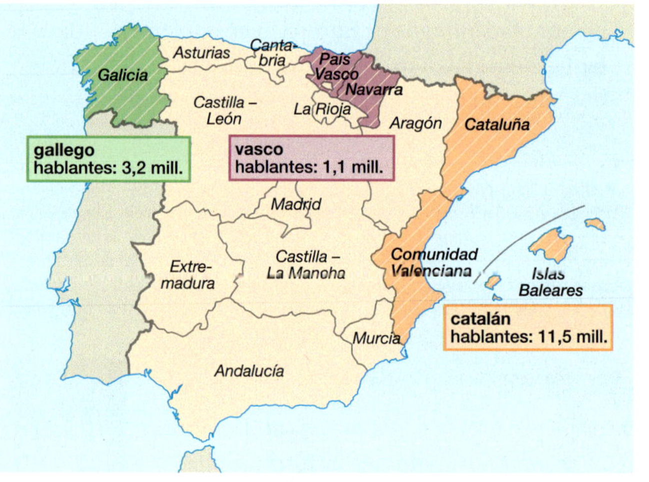

Las estadísticas, la foto y el cómic

Estadísticas → p. 259
Cómics → p. 258
Fotos → p. 257

OPCIÓN Ⓐ Relacionar información de diferentes tipos textuales

1. Resume la información de las estadísticas.
2. Describe e interpreta el cómic.
3. Relaciona el cómic con las estadísticas y la foto.

OPCIÓN Ⓑ Comentar diferentes tipos de texto sobre el mismo tema

1. Define lo que es para ti «la identidad».
2. Describe las estadísticas sobre las identidades nacionales en España.
3. Explica cómo se manifiesta «la identidad» en el cómic y en la foto. Coméntalo.

Identidades nacionales en España

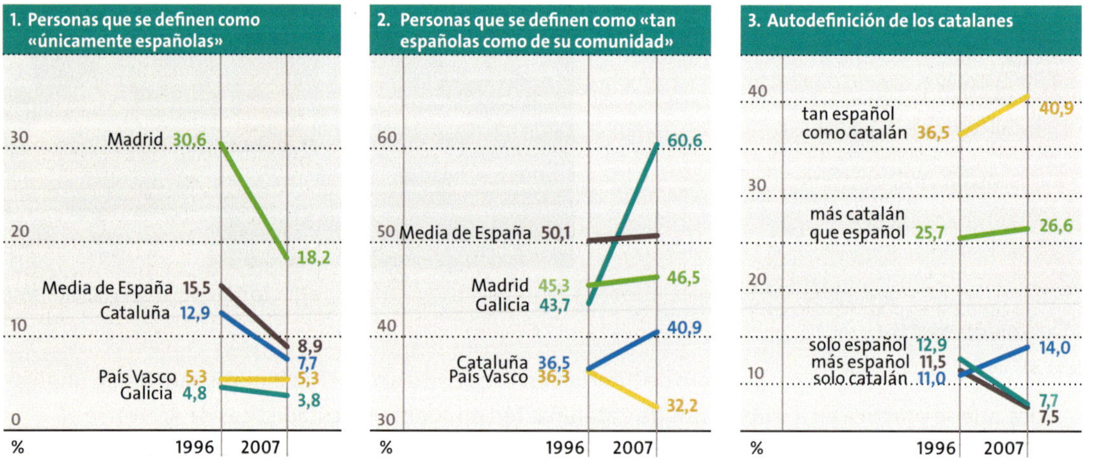

Fuente: Centro de Investigaciones Sociológicas, 2007

11 de septiembre: la fiesta oficial de Cataluña. Cada vez más catalanes se manifiestan a favor de una Cataluña independiente.

largarse abhauen • **la cadena** Kette

Expresión oral

1 Expón cuál es la relación entre «la identidad» y «la lengua», según tu opinión.

Los bancos de tiempo en Cataluña

Acercarse al tema

Fotos → *p. 257*

Mira la foto que ilustra el reportaje que estás por leer y explica qué impresiones de la cultura catalana transmite.

El texto

Textos informativos → *p. 255*

OPCIÓN Ⓐ Resumir un artículo periodístico a partir de su vocabulario temático

1a Busca en el texto los sustantivos que pertenecen
- a la economía,
- a la vida social.

1b Compara tus resultados con los de tu compañero/-a y completa tus apuntes.

2 Con la ayuda de tus apuntes, explica el fenómeno socioeconómico que trata el texto.

OPCIÓN Ⓑ Describir y comentar un fenómeno social

1 Define lo que es un «banco de tiempo».

2 Enumera cuáles son los servicios más solicitados.

3 Indica qué personas participan en el sistema.

4 Comenta el hecho de que la popularidad de los «bancos de tiempo» siga aumentando.

5 Expresa tu opinión: ¿te podrías imaginar participar en un banco de tiempo?

La economía del favor por favor

Un mercado alternativo ha surgido gracias a la solidaridad ciudadana. Su divisa es la hora y su máxima, el favor por favor. Los bancos de tiempo crecen y ya se han configurado como un sistema financiero alternativo a través de sus redes de intercambio de servicios.

Arreglar un ordenador, coser los bajos de un pantalón o cambiar una bombilla ya no tienen por qué suponer una inversión de dinero. En los tiempos que corren, los sistemas de trueque vuelven a cobrar sentido.

Los usuarios disponen de un talonario de tiempo gestionado por la secretaría de su banco. Por una hora de dedicación a los demás, les corresponden 60 minutos para disponer de la ayuda de alguien. «No importa lo que intercambies, sino el tiempo que dedicas a ello», explica la coordinadora nacional de la red de bancos de tiempo, Josefina Altés.

Aunque actividades como aprender idiomas, asesoramiento en las nuevas tecnologías o el consumo responsable comienzan a aumentar su demanda, las labores del manitas que arregla las chapuzas domésticas y la compañía o atención personal a algún usuario siguen siendo las necesidades más reclamadas. «Hay muchas personas solas y los bancos de tiempo les pueden aportar mucho. A mí, por ejemplo, me cubren todas mis necesidades de acompañamiento y yo, a cambio, ofrezco clases de cosmética natural», relata Rosa Venavides, una cliente invidente.

Lo que empezó en 1998 como una iniciativa de las mujeres del barrio barcelonés del Guinardó, que se hacían favores domésticos entre ellas para conciliar su vida personal y profesional, se ha convertido en una red de espacios de sociabilidad en los que gente de todas las edades intercambia numerosos servicios comunitarios. «Yo calculo que habrá cerca de 8.000 usuarios en Cataluña», aclara Altés.

El auge de los bancos de tiempo en Barcelona ya ha impulsado la expansión de esta iniciativa más allá de las comunidades de vecinos. La asociación Salud y Familia ha emprendido un nuevo proyecto para trasladar este sistema de trueque solidario a los colegios: «La aplicación de la

También las clases de sardana se ofrecen en el banco de tiempo del barrio Bon Pastor en Barcelona. La sardana es una danza tradicional de Cataluña que consiste en cogerse de las manos y bailar en ronda.

red de intercambios escolares ha servido para reconocer los valores individuales y mejorar la convivencia en la clase porque no se puede excluir a nadie y todos aprenden a conocerse mejor», manifiesta Altés. «Los bancos mejoran la autoestima de las personas y favorecen, además, la inclusión social, la igualdad y el reconocimiento». Sergi Alonso, cliente del banco de tiempo de Gràcia, lleva dos años ofreciendo labores de asesoría informática a los vecinos del barrio: «Lo más interesante es que nos tratamos con igualdad. No tienes exigencias pero, tanto dando como recibiendo, tienes el mismo compromiso de hacer las cosas bien».

2 **surgir** nacer, empezar a existir 3 **la divisa** Währung 4 **la máxima** Maxime, Leitspruch 6 **a través de** durch, mittels 8 **coser a/c** etw. nähen 9 **la bombilla** Glühbirne 10 **la inversión** Investition 10 **en los tiempos que corren** hoy en día 11 **el trueque** Tauschhandel 12 **cobrar sentido** Sinn bekommen 13 **disponer de a/c** tener a/c 13 **el talonario** Scheckheft 14 **gestionar a/c** etw. verwalten 15 **la dedicación** Widmung 22 **el asesoramiento** Beratung 23 **la demanda** Nachfrage 24 **el manitas** *etwa* geschickter Mensch 25 **la chapuza doméstica** kleinere häusliche Arbeit 27 **reclamar a/c** etw. verlangen, nachfragen 28 **aportar** ser útil 32 **invidente** que no puede ver 36 **conciliar** vereinbaren 42 **el auge** Aufschwung 45 **emprender a/c** iniciar a/c 46 **trasladar a/c** etw. übertragen 53 **la autoestima** Selbstwertgefühl 54 **la inclusión** la integración 56 **Gràcia** distrito municipal de Barcelona 57 **la asesoría informática** Beratung in Computerangelegenheiten 59 **la exigencia** Forderung, Anspruch 60 **el compromiso** Verpflichtung

Expresión oral

1 Explica la siguiente frase del texto: «La aplicación de la red de intercambios escolares ha servido para reconocer los valores individuales y mejorar la convivencia en la clase porque no se puede excluir a nadie y todos aprenden a conocerse mejor» (ll. 47–52).

2 En clase, cread vuestro propio banco de tiempo ficticio:
- Cada uno/-a anota tres o más favores que podría ofrecer y otros tres que le gustaría solicitar.
- Dos alumnos/-as hacen de secretarios/-as, gestionan los talonarios y elaboran una lista con las necesidades, las ofertas y las personas correspondientes.
- Entrad en contacto con las personas que pueden haceros un favor y hablad sobre lo que necesitáis/podéis ofrecer.

Pioneros del deporte urbano

Acercarse al tema

Fotos → p. 257

Comenta la imagen de Barcelona que transmiten las fotos del texto.

El texto

Textos informativos → p. 255

OPCIÓN (A) Retratar a los personajes de un reportaje

1. Resume en una frase la información esencial de cada párrafo.
2. Retrata a Marcos, Jaume y Soren, pioneros del deporte urbano en Barcelona.

OPCIÓN (B) Comprender y comentar un reportaje

1. Define el término «deporte urbano» y explica su atractivo para la gente que lo practica.
2. Describe la evolución de Barcelona y su población en relación al deporte urbano.
3. Explica y comenta las dos últimas frases del texto (ll. 81–83).

Esta es una de las historias no oficiales de la ciudad. Hace un cuarto de siglo, si uno quería una bici BMX que no se rompiera en un par de saltos, tenía que pedirla por correo a Estados Unidos. Los skateboards eran monopatines de plástico. Hasta los primeros 90 no llegaron las primeras tablas decentes de Santa Cruz. Y la gente se reía de los que cazaban olas en la Barceloneta.

Lo cuentan Marcos Heredia, Jaume Sala y Soren Manzoni, tres de los protagonistas de aquellos primeros años, pioneros de casa de una cultura alternativa y contestataria que ya caló entre las clases medias y ahora se presenta a modo de espectáculo familiar. Ahora y aquí hablan ellos.

«Hace un cuarto de siglo éramos bichos raros». «Ibas a surfear y tratabas de que nadie te viera con la tabla por el barrio. La gente se cachondeaba». «Ja, ja, ja...» «Somos muy cabezones, nos caemos cinco veces y nos levantamos siete, aunque ahora a estas edades los huesos ya duelen el doble». «Sí —siguen—... te decían: chaval, has visto demasiados episodios de *Los vigilantes de la playa*». «Y a mí, que adónde iba con una bici para niños pequeños». «Aún escucho cosas así cuando voy en skate a buscar al niño al colegio. Que si un hombre de cuarenta años queda ridículo en un monopatín, ¡pues mi hijo vacila entre sus compañeros de clase de que su padre es skater!» «Es una cuestión de identidad personal. Somos así. Lo llevamos dentro».

«El fútbol nunca me interesó. Ni los árbitros ni los equipos... Ni sus camisetas...» «Lo nuestro es la libertad. Sin reglas, límites, rivales... Es el freestyle. Descubrir los rincones de la ciudad que propician las mejores piruetas e ir más allá. Descubrir los que descubrieron otros y volar más alto. No importa si vas en BMX, skateboard, snowboard o surfeando. Es un ejercicio de superación personal,

un circense más difícil todavía, un nuevo modo de vivir el deporte y la ciudad».

Marcos, Jaume y Soren son tres muestras de un cambio cultural. Y miles y miles de aficionados les imitaban, querían grabar sus propios spots en las plazas de los Àngels, de la Universitat, de los Països Catalans… Llegaban en furgonetas Volkswagen desde las cuatro esquinas del planeta, y Barcelona se convirtió en referente mundial, alternativo y contracultural. Tras el 2000 llegan la saturación, los comportamientos incívicos, las restricciones y las multas, la competencia por el uso del espacio público, el conflicto vecinal aún no resuelto, el desmantelamiento de los últimos espacios acondicionados para la práctica de estos deportes, el vacío…

Ahí reside la gran contradicción de Barcelona: su nombre es sinónimo de ruedas de poliuretano y no tiene ni un skatepark propio de una gran ciudad. Y al tiempo que esta traumática y contradictoria popularización se extiende entre las clases medias, también se plantan las semillas de una incipiente y pequeña industria en manos de unos pocos jóvenes, algunos ya más crecidos.

Hoy día, Marcos, Jaume y Soren hacen de sus aficiones sus profesiones. Marcos Heredia fue hace cuatro años uno de los fundadores de Trickon, una red social para profesionales y aficionados de los deportes extremos con más de doce mil usuarios. Jaume Sala es responsable de distribución y logística de una de las más importantes empresas de España en la distribución de material BMX. Y Soren Manzoni es mánager de deportistas y encima pincha discos las noches de los lunes en la Sala Apolo, en las *Nasty Mondays Sessions*. Por qué salir de fiesta los sábados si los sábados sale todo el mundo. Mejor los lunes.

5 **el salto** Sprung 7 **el monopatín** el skateboard 8 **los primeros 90** principios de los años 90 9 **la tabla** *hier* Surfbrett 11 **cazar a/c** etw. jagen 11 **la ola** Welle 11 **la Barceloneta** barrio de Barcelona situado en la playa 17 **contestatario/-a** Protest- 17 **calar** *hier* eindringen, sich ausbreiten 20 **el bicho raro** *fig.* komischer Kauz 22 **cachondearse de alg.** burlarse de alg., reírse de alg. 23 **cabezón/cabezona** *adj.* dickköpfig 26 **el chaval** *fam.* el chico 27 **Los vigilantes de la playa** *Baywatch* (US-Fernsehserie) 32 **vacilar** *hier* Aufsehen erregen 36 **el árbitro** Schiedsrichter 39 **el rincón** Ecke, Winkel 39 **propiciar a/c** hacer posible a/c, favorecer a/c 43 **la superación** Überwindung 44 **el circense** *fig.* el espectáculo de circo 50 **la furgoneta Volkswagen** VW-Bus 52 **el referente** Bezugspunkt 54 **la saturación** Übersättigung 54 **incívico/-a** unzivilisiert 55 **la multa** (Geld-) Strafe 56 **vecinal** con los vecinos 57 **el desmantelamiento** la destrucción 59 **el vacío** Leere 61 **la rueda de poliuretano** Kunststoffrad (eines Skateboards) 64 **contradictorio/-a** widersprüchlich 64 **extenderse** sich verbreiten 66 **la semilla** Samen 66 **incipiente** beginnend 68 **crecido/-a** *aquí* adulto/-a 70 **la afición** Hobby 79 **pinchar discos** Platten auflegen (als DJ)

Expresión escrita

1 Vais a hacer un intercambio con un instituto de Barcelona. Tu futuro intercambio, Sofía, te ha contactado por e-mail y te ha contado que es aficionada del monopatín. Contéstale con un e-mail y preséntate. Escríbele también cómo ves el deporte urbano y cuéntale cuáles son tus propias aficiones.

Punto final

Escribir un e-mail → *p. 246*

El Guggenheim de Bilbao

Acercarse al tema

Fotos → p. 257

1 Describe una de las fotos de abajo y cuenta qué impresión te da.
2 Compara las dos fotos.

Bilbao en 1970 ...

... y hoy

El texto

Textos informativos → p. 255

OPCIÓN Ⓐ Extraer información de un artículo periodístico

1 Enumera en orden cronológico los acontecimientos descritos en el artículo.
2 Explica la importancia económica de la construcción del Guggenheim así como las consecuencias para los habitantes de Bilbao.
3 Explica el desacuerdo que existe sobre las exposiciones temporales del museo (ll. 50–64).

OPCIÓN Ⓑ Analizar un artículo periodístico

1 Lee el texto y formula un título para cada párrafo.
2 Analiza cómo el autor presenta el museo Guggenheim y justifica tus conclusiones con citas del texto.
3 Expresa tu opinión personal sobre las exposiciones temporales del museo (ll. 50–64).

El Guggenheim, símbolo de la transformación de Bilbao

El museo Guggenheim de Bilbao cumplió quince años de existencia, un periodo en el que el edificio diseñado por Frank Gehry se ha convertido en un icono de la arquitectura y en el símbolo de la transformación urbana de la capital vizcaína.

Bilbao era, a primeros de los noventa, una ciudad que se recuperaba de una durísima reconversión industrial. Habían caído los grandes altos hornos y Vizcaya necesitaba orientar el futuro de su economía.

La idea de levantar un museo Guggenheim en Bilbao —en Europa solo había uno en Venecia— se le ocurrió al Gobierno vasco apoyado desde la Diputación vizcaína.

Tuvieron que vencer bastantes reticencias, la primera, que costó veinte mil millones de pesetas de la época, 120 millones de euros. La segunda, que en una sociedad gris y fabril pocos veían el arte contemporáneo como un revulsivo económico.

El compromiso para construir el edificio se firmó en febrero de 1992 en Nueva York. El arquitecto elegido fue Frank Gehry.

Desde que fue inaugurado el 18 de octubre de 1997, su diseño exterior de curvas y titanio se convirtió en una obra de arte en sí misma con un éxito arrollador.

En su interior, dividido en tres pisos, el protagonismo es para el limpio y altísimo atrio y para la sala principal que alberga de manera permanente la «Serpiente» y el resto de enormes y torcidas planchas metálicas de Richard Serra.

La Serpiente

La «Serpiente», formada por tres chapas de acero curvas y paralelas de 30 metros de anchura por cuatro de altura, en cuyo interior juegan niños y mayores, es quizás la obra artística más importante del museo.

La muestra inaugural, en 1997, trajo a Europa lo mejor del Guggenheim de Nueva York, con obras de las vanguardias del XX como Picasso, Matisse o Mondrian y figuras del arte contemporáneo como Bacon o Jackson Pollock.

Desde entonces, las exposiciones temporales del museo han combinado las muestras ortodoxas dentro del arte contemporáneo, con exposiciones de Rauschenberg, Cristina Iglesias, Chillida o Mark Rothko, con otras criticadas por los puristas pero con una popularidad indiscutible.

Entre estas últimas, han destacado las dedicadas a los vestidos de Armani, a las motocicletas o a la historia del arte chino.

Sea por la arquitectura o por el arte, lo cierto es que el museo de Bilbao ha recibido durante todos esos años un millón de visitantes anuales, con plena regularidad.

Tal riada de gente, muchísimos extranjeros, han concedido a Bilbao una enorme proyección internacional, a la vez que la propia ciudad transformaba su urbanismo y abría su mente con la invasión de turistas.

5 **Frank Gehry** arquitecto norteamericano mundialmente conocido 7 **vizcaíno/-a** natural de Vizcaya, Provincia del País Vasco 9 **recuperarse** sich erholen 9 **la reconversión** Strukturwandel 10 **los altos hornos** Hochöfen (Industrie) 14 **ocurrírsele a/c a alg.** jdm. etw. einfallen 15 **la Diputación** Provinzregierung 16 **la reticencia** *aquí* la desconfianza 19 **fabril** durch Fabriken geprägt 20 **el revulsivo económico** *hier* Auslöser für wirtschaftliche Entwicklung 25 **inaugurar a/c** etw. eröffnen 30 **arrollador/a** überwältigend 32 **el protagonismo** vorrangige Rolle 33 **el atrio** Vorhalle 37 **las torcidas planchas** gebogene Platten 40 **la chapa de acero** Stahlblech 45 **la muestra inaugural** Eröffnungsausstellung 47 **el XX** el siglo XX 53 **ortodoxo/-a** *aquí* tipos de muestras generalmente aceptadas 58 **el purista** persona que no se permite salir de las reglas 61 **destacar** herausragen 62 **Giorgio Armani** diseñador de moda italiano 70 **la riada** Überschwemmung, *hier* große Menge 71 **conceder a/c a alg.** *aquí* dar a/c a alg. 73 **el urbanismo** Stadtentwicklung

Mediación

8

1 Estás en Bilbao con un amigo. Para aprovechar mejor vuestro paseo por la ciudad, has bajado audioguías cortas de Internet. Como tu amigo no entiende español, le resumes en alemán la información de las audioguías «El nuevo Bilbao» y «El museo Guggenheim».

Mediación → p. 248

Expresión oral

Examen oral

2a ¿Qué significa «el arte» para ti? Intenta dar una definición.

2b Describe una obra de arte que te haya impresionado y explica por qué.

2c Formad parejas y haced un juego de rol: dos directores del museo Guggenheim están discutiendo sobre la posibilidad de hacer una exposición temporal sobre la moda juvenil de las últimas décadas. Uno/-a está a favor; el/la otro/-a, en contra de la idea. Presentad vuestros argumentos e intentad llegar a un acuerdo.

La discusión → p. 240

Sanfermines

Acercarse al tema

Fotos → p. 257

1 Describe las fotos del texto y formula tus asociaciones y sentimientos.
2 Relaciona las fotos entre sí y también con el título: «Sanfermines: mitad fiesta, mitad miedo».

El texto

Textos informativos → p. 255

OPCIÓN (A) Hacer una lectura selectiva de un reportaje

1 Describe a los protagonistas actuales de la fiesta: los corredores, los espectadores, los toros.
2 Compara a las personas implicadas en la fiesta antes y ahora.
3 Da tu opinión sobre el comportamiento de los participantes actuales de los encierros.

OPCIÓN (B) Analizar y comentar la transformación de una fiesta tradicional

1 Describe la transformación de los Sanfermines a lo largo de los años.
2 Analiza el transcurso actual del encierro y sus consecuencias en comparación con épocas anteriores.
3 Comenta el rol de los medios de comunicación y de las redes sociales.

Sanfermines: mitad fiesta, mitad miedo

Procesión con la imagen de San Fermín

Todos los días de la semana de los Sanfermines, a las ocho en punto de la mañana en Pamplona (Navarra, España), los 825 metros del encierro huelen a miedo. A miedo y a sudor. Es entonces cuando la ciudad pasa de ser una apacible villa de curas y estudiantes a esa babel en que la vida y la muerte andan de la mano.

Pese a que San Fermín y la buena fortuna hacen milagros a diario, en casi cien años de historia los pisotones han dejado tantos muertos como las astas de los animales. Cada vez más, el encierro es una carrera para expertos. Antes, en las tres primeras décadas del siglo XX, cuando Ernest Hemingway contó lo que pasaba aquí en su libro «Fiesta», había que estar pendiente del toro y de nada más. Se necesitaban piernas y cabeza. Primero, para ser más rápido y evitar que la fiera lo atrapara. Y, segundo, sangre fría que aconsejara dónde estaba el límite y, luego, cuándo huir por una puerta que alguien tuviera la piedad de abrir.

Hoy no. Ahora son tan peligrosos los toros de la temida ganadería de Miura como esas 15.000 personas que, en promedio diario, echan a correr codo a codo por las calles estrechas, que sirven de pista a una vieja tradición hecha espectáculo, gracias a las portadas sobre los Sanfermines en centenares de medios de comunicación y redes sociales.

¿Acaso hay una tarea? Sí. La de llevar los toros de lidia de los corrales a la plaza de toros, a 825 metros. Siempre se hizo con motivo de las ferias. Incluso, en sus comienzos, fue una actividad restringida solo a los encargados —mayorales y demás—, por lo que la gente se limitaba a mirar y no tocar, ya sea desde los pisos altos o a través de las ventanas. Poco a poco aparecieron curiosos que se atrevieron a bajar a la calle a esa misma hora, a rumiar el peligro. Ahora se han multiplicado hasta convertirse en una marejada blanca, con pañuelo rojo al cuello, insignia de las festividades.

Son dignos de cuidado esos 14.000 y pico, entre hombres y mujeres, distintos de los corredores experimentados. Ellos, los novatos, extraños al verdadero espíritu del encierro, cometen todo tipo de errores, que ponen en peligro su integridad y la de los demás. Se paran a la vera del camino, donde en cualquier momento un toro puede acometerlos.

El encierro termina en la plaza de toros

Está prohibido correr borracho o bajo los efectos del «porro», tan popular como las fiestas. La policía saca a los que nota en mal estado. Pero abundan los colados, que se burlan de la autoridad y, de paso, de su propia vida. Se registran 15 muertes en los encierros desde que se llevan estadísticas. La de heridos sería infinita. En 2013, las cuentas de la Cruz Roja alcanzaban los 47 pacientes.

Una vez que los toros pasan a la plaza comienza una fiesta popular con vacas bravas que arrollan a los atrevidos que se lanzan a probar su valor. Todos bajan los nervios con un chocolate espeso, en el que mojan puñados de churros, antes de ir a buscar un lugar para descansar en ese extraño paisaje de miles y miles de sacos de dormir que se toman todos los parques de Pamplona. La ciudad y los pueblos de los alrededores no tienen una sola cama libre en las fiestas.

Nadie parece tener en cuenta que, al día siguiente, hay que estar listo para volver a cantar, tres veces, con el miedo cual nudo de corbata, aquel «... a San Fermín pedimos, por ser nuestro patrón, nos guíe en el encierro, dándonos su bendición. ¡Viva San Fermín! », que da paso al encierro. Poco antes de las ocho de la mañana, el santo estará otra vez en su sitio, una hornacina donde lo ponen a diario para invocar su protección.

© Victor Diusabá Rojas, en El Tiempo, 10/6/2013

1 **Sanfermines** fiesta en honor a San Fermín (7–14/7) 9 **el encierro** *hier* Stierlauf (Treiben der Kampfstiere durch die Gassen der Altstadt in die Arena) 11 **el sudor** Schweiß 13 **apacible** ruhig 14 **la babel** *aquí* lugar de gran desorden 18 **el pisotón** Tritt 19 **el asta** *fem.* Horn 23 **estar pendiente de** *aquí* fijarse en 25 **la fiera** el animal salvaje 26 **atrapar a alg.** jdn. erwischen 31 **la piedad** Erbarmen, Mitleid 35 **la ganadería** *hier* Stierzucht 39 **codo a codo** dicht gedrängt 41 **la portada** Titelseite 44 **el toro de lidia** Kampfstier 45 **el corral** Stall 48 **restringido/-a** limitado/-a 48 **el mayoral** Aufseher der Stierkampfarena 53 **rumiar el peligro** *etwa* die Gefahr auskosten 54 **la marejada** Flut 55 **el pañuelo** *hier* Halstuch 55 **la insignia** Kennzeichen (das rote Tuch soll an das Martyrium von San Fermín erinnern) 57 **ser digno/-a de cuidado** *etwa* mit Vorsicht zu genießen sein 59 **el novato** Neuling 64 **a la vera** am Wegesrand 66 **acometer a alg.** jdn. angreifen 68 **el porro** la marihuana 71 **los colados** *hier* Personen, die sich unerlaubt einschleichen 71 **burlarse de a/c** etw. nicht ernst nehmen 75 **el/la herido/-a** Verletzte/r 78 **la vaca brava** *hier* Jungstier 78 **arrollar a alg.** jdn. niedertrampeln 79 **el/la atrevido/-a** Wagehals 81 **el churro** fritiertes spanisches Gebäck 84 **tomarse** *hier* einnehmen 89 **con el miedo cual nudo de corbata** *etwa* mit vor Angst zugeschnürter Kehle 94 **la hornacina** Mauernische 95 **invocar a/c** etw. erbitten

Expresión oral

1 Después de terminar los Sanfermines, una emisora de radio de Navarra organiza un debate en el que los participantes discuten sobre cómo se lleva a cabo la fiesta y si es necesario que algo cambie. Repartid los siguientes papeles y organizad el debate:

El debate → p. 242

- un/a moderador/a
- un/a representante del ayuntamiento
- un/a dueño/-a de un hotel
- un/a protector/a de animales
- un/a participante de los encierros
- un sacerdote católico

El mundo digital

Acercarse al tema

Relaciona la imagen con lo que sabes sobre el ciberespionaje.

El texto

Textos narrativos → p. 249

OPCIÓN (A) Comparar un texto literario con la realidad

1 Presenta a los cuatro amigos y resume su conversación exponiendo el problema que tienen y las explicaciones que dan.
2 Compara la situación que se relata en la novela con la realidad: ¿te parece creíble? Justifica tu opinión refiriéndote a un caso real, si posible.

OPCIÓN (B) Analizar y comentar un texto literario

1 Describe la reacción de los cuatro amigos cuando aparece HAL.
2 Analiza el transcurso de la conversación y la línea argumentativa.
3 Comenta las posibles intenciones del autor de la novela juvenil: ¿qué efecto quiere producir en el lector y por qué?

¿Quién es HAL?

Leo es un joven a quien le gustan mucho los videojuegos en línea. Un día empieza a jugar con HAL, un personaje de Internet, que siempre le gana los juegos. Además, conoce detalles íntimos de la vida de Leo y de sus compañeros. Al principio, Leo sospecha que detrás del personaje HAL se esconde Efe, uno de sus amigos. Entre todos, Leo, Efe, Ludo y Norma, tratan de descubrir la verdadera identidad de HAL y de conocer sus intenciones.

Propongo —intervino Ludo— que, sin descartar la hipótesis de que Hal sea una personalidad secreta de Efe, consideremos otras posibilidades.

—Creo que es lo más razonable —convino Norma.

—De acuerdo —dijo Efe—. Renuncio gustosamente a ser el protagonista de esta historia descabellada, aunque sólo sea por un rato.

—Bien. Si Hal no es ninguno de nosotros, pero sabe cosas que sólo nosotros sabemos —dijo Ludo—, tiene que ser alguien que nos ha espiado sistemáticamente. Por ejemplo, alguien que escucha nuestras conversaciones telefónicas.

—Y que, además, ha leído mi libro —observó Efe.

—¿No se lo enviaste, hace cosa de un año, a un editor que parecía interesado en publicarlo? —preguntó Ludo.

—Sí, es cierto.

—¿Cómo se lo mandaste?

—¡Por módem! —exclamó Efe, comprendiendo adónde quería ir a parar Ludo—. Si alguien ha pinchado mi teléfono, no sólo puede oír mis conversaciones, sino también interceptar todo lo que mando o recibo por correo electrónico.

—Exacto. Y algunas de las cosas que sólo le he dicho a Efe -prosiguió Ludo— seguramente las habremos comentado por teléfono, aunque ahora no nos acordemos. [...]

—Es posible —admitió Leo.

—Yo diría que hasta es probable —puntualizó Ludo. —Bien, pero, ¿quién y por qué se tomaría la molestia de espiar sistemáticamente vuestras conversaciones telefónicas? —preguntó Norma.

—Podría ser algún tipo de experimento sociológico —contestó Ludo, alzándose de hombros—. O un sistema de control secreto organizado por el gobierno. Son capaces de todo.

—En ese caso, no tendría sentido que el tal Hal pusiera en peligro el proyecto entrando en contacto abierto con nosotros —objetó Efe.

—Hal podría ser un disidente, o un agente extranjero infiltrado, o un funcionario que se ha vuelto loco.

—Pero, ¿por qué os espiarían precisamente a vosotros? Desde luego, no sois tan peligrosos como creéis —bromeó Norma.

—Puede que estén espiando sistemáticamante a muchas personas. Algunas de ellas escogidas al azar —conjeturó Ludo.

—Haría falta un montón de espías telefónicos para controlar las conversaciones de muchas personas a la vez —dijo Leo.

—Se podría hacer por ordenador, al menos el grueso del trabajo —observó Ludo—. Imaginaos una serie de ordenadores programados para escuchar conversaciones telefónicas y registrar todo lo que suene sospechoso o relevante desde el punto de vista político...

—Sí, no es inverosímil —comentó Efe.

De pronto, uno de los funcionarios encargado de supervisar el sistema de escuchas —continuó Ludo— se aburre y decide jugar a Dios en sus ratos libres.

—De todos modos, me resulta difícil imaginar a un funcionario, por muy loco que esté, capaz de ganarte a ti al Lanrick —dijo Efe—. ¿Qué hace un genio como él en un sitio como ése?

—Einstein trabajó en una oficina de patentes, que viene a ser lo mismo que ser funcionario, y Kafka, en una agencia de seguros —observó Ludo—. En cuanto a lo de ganarme mí al Lanrick, admito que no es fácil; pero si nuestro Hal dispone de un buen parque informático, la cosa se vuelve mucho más sencilla. Ya hay ordenadores que juegan al ajedrez mejor que nosotros, y el Lanrick, al fin y al cabo, es un juego combinatorio.

1 **HAL (9000)** nombre del superordenador de la nave espacial *Discovery* en la película de ciencia ficción *2001: A Space Odyssey* (1968) 2 **el videojuego en línea** Online-Spiel 7 **descartar a/c** etw. ausschließen 10 **convenir** beipflichten 12 **descabellado/-a** unsinnig 13 **el rato** el momento, el tiempo 16 **espiar a alg.** jdn. ausspionieren 25 **por módem** por Internet 26 **ir a parar a a/c** auf etw. hinauswollen 26 **pinchar a/c** *hier* etw. anzapfen 28 **interceptar a/c** etw. abhören, abfangen 35 **puntualizar** auf den Punkt bringen, klarstellen 40 **alzarse de hombros** mit den Schultern zucken 45 **objetar** einwenden 47 **el/la funcionario/-a** Beamter/-in, Angestellte/r 52 **escoger a alg. al azar** jdn. zufällig auswählen 53 **conjeturar** vermuten 57 **el grueso** la parte más grande 62 **inverosímil** no creíble 64 **el sistema de escuchas** Abhörsystem 68 **el Lanrick** Strategiespiel, ähnlich wie Schach 75 **el parque informático** *hier* Computerausrüstung 76 **el ajedrez** Schach

Expresión escrita

1 Como tiene miedo de que HAL lea sus e-mails o escuche sus conversaciones telefónicas, Leo le escribe una carta a una amiga experta en cuestiones de Internet contándole lo sucedido y lo que le preocupa. También le pide consejos. Escribe la carta.

Escribir una carta → *p. 246*

Expresión oral

2 Comenta el problema de seguridad de datos en Internet: ¿qué peligros ves y cómo se podrían evitar? Piensa en posibles medidas a nivel personal y a nivel político.

Gramática en contexto

RELATAR LOS CAMBIOS DE UN PAÍS A TRAVÉS DEL TIEMPO · Tiempos verbales

1a Completa el texto sobre la inserción de España en la Unión Europea con los tiempos verbales correctos.

En 1985, España _____ (*firmar*) un tratado de adhesión a la «Comunidad Económica Europea», que hoy _____ (*llamarse*) la «Unión Europea». Este tratado _____ (*realizarse*) al mismo tiempo que el de Portugal. Antes de 1986, ni España ni Portugal _____ (*pertenecer*) a las Comunidades Europeas. Este acuerdo _____ (*producir*) un crecimiento económico que _____ (*ayudar*) a España a estabilizar su democracia ya que el país _____ (*sufrir*) mucho bajo el aislamiento internacional durante la dictadura de Franco.

Banderas en el Palacio de San Telmo (Junta de Andalucía, Sevilla)

España _____ (*solicitar*) por primera vez la entrada a la Comunidad Europea en 1962, pero no _____ (*tener*) éxito ya que una condición necesaria _____ (*ser*) que el país _____ (*tener*) un sistema democrático y, en aquella época, Franco _____ (*gobernar*) el país de manera dictatorial.
Tras la entrada de España en la Unión Europea, el PIB _____ (*subir*), el paro _____ (*bajar*) y en los españoles _____ (*crecer*) el sentimiento europeo. Hace poco la Universidad Nacional de Educación a Distancia _____ (*realizar*) una encuesta entre antiguos estudiantes Erasmus, emigrantes y ejecutivos de empresas con capital europeo. En esta encuesta, _____ (*detectarse*) que, según los sentimientos de los encuestados, España _____ (*experimentar*) un cambio muy positivo en las últimas décadas hasta hoy, lo que _____ (*hacer*) desaparecer el «sentimiento de inferioridad» con respecto al resto de Europa.
Actualmente no _____ (*existir*) controles en las fronteras de la Unión Europea y con la moneda única, el euro, _____ (*dominar*) el sentimiento europeo de unidad entre los diferentes países.

1b Justifica la elección de los tiempos verbales en cada caso.

EXPRESAR DEMANDAS Y PROHIBICIONES · Imperativo

2a Muchas personas no están de acuerdo con el monolingüismo catalán. Formula sus peticiones al gobierno catalán utilizando el imperativo con tú, usted, vosotros/-as y ustedes.

Ejemplo: no *crear* analfabetos del español; introducir modelos bilingües
→ ¡No crees / cree / creéis / creen analfabetos del español!
→ ¡Introduce/Introduzca/Introducid/Introduzcan modelos bilingües!

1. *permitir* el uso del español en las clases
2. no *discriminar* el español
3. *exigir* el uso de las dos lenguas en la educación
4. *poner* a disposición de los ciudadanos la elección de una lengua de uso
5. no *utilizar* solo el catalán en los medios de comunicación
6. no *tratar* el español en los colegios como una lengua extranjera
7. *fomentar* las dos lenguas por igual

2b Formula ahora tú peticiones a favor del mono /bilingüismo en imperativo.

EXPRESAR CARACTERÍSTICAS • Pronombres relativos

3a Une las frases con algún pronombre relativo del recuadro.

(el/la) que • cuyo/-a • quien/es • donde

Ejemplo: El Museo Guggenheim de Bilbao es visitado por casi un millón de turistas cada año. Su arquitectura parece una escultura.
→ El Museo Guggenheim de Bilbao, <u>cuya</u> arquitectura parece una escultura, es visitado por casi un millón de turistas cada año.

1. El Museo Guggenheim es un símbolo de la modernidad. El Guggenheim muestra arte moderno.
2. El Museo Guggenheim representa una de las obras arquitectónicas más vanguardistas. Su edificio tiene una superficie de 11 000m^2.
3. El «efecto Guggenheim» hace referencia a cómo un edificio puede transformar una ciudad. El «efecto Guggenheim» también es conocido como el «efecto Bilbao».
4. Ferrán Adrià es un artista de la cocina molecular. Su cocina también simboliza la modernidad en España.
5. Ferrán Adrià tiene un restaurante cerca de Barcelona. Allí nació la cocina molecular.
6. Muchos turistas visitan Los Sanfermines. Ellos siguen los pasos de Ernst Hemingway.
7. Hemingway fue un escritor estadounidense. Él les dio a los Sanfermines su fama internacional.
8. La Casa Milà se construyó entre 1906 y 1912. La Casa Milà también es mundialmente conocida como «La Pedrera».
9. «La Pedrera» fue declarada Patrimonio Mundial de la UNESCO en el año 1984. Su arquitecto fue Antoni Gaudí.

3b En varios ejemplos de 3a es posible poner diferentes pronombres relativos. Explica por qué.

3c Formula tres frases con diferentes pronombres relativos.

EXPLICAR UN CONCEPTO • Preposiciones

4 Completa el texto sobre la «diversidad cultural» con las preposiciones del recuadro.

a • ante • bajo • con • contra • de • desde • en • entre • hacia • hasta • para • por • según • sin • tras

Diversidad cultural

___ el término de «diversidad cultural» se comprende una interacción ___ diferentes culturas en un área.
___ cada vez más expertos, hay que promocionar y proteger la diversidad cultural. ___ lograr esto, muchos países tienen una política ___ favor de la diversidad, que se manifiesta ___ diferentes aspectos: ___ la diversidad del lenguaje ___ la diversidad ___ la religión.
En España, ___ 1939 y 1975, la diversidad cultural fue perseguida por el Franquismo. La dictadura estaba en ___ de las diferentes lenguas y culturas del país ___ motivos nacionalistas.
___ la dictadura, en la época de la Transición ___ la democracia, los políticos se encontraban ___ un problema de discriminación cultural, ya que los españoles habían vivido muchos años ___ poder hablar catalán, gallego o vasco.
La diversidad cultural triunfó ___ la Constitución Española de 1978 donde estas lenguas regionales fueron reconocidas como cooficiales.

Vocabulario temático

ESPAÑA EN EL CONTEXTO EUROPEO

Europa La Unión Europea La UE	está unida por se forma de	la diversidad. los diferentes países. diversas culturas. múltiples identidades.

El programa Erasmus	posibilita hace posible ofrece facilita	a universitarios a jóvenes estudiantes	participar en intercambios internacionales. moverse por Europa. estudiar en otro país europeo. ampliar su perspectiva europea. conocer a gente de todas partes. cambiar la idea que uno tiene sobre otros países. romper con los estereotipos. enriquecerse con las diferencias culturales.	
			integrarse en conocer	otra cultura.

LA ESPAÑA BILINGÜE

El catalán El idioma catalán	estuvo prohibido/-a durante la dictadura. es la novena lengua de la UE. es la lengua de 13 millones de europeos. es la lengua vehicular del sistema educativo catalán.	
	es promovido es fomentado es protegido	por la *Generalitat*. por el gobierno catalán.

La España plurilingüe La ciudadanía española Los ciudadanos españoles	tiene/n posee/n	el español o castellano como lengua oficial. el catalán, el vasco y el gallego como lenguas cooficiales. más de una lengua oficial. no solo una identidad nacional. identidades regionales.

TRANSFORMACIÓN Y MODERNIDAD

España	se caracteriza por es conocida por es famosa por	sus iniciativas solidarias (como los bancos de tiempo) ser cuna de deportes urbanos (como las bicis BMX) su arquitectura moderna (como el Museo Guggenheim) sus tradiciones hechas espectáculos (como los Sanfermines) sus ciudades cosmopolitas (como Barcelona) fomentar el arte y la cultura (como la realización de cortometrajes) ser un país líder en ciertas tecnologías (como en energías renovables)	que son	símbolos iconos referentes	de transformación. de innovación. de cambio.

Punto final

Tarea mini: hacer una encuesta y presentar los resultados

Vuestro curso va a recibir la visita de un grupo de estudiantes españoles. Para que os conozcan un poco antes de venir, les preparáis un texto con el título «Nuestro curso – unidos en la diversidad».

1 Discutid entre todos qué aspectos podrían ser interesantes para los chicos españoles (aficiones, situación familiar, planes para el futuro, etc). Luego preparad un cuestionario que cada uno/-a rellenará.

Ejemplo:

1. ¿Qué música te gusta escuchar?
2. ¿Practicas deporte? ¿Cuál / es?
3. ¿De dónde vienen tus padres / tus abuelos?
4. ¿Cuáles son tus planes para después del bachillerato?

...

2 Presentad los resultados con gráficos.

3 Redactad un texto que muestre la diversidad en vuestro curso y que explique lo que os une (p. ej. «La mitad de los alumnos toca un instrumento: ...». «Un 30 % quiere estudiar después del bachillerato». «Muchos alumnos tienen familia en otro/s país/es: ...»). Podéis ilustrarlo con una foto del curso o con fotos de cada uno/-a de vosotros/-as.

Tarea final: hacer un mural

Un curso de vuestro instituto está preparándose para hacer un intercambio escolar con un curso de España. Para ayudar e informar a vuestros compañeros sobre su país de destino, confeccionáis un mural con afiches informativos.

1a Formad tres grupos y repartid los siguientes temas:
- De cara a Europa
- Comunidades autónomas bilingües: País Vasco, Cataluña, Galicia
- España – foco de transformación

1b Cada grupo define temas específicos (p. ej. España – foco de transformación: arquitectura, medios de comunicación, tradiciones ayer y hoy, etc.) y los reparte entre sus integrantes.

2 Buscad información sobre vuestro tema en los textos del capítulo. Si es necesario, completad la búsqueda con ayuda de otros medios (libros, periódicos, Internet).

3a Resumid la información esencial en forma de palabras clave o frases y presentadla en un afiche.

3b Ilustrad el afiche con elementos gráficos (fotos, estadísticas, diagramas, etc.).

4 Compilad y ordenad los diferentes afiches presentándolos como un mural.

5 Redactad una invitación para los visitantes.

Andalucía

ASÍ ES ANDALUCÍA   QUÉ TE OFRECEMOS

Huellas árabes

Andalucía en primavera

Música y danza en Granada

Andalucía

HABLAR DE LAS FOTOS

1a Mira las fotos de la página web de la oficina de turismo de Andalucía y toma apuntes: ¿qué ves en ellas? ¿Qué asociaciones y sentimientos evocan en ti?

1b Describíos mutuamente las fotos e intercambiad vuestras ideas.

1c Elige la foto que más te dé ganas de visitar Andalucía y explica por qué.

Los Pueblos Blancos

Ruta de los Aljibes

Sierra y mar

INTERPRETAR CÓMO SE PRESENTA UNA REGIÓN TURÍSTICA

2a Piensa: ¿qué diferentes tipos de turistas se sentirán atraídos por las fotos? ¿Por qué?

2b Discute: en parejas, juntad ideas sobre la imagen que transmite Andalucía de sí misma basándoos en los resultados de 2a.

2c Comparte: interpretad la imagen que la oficina de turismo de Andalucía transmite en su página web con otra pareja.

Palabras en contexto

La comunidad autónoma de Andalucía está compuesta por las ocho provincias Almería, Cádiz, Córdoba, Granada, Huelva, Jaén, Málaga y Sevilla. Es la primera comunidad autónoma de España en habitantes, con 8.5 millones, la segunda en superficie, con 87 268 km^2, y la tercera con el mayor Producto Interior Bruto (PIB). Este constituye casi un 18 % del PIB total de España. Su economía se basa más en la agricultura que en la industria. El 5,35 % de la población andaluza es de nacionalidad extranjera, principalmente de origen marroquí e iberoamericano.

Al-Ándalus

En el año 711, los musulmanes llegaron al territorio que hoy conocemos como Andalucía y conquistaron, en tan solo diez años, casi todo el resto de la Península Ibérica. Llamaron Al-Ándalus al territorio bajo su control político. Aquí comenzó un periodo de florecimiento cultural y científico en los ámbitos de la medicina, cirugía y farmacología. Los urbanistas árabes dejaron una huella profunda en los cascos históricos de las ciudades andaluzas y la influencia árabe también se refleja en las legumbres y especias de la cocina regional.

Hasta 1492, los cristianos lucharon por expulsar a los musulmanes en la llamada Reconquista. En el periodo posterior, los musulmanes tuvieron que convertirse al catolicismo y se hicieron llamar moriscos. En aquella época, la Santa Inquisición protagonizó uno de los capítulos más sangrientos de la historia de Andalucía, al torturar y matar a todos aquellos que no cumplían con las normas que la Iglesia Católica imponía.

Turismo

Con su clima mediterráneo, Andalucía es uno de los lugares más cálidos de toda Europa y uno de los destinos preferidos para hacer turismo en España, con 7 218 291 de turistas internacionales en 2011. El porcentaje de ocupados en el sector del turismo asciende al 11,3 % de la población activa de Andalucía, con 309 731 personas. El turismo de masas crea empleo y juega un papel muy importante para la economía, pero también causa problemas ambientales: debido al desarrollismo de las décadas pasadas, se destruyeron muchas playas vírgenes, de manera que, hoy en día, el litoral andaluz está urbanizado en un 59 %. Actualmente la estrategia del gobierno andaluz está cambiando y se apuesta cada vez más por el turismo sostenible y responsable que proteje los ecosistemas que atraen a los turistas cada año. Sin embargo, nuevos proyectos inmobiliarios siguen siendo una amenaza para la naturaleza andaluza.

Ecología

En Andalucía está creciendo el comportamiento responsable que pretende detener el cambio climático. No solo con energías renovables, sino también con la agricultura ecológica se intenta poner freno a la africanización del clima andaluz. Este tipo de agricultura compite con la agricultura intensiva que, aunque utilice invernaderos con riego hipodrónico que ahorran agua, trae condiciones laborales extremas y provoca un gran impacto medioambiental al utilizar abonos, productos químicos y al generar residuos tóxicos.

Los gitanos

El pueblo gitano representa una parte esencial de la cultura y vida andaluzas. Casi la mitad de todos los gitanos españoles viven aquí, unos 350 000 en total. Aunque sigan siendo víctimas del fracaso escolar o de rechazo por parte de la sociedad, hay cada vez más gitanos que están integrados y, al mismo tiempo, son fieles a su identidad, refutando así los prejuicios todavía vigentes en una gran parte de la sociedad española. Los andaluces dicen que el flamenco tiene su cuna en Andalucía; que tiene como padre a un gitano y como madre, a una andaluza. Artistas flamencos gitanos internacionalmente reconocidos siguen siendo representantes de la cultura española en el extranjero.

COMPRENSIÓN DE VOCABULARIO

1a Busca en el texto las palabras marcadas que se corresponden con las siguientes definiciones.

1. lugar donde se cultivan verduras
2. el centro antiguo de una ciudad
3. maltratar a alguien con crueldad
4. el desarrollo motivado por intereses únicamente económicos
5. una persona que se ocupa de la planificación de una ciudad
6. cambiar de religión
7. la época en la que los cristianos lucharon contra los musulmanes en España
8. las hierbas que se usan para darle más sabor a la comida
9. las unidades políticas que componen una comunidad autónoma
10. tener consecuencias negativas para el medio ambiente

1b Escribe una definición para otra expresión marcada en el texto. Después intercambiad vuestras definiciones y buscad las palabras en el texto.

SINÓNIMOS Y ANTÓNIMOS

2a Busca los sinónimos en el texto.

la costa • violento/-a • los habitantes • echar • el tamaño • caliente • destrozar • el plan • la basura • la traza / el rastro

2b Busca los antónimos en el texto.

la agricultura intensiva • el turismo de masas • el empobrecimiento cultural • la playa urbanizada • proteger • acelerar a/c • el éxito escolar • negar su identidad • confirmar un prejuico

FAMILIA DE PALABRAS

3a Identifica la raíz de cada una de las siguientes palabras.
Ejemplo: *económico/-a* es un adjetivo que viene del sustantivo *la economía.*

económico/-a • ecologista • turístico/-a • histórico/-a • agricultor/a • industrializar • integrado/-a • climático/-a

3b Utiliza el diccionario para buscar más palabras que contengan las raíces de la tarea 3a y escribe una definición. Ejemplo: *economista* viene de *economía* y es un sustantivo que significa ...

3c Escribe tres frases con las palabras que hayas encontrado, pero deja un hueco donde pondrías la palabra. Luego intercambia las frases con tus compañeros e intenta completar sus frases.

ACTIVAR EL VOCABULARIO

4 Completa las frases con las palabras marcadas del texto.

1. Los árabes eran expertos en ▬, ▬ y ▬.
2. A su llegada, en 711, los musulmanes ▬ rápidamente gran parte de la Península Ibérica.
3. Los ▬ eran musulmanes que se habían convertido al catolicismo.
4. Debido al cambio climático, Andalucía está sufriendo la ▬ de su clima.
5. Para frenar el cambio climático, es necesario usar más ▬.
6. Una forma de ahorrar agua en la agricultura es el uso de ▬ con ▬.
7. El ▬ es un estilo de música y danza de origen andaluz.
8. Cada vez más gitanos están completamente ▬ en la sociedad española.

Huellas de Al-Ándalus

Acercarse al tema

1 Basándote en los mapas históricos de España, describe qué cambios hubo con el paso del tiempo.
2 Explica la diferencia entre el «Al-Ándalus» histórico y la «Andalucía» de hoy.

El texto

Textos informativos → p. 255

OPCIÓN (A) Extraer información de un texto histórico

1 Trabajad en parejas. Uno/-a apunta palabras clave de las ll. 1–39. El/La otro/-a hace lo mismo con las ll. 40–67.
2 Ponedle un título a cada párrafo de vuestra parte del texto.
3 Contaos mutuamente la información principal de vuestra parte del texto.

OPCIÓN (B) Comparar hechos históricos con perspectivas actuales

1 Resume la información principal sobre las «huellas» que dejó Al-Ándalus en España.
2 Analiza la postura del autor respecto al legado andalusí y a las reacciones que existen en la España de hoy.
3 Comenta la importancia de 800 años de dominio árabe para la Europa de ayer y hoy.

Algunos han querido resumir los ocho siglos de presencia musulmana en la Península como una larga «situación excepcional» resuelta limpiamente por la Reconquista. Pero la huella árabe en nuestra cultura es tan amplia como evidente.

El Islam se impuso en la Península, y los musulmanes llamaron Al-Ándalus al territorio bajo su dominio político en Europa. La mayoría de los hispanos adoptaron el Islam y se hicieron musulmanes. De los alrededor de cuatro millones de habitantes de la Península Ibérica a comienzos del siglo VIII, sólo un pequeño porcentaje se mantenía fiel al cristianismo tres o cuatro generaciones después. El resto se hizo musulmán, ya fuera por convicción, por moda o por interés.

Ya en el siglo IX, Córdoba, erigida en capital del emirato independiente de Al-Ándalus, se convirtió en el gran centro cultural de Occidente. Hasta allí llegaron enseguida las obras de los sabios clásicos griegos y romanos. Y hasta allí llegaron también los textos de los más grandes médicos y científicos árabes. Fue en Al-Ándalus donde los europeos aprendieron los cuidados del cuerpo, el tratamiento de las enfermedades, la importancia de la farmacología y el empleo de la cirugía como último remedio. Puente entre Oriente y Occidente, a través de Al-Ándalus se transmitió la ciencia a la Europa cristiana.

La larga presencia del Islam como sistema político dominante en la Península Ibérica, ha dejado una huella profunda en el patrimonio artístico y cultural español. El Islam es una religión de ciudadanos, y la ciudad fue para los musulmanes el principal foco de su civilización. Los cascos históricos de numerosos pueblos y ciudades españoles responden al modelo que hace siglos diseñaron los urbanistas islámicos. Una buena parte del rico patrimonio monumental español se debe a la herencia directa árabe, como ocurre con la Mezquita de Córdoba o la Alhambra de Granada.

La huella islámica sigue muy presente en la cultura española. En Al-Ándalus el idioma oficial y culto era el árabe, en su variante hispana. Cientos de palabras del español proceden directamente del árabe y significan lo mismo (atún, algodón, azúcar…), y miles de topónimos españoles son de origen árabe (por ejemplo: Madrid, Almería, Gibraltar).

Los musulmanes introdujeron en la Península varias especies vegetales, como el arroz, la caña de azúcar, la palmera, la berenjena, la naranja o el limón. Eran abundantes los guisos con legumbres (garbanzos, judías, lentejas). El azafrán, el jengibre, la canela, entre otras muchas, fueron especias muy utilizadas en la cocina andalusí, que luego heredó la cocina española.

En España se sigue debatiendo hoy la importancia del legado cultural islámico y la deuda con ese pasado, en no pocas ocasiones en medio de una enorme contradicción entre el orgullo del patrimonio cultural y artístico heredado, y el rechazo, cuando no desprecio, a algunos aspectos de la cultura islámica. Lo que debería haber sido un valor añadido, es decir, la situación de España como punto de encuentro entre culturas y civilizaciones, se ha convertido, a veces, en motivo de agria polémica que no lleva sino a inútiles enfrentamientos.

2 **resolver** *aquí* solucionar, corregir 2 **la Reconquista** la época en la que los cristianos lucharon contra los musulmanes para recuperar la Península Ibérica (722–1492 aprox.) 2 **la huella** Spur 3 **amplio/-a** *aquí* inmenso/-a 4 **imponerse** sich durchsetzen 7 **el/la hispano/-a** el/la habitante de «Hispania» 10 **mantenerse fiel** treu bleiben 12 **ya fuera** sei es 14 **erigir** construir 17 **el/la sabio/-a** der/die Weise, der/die Gelehrte 22 **el tratamiento** Behandlung 23 **la cirugía** Chirurgie 29 **el patrimonio** Erbe, Gut 32 **el foco** *aquí* el centro 32 **el casco histórico** Altstadt 37 **la herencia** Erbe 43 **proceder de a/c** venir de a/c, tener su origen en a/c 45 **el topónimo** el nombre de un lugar 50 **la berenjena** Aubergine 51 **el guiso** un plato caliente 51 **las legumbres** Hülsenfrüchte 52 **el garbanzo** Kichererbse 52 **la judía** Bohne 52 **la lenteja** Linse 52 **el azafrán** Safran 53 **el jengibre** Ingwer 53 **la canela** Zimt 54 **la especia** Gewürz 54 **andalusí** de Al-Ándalus 55 **heredar** erben 57 **el legado** Vermächtnis 57 **la deuda** Schuld 59 **el orgullo** Stolz 60 **el rechazo** Ablehnung, Zurückweisung 61 **el desprecio** Verachtung, Geringschätzung 63 **añadir** hinzufügen 66 **agrio/-a** verbittert

Competencia intercultural

1a Lee la lista con algunas de las palabras que la lengua española ha heredado del árabe. También hay ocho palabras «intrusas» que vienen de lenguas indígenas de América. Búscalas y explica por qué piensas que vienen de América. Consulta un diccionario si es necesario.

Utilizar un diccionario → *p. 261*

el ajedrez • la alcachofa • el alcalde • el alcohol • la alfombra • el álgebra • el algodón • el algoritmo • la almohada • el arroz • el atún • la azafata • el azúcar • azul • el azulejo • el barrio • el cacao • el café • el caimán • la canoa • el cenit • el cero • la cifra • el chocolate • el cóndor • el elixir • la guitarra • el huracán • el maíz • la naranja • la tarifa • la taza • el tomate

1b Agrupa en una tabla las palabras de origen árabe según el ámbito al que pertenecen. Formula hipótesis: ¿en qué ambitos se sigue notando la herencia árabe en España?

1c Cuenta si en tu día a día también tienes contacto con algún aspecto de la herencia árabe.

En la Mezquita de Córdoba

Acercarse al tema

Fotos y cuadros → p. 257

1 Describe una de las imágenes y explica qué impresiones evoca en ti.

En 1492, el último rey musulmán de Granada, Boabdil, le entregó la ciudad a la reina Isabel I de Castilla (pintura de 1886).

La Mezquita de Córdoba fue iniciada por califas musulmanes en el siglo VIII. Con la Reconquista, en el siglo XIII, se convirtió en una catedral.

Presentar un tema → p. 240

2 Busca información sobre uno de los siguientes temas y preséntalo en clase en tres minutos.

la Reconquista | los Reyes Católicos | la Mezquita de Córdoba | la Santa Inquisición (en España)

El texto

Textos narrativos → p. 249

A1 Hacer un resumen → p. 242

OPCIÓN (A) Resumir el extracto de una novela histórica

1a Resume la primera parte del texto (ll. 1–31): ¿dónde? · ¿cuándo? · ¿quién/es? · ¿qué? · ¿por qué?

1b Haz lo mismo con la segunda parte.

2 ¿Cómo crees que sigue la historia? Discute con tu compañero/-a.

OPCIÓN (B) Ponerse en el lugar del personaje de una novela histórica

1 Trabajad en grupos de tres y repartid entre vosotros los roles de Fátima, Hernando y Abbas. Cada uno/-a lee el texto tomando apuntes sobre «su» personaje.

2 Ponte en el lugar de tu personaje y preséntate. Explica lo que piensas y cómo te sientes teniendo en cuenta las posibles consecuencias de lo sucedido para ti.

Los moriscos Fátima y Hernando, son dos jóvenes casados que viven en los tiempos de la Santa Inquisición.

Ese 8 de diciembre de 1573, día de la Concepción de Nuestra Señora, los inquisidores tenían previsto celebrar un auto de fe en la catedral de Córdoba. Hernando y Fátima vivían con inquietud el alboroto que el anuncio originó entre la población. [...] En aquellas jornadas en las que la religiosidad se podía percibir hasta en los animales, los moriscos procuraban pasar inadvertidos entre la vecindad. [...] Sin embargo, ni el uno ni la otra pudieron permanecer ajenos a las intenciones del tribunal de la Inquisición para aquel año. La noche anterior, Abbas les había hecho una visita.

-Mañana deberemos acudir a la Mezquita a presenciar el auto de fe –les anunció bruscamente tras saludarlos.

Hernando y Fátima cruzaron sus miradas.

-¿Tú crees? –preguntó el joven–. ¿Qué razón podría ...?

-Hay varios moriscos condenados.

Pese a su origen africano, Abbas se llevaba muy bien con los inquisidores. Él mismo seguía las instrucciones dadas a Hernando y se presentaba ante sus despiadados vecinos del alcázar como el más cristiano de los cristianos, hasta el punto de que no era inusual que se le pusiese como ejemplo de evangelización de alguien nacido en la secta de Mahoma. [...]

-Aun así –insistió Hernando–, ¿qué razón podría llevarnos a presenciar el auto de fe?

-[N]uestra devoción y respeto por la Santa Inquisición –contestó el herrador con una mueca–. Deben vernos allí, créeme. [...]

El día del auto de fe, Abbas, Fátima y Hernando han ido a la catedral. Ahora están en el claustro.

Pese al frescor de los árboles y las fuentes del huerto, los tres moriscos se encogieron ante la visión de los centenares de sambenitos que colgaban de las paredes del claustro, en notoria y permanente advertencia de que la Inquisición vigilaba y sancionaba la herejía. [...] Abbas [...] no pudo sino sumarse a la impresión que inmovilizó a Fátima y Hernando mientras la gente entraba a raudales [...]. ¡Un bosque de casi un millar de columnas alineadas, [...] se abría ante ellos invitándolos a la oración! Permanecieron quietos unos instantes respirando el fuerte olor a incienso. [...] Fátima seguía flanqueada por los dos hombres.

-No hay otro Dios que Dios y Muhammad es el mensajero de Dios –susurró entonces ella, como si alguna fuerza externa, mágica, le hubiera obligado a pronunciar tales palabras.

-¿Estás loca? –la increpó Abbas a la vez que volvía la cabeza para ver si alguien daba muestras de haberla oído.

-Sí –contestó Fátima en voz alta, al tiempo que se adelantaba, embriagada, acariciando su prominente barriga, hacia el interior de la Mezquita.

Abbas dirigió la mirada hacia Hernando suplicándole que impidiera cualquier disparate por parte de su esposa.

-Hazlo por nuestro hijo –le rogó éste tras alcanzarla y posar su mano sobre la barriga de la muchacha. Fátima pareció despertar–.

1 **el/la morisco/-a** musulmán/musulmana que adoptó la fe católica después de la Reconquista 1 **la Santa Inquisición** tribunal de la Iglesia Católica que castigaba con crueldad los delitos contra la fe (en España de 1478 a 1821) 3 **el inquisidor** miembro de la Santa Inquisición 3 **tener previsto a/c** etw. vorhaben 4 **el auto de fe** Ketzerverbrennung 5 **el alboroto** el tumulto 6 **originar a/c** causar a/c 8 **percibir a/c** notar, sentir a/c 9 **inadvertido/-a** sin llamar la atención 10 **permanecer ajeno/-a** *aquí* ignorar 14 **acudir a a/c** ir a a/c 19 **condenar** verurteilen 20 **pese a** trotz 22 **despiadado/-a** cruel, que no siente compasión 23 **el alcázar** castillo donde reside el gobierno de la ciudad 26 **Mahoma** Mohammed 29 **la devoción** Frömmigkeit, Ergebenheit 30 **la mueca** Grimasse 33 **el claustro** *hier* Innenhof 35 **encogerse** sich zusammenziehen 36 **el sambenito** Umhang für die Verurteilten der Inquisition 36 **colgar** hängen 37 **la advertencia** Warnung 39 **la herejía** Ketzerei 39 **no pudo sino** solo pudo 41 **a raudales** en masas 45 **el incienso** Weihrauch 48 **susurrar** flüstern 51 **increpar a alg.** jdn. schimpfen, zurechtweisen 55 **embriagado/-a** *hier* trunken 55 **prominente** *aquí* grande 56 **la barriga** Bauch 57 **suplicar a/c a alg.** jdn. um etw. anflehen 58 **impedir a/c** etw. verhindern 58 **el disparate** cosa absurda, dicha sin reflexionar 60 **rogar a/c a alg.** pedir a/c a alg.

Expresión escrita

1 Después de la visita a la Mezquita, Abbas le escribe una carta a un amigo contándole lo que pasó en la Mezquita. Ponte en el lugar de Abbas y escribe la carta.

2 Inventa un personaje más, intégralo a la historia y reescríbela.

Redactar textos creativos → *p. 245*

Expresión oral

3 En grupos de tres, poned en escena las ll. 14–31 y ll. 47–62 del texto: distribuid los papeles de Abbas, Hernando y Fátima y preparad la representación. Luego presentadla en clase.

Hoteles a toda costa

Acercarse al tema

1 Describe una playa donde te gustaría pasar tus vacaciones.

Estadísticas → p. 259

2a Presenta la siguiente estadística sobre algunos de los destinos más visitados por turistas internacionales.

2b Reunid ideas: ¿qué consecuencias tendrá el turismo de masas para una región como Andalucía?

Origen y destino de turistas		Turistas (2012)
País de origen	Francia	79 500 000
	España	56 700 000
	Alemania	28 400 000
Lugar de destino	Cataluña	14 500 000
	Canarias	10 100 000
	Andalucía	7 500 000
	Galicia	900 000

Fuente: Organización Mundial del Turismo, 2012

El texto

Textos informativos → p. 255

A2 Hacer un resumen → p. 242

OPCIÓN (A) Identificar las palabras clave de un artículo periodístico

1 Apunta las palabras clave del texto.

2 Resume el texto con ayuda de las palabras clave, convirtiéndolo en una noticia breve (de unas 100 palabras) o en una noticia radiofónica (de unos 30 segundos).

OPCIÓN (B) Identificar los argumentos de un artículo periodístico

1 Describe el proyecto inmobiliario.

2 En dos grupos, buscad los argumentos a favor y en contra del proyecto que se mencionan en el texto.

3 Expresa tu propia opinión sobre la temática.

Indignación en España por proyecto inmobiliario que amenaza una playa virgen

Un proyecto de construcción en los terrenos vírgenes junto a una playa de Andalucía indigna a ecologistas y windsurfistas, aunque el ayuntamiento asegure que ayudará a la economía local en esta región del sur de España golpeada por un desempleo récord.

Playa de Valdevaqueros, Tarifa

Los días de viento, se reúnen en esta inmensa playa de arena cercana a la pequeña ciudad de Tarifa decenas de velas multicolor de windsurfs y kite-surfs. Al otro lado de una estrecha carretera, sólo hay algún camping, unas pocas casas y pequeños hoteles. Es en este lugar donde el ayuntamiento quiere construir 350 viviendas y 1.400 plazas de hotel. En total, 84.000 metros cuadrados de edificación en un terreno de 70 hectáreas.

«Es de locos. Eso es un paraíso que se van a cargar», se indigna por teléfono Noelia Jurado, de 37 años, miembro de «Salvemos Valdevaqueros», una plataforma ciudadana que se creó inmediatamente después de la votación del proyecto en el ayuntamiento.

Los detalles del plan, aprobado por la derecha y los socialistas con la única oposición de los ecologistas-comunistas de Izquierda Unida, no fueron comunicados a los habitantes.

«Hay un ocultismo tremendo», denuncia Noelia.

No es la única indignada. La página Facebook de la plataforma tiene ya 11.000 miembros y decenas de internautas colgaron las fotos de sus idílicas vacaciones en un espacio que el diario El País abrió especialmente para este tema.

«¡Que no lo destruyan, por favor!», exclama una lectora.

Según la organización ecologista *Greenpeace*, en los últimos 20 años España perdió cada día el equivalente a ocho campos de fútbol de costa virgen, es decir más de 50.000 hectáreas.

«No se entiende que los cargos públicos sigan haciendo este tipo de proyectos cuando este modelo está ya colapsado», afirma Pilar Marcos, responsable de la protección de costas de la ONG en España.

La gran playa de Tarifa había escapado hasta ahora a la construcción gracias, sobre todo, a un viento para algunos molesto. Pero en otros lugares de Andalucía la costa se vio seriamente dañada.

Ante las críticas, el ayuntamiento de Tarifa defiende su iniciativa.

«Se trata de un urbanismo que sigue los criterios modernos y actuales muy alejado del desarrollismo que pobló nuestras costas décadas atrás», afirma el alcalde, Juan Andrés Gil García. Subraya que el proyecto sólo autorizará casas de una planta y hoteles de tres. Y, sobre todo, que permitirá crear empleo en un momento en que Andalucía tiene, con el 33%, el récord de desempleo del país. «Oponerse a él va contra los intereses de la población», afirma el alcalde. Pero el argumento no convence a los defensores de la playa.

«En Tarifa quedan todavía muchísimas viviendas nuevas que hace cuatro años que están vacías», agrega Jurado.

1 **la indignación** Empörung 2 **virgen** unberührt, jungfräulich 7 **golpeado/-a** gebeutelt, getroffen 10 **la arena** Sand 11 **la vela** Segel (-tuch) 19 **cargarse a/c** *aquí* destruir a/c 22 **la votación** Abstimmung 28 **el ocultismo** *hier* Verheimlichung, Verschweigen 31 **el/la internauta** persona que usa Internet 31 **colgar (una foto en Internet)** poner 40 **el cargo público** öffentliches Amt 53 **el desarrollismo** *neg.* desarrollo por intereses únicamente económicos

Expresión escrita

1 Escribe una carta dirigida a la plataforma «Salvemos Valdevaqueros» o al alcalde de Tarifa en la que expreses tu reacción ante el proyecto de construcción.

2 La plataforma convoca una manifestación en Valdevaqueros. Tú estás pasando tus vacaciones allí y quieres participar. Confecciona un cartel con un eslogan para expresar tu opinión.

Escribir una carta → *p. 246*

Expresión oral

Examen oral

3 Expón en dos minutos los aspectos positivos y negativos del turismo.

4 Discutid en pareja: uno/-a asume el papel de un/a joven que está veraneando en la playa de Valdevaqueros; el/la otro/-a, el de un/a chico/-a español/a de Tarifa cuyo padre está en paro. Apuntad vuestros posibles argumentos. Luego discutid sobre el proyecto y tratad de llegar a un acuerdo.

Punto final

La discusión → *p. 240*

Mediación

5 Tú participas en una iniciativa ecológica alemana que quiere apoyar a la plataforma «Salvemos Valdevaqueros». Como no todos hablan español, les resumes la información del artículo que acabas de leer con apuntes en alemán.

Mediación → *p. 248*

6 En las vacaciones vas a visitar a un amigo de Granada y estáis buscando ideas para pasar unos días en un lugar con pocos turistas. En el periódico has leído el artículo «Ein Stück Wilder Westen mitten in Europa» (p. 267) sobre el Parque Natural Cabo de Gata. Escríbele un e-mail en español a tu amigo y explícale por qué crees que es el destino que están buscando.

Mediationstext → *p. 267*

Hacia un turismo sostenible

Acercarse al tema

Carteles → p. 258

Describe el cartel y formula hipótesis sobre qué podría ser la «Vía Verde de la Sierra».

© Fundación Vía Verde de la Sierra

El texto

Textos informativos → p. 255

B1 Hacer un resumen → p. 242

OPCIÓN (A) Presentar la información de un texto

1. Enumera las características de la Vía Verde de la Sierra.
2. Explica las consecuencias que tiene la Vía Verde para la población.
3. Explica qué medidas se están tomando para asegurar el éxito de la Vía Verde en el futuro.

OPCIÓN (B) Hacer una valoración crítica de un texto

1. Resume la información del texto.
2. Expresa tu opinión sobre la iniciativa de la Junta de Andalucía (ll. 45–53) considerando las consecuencias que tiene el aumento del turismo en la Vía Verde para el medio ambiente.

Ecoturismo y desarrollo rural

La Vía Verde de la Sierra, en Cádiz, es un ejemplo de desarrollo rural, con un itinerario ecoturista de 36 kilómetros, que atrae a más de 4.000 personas cada mes.

La antigua y abandonada línea férrea Jerez-Almarguen es hoy una productiva fuente de desarrollo económico para los pueblos comprendidos entre Olvera y Puerto Serrano, en Cádiz, ya que la Vía Verde de la Sierra, que ha recuperado ya para el ecoturismo 36 kilómetros de recorrido, atrae a más de 4.000 senderistas y cicloturistas cada mes. Así lo confirmó el presidente de la Fundación Vía Verde de la Sierra, Francisco Menacho.

La Vía Verde de la Sierra fue la primera que se puso en marcha en España y ha sido «el motor», según Penacho, del turismo rural y la economía de los seis municipios que atraviesa, y que concentran un total de 30.000 habitantes. Este itinerario, apto para ciclistas y senderistas, ha propiciado la creación de una treintena de establecimientos dedicados al turismo rural, así como dos empresas de turismo activo que han generado un gran número de puestos de trabajo en la zona.

La patrulla verde

Por ejemplo, dos antiguas estaciones abandonadas acogen hoy un hotel y un restaurante, y una tercera, en el Peñón de Zaframagón, funciona hoy como centro de interpretación de la naturaleza y observación de aves a través de un sistema de cámaras que el visitante puede manejar.

El éxito de este proyecto ecoturista lo demuestran sus más de 4.000 visitantes mensuales que disfrutan, entre otros servicios, de un alquiler de bicicletas que los usuarios pueden coger y dejar en cada estación del camino, o el de la conocida «patrulla verde», integrada por seis jóvenes que informan a los visitantes y ofrecen los primeros auxilios en caso de emergencia.

La última iniciativa para mejorar las prestaciones a cicloturistas y senderistas es la llamada «tarjeta verde», que les permite obtener descuentos en unos 40 establecimientos ubicados en los pueblos que atraviesa el recorrido, y que impulsan también el desarrollo económico de la zona. La ruta, que sin embargo sigue pendiente de una normativa de ordenación que asegure su protección, será dada a conocer en el futuro a nivel nacional y europeo, gracias a un convenio de tres años entre la Fundación y la Junta de Andalucía de 480.000 euros, que financiará la distribución de folletos en diversos idiomas, DVD publicitarios y jornadas con agencias.

4 **el itinerario** (Reise-) Route 7 **la línea férrea** Eisenbahnstrecke 11 **recuperar** *hier* wiederbeleben 13 **el/la senderista** Wanderer/ Wanderin 13 **el/la cicloturista** Fahrradtourist/in 21 **propiciar** begünstigen 24 **generar** crear 31 **manejar** steuern 38 **los primeros auxilios** erste Hilfe 40 **la prestación** Dienstleistung 42 **el descuento** Preisnachlass 43 **ubicado/-a** situado/-a 46 **seguir pendiente de a/c** auf etw. warten 46 **la normativa de ordenación** gesetzliche Regelung 49 **el convenio** el contrato

Expresión escrita

1a El turismo sostenible es una forma de turismo que no solo toma en cuenta el aspecto económico, sino también el aspecto ecológico y la situación social de una región. Lee la siguiente lista y busca en el texto ejemplos de cada aspecto.

a) Conservación de la naturaleza, es decir de la flora, fauna y de la biodiversidad
b) Beneficio para las pequeñas empresas y los productores locales
c) Empleo e ingresos para la población local
d) Desarrollo de la infraestructura
e) Protección y valoración del patrimonio cultural
f) Sensibilización del turista para contribuir a la conservación del medio ambiente

1b Comenta si la Vía Verde de la Sierra es un buen ejemplo de turismo sostenible basándote en los resultados de la tarea 1a.

Escribir un comentario → p. 243

Expresión oral

Punto final
El debate → p. 242

2 La iniciativa de la Junta de Andalucía (ll. 45–53) tiene éxito y el número de senderistas y cicloturistas en la Vía Verde de la Sierra crece continuamente. Una cadena de radio local está organizando una charla para discutir las consecuencias de este crecimiento para el medio ambiente, los turistas y los habitantes de la región. Distribuid los siguientes papeles, apuntad argumentos y llevad a cabo la discusión.

- un/a presentador/a
- un/a ecologista
- un/a propietario/-a de un restaurante u hotel
- un/a integrante de la «patrulla verde»
- senderistas / cicloturistas
- habitantes de los pueblos en la Vía Verde

Agricultura intensiva o ecológica

Acercarse al tema

Fotos → p. 257

Describe las fotos y relaciónalas con el título del texto.

El texto

Textos informativos → p. 255

OPCIÓN (A) Hacer una lectura selectiva de un texto informativo

1 Localiza las frases del texto que se refieren a las dos fotos.
2 Señala las ventajas y los riesgos que tiene la agricultura intensiva.

OPCIÓN (B) Tomar posición ante la información que ofrece un texto

1 Indica las razones por las que hay tanto plástico en el sur de España y explica las consecuencias de este fenómeno.
2 Comenta la frase «Por lo tanto, es un buen ejemplo de agricultura sostenible» (l. 20) basándote en la información del texto.

El poniente almeriense: un mar de plástico

El riego hidropónico

En la provincia de Almería y en otras zonas de Andalucía, las condiciones climáticas son extremas y el máximo aprovechamiento del agua es un factor primordial para el desarrollo de los cultivos. Para hacer frente a la escasez de agua, los cultivos se cubren con plásticos, lo que logra conservar el agua. La mayoría de tomates, pimientos, calabacines y otros productos agrícolas que se consumen en España y Europa provienen, precisamente, de estos invernaderos. La mayoría de los invernaderos usan riego hidropónico aprovechando al máximo el ahorro de agua. Por lo tanto, es un buen ejemplo de agricultura sostenible y rentable, sobre todo en zonas áridas.

Pero no todo son ventajas, la agricultura intensiva de invernadero en Almería está provocando también grandes impactos medioambientales. En concreto, el mar de plástico del poniente almeriense es una de las pocas estructuras visibles desde el espacio, según el astronauta Pedro Duque. Otro de los problemas es que Almería es una de las provincias más áridas de España y, paradójicamente, emplea una agricultura de regadío (una hectárea de invernadero necesita una media de 5.500 metros cúbicos al año). El agua necesaria para estos cultivos se extrae de pozos cada vez menos abundantes, a lo que hay que sumar la contaminación de estos pozos por los productos químicos empleados en la agricultura.

Otra controversia son las condiciones laborales dentro de estos recintos puesto que, a la dureza del trabajo agrícola, se añade el hecho de que las temperaturas en el interior de los invernaderos pueden superar los 50°. Por eso no son trabajos aceptados fácilmente por la población de la zona y esto hace que sea un foco de atracción de inmigrantes, a menudo ilegales, dispuestos a trabajar en las condiciones más severas.

Otro problema no menos grave, es la cantidad de residuos tóxicos que genera este tipo de agricultura intensiva.

Estos residuos son muy peligrosos y altamente contaminantes para los pozos y suelos, además se introducen en la cadena trófica (por ejemplo a través del ganado) y terminan llegando hasta nosotros.

Los invernaderos

1 **el poniente** el oeste 7 **el aprovechamiento** (Aus-) Nutzung 9 **primordial** muy importante 11 **el cultivo** Anbau, bepflanztes Feld oder Beet 11 **hacer frente a a/c** etw. die Stirn bieten 12 **la escasez** Knappheit, Mangel 18 **el invernadero** Gewächshaus, Treibhaus 19 **el riego hidropónico** Hydrokultur (Anbau im Wasserbett statt in Erde) 21 **la agricultura sostenible** nachhaltige Landwirtschaft 22 **árido/-a** seco/-a 37 **el regadío** künstliche Bewässerung 41 **el pozo** Brunnen 46 **el recinto** el lugar 51 **el foco de atracción** Anziehungspunkt 53 **severo/-a** duro/-a 56 **los residuos tóxicos** giftige Abfälle 66 **la cadena trófica** Nahrungskette 68 **el ganado** Vieh

Comprensión auditiva

1a Intercambiad vuestras ideas sobre los productos provenientes de la agricultura ecológica.

1b Explicaos mutuamente las siguientes palabras. Buscad las palabras que no conocéis en un diccionario.
Ejemplo: La cebolla es una verdura que … En alemán significa …

Utilizar un diccionario → p. 261

el abono • la aceituna • la almendra • el ajo • la cebolla • estar concienciado en a/c • los espárragos • la finca • las hortalizas • la sanidad

1c Escucha lo que dice un agricultor ecológico y toma nota sobre los siguientes aspectos:

- datos personales e información sobre la carrera profesional de la persona
- información sobre las actividades del agricultor: ¿qué? • ¿cómo? • ¿dónde?
- razones para dedicarse a la agricultura ecológica
- situación actual y futuro
- destino de los productos
- comparación del mercado español con el europeo

9 Comprensión auditiva → p. 239

1d Vuelve a escuchar y resume lo que dice el agricultor sobre la exportación de sus productos a otros países europeos y da tu opinión: ¿hasta qué punto te parece «ecológica»?

9

Mediación

2 Tenéis en vuestro curso a un estudiante de Andalucía que está haciendo un intercambio. Ha encontrado en una revista el artículo «Wie Sklaven unter Plastik» (p. 268) sobre la situación de los inmigrantes que trabajan en los invernaderos de Almería. Como no comprende muy bien el artículo, te pide que le resumas en español la información sobre los problemas de estos inmigrantes.

Mediationstext → p. 268
Mediación → p. 248

Expresión oral

Examen oral

3 Basándote en la información del texto y de la comprensión auditiva, compara la agricultura intensiva con la agricultura ecológica en Andalucía y expresa tu opinión sobre el tema.

4 Organizad un debate sobre el tema «La agricultura en Andalucía». Repartid los siguientes papeles:

- un/a agricultor/a de Almería
- un/a agricultor/a ecológico/-a
- un/a activista ambiental
- un/a inmigrante indocumentado/-a que trabaja en los campos de la zona
- consumidores

Punto final
El debate → p. 242

Jóvenes frente al cambio climático

Acercarse al tema

Los siguientes fotogramas son de un vídeo que trata el cambio climático. Reunid en clase ideas sobre el tema.

el humedal Feuchtgebiet • **la rueda eólica** Windrad

Vídeo

El vídeo

Vídeos → p. 256

OPCIÓN (A) Comprender un vídeo paso a paso

1 Mira el vídeo una vez y resume la información que has comprendido: ¿quiénes? • ¿dónde? • ¿qué?

2a Mira la segunda parte del vídeo (1:37 – 4:07), luego pon las frases en orden cronológico.

1. Para hacer frente al cambio climático es necesario que gastemos menos energía.
2. Un humedal es una zona que está inundada[1] permanentemente.
3. Otra amenaza para los humedales es que su agua se usará para la agricultura.
4. En el futuro, las temperaturas en España van a subir y las precipitaciones[2] van a disminuir[3].
5. Los gases de efecto invernadero no pueden escaparse al espacio[4] y el planeta se sobrecalienta[5].
6. La acumulación[6] de gases de efecto invernadero[7] en la atmósfera causa el cambio climático.

1 **inundado/-a** überschwemmt 2 **las precipitaciones** Niederschlag 3 **disminuir** reducirse 4 **el espacio** Weltraum 5 **sobrecalentarse** hacerse demasiado caliente 6 **la acumulación** Anhäufung 7 **el gas de efecto invernadero** Treibhausgas

2b Vuelve a ver la misma parte e indica las imágenes que mejor ilustran lo que dice Aurora.

3a En la tercera parte del vídeo (4:08 – 6:09), Jesús responde a las preguntas de abajo. Apunta lo que comprendas.

- «Jesús, ¿por qué el cambio climático afecta tan gravemente a Andalucía?»
- «¿Qué podemos hacer desde Andalucía para frenar esto?»

3b Vuelve a ver esta parte y apunta los objetivos de la iniciativa «triple veinte europea» (20 – 20 – 20).

4a Mira la última parte del vídeo (6:10 – 6:50) sin sonido y observa las caras de las personas. ¿Qué mensaje piensas que Jesús quiere transmitir a los jóvenes y a los espectadores?

4b Vuelve a ver esta parte con sonido y comprueba si tu hipótesis era correcta.

OPCIÓN (B) Analizar los elementos audiovisuales de un vídeo

Vídeos → p. 256

1a Mira la primera parte del vídeo (0:00 – 1:36) sin sonido y describe lo que ves.
1b Vuelve a ver la misma parte con sonido y comenta el ambiente que la música crea en esta escena.
2a Mira el fotograma n° 1 de *Acercarse al tema* y describe a la chica de la izquierda, Aurora. Formula hipótesis sobre lo que hace y lo que va a pasar en esta escena.
2b Mira la segunda parte del vídeo (1:37 – 2:41) y comprueba si tu hipótesis era correcta.
3a Imagina que tú eres el director / la directora del vídeo. Lee abajo lo que dice Aurora y piensa con qué imágenes lo acompañarías.

Numerosos estudios sobre el cambio climático han demostrado que aquí, en España, se prevé para los próximos años un incremento de las temperaturas y una disminución de las precipitaciones. ¿Qué va a provocar esto en un humedal? Pues obviamente que la cantidad de agua disponible sea muchísimo menor y también que los humanos demandemos esta agua, pues, para uso como por ejemplo, el regadío. ¿Qué va a ocurrir con las especies que están vinculadas a este tipo de ecosistema? Pues obviamente sus poblaciones se van a ver bastante reducidas.

2 **prever** erwarten, vorhersehen 3 **el incremento** el aumento 4 **la disminución** la reducción 4 **las precipitaciones** Niederschlag 9 **el regadío** künstliche Bewässerung (Landwirtschaft) 10 **estar vinculado/-a** estar conectado/-a

3b Mira la tercera parte del vídeo (2:42 – 4:07). Indica las imágenes que acompañan lo que dice Aurora y comenta si te parecen adecuadas o no. Justifica tu opinión.
4a Mira la cuarta parte del vídeo (4:08 – 6:09) y explica cómo las imágenes apoyan lo que dice Jesús sobre
- la africanización del clima de Andalucía
- cómo se puede frenar el cambio climático
- el futuro energético de Europa

4b Vuelve a ver la misma parte, describe las otras imágenes que ves y explica qué mensaje transportan para ti.
5 Mira la última parte del vídeo (6:10 – 6:50) y comenta el contraste entre las imágenes y la información que da Jesús.

Expresión escrita

Escribir un e-mail → p. 246

1 Vais a hacer un viaje de fin de curso a Andalucía y queréis visitar el humedal donde trabaja Aurora. Escríbele un e-mail a Aurora:
- preséntate y cuéntale que vais a hacer un viaje de fin de curso
- explícale por qué queréis visitar el humedal
- pregúntale si quiere ser vuestra guía y explícadle los efectos que tiene el cambio climático en el humedal

Expresión oral

Estadísticas → p. 259

2 Describe la estadística y coméntala. También haz referencia a lo que hayas aprendido en el vídeo.
3 Presenta tu opinión sobre uno de los siguientes temas:
- los peligros del cambio climático
- el futuro de las energías renovables
- los aspectos positivos y negativos de las ruedas eólicas

Consumo de energía primaria por fuentes en Andalucía

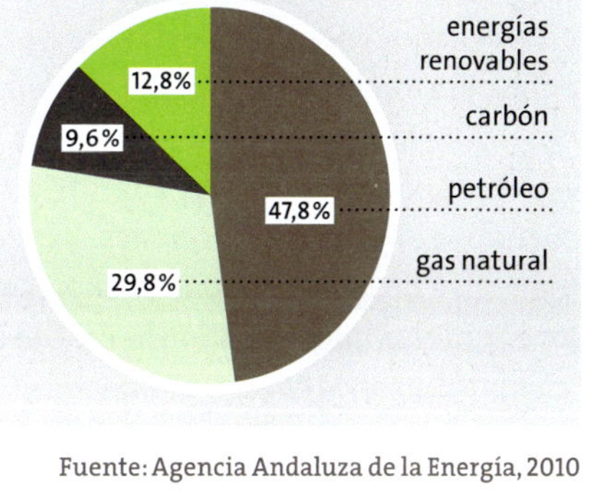

Fuente: Agencia Andaluza de la Energía, 2010

Gitano y andaluz

Acercarse al tema

Describe la bandera gitana que puedes ver abajo. Según tu opinión, ¿qué ideas representa?

El texto

Comentarios → p. 255

A1 Hacer un resumen → p. 242

OPCIÓN (A) Hacer un resumen

1 Resume la información del texto sobre
- el autor
- el pueblo gitano

2 Explica por qué las palabras «andaluz» y «gitano» representan la misma idea para el autor.

OPCIÓN (B) Analizar el lenguaje de un texto

1 Busca en el texto las expresiones e imágenes con las que el autor describe a los gitanos y a Andalucía.

2 Analiza la imagen que el autor crea de los gitanos y de Andalucía basándote en los resultados de la tarea 1.

Soy andaluz y gitano, o gitano y andaluz, qué más da. Nací en lo más profundo de nuestra Andalucía donde el Mediterráneo y el Atlántico se funden desde siempre en un solo mar sin que uno pretenda ser más que el otro.

Desde pequeño creí que ser andaluz y gitano era la misma cosa. Hasta que un día, alguien me descubrió que los gitanos formábamos un pueblo extendido por toda Europa y que éramos en el mundo más de doce millones de hombres y mujeres.

Entonces me enteré de que los primeros gitanos llegaron a Andalucía poco tiempo antes de la toma de Granada por los Reyes Católicos y que, desde entonces, Andalucía ha sido para todos los gitanos del mundo algo así como la tierra de promisión donde el clima, el paisaje y la gente ponen los mejores ingredientes para vivir en libertad.

Y empecé a sentirme orgulloso de saberme poseedor de dos títulos incomparables: ser gitano y ser andaluz. Y como andaluz, allí donde estuve, hablé de mi tierra para pregonar sus grandezas y denunciar sus grandes injusticias. [...]

Los gitanos somos más del cinco por ciento de la población total de Andalucía. Trescientos mil gitanos y gitanas constituimos una fuerza importante que es especialmente querida, ¡triste paradoja!, cuando se acercan las elecciones.

Juan Silva de los Reyes, que es el presidente de los jóvenes de la Unión Romaní, ha escrito lo siguiente: «*Somos la minoría étnica más importante de este país, y, sin embargo, sufrimos como nadie el peor de los rechazos: la indiferencia. Los jóvenes andaluces tenemos la obligación de trabajar por mantener nítido y vigente nuestro sistema de valores sociales como elemento nuclear sobre el que gira la identidad y el ser de nuestras gentes. Pero además, los jóvenes que ostentamos la condición de gitanos o gitanas, tenemos la obligación de pregonar nuestro orgullo de ser gitanos y andaluces y hacer ver al resto de los jóvenes que gitano no es sólo quien nace de un vientre gitano, sino que es quien participa, en definitiva, de una manera peculiar de sentir y ver la vida, manera que en Andalucía es común a la mayoría de los ciudadanos sea cual sea su condición social*». [...]

Hoy, tras casi 600 años de convivencia, Andalucía respira gitano por todos sus poros. Su idiosincrasia tiene raíz innegablemente gitana que aparece en cualquier forma de manifestación intelectual, cultural o simplemente en la manera de sentir de cualquier andaluz o andaluza. [...] Y por ser andaluz y gitano, [...] y por los colores de la bandera gitana, cada día soy más ciudadano del mundo que tiene por techo el azul del cielo y por suelo, el verde de los campos.

Juan de Dios Ramírez-Heredia, en Andalucía, 4 culturas, una sola juventud

1 **que más da** ¿qué importa? 3 **fundirse** unirse 12 **la toma de Granada** *aquí* la reconquista del califato de Granada en 1492, el último bastión árabe en Europa 15 **la tierra de promisión** *fig.* das gelobte Land 18 **el/la poseedor/a** Besitzer/in, Inhaber/in 21 **pregonar a/c** comunicar a/c en público, hacer a/c pública 21 **denunciar a/c** criticar a/c públicamente 39 **nítido/-a** puro/-a, claro/-a 40 **vigente** gültig 41 **el elemento nuclear** *hier* das zentrale Element, der Kern 43 **ostentar a/c** etw. zur Schau stellen, zeigen 48 **peculiar** especial 52 **la idiosincrasia** carácter, manera de ser 54 **la manifestación** *hier* Ausdruck

Expresión oral

1 Explica la siguiente frase: «Trescientos mil gitanos y gitanas constituimos una fuerza importante que es especialmente querida, ¡triste paradoja!, cuando se acercan las elecciones» (ll. 24–27).

2 Imagina para qué ocasión el autor escribió este texto. Justifica tu idea.

Comprensión auditiva

10 Comprensión auditiva → p. 239

3a Escucha la siguiente entrevista al autor del texto, Juan de Dios Ramírez-Heredia, fundador y presidente de la Unión Romaní, la asociación de los gitanos españoles. Indica de qué temas habla.

a) su éxito en la vida
b) la situación social de los gitanos
c) la importancia de la educación
d) la simbología de la bandera gitana
e) el papel de su madre
f) la historia del pueblo gitano

Juan de Dios Ramírez-Heredia

10

3b Vuelve a escuchar la entrevista e indica qué opción es correcta. Puede haber más de una.

1. Juan de Dios lucha por
   a) la integración de los gitanos.
   b) más tolerancia para los gitanos.
   c) mejores condiciones laborales para los gitanos.

2. Juan de Dios piensa que su éxito
   a) es, sobre todo, mérito personal.
   b) ha sido, en parte, suerte.
   c) es el producto de su esfuerzo y sus estudios.
   d) se lo debe a la voluntad de su madre.

3. La madre de Juan de Dios
   a) lo obligó a ir al colegio.
   b) lo obligó a ir a la universidad.
   c) solo tenía formación escolar básica.
   d) era analfabeta.

4. Juan de Dios
   a) ha sido abogado por más de 22 años.
   b) ha sido diputado por más de 22 años.
   c) está muy agradecido con la comunidad gitana.
   d) está muy agradecido con el pueblo español.

3c ¿Qué mensaje quiere transmitir Juan de Dios Ramírez-Heredia? Justifica tu opinión.

Rompiendo estereotipos

Acercarse al tema

¿Qué prejuicios conoces sobre los gitanos? Apunta tus ideas.

El texto

Textos informativos → *p. 255*

OPCIÓN (A) Comprender un texto periodístico

1 Contesta las siguientes tres preguntas de las ll. 10–13 con la información del texto:
- ¿Qué imagen tienen los payos de los gitanos?
- ¿Se corresponde con la realidad de hoy?
- ¿Qué significa ser gitano en la España de hoy?

OPCIÓN (B) Analizar la información sociopolítica de un texto periodístico

1 Resume la información del texto sobre:
- la vida y los valores de los gitanos españoles de hoy
- los tópicos vigentes en el resto de la sociedad

2 Analiza cómo el autor presenta a la población gitana.

¿Gitanos de clase media? Sí, y son mayoría

Los gitanos viven en España desde el siglo XV e históricamente han estado sometidos a persecuciones de todo tipo. Ahora, cinco siglos más tarde, un estudio revela que todavía son el colectivo más rechazado por la sociedad española, por encima de inmigrantes, ex presidiarios, personas alcohólicas o con problemas psíquicos. A un 40 % de los encuestados les molestaría mucho o bastante tener a alguno como vecino. ¿Por qué? ¿Qué imagen tienen los payos de los gitanos? ¿Se corresponde con la realidad de hoy? ¿Qué significa ser gitano en la España de hoy?

El Tío Paco, un señor «gitano de pura cepa, de varias generaciones» y residente en Valencia, dice que es «gitano, español y valenciano, por ese orden; así lo siento». En los 45 años que él y su esposa Lola llevan juntos han formado una gran familia, con cinco hijos y, ya, un montón de nietos. «Esto es lo más importante: la familia. Lo es todo», explica el Tío Paco mientras se sienta a la mesa con los suyos. Eso sí: él habla, y los otros, mayormente, callan. «El respeto al mayor sigue siendo una señal de nuestra cultura», explica.

Son el prototipo de una familia gitana española de hoy: «gitanos de clase media», que son básicamente mayoría, pero, paradójicamente, mucho más invisibles en la sociedad. La realidad es que estos gitanos más integrados representan un 80 % de los aproximadamente 650.000 gitanos españoles, y ni viven en chabolas, ni son artistas folclóricos flamencos.

Estereotipos

«Los estereotipos existentes en la sociedad nos colocan, o en el mundillo del espectáculo, o en el de la marginalidad», indica José Manuel Flórez, de la Secretaría de la comunidad gitana en Andalucía. «Es que parece que estamos, o todo el día bailando, o todo el día peleando con navajas».

El Tío Paco y su mujer ya están jubilados, pero sus hijos se dedican, como el 80 % de los gitanos, a la venta ambulante. Junto a su puesto de ropa en el mercadillo está el de su hija Nieves -de 29 años, casada y madre de dos niños- y el de su sobrina Merche -de 32 años, con un hijo de cinco y divorciada de un gitano-.

-¡Vamos, bonita, que lo llevo todo barato! ¡*Suéters* a cuatro euritos, oye! -vocea Nieves para llamar la atención de posibles clientas.

Entre 10 y 100 euros diarios suelen ganar vendiendo ropa las mujeres de esta familia. «Los gitanos nos hemos hecho a esto y vivimos al día: tanto tienes, tanto gastas», dice Merche. Aunque ella se ha embarcado en una hipoteca de más de 120.000 euros. «Ya saldré adelante como sea; trabajaré aquí por la mañana y en algún sitio por la tarde: poniendo cafés, limpiando, fregando ..., donde me den trabajo», piensa. «Si los payos lo hacen, yo también».

Las dos son madres jóvenes, pero ya no tan jóvenes como lo eran antes las gitanas. «Ya casi nadie se casa antes de los 18», comentan. Dejaron los estudios antes de terminar la educación secundaria. «Yo fui al colegio hasta los 12 años, pero me cansé. No me gustaba. Ahora me arrepiento, claro», dice Nieves. El caso de Merche es similar, como el de casi todos los gitanos españoles. El fracaso escolar es de entre el 60 % y el 70 %, según los estudios. Pero su mentalidad y el hecho de que sus hijos estén escolarizados y vayan al colegio a diario suponen un importante avance.

La dignidad gitana

En la dignidad gitana, se ha producido también un cambio sutil, pero sustancial. Una es la dignidad que le sale al Tío Paco cuando dice que es antes gitano que español, y la otra es la que le sale a Merche cuando, después de divorciarse legalmente, se reta a poder pagar una hipoteca, pese a estar acostumbrada a vivir al día. Son maneras distintas de reivindicar su dignidad y muestran un cambio fundamental: la del Tío Paco es la dignidad de la reafirmación frente a la opresión históricamente sufrida, pero la de Merche está ya en la línea de un horizonte nuevo. Es la de quien quiere seguir fiel a su identidad gitana sin por eso dejar de disfrutar de todos los derechos de su condición de ciudadana y de un mayor bienestar, como cualquier payo.

Y justamente ésa parece ser la nueva identidad gitana emergente. No será fácil porque, por un lado, tendrán que luchar contra sus propios complejos y contra la inseguridad de moverse por terrenos desconocidos. «Seguro que suspendes, porque no se le entiende nada al profesor», le dice Nieves a Merche cuando ésta habla de que quiere sacarse el carné de conducir.

Por otro lado, deberán enfrentarse a una sociedad también cargada con sus prejuicios. «Mi prima, que trabaja en una tienda, no quiere ponerse en la caja porque le da miedo que falte dinero y que le echen las culpas a ella porque es la gitana», comenta Nieves. Los expertos aseguran que se requiere un esfuerzo mutuo. Entre tanto, en la casa del Tío Paco, después de la paella, han sacado una botella de cava. El brindis es también gitano: «Salud y libertad».

3 **la persecución** Verfolgung 7 **el/la presidiario/-a** el/la criminal, delincuente 11 **el/la payo/-a** persona no gitana 14 **de pura cepa** waschecht 31 **la chabola** Baracke 35 **colocar** poner, meter 35 **el mundillo del espectáculo** Welt des Spektakels / der Shows 36 **la marginalidad** *etwa* soziales Abseits, Rand der Gesellschaft 39 **la navaja** el cuchillo 40 **estar jubilado/-a** im Ruhestand sein 42 **la venta ambulante** la venta en la calle o en los mercados 42 **el puesto** *hier* Marktstand 48 **el suéter** (ingl. *sweater*) Pullover 52 **vivir al día** in den Tag hinein leben, nicht vorausplanen 54 **embarcarse en a/c** sich auf etw. einlassen 65 **arrepentirse de a/c** etw. bereuen 68 **el fracaso escolar** vorzeitiger Schulabbruch, Schulversagen 72 **la dignidad** Würde, *aquí* la identidad 78 **retarse a a/c** sich einer Herausforderung stellen 80 **reivindicar a/c** *hier* sich zu etw. bekennen 85 **seguir fiel a a/c** einer Sache treu bleiben 86 **la condición de ciudadano/-a** *etwa* als Bürger/in mit allen Rechten und Pflichten 90 **emergente** que se está formando 93 **suspender** durchfallen, *hier* die Fahrprüfung nicht bestehen 100 **la caja** Kasse 103 **mutuo/-a** gegenseitig, von beiden Seiten 105 **el brindis** Trinkspruch

Competencia intercultural

1a Vuelve a leer tus apuntes de *Acercarse al tema* (p. 86) y compáralos con la información del texto.
1b Explica si después de la lectura ha cambiado tu propia imagen de la población gitana.

11

Comprensión auditiva

Comprensión auditiva → p. 239

Mapa mental → p. 261

2a Escucha la noticia sobre el programa «Promociona». Luego explica qué es.
2b Vuelve a escuchar la noticia y apunta toda la información que comprendas sobre el programa «Promociona». Luego ordénala en un mapa mental.
2c Presenta tu mapa mental y comenta si el programa «Promociona» se puede considerar un éxito.

Examen oral

Expresión oral

Carteles → p. 258

3a Lee el texto de abajo, luego presenta el cartel del Día Internacional del Pueblo Gitano:
- descríbelo,
- examina los elementos gráficos: texto, imágenes y colores,
- analiza la imagen del pueblo gitano que transmite el cartel.

El 8 de abril de 1971 se instituyeron en Londres la bandera y el himno de la comunidad gitana. Para recordar aquel día, cada año se celebra el Día Internacional del Pueblo Gitano en esa misma fecha.

© Montse Motos Jiménez, Fundación Secretariado Gitano, 2013

3b En pareja, preparad una entrevista de radio sobre el tema «Los gitanos españoles – estereotipos y realidad». Uno/-a asume el papel del/de la moderador/a; el/la otro/-a, el de un/a joven gitano/-a español/a. Basaos en la información del texto y en los resultados de las tareas anteriores.

Expresión escrita

Escribir un comentario → p. 243

4 Quieres participar en el concurso de escritura «Los gitanos del siglo XXI» de la Unión Romaní. Se aceptan textos de unas 400 palabras. Escribe un comentario basándote en la información de los textos «¿Gitanos de clase media? Sí, y son la mayoría» y «Gitano y andaluz» (p. 84).

El flamenco

Acercarse al tema

Observad la foto durante un minuto. Luego cada uno/-a continúa la frase: «Para mí, esta foto ...».

Fotos
→ p. 257

La canción

OPCIÓN (A) Comprender el tema de una canción

1 Escucha la canción con los ojos cerrados. Luego comenta el efecto que producen en ti la voz, el ritmo y la melodía.
2 Formula hipótesis sobre el tema de la canción.
3 Compara tus ideas con la letra de la canción.

OPCIÓN (B) Analizar la letra de una canción

1 Escucha la canción, después lee la letra y aclara con tu compañero/-a lo que no hayas comprendido. Indicad el tema de la canción.
2 Describe a los dos personajes y su relación.
3 Analiza los recursos estilísticos con los que el yo lírico describe sus sentimientos y la relación amorosa.

12
Canciones
→ p. 253
B3 Recursos estilísticos
→ p. 250

Ese gitano

Ese gitano bandolero,
me enamoró, cuánto le quiero;
sus ojos verdes de esperanza,
los lunares de su pañuelo.

El habló palabras de amor,
que yo creí con ilusión;
me regaló una bella flor,
que con el tiempo se marchitó.
Ay, se marchitó.

Ese gitano bandolero ...

Se reflejó la luna en mi cara,
y un amor ciego sin esperanza;
sentí un vacío en tu mirada,
y es que en mi vida tú te alejabas.
Ay, tú te alejabas.

Ese gitano bandolero ...

Lo que he sentido por él,
satisfacciones que le entregué.
Ay, cómo siento su ausencia,
que yo le quise,
que yo le quiero.
...

2 **bandolero/-a** gesetzlos 5 **el lunar** *hier* Tupfen, Fleck 7 **la ilusión** la esperanza, la alegría, *auch* Illusion 9 **marchitarse** verwelken 13 **ciego/-a** blind 14 **el vacío** Leere 15 **alejarse de alg.** sich von jdm. entfernen 20 **la ausencia** Abwesenheit

Expresión escrita

1 El yo lírico le escribe una carta al «gitano bandolero» en la que le cuenta cómo se siente. Ponte en su lugar y redacta la carta.

Redactar textos creativos
→ p. 245

Info: el flamenco

El flamenco es un estilo de música y danza de origen andaluz. Los elementos importantes son el canto, la música de guitarra y las palmas. El flamenco existe desde el siglo XVIII como resultado del mestizaje cultural gitano, árabe, cristiano y judío. Nació como una forma de expresión de grupos marginados como los gitanos. Los temas centrales del flamenco son los sentimientos profundos como el dolor, la soledad, la desesperación, el amor, el desamor y la pasión.

Un poeta andaluz

Acercarse al tema

Fotos → p. 257

Elige una de las fotos de la página 91. Describe el ambiente, las asociaciones y emociones que evoca en ti.

El poema

Poemas → p. 253

OPCIÓN (A) Hacer una lectura dramatizada de un poema (Paisaje)

1 Leed en parejas el poema «Paisaje» y aclaraos las palabras y expresiones que no hayáis comprendido.

2 Preparad la lectura del poema: decidid con qué tono (tristeza, resignación, melancolía, etc.) se debe leer cada verso o palabra.

3 Practicad la lectura, también con gestos y mímica. Luego presentad el poema en clase.

OPCIÓN (B) Comprender un poema (Canción del jinete)

1 Presenta con tus propias palabras la escena descrita en el poema «Canción del jinete».

2 Describe al yo lírico: ¿cómo se siente?

3 Indica el tema del poema.

OPCIÓN (C) Interpretar un poema (La guitarra)

1 Lee el poema «La guitarra» e indica qué emociones evoca en ti.

2 Expón cómo el poeta presenta la guitarra: ¿con qué palabras describe su música? ¿Qué efecto provocan?

3 Analiza la imagen de la guitarra: ¿para qué servirá de metáfora?

4 ¿Qué conexión ves entre el poema y el flamenco (p. 89)?

Guerra Civil Española → p. 265

Info: Federico García Lorca

Federico García Lorca nació en 1898 en Fuente Vaqueros, Andalucía. Estudió Filosofía y Letras en la Universidad de Granada y se licenció en Derecho. Fue poeta, dramaturgo, músico y dibujante popular en los años 20 y 30 del siglo XX. Entre 1929 y 1930 hizo viajes a Nueva York y a Cuba.
Poco después de estallar la Guerra Civil española, fue detenido por los fascistas bajo acusaciones poco claras que hacían referencia a su papel de poeta y librepensador. Fue fusilado pocos días después, el 19 de agosto de 1936, en Granada.

Federico García Lorca (5/6/1898 – 19/8/1936)

Paisaje

El campo
de olivos
se abre y se cierra
como un abanico.
Sobre el olivar
hay un cielo hundido
y una lluvia oscura
de luceros fríos.
Tiembla junco y penumbra
a la orilla del río.
Se riza el aire gris.
Los olivos,
están cargados
de gritos.
Una bandada
de pájaros cautivos,
que mueven sus larguísimas
colas en lo sombrío.

F. García Lorca: Paisaje, en Poema del cante jondo (1921)

5 **el abanico** Fächer 6 **el olivar** el campo de olivos 7 **hundido/-a** *hier* tief hängend 9 **el lucero** la estrella 10 **temblar** zittern 10 **el junco** Binse, Ufergras 10 **la penumbra** Dämmerlicht 12 **rizarse** sich kräuseln 16 **la bandada** Vogelschar 17 **cautivo/-a** *fig.* gefangen 19 **la cola** (Feder-) Schwanz 19 **sombrío/-a** oscuro/-a

Canción del jinete

Córdoba.
Lejana y sola.
Jaca negra, luna grande,
y aceitunas en mi alforja.
Aunque sepa los caminos,
yo nunca llegaré a Córdoba.
Por el llano, por el viento,
jaca negra, luna roja.
La muerte me está mirando
desde las torres de Córdoba.
¡Ay qué camino tan largo!
¡Ay mi jaca valerosa!
¡Ay que la muerte me espera,
antes de llegar a Córdoba!
Córdoba.
Lejana y sola.

F. García Lorca: Canción del jinete, en Canciones (1921–1924)

1 **el jinete** Reiter 4 **la jaca** la hembra del caballo 5 **la alforja** Satteltasche 8 **el llano** Ebene, Flachland 13 **valeroso/-a** tapfer

La guitarra

Empieza el llanto
de la guitarra.
Se rompen las copas
de la madrugada.
Empieza el llanto
de la guitarra.
Es inútil
callarla.
Es imposible
callarla.
Llora monótona
como llora el agua,
como llora el viento
sobre la nevada.
Es imposible
callarla.
Llora por cosas
lejanas.
Arena del Sur caliente
que pide camelias blancas.
Llora flecha sin blanco,
la tarde sin mañana,
y el primer pájaro muerto
sobre la rama.
¡Oh guitarra!
Corazón malherido
por cinco espadas.

F. García Lorca: La guitarra, en Poema del cante jondo (1921)

2 **el llanto** Weinen, Klagen 5 **la madrugada** früher Morgen 9 **callar a alg.** jdn. zum Schweigen bringen 15 **la nevada** la nieve 19 **lejano/-a** fern 20 **la arena** Sand 21 **la camelia** Kamelie (rosenähnliche Blume) 22 **la flecha** Pfeil 22 **el blanco** Mitte der Zielscheibe 25 **la rama** Ast 28 **la espada** Schwert

Gramática en contexto

MOSTRAR ASOMBRO • El presente de subjuntivo

1 Reacciona ante la información con exclamaciones de asombro. Usa las expresiones del recuadro con el presente de subjuntivo.

Ejemplo: 1. ¡Es terrible que destruyan esta playa virgen!

1. es terrible que	5. no puedo creer que
2. es una catástrofe que	6. me da miedo que
3. cómo es posible que	7. es un problema que
4. es horrible que	8. es imposible que

1. Proyecto inmobiliario destruye 500 m de playa virgen en la región de Cádiz

5. La costa que se destruye por día en España equivale a ocho campos de fútbol

2. Cientos de especies están en peligro por la destrucción de los ecosistemas

6. En Cádiz, la tasa de paro alcanza el 36 %

3. Nuevo caso de corrupción: alcalde recibe 50 000 € de un promotor de hoteles

7. El paro motiva a muchos jóvenes a emigrar

4. Se construyen dos hoteles en una zona protegida

8. El sector de la construcción en Andalucía decrece un 16,5 % este año

EXPRESAR LA PROPIA OPINIÓN • Subjuntivo o indicativo

2a Decide si tienes que utilizar el subjuntivo o el indicativo y pon las formas correctas de los verbos.

1. Creo que el turismo sostenible *(ser)* el futuro.
2. Opino que entre todos *(tener que)* proteger las playas vírgenes del desarrollismo.
3. No creo que la construcción de hoteles *(crear)* mucho empleo.
4. Me molesta que, a veces, la construcción *(destruir)* los ecosistemas.
5. No estoy de acuerdo con que el litoral andaluz *(estar)* suficientemente protegido.
6. Estoy seguro de que la agricultura intensiva *(provocar)* un gran impacto ambiental.
7. Pienso que *(hacer)* falta reciclar aún más los residuos.
8. Me fastidia que muchos políticos *(ser)* corruptos.

2b Decide si tienes que utilizar el subjuntivo o el indicativo y formula frases.

Es importante/necesario que Está claro que	Andalucía *(promover)* el turismo sostenible. todos *(proteger)* mejor la naturaleza. un político *(tener)* la responsabilidad de proteger el medio ambiente. los hoteles *(crear)* empleo. la Junta de Andalucía *(apostar)* por un turismo sostenible.
No es cierto que Es cierto que	los aviones *(emitir)* muchos gases de efecto invernadero. el cambio climático *(ser)* un hecho real. los promotores *(edificar)* sin pensar en la naturaleza. algunos hoteles *(haber)* sido construidos ilegalmente en zonas protegidas. el sector turismo *(ser)* muy importante para la economía andaluza.

DAR CONSEJOS Y RECOMENDACIONES • Subjuntivo, imperativo o infinitivo

3a Decide qué expresiones del recuadro se utilizan con el subjuntivo, el imperativo o el infinitivo.

es necesario que • es recomendable • es mejor • es importante que • es bueno que • si es posible • te recomiendo que • siempre que sea posible • siempre que puedas

3b Formula consejos para fomentar el turismo responsable utilizando las expresiones de la tarea 3a.

Ejemplo: Siempre que puedas, usa medios de transporte público.

usar medios de transporte público • hacer las compras con una bolsa de tela, no de plástico • utilizar pilas recargables • no dejar aparatos en *standby* • apagar las luces al salir de una habitación • ahorrar agua • ducharte en lugar de bañarte • cerrar el grifo después de usarlo • no tirar basura al suelo • ...

REPETIR ARGUMENTOS Y OFRECER CONTRAARGUMENTOS • El estilo indirecto en presente

4 Reacciona a las siguientes tesis afirmándolas y/u ofreciendo un contraargumento.

Ejemplo: Has dicho que el turismo convencional atrae a más turistas y estoy de acuerdo, pero este tipo de turismo también trae un gran impacto medioambiental.

has dicho que • (no) estoy de acuerdo (con que) • no creo que • (no) tienes razón (al decir que) • opino que • apoyo tu opinión • por un lado es correcto que ..., pero por otro lado • ...

1. El turismo convencional atrae a más turistas.
2. Los invernaderos andaluces son ecológicos.
3. Viajar en tren contamina menos que viajar en avión.
4. El turismo de masas es bueno para una región.
5. La energía renovable es más cara que la convencional.
6. Los productos ecológicos son una mentira.
7. Los campos de golf no consumen demasiada agua.
8. Los hoteles que fueron construidos ilegalmente tienen que ser derribados.

HABLAR DE CONSECUENCIAS • La frase condicional real e irreal en presente

5 Formula frases condicionales reales e irreales en presente.

Ejemplos: a) Si actuamos ahora, todavía podemos salvar una parte de la costa andaluza.
b) Si actuáramos ahora, todavía podríamos salvar una parte de la costa andaluza.

1. Si *(construirse)* el hotel, *(crearse)* trabajo para la gente de la región.
2. Si el proyecto *(traer)* beneficio para las empresas locales, *(estar,* 1ª pers. sg.*)* de acuerdo con él.
3. Si no *(proteger,* 1ª pers. pl.*)* nuestras costas, ya no *(quedar)* ninguna playa virgen en el futuro cercano.
4. Si no *(sensibilizar,* 1ª pers. pl.*)* a los turistas, el plan de turismo sostenible no *(poder)* tener éxito.
5. Si *(realizarse)* el proyecto inmobiliario, *(tener que)* haber participación local.
6. Si el arquitecto *(construir)* un edificio con placas solares, este *(consumir)* menos energía.
7. Si no *(hacerse)* un plan de sostenibilidad, el proyecto no *(ser)* ecológico.
8. Si las autoridades no *(denunciar)* la construcción ilegal, este fenómeno no *(tener)* fin.
9. Si los políticos *(hablar)* con las personas antes de autorizar un proyecto inmobiliario, ellos *(tener)* mayor aceptancia.

Vocabulario temático

HISTORIA DE ANDALUCÍA

Los musulmanes	conquistaron	casi toda la Península Ibérica. · los reinos cristianos.	
	introdujeron	productos de origen vegetal: arroz, azúcar, naranja, limón, ... especias: azafrán, jengibre, canela, clavo, ... ciencias como la Medicina, la Cirugía y la Farmacología.	
	dejaron huellas	en la arquitectura de los cascos históricos de ciudades andaluzas. en los topónimos de ciudades españolas: Madrid, Almería, ...	
Al-Ándalus	fue	un puente entre Oriente y Occidente para la ciencia ... una época importante en la historia de la Península Ibérica.	
	genera	orgullo · desprecio	en la sociedad española de hoy.
Durante	la Reconquista	los cristianos	lucharon contra los musulmanes. expulsaron a los musulmanes de la Península.
Después de		los musulmanes	tuvieron que convertirse al catolicismo.
La Santa Inquisición	era la institución de la Iglesia Católica que se dedicó a suprimir la herejía. celebraba autos de fe. · torturaba y mataba a miles de personas.		

TURISMO Y ECOLOGÍA

El turismo de masas La construcción Los proyectos inmobiliarios	amenaza/n destruye/n daña/n	la naturaleza. · playas / costas vírgenes. el litoral andaluz.	
	causa/n problemas ambientales. · crea/n empleo. se aleja/n del desarrollismo del pasado.		
El turismo sostenible	conserva protege	la naturaleza. · la biodiversidad. el patrimonio cultural.	
	crea	empleo ingresos	para la población local.
	tiene beneficios para pequeñas empresas / las PYMES / productores locales. atrae a turistas responsables.		
La agricultura	ecológica	genera productos ecológicos. · es sostenible. no contamina la tierra con el uso extremo de abonos. está destinada principalmente a la exportación. comercializa aceite de oliva ecológico.	
	intensiva	provoca	un gran impacto medioambiental. condiciones laborales extremas.
		utiliza	productos químicos. invernaderos con riego hipodrónico.
		genera residuos tóxicos.	
El cambio climático	es una consecuencia de la acumulación de gases de efecto invernadero. produce un incremento de la temperatura. africaniza el clima de Andalucía y provoca escasez de agua. se podría frenar con el uso de energías renovables (eólica, solar, hidroeléctrica).		

Punto final

Tarea mini: planear un viaje sostenible

Vuestro curso va a hacer un viaje de fin de curso a Andalucía y queréis que sea lo más sostenible posible.

1 Piensa qué aspectos hay que tener en cuenta al planear un viaje sostenible. ¿Estarías dispuesto a prescindir de algo o a pagar más dinero para que tu viaje sea sostenible? ¿Qué más crees que se debería tomar en cuenta? Apunta tus ideas.

2 Compara tus ideas con las de un/a compañero/-a y complétalas, si lo consideras necesario.

3 Trabajad en pequeños grupos. Exponed vuestras ideas y discutid sobre la importancia de cada una. Luego cread una lista con las cinco ideas más importantes y presentadlas en la clase.

Tarea final: hacer un debate

Un inversor quiere construir un complejo turístico con campos de golf, hoteles y un centro de spa en la costa de Andalucía. Se ha decidido por construirlo en una playa muy cerca del pequeño pueblo de Zahara de los Atunes, en la provincia de Cádiz.

El alcalde / La alcaldesa tiene que dar el permiso de construcción, pero está indeciso/-a. No sabe si debe permitir el proyecto, prohibirlo o si debería exigirle modificaciones al inversor. Quiere conocer todos los argumentos de los diferentes grupos y por eso ha organizado un debate.

La playa de Zahara de los Atunes

1 Formad grupos de cinco o más personas y distribuid los siguientes roles. Podéis añadir más roles, si queréis.

el alcalde / la alcaldesa de Zahara de los Atunes
- es el/la moderador/a del debate
- quiere conocer todos los argumentos

el/la inversor/a	el/la representante vecinal del pueblo	el/la representante de una organización medioambiental	el/la consejero/-a económico de Andalucía
• su intención es construir un complejo con campos de golf, hoteles y un centro de spa • quiere invertir su dinero en un proyecto que sea muy rentable	• quiere que se proteja la playa • quiere que en el pueblo haya más empleo bien remunerado • no quiere que el pueblo pierda su identidad	• advierte los peligros que conlleva el proyecto • recomienda fomentar el turismo sostenible	• su meta es crear empleos • quiere atraer a más turistas a la región

2 Prepara tu rol utilizando la información de este capítulo y de otras fuentes, por ejemplo Internet. Prepara tus argumentos anticipando los posibles argumentos de los otros participantes.

3 Organizad el debate. Al final, el alcalde / la alcaldesa tiene que tomar una decisión y comunicarla.

1 0:46

2 1:27

4 2:20

5 2:21

7 3:54

8 4:44

Retos para Latinoamérica

HABLAR DE FOTOGRAMAS

1a Piensa: toma nota de tus primeras impresiones al ver los fotogramas del videoclip «Latinoamérica» del grupo puertorriqueño «Calle 13», así como al leer el estribillo de la canción.

1b Discute: en parejas, comparad vuestras impresiones.

1c Comparte: ¿qué tematizan los fotogramas y el estribillo? Intercambiad opiniones con otra pareja.

Latinoamérica

(Estribillo)

Tú no puedes comprar al viento.
Tú no puedes comprar al sol.

Tú no puedes comprar la lluvia.
Tú no puedes comprar el calor.

Tú no puedes comprar las nubes.
Tú no puedes comprar los colores.

Tú no puedes comprar mi alegría.
Tú no puedes comprar mis dolores.

Calle 13

COMENTAR UN VIDEOCLIP Vídeo

2 Mira el videoclip y comenta qué escenas te han sorprendido o impresionado. Justifica tu respuesta.

RELACIONAR FOTOGRAMAS CON LA LETRA DE UNA CANCIÓN Vídeo

3a Mira nuevamente el videoclip y apunta qué palabras o frases de la canción relacionas con cada fotograma. Presenta tus resultados en la clase.

3b Discutid: ¿de qué aspectos de Latinoamérica tratará el capítulo?

Palabras en contexto

Latinoamérica

Los 21 países que componen Latinoamérica varían mucho en superficie, población y nivel de desarrollo económico. Juntos forman una región de grandes riquezas: culturales, por sus pueblos indígenas, así como por el mestizaje con los europeos y africanos que fueron llegando al continente americano a lo largo de los siglos; económicas, por la gran cantidad de recursos naturales como el petróleo, los minerales y bosques; naturales, por su inmensa extensión geográfica que cubre casi todas las zonas climáticas del planeta: desde los desiertos en el norte de México, pasando por las selvas tropicales de América Central, las playas del Caribe y la Amazonía, hasta las montañas de los Andes y los glaciares en el sur del continente suramericano.

Los desafíos para el siglo XXI

Los retos que los países latinoamericanos enfrentan a principios del siglo XXI son tan diversos como sus riquezas.

El cambio climático y la pérdida de los bosques y de la biodiversidad son los principales problemas ambientales del continente. Más de una tercera parte de la deforestación mundial entre 2000 y 2010 tuvo lugar en esta región. La mayor parte de la madera talada ilegalmente es de exportación. Pero no toda la deforestación es causada por la mafia maderera. Los agricultores y ganaderos también son parte del problema: cada año, miles de km^2 de bosque son reemplazados por plantaciones de soja. Esta se exporta a Europa y EE. UU. donde es utilizada principalmente como alimento para animales dentro del ciclo de producción de carne.

No obstante, y a pesar de las ganancias generadas por la explotación de los recursos naturales, la mayor preocupación de los países latinoamericanos sigue siendo la desigualdad social. Aunque la pobreza haya alcanzado su nivel más bajo en 20 años, sigue habiendo un gran número de afectados en la región: se estima que unas 174 millones de personas viven en condición de pobreza. Dos grupos especialmente vulnerables son los niños y las comunidades indígenas.

«La mano» (Oscar Niemeyer), Memorial de América Latina

Una de las medidas económicas implementadas para aumentar tanto el bienestar humano como la sostenibilidad ambiental, es el comercio justo. Este promueve una relación justa entre productores y consumidores protegiendo los derechos humanos y garantizando precios más altos para productos tan variados y fundamentales para la economía de muchas regiones del continente como el azúcar, el café, el plátano o el cacao.

En el sector turístico, el etnoturismo representa una forma alternativa de viajar: los turistas conviven con comunidades indígenas y participan de sus actividades típicas. Este modelo les permite a las comunidades generar ingresos en armonía con el medio ambiente y con las culturas tradicionales.

La sostenibilidad ecológica, por su parte, abarca también programas de protección de especies en peligro de extinción, como es el caso de la ballena franca austral en Argentina. Esta especie se ve mundialmente amenazada por la cacería, la contaminación del agua y el cambio climático, entre otros factores.

TÉCNICAS DE DEDUCCIÓN

1 Deduce el significado de los siguientes términos con ayuda de palabras que conoces en alemán, inglés u otro/s idioma/s.

Deducir vocabulario → *p. 260*

> la población • la riqueza • el desierto • reemplazar • la plantación • la explotación • la preocupación • la pobreza • vulnerable • la comunidad indígena • implementar • la sostenibilidad • promover • garantizar • el azúcar • el sector turístico • generar ingresos • la armonía • la protección • la especie • la extinción • la contaminación

Ejemplo:

español	Deutsch	English	...
los recursos naturales	natürliche Ressourcen	natural resources	

PARAFRASEAR PALABRAS

2 Parafrasea los siguientes términos:

1. la desigualdad social
2. la zona climática
3. la deforestación
4. el bienestar humano
5. el cambio climático
6. la madera talada ilegalmente
7. la explotación de los recursos naturales
8. la sostenibilidad ambiental
9. la especie en peligro de extinción
10. el ciclo de producción de carne

USAR UN DICCIONARIO MONOLINGÜE

El diccionario monolingüe → *p. 261*

3a Busca en un diccionario monolingüe las palabras *desafío*, *enfrentar* y *justo*. Presenta la información que encuentras en cada entrada y explica los símbolos y abreviaciones que se utilizan.

3b Busca en el diccionario

- un sinónimo de *generar*
- un antónimo de *promover*
- una palabra de la misma familia que *alimento*
- el género de los sustantivos *agua* e *indígena*
- las formas del presente del verbo *variar*, del pretérito indefinido del verbo *proteger*, del presente de subjuntivo del verbo *abarcar* y el participio del verbo *cubrir*
- la preposición adecuada para el verbo *reemplazar*
- el significado de *a pesar de*

ACTIVAR EL VOCABULARIO

4a Completa las frases con las palabras marcadas del texto.

1. La mayor parte de la ___ latinoamericana vive en regiones urbanizadas.
2. Los ___ de Suramérica se derriten[1] rápidamente debido al calentamiento global.
3. Los países latinoamericanos tienen que ___ muchos ___ ambientales, sociales y políticos.
4. La ___ organizada por la mafia maderera, es una amenaza para la ___ de la Amazonía.
5. Para salvar a las ___ se necesitan más reservas ecológicas.
6. La mayoría de las culturas indígenas tratan de vivir en ___ con el medio ambiente.
7. El etnoturismo es una alternativa turística que ___ ___ para las comunidades indígenas.
8. El comercio justo ___ precios más altos para los productores y protege los ___ de los trabajadores.

[1] **derretirse** schmelzen

4b Escribe otras tres frases como las de 4a. Deja huecos donde irían las palabras marcadas del texto. Luego intercambia tus frases con las de un/a compañero/-a y resuélvelas.

Operación Oro Verde

Acercarse al tema

Trata de definir lo que es un «guerrero ecológico» según la foto de abajo: ¿cuáles serán sus tareas y actividades?

El texto

Textos informativos → p. 255

B3 Escribir un comentario → p. 243

OPCIÓN (A) Explicar la información de un reportaje

1 Describe la misión del «Batallón Ecológico de Nicaragua».
2 Expón por qué Nicaragua ha creado este batallón.
3 El autor del texto sostiene que hay «un nuevo tipo de guerra contra una nueva clase de enemigo» (ll. 7–8). Explica esta afirmación.

OPCIÓN (B) Analizar y comentar un reportaje

1 Presenta la información del texto sobre:
   - los desafíos ambientales en Nicaragua
   - los «guerreros ecológicos»
2 Analiza cómo el autor presenta la misión de los guerreros ecológicos.
3 El texto fue publicado en Internet con la opción de postear comentarios cortos. Escribe un comentario.

Los guerreros ecológicos de Nicaragua

En lo profundo de la verde y sofocante vegetación de la Costa de Mosquitos en Nicaragua, una unidad del ejército especialmente entrenada está llevando a cabo un nuevo tipo de guerra contra una nueva clase de enemigo.

La *Operación Oro Verde* es la misión inaugural del *Batallón Ecológico de Nicaragua.* Es el primer esfuerzo de América Central para buscar una solución con respaldo militar a las amenazas del cambio climático.

Recientemente, la guardia verde, una unidad de 580 soldados ecológicos, logró su primera «victoria en el campo de batalla» al recuperar 3.165 metros cúbicos de madera ilegal talados por los madereros.

Los árboles fueron talados en el Cerro de Wawashang, una reserva natural que está siendo saqueada para abastecer al mercado negro de materiales de construcción.

Los guerreros ecológicos en acción

En un país con 71 reservas naturales y otras grandes superficies de bosque espeso, la madera es un botín tentador para los traficantes de madera. Desde 1983, la cubierta forestal de Nicaragua se ha reducido de 63 % a un 40 %, según datos del gobierno.

Impacto de la agricultura

A medida que la cubierta forestal desaparece, el gobierno de Nicaragua dice que el cambio climático y el calentamiento global ya están afectando a la economía y al desarrollo nacional. «Desde 2006, estamos perdiendo 200 millones US $ al año en pérdida de la producción agrícola debido al cambio climático», dijo Paul Oquist, asesor para las políticas nacionales de desarrollo. Oquist indica que la deforestación y el aumento de las temperaturas anuales en Nicaragua —hasta tres grados Celsius en los últimos 50 años, según cifras del gobierno— ya está afectando a los ciclos de lluvia. Los productores de café están teniendo que desplazarse más arriba en las montañas en busca de sombra y condiciones más frías. «Con el tiempo, te quedas sin terreno montañoso y te quedas sin la industria del café», dijo el doctor Oquist. Y eso sería un desastre para la economía de Nicaragua. «Nicaragua no está esperando a que la comunidad mundial haga algo» para combatir el cambio climático. En vez de eso, el gobierno está buscando sus propias soluciones nacionales para mitigar los efectos de la deforestación y el calentamiento global.

Parte de ese esfuerzo es el *Batallón Ecológico*, desplegado para proteger los recursos naturales como asunto de seguridad nacional. Además de llevar armas de fuego, los soldados verdes también tienen palas, como parte de un esfuerzo nacional para plantar 560 000 árboles en las distintas reservas nacionales que han sido afectadas por la deforestación.

Necesidades energéticas

La misión del batallón también consiste en garantizar la seguridad energética del futuro. En la actualidad, Nicaragua depende en gran medida de electricidad generada a base de combustible, pero su idea es cubrir más del 50 % de sus necesidades con energía hidráulica. «El gobierno de Nicaragua está tratando de cambiar la matriz de su abastecimiento energético y, para ello, tenemos que preservar y conservar nuestras reservas naturales y bosques para que podamos tener el agua que necesitamos para ejecutar lo que será la mayor planta hidroeléctrica de América Central, Tumarín», dijo el coronel Juan Ramón Morales. «Pero si no tenemos bosques, no vamos a producir la lluvia que necesitamos para hacer sostenible este proyecto. No podemos tener una planta hidroeléctrica en el desierto.»

«El mundo está cambiando», dice, «y los militares deben adaptarse a las nuevas amenazas.»

4 **sofocante** *hier* dicht 5 **la Costa de Mosquitos** la costa caribeña de Nicaragua 6 **el ejército** la tropa militar 7 **llevar a cabo a/c** etw. durchführen 9 **la misión inaugural** la primera misión 12 **el respaldo** el apoyo, la ayuda 17 **talar (un árbol)** einen Baum fällen, abholzen 18 **el maderero** el traficante de madera (ilegal) 21 **saquear a/c** *aquí* destruir a/c 21 **abastecer a alg. con a/c** jdn. mit etw. versorgen 25 **el botín** *aquí* el negocio (ilegal) 25 **tentador/a** verführerisch, anziehend 26 **la cubierta forestal** mit Regenwald bedeckte Fläche 30 **a medida que** in dem Maße, wie 36 **el/la asesor/a** Berater/in 43 **desplazarse** cambiarse de lugar 52 **mitigar a/c** etw. mildern 54 **desplegar** *aquí* crear 58 **la pala** Spaten 65 **a base de combustible** aus fossilen Energiequellen (Öl, Gas, Kohle) 67 **la energía hidráulica** Wasserkraft 68 **la matriz** *aquí* el sistema, la composición 69 **el abastecimiento energético** Energieversorgung 73 **la planta hidroeléctrica** Wasserkraftwerk

Mediación

1 Tu curso colabora con colegios latinoamericanos en diferentes proyectos sobre problemas ambientales. Escribe un comentario sobre la deforestación en Latinoamérica y su relación con el consumo de los europeos basándote en el artículo «Fleisch frisst Land» (p. 269). Redacta también una lista de medidas que los europeos podrían tomar para mejorar esta situación.

Mediationstext → *p. 269*

Mediación → *p. 248*

Expresión escrita

2 En el blog «Ambiente y conservación» se está discutiendo cómo se podrían proteger los bosques tropicales en Latinoamérica de manera más efectiva. Redacta una entrada. También puedes hacer referencia a los resultados de la tarea 1.

Escribir un artículo de blog → *p. 245*

Reina de las aguas

Acercarse al tema

Mira el texto un minuto: describe el tipo textual, su objetivo y a quién se dirige. Luego explícale a un/a compañero/-a qué elementos te han ayudado a reconocer cada cosa.

El texto

OPCIÓN (A) Comentar el objetivo de un folleto

1 Resume la información principal sobre la ballena franca austral partiendo de las palabras clave: población, amenazas, protección.
2 ¿Qué te parece la idea de «adoptar» una ballena? Comenta el programa de adopción presentado en este folleto.

OPCIÓN (B) Analizar un folleto

1 Presenta el contenido del folleto y su objetivo.
2 El ICB es una organización que depende de donaciones de la gente, de empresas e instituciones. Analiza cómo el folleto anima al lector a donar dinero.

Adoptá una Ballena

PROGRAMA BALLENA FRANCA AUSTRAL

El nombre de las ballenas francas en inglés es «right whales» o «ballenas correctas». Los balleneros las llamaron así por considerarlas las ballenas correctas para matar. Se calcula que la población mundial de ballenas francas australes anterior a la explotación comercial era de entre 55.000 y 70.000 individuos. A pesar de estar actualmente protegidas, la población es aún pequeña. En Península Valdés fue estimada en alrededor de 6.500 individuos en el año 2010, siendo una de las más grandes todavía existentes. Su población crece a una tasa del 6.8 % anual y éste es un mensaje de esperanza. Sin embargo, su futuro no está asegurado, ya que muchas amenazas afectan a las ballenas en todos los océanos.

El acoso de las gaviotas

Las gaviotas cocineras han aprendido a alimentarse de la piel y la grasa de las ballenas francas vivas. Los picotazos cambian el comportamiento de las ballenas y aumentan su gasto de energía durante la etapa crítica de lactancia. Es posible que esa pérdida de energía tenga efectos negativos en la supervivencia de las crías.

Enmallamientos

Las redes y sogas que abundan en los mares son una trampa mortal para ballenas y delfines. Los animales enredados mueren ahogados por cortes en su cuerpo o por la imposibilidad de alimentarse cuando las redes se enganchan en sus barbas.

Cambio climático

Cuatro décadas de datos sobre las historias reproductivas de individuos conocidos muestran que las ballenas de Península Valdés son muy sensibles al cambio climático y las oscilaciones de El Niño. Cuando aumenta la temperatura superficial del mar y disminuye la abundancia de krill, en la temporada reproductiva siguiente se registran menos crías que lo esperado.

Contaminación

La contaminación química afecta la reproducción de las ballenas y aumenta la susceptibilidad a enfermedades. El ruido también es otra forma de contaminación. La navegación a gran escala, los sonares y prospecciones petroleras afectan la comunicación y pueden causar daños físicos mortales.

Colisiones con barcos

Los choques con grandes barcos son la principal causa de muerte de origen humano para las ballenas francas del Atlántico Norte. En Península Valdés, hemos registrado al menos 25 ballenas con heridas de hélices.

La cacería

Las ballenas francas están protegidas de la cacería comercial desde 1935. Sin embargo, países balleneros como Japón, Noruega e Islandia continúan cazando otras especies de ballenas desafiando la prohibición a la cacería comercial de ballenas existente o bajo supuestos fines científicos. No hay argumento científico que pueda justificar estas matanzas en el siglo XXI.

Quiero adoptar una ballena

Elijo a:

O Antonia	O Docksider	O Troff	O Mochita
O Espuma	O Cassiopeia	O Victoria	O Gabriela
O Serena	O Josephine	O Alfonsina	O Esperanza

Autorizo el débito mensual de (en pesos argentinos):

O $ 40 Categoría adoptante
O $ 60 Categoría protector
O $ 80 Categoría benefactor
O $ 100 Categoría familiar

Vos podés ayudar... Adoptá una ballena

A través del PROGRAMA DE ADOPCIÓN, podés unirte a nuestro trabajo en la protección de las ballenas francas.

Adoptando a una de ellas, participarás de sus comportamientos e historias de vida fascinantes, estarás actualizado acerca de nuestros estudios y estarás aportando fondos que contribuirán a la protección de esta especie.

¡Conocélas!

Docksider

Troff

Victoria

Mochita

Las ballenas aún no están a salvo

Instituto de Conservación de Ballenas

1 **adoptá** *arg.* adopta 2 **la ballena franca austral** Südkaper (Walart, verbreitet im südlichen Polarmeer) 4 **el/la ballenero/-a** Walfänger/in 12 **la tasa** Rate 15 **la gaviota** Möwe 17 **la grasa** Fett 18 **el picotazo** Schnabelhieb 20 **la lactancia** Stillzeit 22 **la cría** Jungtier 23 **el enmallamiento** Verfangen in Fischereinetzen 24 **la soga** Tau, Seil 24 **abundar** existir en gran número 25 **la trampa mortal** tödliche Falle 26 **morir ahogado/-a** morir por falta de aire 28 **engancharse** sich verfangen 28 **las barbas (de ballena)** Barten (feine Hornplatten am Oberkiefer mancher Walarten) 30 **la historia reproductiva** Fortpflanzungsgeschichte 33 **la oscilación** Schwankung 34 **El Niño** meteorologisches Phänomen, bei dem sich die normalen Wasserströme im Pazifik verändern 35 **disminuir a/c** reducirse a/c 36 **el krill** Krill (Nahrung der Wale) 40 **la susceptibilidad a a/c** Anfälligkeit für etw. 42 **a gran escala** Massen-, in großem Ausmaß 43 **el sonar** Sonargerät (in der Schifffahrt) 43 **la prospección petrolera** Erdölsuche 51 **la hélice** Schiffsschraube 52 **la cacería** Jagd 57 **desafiar a/c** etw. trotzen 58 **supuesto/-a** angeblich 58 **el fin científico** Forschungszweck 66 **el débito mensual** monatliche Abbuchung 71 **vos** *arg.* tú 71 **podés** *arg.* puedes 75 **participar de a/c** an etw. teilhaben 77 **aportar fondos** dar dinero

Comprensión auditiva

13

1a Escucha la entrevista a Mariano Sironi, director científico del ICB. ¿De qué tema/s habla?

1b Vuelve a escuchar la entrevista. Luego termina las frases.

1. Se puede identificar a una ballena franca austral por ...
2. «Adoptar» una ballena consiste en ...
3. La persona que «adopta» una ballena recibe ...
4. El ICB utiliza las donaciones para financiar ...

Comprensión auditiva → *p. 239*

Mediación

13

2 Después de escuchar la entrevista a Mariano Sironi (tarea 1), le escribes un e-mail a un primo alemán tuyo a quien le encantan las ballenas. Explícale cómo puede adoptar una ballena basándote en la información que da Mariano Sironi.

Mediación → *p. 248*

Expresión oral

3 ¿Te animarías a adoptar una ballena franca austral? Explica por qué (no).

La orquesta de los pobres

Acercarse al tema

Cuenta qué importancia tienen la música o los instrumentos para ti.

El texto

Textos informativos → p. 255

OPCIÓN (A) Interpretar y comentar las frases clave de un reportaje

1 Presenta a la «orquesta de los pobres».
2 Interpreta la frase: «Cuando a un niño [...] le entregas un instrumento, le estás dando un arma» (ll. 36–38).
3 Comenta la frase: «En una palabra, saben que les espera un futuro» (ll. 82–83).

OPCIÓN (B) Explicar y comentar la información de un reportaje

1 Describe al creador de la orquesta, José Antonio Abreu. Cuenta sobre su sueño y sobre cómo fue creciendo su obra.
2 Explica el efecto que tiene la iniciativa de Abreu en los niños y en otras personas.
3 Comenta el éxito de este proyecto social.

A veces, esa distancia que existe entre la miseria y la salvación es cuestión de 50 centímetros. Los que mide un violín. Todos y cada uno de los 270.000 niños que integran el sistema de orquestas de Venezuela lo saben. Lo han visto, lo han oído, lo han vivido … El 85 % de ellos pertenece a las clases más oprimidas de un país en el que la pobreza es una escena cotidiana, con un 31,3 % de la población, según datos del Banco Mundial y la ONU. Pero cada día la mayoría de estos muchachos toman su instrumento con entusiasmo y se dirigen a cualquiera de los 120 núcleos de las escuelas en los barrios, en los pueblos, en la selva, donde aprenden a superarlo todo. Es allí donde su vida, dicen ellos mismos, cobra sentido.

Orquesta juvenil venezolana

Que la música tiene la llave del progreso y de la vida, puede sonar a palabrería. Pero es verdad cuando lo dice José Antonio Abreu, ese hombre visionario y revolucionario que decidió, hace 32 años, regenerar un continente por medio del trabajo en equipo de las orquestas.

Empezó en un garaje con 25 atriles en febrero de 1975. Demasiados. Entonces le sobraron 14. Sólo 11 apóstoles estaban dispuestos a confiar en su sueño, 11 muchachos que hoy, ya más entrados en años, siguen a su lado en el alucinante sistema de enseñanza que no sólo se ha implantado en Venezuela, sino que se ha adoptado como método en 23 países más.

«Cuando a un niño que vive en un barrio rodeado de miseria le entregas un instrumento, le estás dando un arma», asegura Abreu. «Es lo único que tiene, lo que le va a permitir abrirse paso. Es su tabla de salvación». Por eso ensayan tres, cuatro horas diarias. Por eso y porque sus vidas adquieren repentinamente un sentido profundo. «Un sentido que se contagia a sus familias y también a la comunidad. El niño adquiere su propia identidad. Lo peor de la pobreza no es carecer de cosas: es no ser nadie. En la orquesta, son alguien».

El barrio 23 de enero, Caracas

Pero esa profunda revolución no era cosa de individuos. Sobre todo debía ser objetivo de grupos. En vez de fomentarse el esfuerzo en solitario, se apuesta por lo colectivo. Justo lo contrario a lo que ocurre en el resto del mundo y, sobre todo, en los conservatorios europeos, la cuna de la música occidental. «Al poco tiempo de ingresar en el sistema, el niño ya está tocando en una orquesta», asegura Abreu.

«Son chicos acostumbrados a la disciplina. Tienen pasión, deseo de superación, compromiso, orgullo», proclama. Con esas características es más fácil controlar a un grupo de 339 personas entre los siete y los 16 años, templar toda la energía que despiden y encauzarla en la música.

María Victoria Chirinos Varela, de siete años, la más pequeña del grupo, no sabe quién es Chaikovski, pero sí conoce su música. En cambio, ha oído hablar de Mozart: «Era un señor muy alocado, de pura risa, que murió con 36 años», cuenta. María Victoria quiere ser violinista, de hecho mira sorprendida a su interlocutor cuando le pregunta qué desea ser de mayor. Les pasa a las decenas de chavales a quienes se les demanda lo mismo. Si no músicos, aspiran a ser jueces, profesores, médicos. En una palabra, saben que les espera un futuro.

2 **la salvación** Rettung 4 **integrar a/c** ser parte de a/c 9 **oprimido/-a** *hier* benachteiligt 18 **los núcleos** *hier* los centros musicales 21 **cobrar sentido** einen Sinn bekommen 23 **la palabrería** leeres Gerede 28 **el atril** Notenständer 29 **sobrar** übrig bleiben 30 **confiar en a/c** *hier* an etw. glauben 32 **alucinante** fantástico, increíble 37 **entregar a/c a alg.** dar a/c a alg. 39 **abrirse paso** sich durchschlagen, vorankommen 40 **ensayar a/c** practicar a/c 42 **repentinamente** de repente 43 **contagiar a alg.** jdn. anstecken 45 **carecer de a/c** no tener a/c 49 **fomentar a/c** etw. fördern 50 **apostar por a/c** auf etw. setzen 52 **el conservatorio** Musikhochschule 52 **la cuna** Wiege 57 **el compromiso** *hier* Engagement 63 **templar a/c** etw. dämpfen 65 **encauzar a/c en a/c** etw. auf etw. übertragen 76 **alocado/a** loco/-a 76 **de pura risa** a quien le gusta reírse 79 **el/la interlocutor/a** Gesprächspartner/in 80 **decenas de chavales** *fam.* Dutzende von Kindern

Expresión oral

1 Explica y comenta la siguiente frase del texto: «Lo peor de la pobreza no es carecer de cosas: es no ser nadie» (ll. 45–46).

Competencia intercultural

2a Si tuvieras un hijo/una hija, ¿te gustaría que aprendiera un instrumento musical? Justifica tu opinión.

2b Compara tus argumentos con los que crees que tiene un/a joven de una orquesta juvenil venezolana. Comenta las similitudes y diferencias.

La explotación infantil

Acercarse al tema

1 Lee la Declaración de los Derechos del Niño proclamada por la Asamblea General de las Naciones Unidas en 1959. Luego da un ejemplo de un caso en que se violen estos derechos.

Declaración de los Derechos del Niño
(principio 9)

El niño debe ser protegido contra toda forma de abandono, crueldad y explotación. No será objeto de ningún tipo de trata. No deberá permitirse al niño trabajar antes de una edad mínima adecuada; en ningún caso se le dedicará ni se le permitirá que se dedique a ocupación o empleo alguno que pueda perjudicar su salud o su educación, o impedir su desarrollo físico, mental o moral.

4 **el abandono** Vernachlässigung 4 **la explotación** Ausbeutung 5 **la trata (de personas)** Menschenhandel 7 **adecuado/-a** geeignet 8 **dedicarse a a/c** etw. ausüben 9 **perjudicar a alg.** jdm. schaden 10 **impedir a/c** etw. verhindern

Fotos → p. 257

2 Elige uno de los fotogramas de abajo, descríbelo y relaciónalo con la Declaración.

Vídeo

El vídeo

Vídeos → p. 256

OPCIÓN (A) Captar el mensaje visual de un reportaje

1 Apunta los lugares y las personas que aparecen en el reportaje y explica a qué se dedica cada una.

2 Haz una lista con las actividades de los niños que se muestran en el vídeo. Descríbelas y explica por qué (no) son ejemplos de explotación infantil.

OPCIÓN (B) Extraer la información principal de un reportaje

1 Define qué es la explotación infantil, según el reportaje.

2 Resume las razones por las que existe la explotación infantil (2:35–3:16).

3 Enumera las consecuencias de la explotación para los niños afectados (3:17–4:27).

4 Nombra las medidas que se pueden tomar contra la explotación infantil (4:28–5:29).

Varias ONG internacionales apoyan la plataforma de información y participación NAPA («No apto para adultos») en el Perú. En este proyecto periodístico, jóvenes peruanos publican reportajes sobre temas actuales para jóvenes lectores y espectadores.

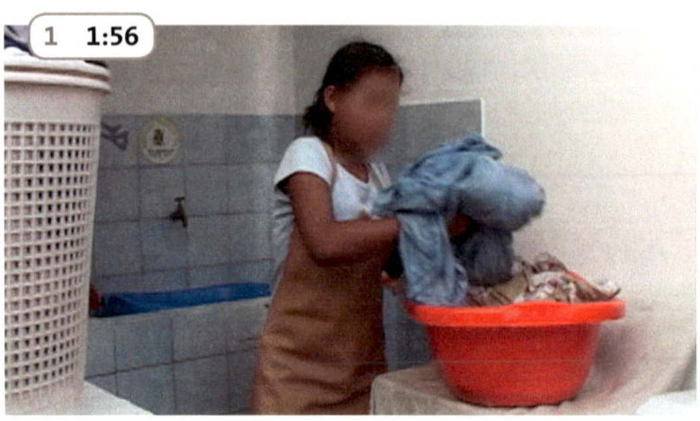

la explotación Ausbeutung • **el caramelo** Bonbon • **la ladrillera** Ziegelbrennerei • **deplorable** beklagenswert • **tomar** *aquí* beber alcohol • **el abuso** Missbrauch • **el fin** Zweck, Absicht • **doméstico/-a** en casa • **callejero/-a** en/de la calle • **el reciclador** Wiederaufbereitungsanlage • **escondido/-a** versteckt • **el vehículo** Fahrzeug • **menor de edad** que tiene menos de 18 años • **prevenir a/c** etw. verhindern • **vago/-a** faul • **el ladrón, la ladrona** Dieb/in • **menguar a/c** disminuir a/c • **el daño** Schaden • **la autoestima** Selbstwertgefühl • **el riesgo** el peligro • **la labor agrícola** el trabajo en el campo • **el arma** *f.* Waffe • **pisotear a/c** etw. mit Füßen treten • **indiferente** gleichgültig • **denunciar a alg.** gegen jdn. Anzeige erstatten

Expresión oral

Punto final
Estadísticas
→ p. 259

1a Prepara un podcast de audio de unos dos minutos sobre la explotación infantil en el Perú para la plataforma NAPA. Para ello, ten en cuenta la información del reportaje que acabas de ver y comenta por lo menos una de las siguientes estadísticas.

Intensidad de la jornada laboral de los niños y niñas de 5 a 11 años (por área de residencia y sexo)

horas semanales		0 a 6 horas	7 a 16 horas	17 a 24 horas	25 a 36 horas	37 a más horas
área de residencia	urbana	37%	42%	13%	6%	2%
	rural	26%	51%	18%	4%	1%
sexo	hombre	29%	48%	17%	5%	1%
	mujer	30%	48%	16%	5%	1%
nacional		30%	48%	16%	5%	1%

Alumnos y alumnas de 12 a 17 años que asisten a la educación secundaria (por área de residencia, sexo, pobreza y lengua materna)

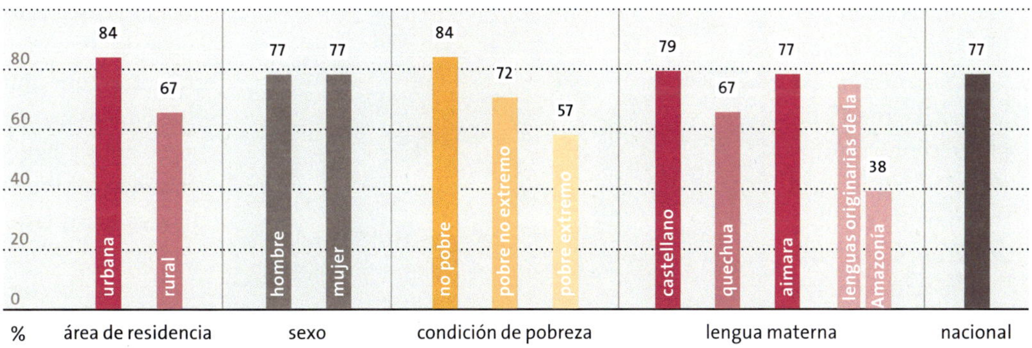

Fuente: UNICEF, 2011

1b Graba tu podcast y preséntalo en clase.

2a Quieres presentarte como voluntario/-a en una ONG en el Perú. Has encontrado una oferta de una organización en Lima que trabaja con niños explotados. El/La jefe/-a de la organización te quiere hacer una entrevista telefónica.
Trabajad en parejas: primero imaginad las preguntas que se podrían hacer en una entrevista. Luego cada uno/-a apunta las respuestas que haría como entrevistado/-a.

2b Llevad a cabo la entrevista telefónica basándoos en vuestros apuntes. Después, cambiad los roles.

Los escribanos

Acercarse al tema

Formula hipótesis sobre lo que está sucediendo en la foto de abajo tomada en una plaza en la Ciudad de México.

El texto

Textos informativos → p. 255

A2 Escribir una carta → p. 246

OPCIÓN (A) Argumentar desde la perspectiva de un personaje

1 Busca y apunta información sobre las siguientes personas del texto: Don José, José González, César Hernández, Miguel Hernández.

2 Redacta una carta al Ayuntamiento de parte de Miguel Hernández en la que solicite ordenadores. Extrae del texto sus posibles argumentos y complétalos con otros.

OPCIÓN (B) Analizar la manera en la que se presenta la información en un reportaje

1 Describe el trabajo que realizan los escribanos.

2 Analiza la manera en la que la autora presenta el oficio de los escribanos.

3 Comenta la frase «Deberíamos conservar por siempre esta profesión» (ll. 77–78) teniendo en cuenta la tasa de analfabetismo en México D. F.

Desde hace 200 años, bajo los portales de una de las más bellas plazas de la Ciudad de México, la de Santo Domingo, los escribanos o evangelistas, como se les conoce coloquialmente, escriben cartas para aquellos que no saben hacerlo. O se las leen. Los destartalados escritorios, una roída silla y la vieja máquina de escribir, son su oficina portátil.

Su jornada empieza alrededor de las nueve de la mañana, depende del escribano, que aquí no hay más horario u oficina que los acuerdos entre el cliente y la máquina de escribir. Analfabetos, invidentes y mucho profesional independiente que, a falta de secretaria y con una montaña de tareas y papeles por resolver, acude a la Plaza transformando esta en su segunda oficina.

Facturas, documentos oficiales y hasta cartas de amor. Escriben lo que sea, aunque cada vez sean menos personas quienes contraten sus servicios. «Ahorita todo el mundo tiene su computadora, su celular. Hay menos clientes», cuenta Don José, un escribano que lleva aquí toda su vida. Como casi todos. Unos 40 escribanos se reparten los encargos. Es común encontrar que muchos de ellos superan los 60 años y siguen tecleando con la misma ilusión con la que comenzaron, en muchos casos hace cinco décadas. Aunque la demanda ha disminuido, en una ciudad con 22 millones de habitantes y una tasa de analfabetismo del 2,1 %, son muchas las personas que aún necesitan y acuden a estos maestros de la mecanografía para que les ayuden.

Sirven a la sociedad, como resume José González, escribano desde hace 45 años quien, a pesar de su artritis, ejerce su profesión como si fuera su primer día. Cada mañana llega puntual e ilusionado como cuando era un niño que comenzaba a aprender. «Somos servidores de la sociedad. Ayudamos a las personas», le gusta decir. No sólo escriben, sino que explican los documentos formales a quienes no los entienden.

César Hernández tiene una imprenta cerca de la plaza. Cada semana viene a que los escribanos le preparen las facturas y algunos documentos oficiales. «Apenas tengo tiempo para hacer todo y los precios son realmente buenos». Las tarifas varían y son producto del acuerdo entre el cliente y el escribano. Desde 20 pesos (1,20 euros) escribir una carta a 800 pesos (48 euros) escribir a máquina una tesis o investigación.

La ayuda gubernamental es tan escasa, que ni sienten que tienen derecho a reclamarla. «Nos agradaría que alguna institución o las autoridades nos ayudaran, porque a fin de cuentas servimos a la sociedad. Necesitamos computadoras para actualizar los servicios. De este modo, los pedidos aumentarían», explica Miguel Hernández, mecanógrafo y Secretario General de la Unión de Mecanógrafos y Tipógrafos Públicos del D. F.

Don José se entristece al pensar que cada vez son menos los que contratan sus servicios. «Podemos evolucionar con la sociedad, pero sin olvidar lo viejo. Yo creo que ni todo lo moderno es nuevo, ni todo lo viejo es malo. Deberíamos conservar por siempre esta profesión».

Cada noche, Don José recoge la máquina y la guarda en uno de los portales (le prestan un pequeño espacio). «Se la encomiendo a Dios y creo que me escucha porque en 25 años nunca me la han robado».

3 **el/la escribano/-a** Schreiber/in 9 **destartalado/-a** klapperig 11 **roído/-a** *hier* abgenutzt 13 **portátil** que se puede llevar 19 **el/la invidente** el/la ciego/-a 19 **el/la profesional independiente** Selbstständige/r 21 **acudir a** ir a 27 **el celular** *lat. am.* el móvil 31 **repartirse los encargos** Aufträge unter sich aufteilen 36 **teclear** tippen 37 **la ilusión** el placer 42 **la tasa de analfabetismo** Analphabetenrate 44 **la mecanografía** Maschinenschreiben 47 **a pesar de** trotz 55 **la imprenta** Druckerei 63 **la tesis** Abschlussarbeit an der Universität 64 **gubernamental** del gobierno 64 **escaso/-a** poco/-a 65 **reclamar a/c** exigir a/c 71 **Unión de Mecanógrafos y Tipógrafos Públicos del D. F.** Gewerkschaft der Öffentlichen Schreiber und Schriftsetzer in Mexiko-Stadt 81 **encomendar a/c a alg.** jdm. etw. anvertrauen

Expresión oral

Examen oral

1 Describe y comenta una de las estadísticas a tu compañero/-a.

Estadísticas → p. 259

Porcentaje de personas alfabetizadas en México

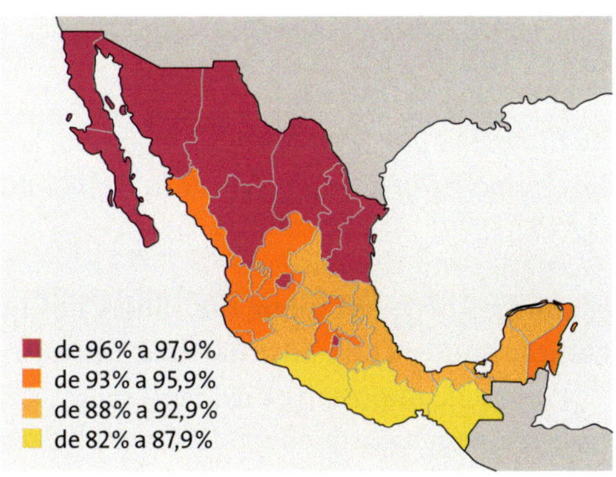

Fuente: INEGI, 2010

Tasa de alfabetismo en países hispanohablantes

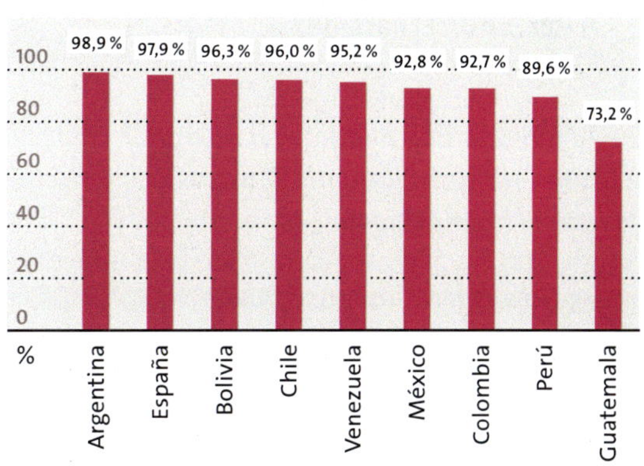

Fuente: UNESCO, 2010

2 Una emisora de radio de la Ciudad de México dedica un programa a las profesiones en peligro de extinción. Distribuid los siguientes papeles y organizad una discusión sobre el futuro de los escribanos:

- el/la moderador/a
- un/a escribano/-a
- una persona analfabeta
- un/a profesional indepediente que no tiene secretario/-a
- un/a representante del ministerio de educación
- un/a profesor/a de Lengua

Punto final

La discusión → p. 240

Una tribu de la Amazonía

Acercarse al tema

Fotos → p. 257

Describe la foto e interprétala indicando qué ambiente crea el fotógrafo y cómo presenta a la persona.

el taparrabo Lendenschurz • **la canoa** Kanu

El texto

Textos narrativos → p. 249

OPCIÓN Ⓐ Comparar las diferentes posiciones presentadas en un texto literario

1. Trabajad en parejas. Uno/-a extrae del texto lo que dice el narrador y el/la otro/-a, lo que dice Saúl sobre:
   - el modo de vida y las creencias de los indígenas
   - a qué (no) tienen derecho el resto de los peruanos
2. Comparad la imagen de los indígenas que transmiten Saúl y el narrador.

OPCIÓN Ⓑ Analizar y comentar las diferentes posiciones de un texto literario

1. Presenta a Saúl y su visión sobre los machiguengas.
2. Analiza el lenguaje del narrador al hablar de los indígenas y con qué argumentos «provoca» (l. 20) a su amigo. ¿Cómo reacciona Saúl?
3. Comenta las dos posiciones presentadas en el texto y da tu propia opinión.

En la novela «El hablador», el narrador recuerda una discusión que tuvo con su compañero, Saúl Zuratas, también llamado Mascarita, sobre el destino de una tribu de indígenas de la Amazonía peruana, los machiguengas.

— ¿No exageras un poco, Saúl?

— No, compadre, más bien me quedo corto. Te lo juro. Lo que se está haciendo en la Amazonía es un crimen. No tiene justificación, por donde le des vuelta. Créeme, hombre, no te rías. Ponte en el caso de ellos [los machiguengas], aunque sea un segundo. ¿Adónde se pueden seguir yendo? Los empujan de sus tierras desde hace siglos, los echan cada vez más adentro, más adentro. Lo extraordinario es que, a pesar de tantas calamidades, no hayan desaparecido. Ahí están siempre, resistiendo. ¿No es para quitarse el sombrero? [...] Lo que me subleva es que a nadie le importa un pito lo que está pasando allá.

¿Por qué le importaba a él [Saúl] tanto? [...] A veces, para ver hasta dónde podía llevarlo «el tema», yo lo provocaba. ¿Qué proponía, a fin de cuentas? ¿Que, para no alterar los modos de vida y las creencias de unas tribus que vivían, muchas de ellas, en la Edad de Piedra, se abstuviera el resto del Perú de explotar la Amazonía? ¿Deberían dieciséis millones de peruanos renunciar a los recursos naturales de tres cuartas partes de su territorio para que los sesenta u ochenta mil indígenas amazónicos siguieran flechándose tranquilamente entre ellos, reduciendo cabezas y adorando a la boa constrictor? ¿Debíamos ignorar las posibilidades agrícolas, ganaderas y comerciales de la región para que los etnólogos del mundo se deleitaran estudiando en vivo el potlatch, las relaciones de parentesco, los ritos de la pubertad, del matrimonio, de la muerte, que aquellas curiosidades humanas venían practicando, casi sin evolución, desde hacía cientos de años? No, Mascarita, el país tenía que desarrollarse. [...] No teníamos alternativa. Si el precio del desarrollo y la industrialización, para los dieciséis millones de peruanos, era que esos pocos millares de calatos tuvieran que cortarse el pelo, lavarse los tatuajes y [...] aculturarse, pues, qué remedio. Mascarita no se enojaba conmigo, porque él no se enojaba nunca por nada y con nadie [...]. Había conseguido ya, quizás, el ideal machiguenga de no sentir jamás rabia para que las líneas paralelas que sostienen al mundo no cedan.

— [...] Ser así los ha ayudado a vivir cientos de años, en armonía con sus bosques. Aunque no entendamos sus creencias y algunas de sus costumbres nos duelan, no tenemos derecho a acabar con ellos. [...] ¿Nos dan derecho nuestros autos, cañones, aviones y Coca-Colas a liquidarlos porque ellos no tienen nada de eso? ¿O tú crees en lo de «civilizar a los chunchos», compadre? ¿Cómo? ¿Metiéndolos de soldados? ¿Poniéndolos a trabajar en las chacras, de esclavos de los criollos [...]? ¿Obligándolos a cambiar de lengua, de religión, de costumbres, como quieren los misioneros? ¿Qué se gana con eso? Que los puedan explotar mejor, nada más. Que se conviertan en zombies, en las caricaturas de hombres que son los indígenas semiaculturados de las calles de Lima.

4 **exagerar** übertreiben 5 **quedarse corto** *hier* untertreiben 11 **empujar a alg.** *hier* jdn. vertreiben 14 **la calamidad** la catástrofe 16 **sublevar a alg.** enfadar mucho a alg. 16 **a nadie le importa un pito** a nadie le importa nada 21 **alterar a/c** cambiar a/c 24 **explotar a/c** etw. ausbeuten, erschließen 28 **flecharse** sich mit Pfeilen beschießen 28 **reducir cabezas** Schrumpfköpfe anfertigen (Trophäe, bearbeiteter Kopf eines getöteten Menschen) 29 **adorar a alg.** jdn. anbeten, jdn. verehren 29 **la boa constrictor** große Würgeschlange 30 **ganadero/-a** die Viehzucht betreffend 32 **deleitarse** disfrutar 32 **el potlatch** indianisches Fest 40 **el/la calato/-a** *per.* el/la desnudo/-a 41 **aculturarse** eine andere Kultur annehmen 42 **enojarse con alg.** enfadarse con alg. 45 **la rabia** Wut 46 **ceder** nachgeben 50 **acabar con alg.** *etwa* jdn. vernichten 53 **los chunchos** *peruano pey.* los indios «salvajes» 55 **la chacra** *lat. am.* kleine Farm, Landgut 56 **el/la criollo/-a** persona nacida en el continente americano, pero de origen europeo

Expresión oral

1 Explica y coméntale a tu compañero/-a una de las estadísticas sobre la población indígena en Latinoamérica.

Fuente: CEPAL, 2006

Países latinoamericanos con más población indígena

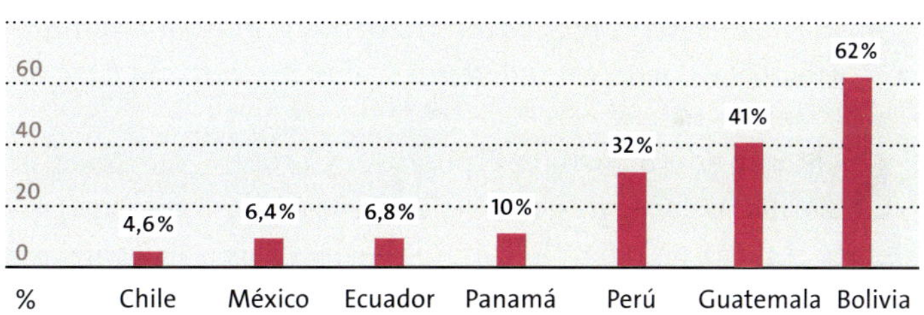

Estadísticas → *p. 259*

Cantidad de pueblos indígenas por país

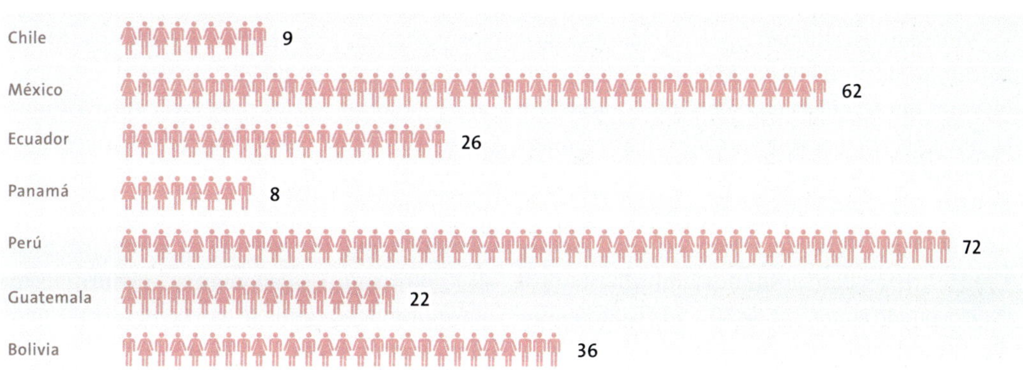

Etnoturismo

Acercarse al tema

Formula hipótesis sobre lo que es el «turismo comunitario» o «etnoturismo» a partir de las imágenes.

El texto

Textos informativos → p. 255

B1 Hacer un resumen → p. 242

OPCIÓN (A) Presentar la información de un reportaje desde varias perspectivas

1 Define lo que es el «etnoturismo» y nombra sus ventajas, según el reportaje.

2 Trabajad en parejas: uno/-a presenta las ventajas del etnoturismo desde la perspectiva de un/a turista y el/la otro/-a, de un/a indígena panameño/-a.

OPCIÓN (B) Analizar la estructura de un reportaje

1 Resume el reportaje extrayendo la información que encuentres sobre estas palabras clave: la pobreza, el turismo étnico, la magia.

2 Identifica la estructura del reportaje y analiza su función.

Un alivio a la pobreza

Panamá está en boca de todo el mundo, lo que ha impulsado el incremento del turismo. En medio de este auge, no solo los «resorts» de playa o montaña están sacando provecho: en áreas remotas del país, los indígenas se han organizado para ofrecer una alternativa diferente.

Son las 10 de la mañana en el puerto de Corotú, a orillas del Chagres, donde indígenas de la etnia emberá preparan los equipos salvavidas y las piraguas para recibir a un grupo de checoslovacos deseosos de conocer las costumbres y tradiciones de una comunidad que les es totalmente extraña.

La mañana está húmeda, pero el cielo está despejado, lo que promete, por lo menos en las próximas tres horas, que la lluvia no intervendrá con la gira turística que se desarrollará a 45 minutos de la ciudad de Panamá. «Está empezando la temporada alta», comenta el representante de la ANAM, Adán Cáisamo. Diariamente reciben de 12 a 15 turistas, pero desde noviembre hasta abril la cifra puede aumentar de 80 a 90 visitantes por día. Él también es presidente de la *Asociación de Turismo Local de Emberá Drua* y aprovecha para comentar que, aunque actualmente se promocionan con los tour operadores, pronto estarán lanzando su propia página web para vender el producto directamente al turista.

En tanto Cáisamo habla de sus planes, aparecen por el deteriorado camino de Nuevo Caimitillo los visitantes provenientes de Europa. Son los 58 médicos checos que eligieron este año a Latinoamérica como destino para vacacionar. Comunidades como Emberá Parará Puru y Emberá Drua, que quedan a orillas del río Chagres, han aprovechado el atractivo del lugar para practicar una actividad que les asegure mayores ganancias: el etnoturismo. En Panamá hay 285 mil indígenas que por muchos años se han dedicado a la pesca, la agricultura, la caza y la elaboración de artesanías, pero estas actividades no han sido suficientes para salir de la pobreza. Datos estadísticos de la encuesta de niveles de vida realizada por el Ministerio de Economía y Finanzas indican que el 98.5 % de los indígenas de las áreas rurales son pobres y el 89.7 % vive en situación de pobreza extrema. De allí que algunos coincidan en que la práctica del etnoturismo es un alivio para su situación económica.

Esta actividad les ha dado resultados a los indígenas de Kuna Yala, pioneros del turismo étnico. Se estima que la actividad turística les deja a los kunas entre 60 mil y 80 mil dólares al año.

Con la tradicional música de bienvenida, los indígenas de la comunidad Emberá Parará Puru, en el Chagres, reciben al grupo de checos que visitan el lugar. «El visitante ve en las comunidades indígenas del país un turismo auténtico y no fabricado», señala Ernesto Orillac, vicepresidente de la *Asociación de Tour Operadores de Panamá*.

Conservando la magia

Los tour operadores coinciden en que las áreas indígenas son un diamante en bruto, pero advierten que hay que mantener ciertos parámetros para que la magia que tienen estos lugares no se pierda. Ernesto Orillac sugiere tener mucho cuidado en la cantidad de turistas que llegan al lugar. No es lo mismo manejar a un grupo de 20 a 25

Emberás tocando la música de bienvenida tradicional

personas, que a uno de 150. «Se pierde lo autóctono y se vende como un turismo masivo», advierte.

La difusión de la cultura local, el mejoramiento de la calidad de vida de las futuras generaciones y la valoración de su patrimonio cultural y natural, son algunas de las ventajas del turismo étnico. Donde empiecen a cambiar eso, se pierde el atractivo.

1 **el alivio** Erleichterung, *hier* Gegenmittel 2 **estar en boca de todo el mundo** ser muy popular 3 **el auge** Aufschwung 3 **sacar provecho de a/c** von etw. profitieren 4 **remoto/-a** abgelegen 6 **a orillas de** am Ufer von 7 **el equipo salvavidas** Notfallausrüstung 8 **la piragua** Kanu 11 **extraño/-a** fremd 12 **despejado/-a** sin nubes 15 **la gira** Tour 18 **la ANAM** la Autoridad Nacional del Ambiente (Umweltbehörde) 23 **promocionarse** *etwa* für sich werben 28 **deteriorado/-a** *etwa* in schlechtem Zustand 34 **el atractivo** Charme, Anziehungskraft 38 **la artesanía** Kunsthandwerk 45 **coincidir en a/c** in etw. einer Meinung sein, übereinstimmen 62 **un diamante en bruto** Rohdiamant 62 **advertir a/c** vor etw. warnen 67 **manejar a alg.** dirigir a alg. 68 **autóctono/-a** ursprünglich

Expresión oral

1 ¿Te gustaría participar en un viaje «etnoturista»? Justifica tu respuesta.

2 Una agencia de publicidad española os ha encargado un spot radiofónico destinado a fomentar el etnoturismo español en América Central. Trabajad en pequeños grupos:
- reunid argumentos que podrían atraer a turistas españoles
- pensad en un eslogan
- escribid el guion
- presentad vuestro «spot radiofónico» en clase

Punto final

Expresión escrita

3 Comenta el concepto turístico presentado en el texto teniendo en cuenta tanto las ventajas como las posibles desventajas: ¿hasta qué punto representa un modelo para el futuro?

Escribir un comentario → p. 243

América Latina

Acercarse al tema

Busca en un mapa de Latinoamérica los siguientes lugares e indica a qué países pertenecen: Cuzco, Puebla, las Antillas, Lima, Salvador de Bahía, Río Grande o Río Bravo, el Cabo de Hornos.

El poema

Poemas → p. 253

OPCIÓN (A) Comprender el punto de vista del yo lírico

1 Presenta lo que el yo lírico dice sobre sí mismo: lo que no hizo y lo que hace.
2 Expón la imagen que el yo lírico da de los países latinoamericanos y de su gente: ¿por qué «todos se quejan», según el poema?
3 Explica el mensaje del poema.

OPCIÓN (B) Analizar un poema

1 Busca las palabras clave del poema y justifica tu elección.
2 Explica la formación de las palabras «indoblanquinegro, blanquinegrindio, negrindoblanco» e interprétalas.
3 Analiza la imagen que el yo lírico transmite de su continente.

América Latina

Mi cuate
Mi socio
Mi hermano
Aparcero
Camarado
Compañero
Mi pata
M'hijito
Paisano …
He aquí mis vecinos.
He aquí mis hermanos.

Las mismas caras latinoamericanas
de cualquier punto de América Latina:

Indoblanquinegros
Blanquinegrindios
Y negrindoblancos

Rubias bembonas
Indios barbudos
Y negros lacios

Todos se quejan:
—¡Ah, si en mi país
no hubiese tanta política …!
—¡Ah, si en mi país
no hubiera gente paleolítica …!
—¡Ah, si en mi país
no hubiese militarismo,
ni oligarquía
ni chauvinismo
ni burocracia
ni hipocresía
ni clerecía
ni antropofagia …
—¡Ah, si en mi país …

Alguien pregunta de dónde soy
(Yo no respondo lo siguiente):

Nací cerca de Cuzco
admiro a Puebla
me inspira el ron de las Antillas
canto con voz argentina
creo en Santa Rosa de Lima
y en los Orishas de Bahía.
Yo no coloreé mi Continente
ni pinté verde a Brasil
amarillo Perú
roja Bolivia.

Yo no tracé líneas territoriales
separando al hermano del hermano.

Poso la frente sobre Río Grande
me afirmo pétreo sobre el Cabo de Hornos
hundo mi brazo izquierdo en el Pacífico
y sumerjo mi diestra en el Atlántico.

Por las costas de oriente y occidente
doscientas millas entro a cada Océano
sumerjo mano y mano
y así me aferro a nuestro Continente
en un abrazo latinoamericano.

2 **el/la cuate/-a** *mex.* el/la amigo/-a 5 **el/la aparcero/-a** *arg., bol., par., ur.* el/la compañero/-a 9 **m'hijito/-a** *lat. am.* mi hijo/-a 18 **bembón, bembona** de labios gruesos 20 **lacio/-a** mit glattem Haar 25 **paleolítico/-a** de la Edad de Piedra; *hier* mit veralteten Ideen 31 **la hipocresía** Heuchelei 33 **la antropofagia** Kannibalismus 41 **Santa Rosa de Lima** peruanische Heilige (1586–1617) 42 **los Orishas** Götter der als Sklaven nach Brasilien gebrachten Afrikaner 47 **trazar a/c** etw. zeichnen 50 **pétreo/-a** wie aus Stein 52 **la diestra** die rechte Hand 56 **aferrarse a a/c** sich an etw. festklammern

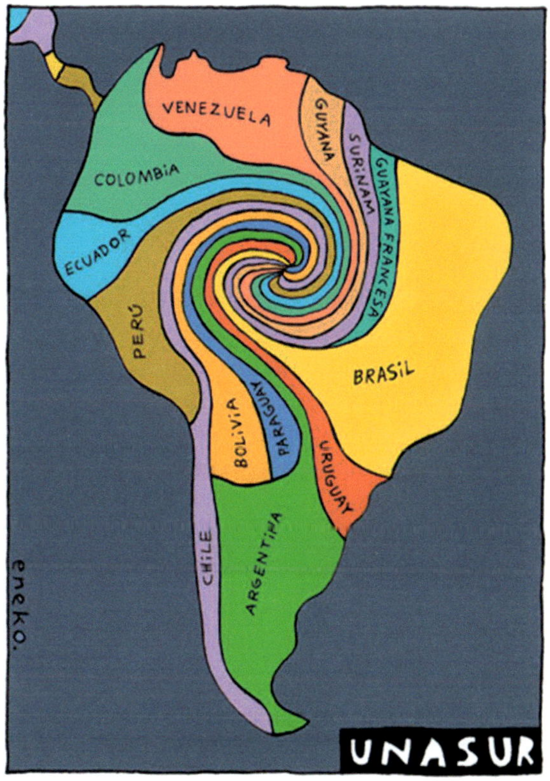

© Eneko, 2008

Fotos → p. 257

Expresión oral

1a Formad grupos y ensayad la presentación del poema en grupos de dos o tres:
- Decidid quién leerá qué parte y cuándo leeréis en coro.
- Poned atención a la velocidad y a la entonación.
- Incluid algunos gestos y mímica.

1b Presentad el poema en clase.

2 Interpreta el gráfico y relaciónalo con el poema.

3 Interpreta las líneas 43–46 del poema: ¿por qué el yo lírico asocia diferentes colores con cada país?

Competencia intercultural

4a Volved a leer las líneas 26–33 del poema y tratad de dar una definición para cada uno de los problemas de los que se quejan los latinoamericanos, según el poema.

4b Elige un problema que también exista en Alemania y da tu opinión: ¿en qué ámbito/s es común? Da ejemplos de casos que conozcas.

5a Haz una lista y apunta tus ideas:
- ¿Qué tienen en común los pueblos latinoamericanos?
- ¿Y los europeos?

5b Basándote en tus apuntes, da tu opinión: ¿en qué se basa la identidad de una región?

Expresión escrita

6 Explica y comenta la siguiente cita de Nicomedes Santa Cruz desde tu perspectiva de ciudadano europeo: «Para alcanzar una relación más libre, digna y democrática entre todas nuestras culturas, sólo nos faltan dos cosas que son como las dos caras de una misma moneda: amar nuestra diversidad y dejar atrás el racismo».

Escribir un comentario → p. 243

Info: Nicomedes Santa Cruz

Nicomedes Santa Cruz nació en 1925 en Lima, Perú. Fue poeta, folklorista y periodista. Desde finales de los años cincuenta, Santa Cruz también se desempeñó como presentador de radio y televisión. Fue pionero en su tierra por ser el primer poeta en tematizar el gran aporte afroperuano en la historia y la cultura de Perú.

Nicomedes Santa Cruz (4/6/1925 – 5/2/1992)

El comercio justo

Acercarse al tema

Reunid información: ¿qué es el comercio justo?

El texto

Comentarios → *p. 255*

B3 Recursos estilísticos → *p. 250*

OPCIÓN (A) Estudiar los argumentos de un texto

1 Lee las ll. 1–6 del texto. Luego formad parejas. Cada uno/-a elige tres «razones» de las ll. 7–41 y se las explica a su compañero/-a.

2 Haced un *ranking* del 1 al 6: ¿qué razones os parecen más/menos importantes? Explicad por qué.

3 Comenta si los argumentos del texto también son válidos para otros productos.

OPCIÓN (B) Distinguir la información de la opinión en un texto

1 Indica el tema y el objetivo del texto.

2 Localiza las partes del texto que contienen información objetiva y aquellas que contienen opiniones o valoraciones.

3 Explica qué recursos utiliza el autor para dar autenticidad al texto y para hacerlo más convincente.

CULTURA | POLÍTICA | ECONOMÍA | INTERNACIONAL | SOCIEDAD | DEPORTE

Seis razones para tomar azúcar de comercio justo

Cuando me topo con un paquete de azúcar de comercio justo en un supermercado, me suelo hacer esta pregunta: ¿estaré haciendo el idiota si lo compro y pago más que por uno normal? ¿Por qué deberíamos comprar más azúcar de comercio justo? Para responder a esa cuestión, acudí a la presidenta de la Coordinadora Estatal de Comercio Justo, Mercedes García de Vinuesa, quien me dio los siguientes argumentos.

1. Porque los trabajadores que lo producen reciben un salario digno

«Diversos estudios señalan que los productores de azúcar de comercio justo reciben el doble del porcentaje del precio final de venta que los del mercado mayoritario», explica García de Vinuesa. Esto ocurre en un sector en el que las condiciones de los trabajadores suelen ser *hardcore:* en países como Brasil o Tailandia, la caña de azúcar se corta a mano por apenas unos dólares diarios, y muchos agricultores han perdido sus tierras por los contratos abusivos con las fábricas. En el comercio justo, «el precio se fija de común acuerdo entre productores e importadores, siempre sobre un mínimo necesario para obtener salarios que permitan una vida digna».

2. Porque las mujeres no ganan menos

Parece increíble que, en esto, el siglo XXI sea tan siglo XIX, pero en la mayoría de los sectores productivos las mujeres cobran menos que los hombres por las mismas tareas. «Esta realidad es especialmente palpable en la agricultura, donde solo el 1% de la tierra es propiedad de las mujeres, a pesar de que realizan el grueso de las labores de mantenimiento», señala la presidenta de la Coordinadora. Los productos de Comercio Justo, entre ellos el azúcar, garantizan el mismo pago para empleados y empleadas, recolectores y recolectoras.

3. Porque no hay explotación infantil

¿Quieres ver a niños trabajando largas jornadas en condiciones insalubres? Date una vuelta por algunos cultivos de caña de azúcar de países latinoamericanos como Bolivia o México. Según García de Vinuesa, «el comercio justo combate y prohíbe cualquier forma de explotación infantil y suele destinar las primas de desarrollo a la construcción de escuelas e infraestructuras para el desarrollo de la infancia». Mmm ... no estaría mal pensar en esto cada vez que le ponga azúcar al yogur.

4. Porque es respetuoso con el medio ambiente

Ya estamos en unos 24 kilos de media por persona al año. Buena parte del azúcar refinado que consumimos en Europa proviene de la remolacha, y la producción del mismo es, según la Coordinadora, más contaminante que la caña. El azúcar de comercio justo no utiliza productos químicos agresivos y respeta los cultivos autóctonos. Es un poco más consciente, vaya.

5. Porque beneficia a las comunidades donde se produce

El comercio justo busca relaciones comerciales estables basadas en el respeto mutuo. «Se fijan por adelantado precios de compra, se prefinancian las cosechas cuando los grupos productores lo solicitan y se establece un compromiso de durabilidad, para consolidar una estabilidad en los ingresos y favorecer el desarrollo de esa comunidad», arguye García de Vinuesa. Los beneficios no sólo se usan para mejorar los cultivos, sino para financiar becas, transporte o material escolar para estudiantes, infraestructuras o proyectos de salud.

6. Porque está bueno

No hace falta ser catador de azúcar para percibir una pequeña diferencia entre el azúcar blanco convencional y el integral. «Tiene un sabor mucho más natural», defiende García de Vinuesa. «La mayoría del azúcar de comercio justo es integral». Es decir, que con él no sólo los dulces están mejor, sino que sus minerales y vitaminas hacen que te sientas menos culpable. ¿Convencidos?

2 **toparse con a/c** encontrarse con a/c 2 **soler hacer a/c** hacer normalmente a/c 5 **acudir a** ir a 7 **digno/-a** würdig, angemessen 9 **mayoritario/-a** *aquí* convencional 10 **la caña de azúcar** Zuckerrohr 11 **apenas** solo 12 **abusivo/-a** *hier* ausbeuterisch 13 **el mínimo** *hier* Mindestbetrag 16 **cobrar** *aquí* ganar 16 **palpable** que se nota 17 **el grueso** la mayor parte 19 **el/la recolector/a** Erntearbeiter/in 21 **insalubre** ≠ saludable 23 **destinar a/c a a/c** dirigir 23 **la prima de desarrollo** dinero adicional que pagan los importadores para que los productores lo inviertan en proyectos sociales y de desarrollo 27 **refinado/-a** raffiniert (Zucker) 28 **la remolacha** Zuckerrübe 29 **los cultivos autóctonos** einheimische Arten (in der Landwirtschaft) 32 **mutuo/-a** gegenseitig 32 **por adelantado** im Voraus 33 **la cosecha** Ernte 34 **la durabilidad** Dauerhaftigkeit 34 **consolidar a/c** etw. festigen 35 **argüir a/c** *aquí* decir a/c 36 **la beca** Stipendium 38 **el/la catador/a** *hier* Kenner, Prüfer 39 **integral** Vollkorn-

Expresión oral

Carteles → p. 258

1 Describe e interpreta el cartel publicitario.

2 Una emisora de radio latinoamericana busca breves reportajes hechos por estudiantes de todo el mundo. Formad pequeños grupos y realizad un reportaje de unos dos minutos sobre el comercio justo.

Punto final

Comprensión auditiva

14

Comprensión auditiva → p. 239

3a Escucha el spot publicitario de la Coordinadora Estatal de Comercio Justo e identifica cuál es el eslogan. Luego analízalo.

3b Vuelve a escuchar el spot e identifica otra metáfora. Explícala.

3c Escucha una vez más y explica qué función tiene la música en este spot.

moler (café) (Kaffee) mahlen • **molido/-a** agotado/-a, cansado/-a

Campaña anticorrupción

Acercarse al tema

1 Intercambiad ideas: ¿qué es la corrupción? ¿En qué ámbitos de la vida puede haber corrupción? Dad ejemplos concretos.

Estadísticas → p. 259

2 Describe y comenta el mapa.

Niveles de corrupción percibidos en el sector público en 176 países/territorios del mundo.

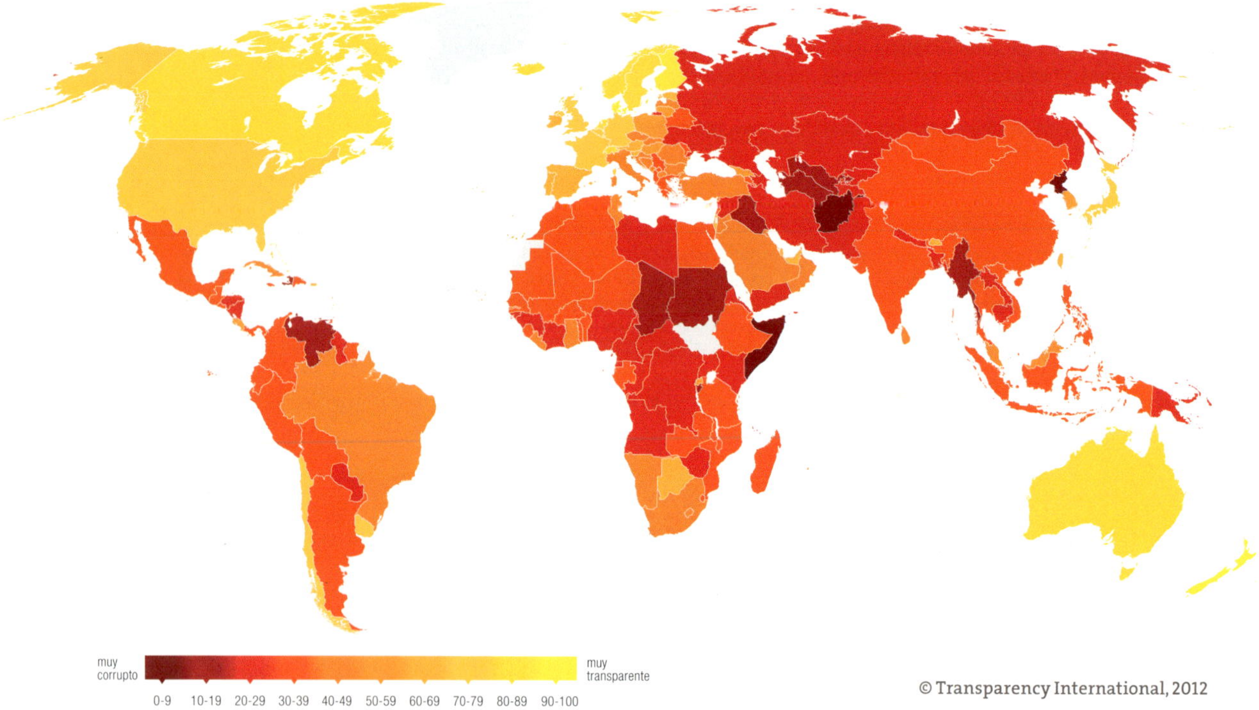

Los carteles

Carteles → p. 258

OPCIÓN (A) Presentar una campaña

1 Elige uno de los carteles de la página 123 y describe los siguientes aspectos:
- la foto
- los textos (formato y distribución)
- la relación entre foto y texto
- el objetivo de la campaña

2 Busca a un/a compañero/-a que haya elegido el otro cartel y presentaos mutuamente vuestros resultados.

OPCIÓN (B) Analizar una campaña

1 Explica cuál es el objetivo de la campaña de la página 123 y a quién se dirige.

2 Analiza el efecto que provocan las imágenes y el texto.

3 Comenta si los dos carteles te parecen logrados. Justifica tu opinión.

el/la funcionario/-a Beamter, Beamtin • **arrasar a/c** destrozar a/c completamente • **el soborno** Bestechungsgeld • **el/la talador/a** Holzfäller/in • **los recursos** Ressourcen

Comprensión audiovisual

Vídeo

Vídeos → p. 256

Cómics → p. 258

1a Mira el vídeo «¿Y vos, qué?». Describe el estilo que tiene y con qué elementos se juega.
1b Vuelve a ver el vídeo y haz una lista con los acontecimientos. Luego ordénalos cronológicamente y cuenta la historia.
1c Comenta el hecho de que solo dos actores representen a todos los personajes del vídeo.
1d Discutid: ¿en qué sentido la historia presenta un ejemplo de corrupción?

Un presidente indígena

Acercarse al tema

En diciembre de 2005, el aimara[1] Evo Morales ganó las elecciones presidenciales en Bolivia, convirtiéndose así en el primer presidente indígena en la historia de Suramérica. Teniendo en cuenta esta información, ¿qué temas piensas que tocó en su primer discurso ante la Asamblea General[2] de las Naciones Unidas?

1 **los aimaras** pueblo indígena de la región de los Andes 2 **la Asamblea General** Generalversammlung

El texto

Discursos políticos → p. 255

B3 Recursos estilísticos › p. 250

OPCIÓN (A) Resumir un discurso político

1 Señala cuáles son las palabras clave de este discurso y agrúpalas por temas.
2 Resume y explica las acusaciones y reivindicaciones del presidente Morales.

OPCIÓN (B) Analizar un discurso político

1 Resume el mensaje global del discurso.
2 Agrupa en una lista los términos positivos y negativos que utiliza Morales.
3 Describe y analiza los recursos estilísticos que emplea.

Primer discurso de Evo Morales ante la ONU

Evo Morales en la inauguración de una escuela en el Chapare, Bolivia

Muchas gracias Presidenta, hermanos presidentes, hermanas presidentas, delegadas, delegados de la 61° Reunión Ordinaria de las Naciones Unidas. Una enorme satisfacción estar acá presente en representación de mi pueblo, de mi patria, Bolivia, y especialmente del movimiento indígena.

Quiero decirles, después de más de 500 años de desprecio, de odio – en algunos tiempos [los indígenas fuimos] considerados salvajes, animales y, en algunas regiones, condenados al exterminio; gracias a esa conciencia y a ese levantamiento [de los pueblos indígenas bolivianos], y por esa lucha por los derechos de los pueblos, llegué donde llegamos para reparar un daño histórico, para reparar los daños de 500 años. […]

Durante los 20 últimos años, con la aplicación de un modelo económico, el neoliberalismo, se continuó el saqueo a nuestros recursos naturales, la privatización de los servicios básicos.

Estamos convencidos de que la forma de privatizar los servicios básicos es la mejor forma de violar los derechos humanos. […]

Vengo a expresar ese sentimiento por la humanidad de los pueblos, de mi pueblo. Vengo a expresar el sufrimiento, producto de una marginación, una exclusión. […]

Quiero decirles, delegados, delegadas, señora Presidenta, que en mi país empezamos a buscar profundas transformaciones democráticas, pacíficas. Estamos en la etapa de cómo refundar Bolivia. […] Refundar Bolivia no para vengarnos con nadie, aunque hemos sido sometidos a una discriminación. Refundar Bolivia sobre todo para acabar con ese desprecio y odio a los pueblos. Digo esto porque mi madre me comentaba, diciendo, que cuando iba a la ciudad no tenía derecho a caminar en las plazas principales de las ciudades de mi país, no tenía derecho a caminar por las aceras. Hace 30 ó 40 años recientemente. Pero felizmente hemos decidido pasar de esa lucha social, sindical, comunal a una nueva lucha electoral para ser nosotros los actores [quienes pueden] resolver los problemas sociales, los problemas económicos, los problemas estructurales [...].

Seguramente muchos países tienen el mismo problema que mi país; un país, una nación con tanta riqueza, pero también con tanta pobreza. Los recursos naturales históricamente robados, saqueados, subastados por los gobiernos neoliberales, entregados a las transnacionales. Y llegó la hora, ahora [...], [de] recuperar esos recursos naturales para el Estado boliviano bajo el control de los pueblos. [...]

Finalmente, Presidenta, los pueblos indígenas, los pobres especialmente, somos de la cultura de la vida y no de la cultura de la guerra. Que este milenio realmente sea para defender la vida y para salvar a la humanidad, y si queremos salvar a la humanidad, tenemos la obligación de salvar al planeta Tierra. Los pueblos indígenas vivimos en armonía con la Madre Tierra, no solamente en reciprocidad, en solidaridad con el ser humano. [...] Siento que es importante [que] todos –los países, fuerzas sociales, organismos internacionales– empecemos a debatir de verdad para salvar el planeta Tierra, para salvar a la humanidad. Este nuevo milenio, el milenio en que nos encontramos, debe ser un milenio de la vida y no de la guerra, un milenio del pueblo y no del imperio, un milenio de la justicia y de la igualdad, y cualquier política económica debe estar orientada a cómo terminar o, por lo menos, achicar esas diferencias llamadas asimetrías de un país a otro país, esas desigualdades sociales. [...]

5 **el/la delegado/-a** Abgeordnete/r 17 **el desprecio** Verachtung 19 **condenado/-a** verdammt 19 **el exterminio** Auslöschung 20 **el levantamiento** Aufbegehren 26 **el neoliberalismo** sistema económico con mínima intervención del estado y muchas libertades para las empresas 27 **el saqueo** Plünderung, Ausbeutung 27 **los recursos naturales** natürliche Ressourcen, Bodenschätze (v. a. Erdgas, Zink, Silber) 29 **los servicios básicos** *etwa* infrastrukturelle Grundversorgung (Trinkwasser, Strom, Heizung, ...) 34 **violar a/c** etw. verletzen 41 **el sufrimiento** Leiden 42 **la marginación** Marginalisierung, Ausgrenzung 42 **la exclusión** Ausschluss 46 **refundar** fundar de nuevo 47 **vengarse de/con alg.** sich an jdm. rächen 48 **someter** *hier* aussetzen 54 **la acera** Bürgersteig 56 **sindical** gewerkschaftlich 64 **subastar a/c** etw. versteigern 64 **entregar a/c a alg.** darle a/c a alg. 65 **la (empresa) transnacional** empresa grande e internacional 75 **la reciprocidad** Gegenseitigkeit 85 **achicar a/c** reducir a/c

Expresión oral

1 Dentro del sistema de creencias de los pueblos indígenas andinos, la Pachamama (Madre Tierra) es la divinidad más importante. Describe el cuadro y explica de qué manera refleja el mensaje del último párrafo del discurso (ll. 68–87).

Cuadros → *p. 257*

© María Virgina Cheli

Expresión escrita

2 «Seguramente muchos países tienen el mismo problema que mi país; un país, una nación con tanta riqueza, pero también con tanta pobreza» (ll. 60–62). Explica a qué se refiere Morales con esta cita y comenta los argumentos que utiliza en su discurso.

Gramática en contexto

CONTAR SOBRE UNO MISMO EN UNA ENTREVISTA • Perífrasis verbales

1a Completa lo que cuenta un joven durante una entrevista con las perífrasis verbales del recuadro:

venir + *gerundio* • comenzar a + *infinitivo* • acabar de + *infinitivo*
llevar + *gerundio* • ponerse a + *infinitivo* • estar por + *infinitivo*

___ finalizar el Bachillerato. Ya me queda muy poco. ___ muchos años deseando viajar al extranjero para hacer un voluntariado. Me interesan mucho las actividades que propone su organización. Es por eso que ___ presentarme al puesto que su organización ofrece para voluntarios en Costa Rica. Tengo experiencia en el sector de ecología ya que hace unos meses ___ hacer prácticas en una reserva. Disfruto mucho de la naturaleza y de la vida al aire libre. Cuando me enteré de que se buscaban voluntarios, ___ leer su página de Internet. Llegué a la conclusión de que me identifico mucho con la organización por su compromiso con el medio ambiente. ___ buscando un desafío personal desde hace tiempo y estoy muy interesado en participar en su proyecto.

1b Escribe más frases sobre tu persona y tus experiencias en el instituto o con prácticas utilizando las siguientes perífrasis verbales: dejar de + *inf.* • terminar de + *inf.* • volver a + *inf.* • andar + *ger.* • seguir + *ger.* • ir + *ger.*

REPETIR INFORMACIÓN CONOCIDA SIN REDUNDANCIA • Pronombres dobles

2 Abrevia la siguientes frases como en el ejemplo. Ten en cuenta los cambios de posición en la frase.

Ejemplo: El etnoturismo ofrece una experiencia auténtica a los turistas → El etnoturismo les ofrece una experiencia auténtica. → El etnoturismo se la ofrece.

1. El comercio justo garantiza ganancias más justas a los productores.
2. El programa de identificación de ballenas permite el estudio de la especie a los investigadores.
3. La orquesta de los pobres brinda esperanza a los niños.
4. Los escribanos ofrecen sus servicios a personas que no saben escribir.
5. Los ecologistas aconsejan a los gobiernos que protejan el medio ambiente.

PRESENTAR INFORMACIÓN DE MANERA ECONÓMICA • El gerundio

3a Enlaza las frases modales utilizando el gerundio. Ten en cuenta qué elementos desaparecen con el gerundio y cuándo tiene sentido cambiar el orden de las frases.

Ejemplo: He trabajado de voluntario en un proyecto ecológico. Allí aprendí a respetar la naturaleza. → Trabajando en un proyecto ecológico, aprendí a respetar la naturaleza.

1. Los turistas ven las ballenas en el océano. Así comprenden por qué hay que proteger su ecosistema.
2. Algunos gobiernos proponen una política medioambiental innovadora: han creado ejércitos que protegen la selva de los madereros furtivos.
3. Evo Morales tiene éxito con su política indigenista. Él lucha constantemente por los derechos de su gente.
4. El gobierno mexicano le ha declarado la guerra a la corrupción. Ha creado nuevas leyes anticorrupción.

3b Formula ahora tú frases que tu compañero/-a pueda enlazar con gerundio.

EXPONER LA SITUACIÓN DE UN PAÍS · Conjunciones con indicativo o subjuntivo

4a Explica el significado de las siguientes frases:

Cuando una empresa extranjera explota los recursos naturales de un país, obtiene ganancias.
Cuando un país explote sus propios recursos naturales, obtendrá ganancias.

4b Expón la situación de los países petroleros en Latinoamérica utilizando el tiempo verbal adecuado en cada caso.

Aunque muchos países latinoamericanos ___ (*tener*) reservas de petróleo, esto no significará desarrollo y progreso para todos por igual. **Mientras** unos, como Venezuela, ___ (*explotar*) sus reservas y ___ (*enriquecerse*), otros abren las puertas a grandes empresas americanas o europeas **para que** ___ (*extraer*) su petróleo y lo ___ (*comercializar*). **Después de que** ___ (*agotarse*) los recursos, las empresas se retiran del país. **Siempre que** estos países ___ (*recibir*) beneficios a cambio de su petróleo, trabajarán con las empresas internacionales como en la época del colonialismo. **Mientras** las empresas ___ (*explotar*) los recursos naturales de muchos países, estos siguen empobreciendo. Y esta situación continuará así **hasta que** ___ (*haber*) leyes que ___ (*regular*) este colonialismo moderno. **Ojalá que** ___ (*ocurrir*) pronto **antes de que** ___ (*ser*) muy tarde.

4c Tres de las conjunciones del texto **4b** solo rigen subjuntivo. Búscalas y escribe una frase con cada una.

4d Elige tres de las conjunciones restantes en negrita y escribe tres frases con ellas. Explica por qué rigen subjuntivo o indicativo en tus ejemplos.

FORMULAR LA PROPIA OPINIÓN SOBRE RETOS · El presente y el imperfecto de subjuntivo

5a Completa las siguientes frases con el tiempo verbal correcto y justifica tu decisión.

1. Es necesario que los gobiernos latinoamericanos ___ (*disponer*) de recursos e ___ (*invertir*) los medios suficientes para erradicar la pobreza infantil.
2. Al pueblo le molestaba que solo algunos políticos latinoamericanos ___ (*luchar*) contra las injusticias. Muchos tenían miedo de que la corrupción ___ (*destruir*) la economía.
3. Pido que ya no ___ (*haber*) niños en la calle; espero que todos los niños ___ (*poder*) tener un hogar; quiero que ___ (*salir*) de la pobreza; propongo que los gobiernos ___ (*defender*) estas metas.
4. Nos dijo que no era justo que, con tantos avances de la modernidad, todavía ___ (*haber*) tantas personas que no ___ (*saber*) ni leer ni escribir.
5. Los políticos indigenistas no creían que la situación de su pueblo ___ (*ir a mejorar*) tan rápido, pero cada día luchaban por ello.
6. Es importantísimo que la industria ___ (*mostrar*) interés por la ecología y es necesario que no solo ___ (*recordar*) y ___ (*reconocer*), sino también que ___ (*cumplir*) con las leyes medioambientales.
7. Me preocupa que las selvas tropicales no se ___ *(proteger)* suficientemente y que cada año ___ *(reducirse)* la cubierta forestal de la Tierra.
8. Si no ___ *(existir)* el comercio justo, aún más agricultores de café vivirían en la pobreza.
9. Antes las organizaciones ambientales temían que las ballenas ___ *(ir a extinguirse)*, pero ahora su situación está mejorando. Ojalá que las poblaciones ___ *(seguir)* creciendo en los próximos años.

5b Expresa tu opinión sobre algún reto latinoamericano formando cuatro frases según los ejemplos de arriba.

Vocabulario temático

RETOS PARA LATINOAMÉRICA

Los gobiernos Los ecologistas Los activistas ecológicos Los guerreros ecológicos	intentan se ocupan de se preocupan por	proteger la biodiversidad.	
		evitar la tala / el saqueo de bosques y selvas.	
		detener arrestar	a los madereros ilegales.

Los madereros ilegales Los agricultores Los ganaderos	arrasan talan	bosques y selvas. • árboles en espacios protegidos.
	causan son los culpables de	la deforestación.

La ballena (franca austral)	se ve amenazada por	la contaminación acústica y del agua. • los enmallamientos. • las colisiones con los barcos. • el cambio climático. • los balleneros. • la cacería.

Las clases Las personas	oprimidas pobres analfabetas que viven en la miseria/pobreza	carecen de no tienen	educación. • medios. • ayuda gubernamental.
		tienen derecho a	reclamar ayuda. • abrirse paso. • igualdad de condiciones.

El etnoturismo El turismo comunitario	genera	ingresos ganancias	para las comunidades indígenas.
	ofrece hace posible	un turismo	autóctono. • auténtico. • atractivo. • no fabricado. • no masivo.

El comercio justo	respeta (a) es respetuoso con	los derechos humanos. • el medioambiente. • los trabajadores.
	garantiza promueve	un salario digno. • una relación justa entre productores y consumidores.
	evita	salarios bajos. • la explotación infantil. • la desigualdad de género.

Los gobiernos Los políticos Una política responsable	debe/n tiene/n que	poner fin a luchar contra terminar con	la explotación de los bosques. • la caza ilegal de especies protegidas. • la corrupción. • la pobreza. • la marginalización de los grupos indígenas.
		fomentar promover garantizar	la protección del medio ambiente / de la biodiversidad. • un desarrollo sostenible. • la transparencia. • la igualdad de género y de condiciones. • el acceso a la educación. • la participación política indígena.
		llevar a cabo impulsar	proyectos ambientales/sostenibles. • campañas de concienciación. • campañas de prevención. • proyectos de alfabetización.
		invertir distribuir	las ganancias generadas por la explotación de los recursos naturales. • equitativamente los ingresos.

⊙ Punto final

Tarea mini: hacer una entrevista de trabajo telefónica

Después del Bachillerato quieres hacer un voluntariado en Latinoamérica. Has encontrado este aviso en Internet. Acabas de ponerte en contacto con la organización y te han invitado a hacer una entrevista telefónica.

Proyectos de voluntariado en Costa Rica – Ecología

- **Programa:** en el sector ecología se trabaja en diversos parques nacionales regidos por el gobierno costarricense y también en diferentes reservas naturales en las costas, las montañas, bosques tropicales, etc.
- **Duración:** mínimo dos semanas
- **Actividades:** cooperar tanto en proyectos específicos que se estén llevando a cabo en el parque o bien con las tareas generales de mantenimiento de los mismos (mantenimiento de senderos, recolección de basura, reparación de instalaciones, etc.) y atención de visitantes.
- **Requisitos:** tener entre 18 y 70 años, mucho entusiasmo, tener sentido común y madurez, que te guste la naturaleza, ganas de sumergirte en una nueva cultura.

1a Prepárate para la entrevista. Con un/a compañero/-a, preparad las posibles preguntas y respuestas de ambas partes.
1b Simulad la entrevista.
2 Presentad vuestra entrevista en clase.

Tarea final: grabar un podcast para un programa de radio

Una emisora internacional europea emite varios programas en español. Uno de ellos trata temas ambientales, sociales y político-económicos de Latinoamérica. Habéis decidido preparar un podcast para presentar un reto latinoamericano.

1 Formad grupos de trabajo y elegid qué reto latinoamericano queréis tematizar.
2 Buscad información en Internet, concretizad el tema eligiendo un caso específico y ponedle un título.
3 Preparad el guion. Definid y describid el reto evitando utilizar vocabulario técnico o difícil. No olvidéis aclarar si el reto es específico de un país latinoamericano o si también se encuentra en otros. Nombrad qué soluciones para el futuro existen o se están estudiando.
4 Elegid qué personas van a hablar y determinad cómo vais a grabar el informe para el programa de radio.
5 Presentad el producto final en clase.

Diego Rivera: La Gran Tenochtitlán (Mural del Palacio Nacional de México D. F., 1945)

México

Fotos / Cuadros → p. 257

DEJARSE IMPRESIONAR POR UNA OBRA DE ARTE

1a Piensa: elige espontáneamente la imagen que más te llama la atención y explica por qué.

1b Discute: busca a un/a compañero/-a que haya elegido la misma imagen y explicaos mutuamente lo que esta representa para vosotros/-as.

1c Comparte: buscad a otra pareja que haya elegido una imagen diferente y contaos vuestras impresiones sobre ambas obras de arte.

Ramiz Barquet: Nostalgia (Puerto Vallarta, 1984)

Día de los Muertos (Altar, 2005)

HABLAR SOBRE OBRAS DE ARTE

2 Elige una obra de arte y descríbela:
- las figuras, los objetos y su distribución
- los colores
- la perspectiva de la foto
- la ubicación de la obra de arte

3 Formula hipótesis: ¿en qué sentido estas obras representan a México?

4 Comenta la relación entre el estilo de las obras y la fecha en la que fueron creadas.

Palabras en contexto

Historia de México

La civilización maya se desarrolló en Mesoamérica, una región que se extendía desde el sureste del México actual hasta el noroeste de Costa Rica. La cultura maya se destacó por sus avances en Astronomía y Matemáticas. Sus calendarios y el uso del cero son ejemplo de ello. Hacia el año 900, los mayas empezaron a abandonar sus ciudades y su imperio comenzó a decaer. Hasta hoy se desconocen las verdaderas causas de la desaparición de este imperio. Hacia 1697, los españoles tomaron las últimas capitales mayas, lo que marcó el fin de un modelo de civilización con unos tres mil años de historia.

Otra de las grandes civilizaciones precolombinas fue la azteca. Estaba formada por varias tribus; la principal era la de los mexicas. Los aztecas se destacaron por sus avances en Astronomía, Medicina, Armamento y Transporte. En el s. XIV, se establecieron definitivamente en el valle de México. Fundaron Tenochtitlán, la capital de su imperio, sobre un islote en el lago de Texcoco. La ciudad llegó a albergar a casi medio millón de habitantes convirtiéndose en una de las más grandes de la época. Actualmente, aquí se encuentra la Ciudad de México.

La capital azteca, Tenochtitlán, cayó en 1521 con la conquista de los españoles al mando de Hernán Cortés. Durante la conquista, también se creó una institución llamada la encomienda: el encomendero (español) se comprometía a proteger y a evangelizar al encomendado (indígena) a cambio de su tributo (trabajo o dinero). Los numerosos abusos por parte de los encomenderos hicieron que muchas veces el sistema semejara el trabajo forzoso.

México alcanzó su independencia en 1821 después de largos conflictos sociopolíticos poniendo así fin al dominio español en su territorio.

México en el siglo XXI

Actualmente, México es uno de los países más poblados del mundo con unos 118 millones de habitantes distribuidos en casi 2 millones de km². Las lenguas oficiales son el español, así como 67 lenguas indígenas, y la mayoría de la población es mestiza: con ascendencia europea e indígena.

Su capital, la Ciudad de México, también llamada Distrito Federal (D. F.), está entre las tres aglomeraciones urbanas más pobladas del planeta con más de 22 millones de habitantes. A nivel global, la ciudad crece a pasos agigantados, lo que conlleva a diversos problemas medioambientales como la contaminación, la carencia de agua y el tránsito caótico en las calles.

Además de ello, uno de los principales retos para el país es combatir la inseguridad y la violencia en la lucha contra el narcotráfico que sumó casi 100 000 víctimas en los últimos 10 años.

En el norte de México se encuentran las maquiladoras, fábricas de montaje que importan piezas del extranjero libres de impuestos. Con estos materiales se montan productos acabados a bajo costo y, a menudo, bajo malas condiciones de trabajo. El producto final vuelve al país de origen de las piezas para ser comercializado. La industria maquiladora genera actualmente más de 2 millones de puestos de trabajo.

Diversidad cultural

Con unas 54 poblaciones indígenas, México es uno de los países latinos más ricos en diversidad cultural y étnica. Sin embargo, las poblaciones indígenas también son un grupo vulnerable. La brecha entre la población indígena y no indígena, incluso entre mujeres y hombres indígenas, enfrenta a la sociedad mexicana con otro de los principales desafíos del país: lograr más igualdad socioeconómica y de género.

COMPRENSIÓN DE VOCABULARIO

1a Busca en el texto las palabras marcadas que se corresponden con las siguientes definiciones.

1. el nombre de la región donde se desarrolló la civilización maya
2. el nombre de una de las tribus de la civilización azteca
3. la institución en la cual el encomendado debía pagar un tributo al encomendero
4. la liberación de México del dominio español
5. la criminalidad relacionada con las drogas
6. la industria que genera millones de puestos de trabajo en el norte de México

1b Escribe una definición para otra expresión marcada en el texto. Después intercambiad vuestras definiciones y buscad las palabras en el texto.

USAR UN DICCIONARIO BILINGÜE

El diccionario bilingüe → p. 261

2a Lee las ll. 59–67 del texto y enfócate en lo que entiendas. Luego tradúcelas al alemán con ayuda de un diccionario bilingüe.

2b Traduce la siguiente frase al español. Puedes usar un diccionario bilingüe cuando lo necesites.
«Am stärksten sind die Maquiladoras in Nordmexiko und Mittelamerika vertreten. Zwar regen sie kurzfristig die örtliche Wirtschaft in unterentwickelten Regionen an, indem sie Arbeitsplätze schaffen, doch sie werden inzwischen wegen schlechter Arbeitsbedingungen und Umweltverschmutzung zunehmend kritisch gesehen.»

2c Las siguientes frases contienen «falsos amigos». Identifica cuáles son y traduce las frases al alemán con ayuda de un diccionario bilingüe.

1. La gran diversidad cultural de México se puede demostrar a través de las 54 poblaciones indígenas que viven en el país.
2. En la Ciudad de México se ejecutaron nuevas medidas para disminuir la contaminación, por ejemplo la renovación de los taxis.
3. Cada vez más empresas participan en las ferias internacionales que hay en la Ciudad de México.
4. La labor que realizan los trabajadores de la industria maquiladora suele ser dura.
5. Los políticos indígenas asumieron el compromiso de defender las prácticas culturales de sus pueblos.
6. Se están recolectando firmas para aumentar el presupuesto educativo en la Ciudad de México.

ACTIVAR EL VOCABULARIO

3 Completa las frases con las palabras marcadas del texto.

1. La Ciudad de México está entre las tres ___ más pobladas del mundo y sus principales problemas son ___, ___ y ___.
2. ___ y ___ son otros de los mayores desafíos para el país.
3. Los indígenas son un grupo ___ que muchas veces sufre la desigualdad ___ y de ___.
4. Los encomenderos cometieron muchos ___ contra los indígenas y el sistema terminó pareciéndose al ___.
5. La Ciudad de México es una de las ciudades que más sigue creciendo ___.
6. Tanto el español como 67 ___ son lenguas oficiales en México.
7. La ___ enriquece a México.
8. En 1521 cayó la capital azteca, ___, con la conquista española ___ Hernán Cortés.

La civilización maya y el misterio de su desaparición

Acercarse al tema

Mapa mental → p. 261

¿Qué sabéis sobre las culturas precolombinas de México? Ordenad vuestras ideas en un mapa mental.

El texto

Textos informativos → p. 255

A2 Fotos → p. 257

OPCIÓN (A) Descifrar un texto en grupos

1 Trabajad en grupos de tres (alumno/-a **A**, **B**, **C**):
A lee las ll. 1–27,
B lee las ll. 28–48,
C lee las ll. 49–75.

2 Después de la lectura, cada alumno/-a le presenta la información principal de su parte del texto al resto del grupo. Describid también las fotos.

OPCIÓN (B) Reflexionar sobre paralelos históricos y actuales

1 Completad el mapa mental de *Acercarse al tema* con la información del artículo (ll. 1–48).

2 Explicad y comentad lo que se sabe sobre la desaparición de la civilización maya.

3 Comparad el destino de los mayas con lo que sepáis sobre otras civilizaciones que desaparecieron o que están desapareciendo.

Misteriosa para los contemporáneos, la civilización maya iluminó a América con una escritura autónoma, una exquisita arquitectura y avanzados conocimientos de Astronomía y Matemáticas. Dueños del sistema grafo más complejo y avanzado de las culturas precolombinas, así como del concepto del 0, los sacerdotes mayas siguieron el ciclo del Sol y la Luna con exactos cálculos matemáticos. Con ayuda de rústicos instrumentos y métodos aún desconocidos, realizaron asombrosas predicciones de los eclipses solares y lunares. Dicen los estudiosos que las observaciones astronómicas y la cuenta del tiempo de los sacerdotes mayas fueron, quizás, más precisas y perfectas que las del mundo occidental contemporáneo.

¿Quiénes fueron los mayas?

Como pueblo sedentario, se servían de la agricultura para alimentar a una población superior a los 10 millones, -uno de los centros más densamente poblados del planeta-, con una dieta basada en maíz, frijoles, chile y yuca. También cultivaron algodón, tomate, tabaco y aguacate. Entre las bebidas exquisitas, prefirieron el chocolate: ya era conocido en estas tierras hace 2.600 años y lo consumían con especias muy distintas a las que se conocen en la actualidad.

Arquitectura

Pirámide de Kukulcán en Chichén-Itzá, Yucatán

De la mano con el Arte y la Religión, la Arquitectura maya sobresale como la más perfecta del Nuevo Mundo con finísimas decoraciones, pinturas y calados. Los templos de Palenque, Chichén-Itzá, Tikal y otros sitios, son la más alta expresión del arte y estilo constructivo de esa etapa. La pirámide de Kukulcán es un ejemplo clásico de cómo los mayas unificaban el sentido del Arte, la Ciencia y la Religión. Los escalones de sus cuatro caras suman 364 días unidos en la base del templo, los que, en total, representan los 365 días del año.

Los códices

Códice maya

Los jeroglíficos, misteriosas cadenas de signos o combinaciones de estos, contienen anotaciones de importantes acontecimientos, pasajes históricos de guerras, soberanos, mitología, tragedias y ritos. Sólo los sacerdotes y, en ocasiones, algún noble, entendían esas figuras y letras, inscritas en sitios públicos como plazas, fachadas de edificios o templos importantes.

Misteriosa desaparición

Aparecieron diferentes versiones sobre las razones de la gran tragedia. La ciencia sigue hoy los indicios hacia un presunto agotamiento de las tierras por la deforestación que provocó el método de cultivo tumba y roza. Hacia el año 900, los pobladores comenzaron a abandonar en masa las ciudades-templos. A medida que la población crecía -poco más de 10 millones de personas en un área de 250.000 km²- la explotación agrícola llevó a la deforestación de la zona. La ruptura del equilibrio ecológico provocó graves crisis agrícolas que resultaron en verdaderas hambrunas.

Otra tesis asegura que fue la aparición de desastrosos enfrentamientos entre el campesinado y los sacerdotes lo que terminó con la civilización. Estos enfrentamientos habrían sido provocados por la falta de tierras fértiles, de alimentos y por las continuas presiones para seguir con el pago obligado de los tributos.

Sin embargo, hasta ahora todo indica que pudo ser una fuerte sequía la responsable del golpe final que puso fin a esta civilización. O una guerra interna entre dos poderosos reinos, una de las más recientes hipótesis que develan los viejos jeroglíficos.

Campo de juego de pelota

1 **misterioso/-a** geheimnisvoll, rätselhaft 1 **el/la contemporáneo/-a** persona que vive en la misma época; *aquí* la gente que vive hoy en día 5 **el/la dueño/-a** el/la propietario/-a 5 **el sistema grafo** el sistema de escritura 7 **el sacerdote** Priester 9 **rústico/-a** *hier* sehr einfach 11 **asombroso/-a** muy sorprendente 15 **el mundo occidental** westliche Welt, *hier* Europa 18 **sedentario/-a** ≠ nómade 22 **el frijol** Bohne 22 **la yuca** Maniok 23 **el algodón** Baumwolle 23 **el aguacate** Avocado 26 **la especia** Gewürz 29 **de la mano con** *aquí* además de 30 **sobresalir** hervorstechen, sich auszeichnen 32 **el calado** *hier* Gravur, Steinmetzarbeit 36 **unificar a/c** etw. vereinen 37 **el escalón** Stufe 37 **la cara** *hier* Seite 40 **el códice** Kodex, alte Handschrift 41 **la cadena** Kette 44 **el/la soberano/-a** Herrscher/in 46 **el/la noble** Adelige/r 46 **inscribir** *hier* einritzen 47 **la fachada** Fassade 52 **presunto/-a** angenommen, vermutet, vermeintlich 52 **el agotamiento** Erschöpfung 53 **la deforestación** Abholzung 54 **el cultivo de tumba y roza** *etwa* landwirtschaftliche Nutzung gerodeter Waldflächen 56 **a medida que** in dem Maße, wie 58 **la explotación agrícola** landwirtschaftliche Nutzung 59 **la ruptura** *aquí* la destrucción 61 **la hambruna** Hungersnot 66 **el enfrentamiento** el conflicto 67 **fértil** fruchtbar 68 **la presión** Druck 71 **la sequía** Dürre 71 **el golpe final** Todesstoß 74 **develar a/c** etw. enthüllen

Expresión oral

1 Haced una pequeña exposición sobre los mayas en clase.

- Trabajad en parejas. Buscad una imagen (un templo maya, una planta que cultivaban, etc.) y apuntad toda la información que sea necesaria para una presentación de dos minutos.
- Colgad vuestras imágenes en el aula y presentadlas por turnos.

Presentar un tema → p. 240

La conquista de Tenochtitlán

Acercarse al tema

Cuadros → p. 257

Lee las ll. 1–3 del texto. Luego describe e interpreta el cuadro sobre el encuentro del conquistador Hernán Cortés con Moctezuma, el emperador de los mexicas – también llamados aztecas o tenochcas.

El texto

Textos narrativos → p. 249

OPCIÓN (A) Explicar el comportamiento de personajes históricos

1 Trabajad en grupos de tres (alumno/-a **A**, **B**, **C**):
A busca la información sobre Moctezuma,
B, sobre Cortés y los españoles,
C, sobre los tenochcas. Luego describidlos.

2 Confeccionad un esquema para explicar las razones y las consecuencias del comportamiento de cada grupo y presentadlo en clase.

OPCIÓN (B) Explicar el trasfondo histórico de un extracto literario

1 Resume el comienzo de la conquista de Tenochtitlán.

2 Analiza cómo la autora presenta a los españoles y a los tenochcas.

3 Busca más información sobre lo que pasó después del episodio narrado en el texto y luego preséntala.

El 8 de noviembre de 1519, el conquistador Hernán Cortes y su ejército llegan a Tenochtitlán. Allí son recibidos amablemente por Moctezuma, el emperador de los mexicas, quien piensa que los españoles son enviados de los dioses.
A Cortés le acompaña Malinalli, su amante indígena, que hace de intérprete entre los españoles y los mexicas durante la conquista.

Tenochtitlán era una ciudad cuya extensión doblaba cualquiera de las de España. Al verla, Cortés no supo qué decir. Nunca había visto una ciudad como aquélla, construida en medio de una laguna y circundada por amplios canales por donde cientos de canoas se deslizaban. [...] La arquitectura mexica, aparte de evidenciar el alto grado de desarrollo cultural de esa gran civilización, despertaba piedad,

El arte plumario de los mexicas

asombro, respeto. Sus edificios tenían armonía, fuerza, magnificencia.

Cortés y sus acompañantes fueron instalados en el palacio de Axayácatl, antiguo gobernante, padre de Moctezuma. [...] [Malinalli] supo de la indignación que provocó en la población el hecho de que Cortés no sólo hubiera sido recibido como gran señor por parte de Moctezuma sino que le permitiera adueñarse de todos los tesoros del palacio de Axayáctal sin mover un solo dedo. Cortés y sus hombres no sólo habían dispuesto de las joyas de los antiguos gobernantes sino de las del mismo Moctezuma. Su tesoro personal, el que había acumulado en sus años de reinado y que incluía los más bellos trabajos en arte plumario y en oro [...], fue objeto de la rapiña. En el patio del palacio de Axayácatl, los españoles se dedicaban a arrancar el oro de los finos trabajos de pluma y los fundían en lingotes. Al finalizar el día, el patio del palacio parecía un gallinero donde habían desplumado aves preciosas. [...]

[Los tenochcas] no se explicaban cómo era posible que el emperador Moctezuma, el gran señor, no pudiera controlar la enfermedad del oro que aquejaba a los extranjeros. Los comentarios, cuchicheos y exclamaciones de enojo subieron de tono dramáticamente el día en que los españoles tomaron como rehén a Moctezuma [...]. Los tenochcas se preparaban para la guerra. [...]

Cuando en una ceremonia Moctezuma juró obediencia al rey Carlos y aceptó su soberanía sobre la nación mexicana, [...] hubo llantos de rabia y dolor. Cuando Cortés prohibió los sacrificios humanos y en un acto de violencia subió al templo de Huitzilopochtli, se enfrentó con los sacerdotes que lo custodiaban, los venció y luego, con la ayuda de una barra de hierro, golpeó la máscara de oro que cubría la cabeza del ídolo y lo destrozó, colocando en su lugar una imagen de la Virgen María, el mercado mostró todos los rostros de la indignación.

Ofrendas de sangre a Huitzilopochtli, principal dios de los mexicas

Laura Esquivel: Malinche © Santillana, Madrid 2007

3 **el/la enviado/-a** Gesandte/r 4 **el/la amante** Geliebte/r 9 **circundado/-a por** umgeben von 11 **deslizarse** *hier* dahingleiten 13 **la piedad** Frömmigkeit 16 **instalar a alg.** *hier* jdn. unterbringen 18 **la indignación** Empörung 22 **adueñarse de a/c** sich etw. bemächtigen 22 **el tesoro** Schatz 24 **disponer de a/c** über etw. verfügen 25 **la joya** Juwel, Schmuck 27 **acumular a/c** etw. anhäufen 28 **el arte plumario** Federschmuck 29 **la rapiña** Raub 31 **arrancar a/c** etw. herausbrechen, -reißen 32 **fundir a/c en a/c** etw. zu etw. verschmelzen 32 **el lingote** *hier* Goldbarren 33 **el gallinero** Hühnerstall 33 **desplumar (un ave)** (einen Vogel) rupfen 37 **aquejar a alg.** jdn. quälen, *hier* besessen sein 38 **el cuchicheo** Getuschel 39 **el enojo** Ärger 41 **el rehén** Geisel 43 **la obediencia** Gehorsam 44 **el rey Carlos** el rey Carlos I de España (1500–1558) 44 **la soberanía** Herrschaft 45 **el llanto** Wehklagen, Weinen 48 **el sacerdote** Priester 49 **custodiar a/c** etw. bewachen 49 **vencer a alg.** jdn. besiegen 50 **la barra de hierro** Eisenstange 50 **golpear a/c** *hier* gegen etw. schlagen 51 **el ídolo** Götzenbild 52 **colocar a/c** poner a/c 53 **el mercado** *aquí* la gente en el mercado de Tlatelolco, al norte de Tenochtitlán 53 **el rostro** *lit.* la cara

Expresión oral

1 Describe la vida de los mexicas en el mercado de Tlatelolco antes de la llegada de los españoles, según se la imaginó el muralista mexicano Diego Rivera (p. 130).

Cuadros → p. 257

La colonización de Mesoamérica

Acercarse al tema

Cuadros → p. 257

Describe el mural de abajo que Diego Rivera pintó sobre la colonización de Mesoamérica y explica cómo el artista presenta a los actores de aquella época.

El texto

Textos informativos → p. 255

OPCIÓN (A) Presentar información concreta con ayuda de un gráfico

1. Localiza los párrafos que contienen información sobre la estructura social de la Nueva España antes de 1542.
2. Confecciona un gráfico en forma de pirámide y rellénalo con los respectivos grupos sociales.
3. Añade las obligaciones, los derechos y los privilegios que tenían dichos grupos y presenta tu gráfico.

OPCIÓN (B) Describir y explicar un proceso histórico

1. Explica en qué sentido la colonización de Mesoamérica fue el origen del México actual.
2. Describe el cambio que hubo en cuanto a la cultura, así como a la lengua predominante a lo largo de los siglos.
3. Explica las consecuencias que tuvieron las Leyes Nuevas de 1542 para los indígenas y para los españoles.

El pintor mexicano Diego Rivera (1886–1957) realizó una serie de murales sobre la historia de México en las paredes del Palacio Nacional en México D. F.

Con la llegada de los españoles a territorio mesoamericano todo cambió: la naturaleza, la población, las estructuras políticas, la sociedad y la economía. […] La colonización de Mesoamérica implicó la adaptación de la población nativa y de los esclavos africanos a las nuevas condiciones de vida, así como la de los colonos españoles al mundo indígena. Esta confluencia de culturas dio por resultado un país mestizo, multiétnico y multicultural, con un potencial extraordinario, que durante los tres siglos de dominación española se llamó Nueva España y que tras la independencia se convirtió en México.

Durante el siglo XVI predominaron las estructuras indígenas sobre los demás elementos culturales. La mayor parte de la población vivía conforme a la tradición prehispánica, prevalecían las lenguas indígenas y la *lingua franca* era el náhuatl. […]

Sin embargo, a partir de la Conquista se inició una lenta pero progresiva hispanización que implicó la paulatina incorporación de la lengua castellana, el sistema jurídico español, la religión católica, la escritura occidental, la economía de mercado, el pensamiento y las costumbres hispanas y la tecnología europea, entre otros elementos. Esta tendencia continuó y creció de manera exponencial durante los siguientes siglos. […]

Bartolomé de las Casas (1484–1566)

Aunque todos los habitantes de la Nueva España eran vasallos del rey, quien tenía un poder absoluto sobre ellos, los derechos y las obligaciones de los grupos variaron, así como su posición ante la ley. En la cúspide social se encontraban los españoles. [...] Entre [ellos], los más favorecidos fueron los peninsulares, quienes ocuparon los cargos civiles y eclesiásticos más altos, como los de virrey, [...] obispo e inquisidor, y en cuyas manos estuvo el comercio internacional. A los peninsulares les seguían los criollos, es decir, los hijos de españoles nacidos en la Nueva España, y los mestizos integrados a la sociedad hispánica, muchos de ellos registrados como españoles en las actas de bautismo.

Los indígenas nobles tenían los mismos derechos que los españoles; por ejemplo, podían vestir a la usanza europea, portar armas y montar a caballo, lo que, junto con su elevado nivel educativo y cultural, propició su integración a la sociedad de los dominadores. [...]

El resto de la población indígena quedó bajo un régimen jurídico especial, [las] Leyes de Indias. Una de las principales diferencias con los españoles fue que, como dominados, los indios tenían que pagar tributo a su correspondiente encomendero o a la Corona. [...] Según la región, debían suministrar alimentos, textiles de algodón [...], metales y piedras preciosas, entre otros tributos. [...] Los indígenas también fueron obligados a prestar su fuerza de trabajo a los españoles. Durante los primeros años se cometieron muchos abusos en este terreno debido a que la utilización de la mano de obra indígena no estuvo regulada y muchos indios fueron esclavizados [...] por sus encomenderos. Esta explotación fue denunciada por los frailes mendicantes, quienes deseaban una mejor vida para los nativos. Ideólogos como fray Bartolomé de las Casas se abocaron a luchar intensamente para remediar esta situación. A ello se sumó la preocupación de la Corona española por el decrecimiento de la población nativa, que en las Antillas había significado el exterminio total.

En 1542 la Corona expidió las [...] Leyes Nuevas, que prohibían la esclavitud de los indios así como su explotación ilegal, y regulaban el empleo de su fuerza de trabajo [...]. Dicha fuerza de trabajo era rotativa e involucraba semanalmente a alrededor del 4 % de la población. Aun cuando no dejaba de ser una carga, tenía la ventaja de que el trabajo era ocasional y remunerado. Muchos españoles protestaron en contra de estas disposiciones, pero a la postre las leyes se impusieron y los abusos disminuyeron.

Gisela von Wobeser: Historia de México

8 **implicar a/c** etw. beinhalten 12 **el/la colono/-a** Kolonist/in 14 **la confluencia** Zusammenfließen 16 **mestizo/-a** de diferentes razas 24 **prevalecer** dominar 25 **la lingua franca** *latín* la lengua vehículo, la lengua más importante 26 **el náhuatl** la lengua de los aztecas 29 **paulatino/-a** allmählich 37 **el/la vasallo/-a** Vasall/in 42 **la cúspide** Spitze 47 **eclesiástico/-a** kirchlich 48 **el virrey** Vizekönig 49 **el obispo** Bischof 49 **el inquisidor** Inquisitor 55 **las actas de bautismo** Taufregister 56 **noble** *adj.* adelig 58 **a la usanza europea** nach europäischem Brauch 60 **propiciar a/c** etw. begünstigen 63 **el régimen jurídico** Rechtswesen 66 **el encomendero** un colono español con derecho a disponer de un grupo de indígenas 67 **la Corona** (spanische) Krone 68 **suministrar a/c** etw. liefern 68 **el algodón** Baumwolle 71 **prestar a/c** *aquí* dar a/c 74 **el abuso** Missbrauch 75 **debido a que** porque 76 **la mano de obra** Arbeitskraft 80 **la explotación** Ausbeutung 81 **el fraile mendicante** Bettelmönch 85 **abocarse** *aquí* juntarse 86 **remediar a/c** cambiar a/c, mejorar a/c 89 **las Antillas** las islas del Mar Caribe 89 **el exterminio** Auslöschung 91 **expedir una ley** ein Gesetz verabschieden 94 **dicho/-a** besagte/r 95 **rotativo/-a** rotierend 95 **involucrar a alg.** *hier* jdn. betreffen 96 **aun cuando** aunque 97 **la carga** Last 98 **remunerado/-a** bezahlt 100 **a la postre** más tarde 100 **imponer(se)** *hier* eingeführt werden, verpflichtend werden

Expresión escrita

1 Redacta un breve artículo (250 palabras) sobre la colonización de Mesoamérica para una página web destinada a jóvenes hispanohablantes.

Escribir un artículo de blog → p. 245

Frida Kahlo

Acercarse al tema

La obra de la artista mexicana Frida Kahlo (1907–1954) se compone principalmente de autorretratos[1]. Mira su cuadro «Autorretrato en la frontera entre México y los Estados Unidos» durante un minuto. Luego explica qué sentimientos y asociaciones evoca en ti.

1 **el autorretrato** Selbstportrait

El cuadro

Cuadros → p. 257

OPCIÓN (A) Describir los contrastes en un cuadro

1 Trabajad en parejas: uno/-a apunta los objetos de la mitad izquierda del cuadro; el/la otro/-a, los de la mitad derecha.
2 Describe tu mitad a tu compañero/-a.
3 Comparad vuestros apuntes de 1 y relacionad los elementos que se corresponden entre sí en ambas mitades del cuadro. Explicad qué diferencias hay.

OPCIÓN (B) Analizar el simbolismo de un cuadro

1 Describe el cuadro: la composición, los objetos, los colores y el ambiente.
2 Explica qué simbolizan los objetos representados en las dos mitades del cuadro.
3 Analiza la imagen que el cuadro transmite de México y de EE. UU.
4 Interpreta la posición y la postura de la mujer en el cuadro.

la nube Wolke • **el relámpago** Blitz • **la pirámide** Pyramide • **la estatua** Statue • **la calavera** Totenschädel • **la raíz** Wurzel • **el pedestal** Sockel • **el guante** Handschuh • **el cigarrillo** Zigarette • **la bandera** Fahne • **la chimenea** Schornstein • **el humo** Rauch • **el rascacielos** Wolkenkratzer • **el cable** Kabel • **el altavoz** Lautsprecher • **el reflector** Scheinwerfer

Mediación

1 Estás en Madrid, visitando una exposición sobre Frida Kahlo con un amigo. Él no habla español y te pide que le resumas en alemán la información del siguiente folleto sobre la vida de Frida Kahlo.

Mediación → p. 248

Info: Frida Kahlo

1907
- Nace el 6 de julio en la «Casa Azul» en Coyoacán (México D. F.)
- Tercera hija del alemán Guillermo Kahlo y la mexicana Matilde Calderón

1914
- Sufre poliomelitis[1] con secuelas[2] en la pierna derecha

1925
- Accidente de tránsito: sufre graves lesiones[3] en la columna vertebral[4]
- Pasa mucho tiempo en reposo
- Empieza a pintar para no aburrirse tanto
- A lo largo de su vida, tiene 22 operaciones quirúrgicas

1929
- Se casa con el famoso pintor mexicano Diego Rivera

1931–1934
- Residencia de la pareja en EE. UU. por los encargos[5] de Diego

1935
- Regreso a México

1938
- Primera exposición individual en una galería de Nueva York

1939
- Divorcio de Diego Rivera por las aventuras amorosas de éste, especialmente la que tuvo con la hermana de Frida
- Participación en una exposición en París; contactos con Picasso, Kandinsky y Miró

1940
- Segunda boda con Diego Rivera

1950
- Pasa un año en un hospital de México D. F.

1953
- Única exposición individual de Frida Kahlo en México (Galería de Arte Contemporáneo)

1954
- Fallece el 13 de julio

Frida y Diego Rivera

La Casa Azul, Coyoacán, México D. F.

1 **la poliomelitis** Kinderlähmung 2 **la secuela** Folgeerscheinung 3 **la lesión** Verletzung 4 **la columna vertebral** Wirbelsäule 5 **el encargo** Auftrag

Expresión oral

Cuadros → p. 257

2a Busca otro cuadro de Frida Kahlo que te llame la atención y prepara una presentación. Ten en cuenta la vida de la artista al describir e interpretar el cuadro.

2b En clase, haced una exposición de arte con los cuadros que habéis elegido y presentadlos. Tomad apuntes al escuchar las presentaciones de vuestros compañeros.

2c Después de la exposición, elige el cuadro que más te ha impresionado y explica por qué.

Vivir en la Ciudad de México

Acercarse al tema

Reunid ideas: ¿cómo os imagináis la vida en una megaciudad con más de 22 millones de habitantes? ¿Qué ventajas y desventajas tendrá?

El texto

Textos informativos → p. 255

B1 Mapa mental → p. 261

OPCIÓN (A) Valorar las ventajas y desventajas presentadas en un texto periodístico

1 Trabajad en parejas. Uno/-a busca en el texto las ventajas de vivir en la Ciudad de México; el/la otro/-a, las desventajas.
2 Presentaos los resultados y comparadlos con vuestras ideas de *Acercarse al tema*.
3 Discutid en parejas si os gustaría vivir en una megaciudad como la Ciudad de México.

OPCIÓN (B) Presentar y comentar la información de un texto periodístico

1 Haz un mapa mental que presente los «beneficios» y los «costos» de vivir en la Ciudad de México según el texto.
2 Explica y comenta la siguiente afirmación: «... la decisión de vivir en esta metrópoli, es una decisión que se justifica racionalmente» (ll. 83–85).

El individuo que decide vivir en la Ciudad de México asume sus múltiples beneficios, pero también sus costos. Las grandes capitales ofrecen la posibilidad de encontrar empleo en mejores condiciones y el mercado de trabajo es más amplio que en otras regiones. El desempeño de cualquier tipo de actividad es posible en una gran metrópoli como la Ciudad de México. «Desde el comercio informal hasta limpiar parabrisas o hacer malabares en las esquinas: son actividades que no se pueden dar en una localidad rural, pero sí en la capital», señala en entrevista para *El Horizontal* el investigador del *Instituto de Investigaciones Sociales*, Carlos Welti. «Además, hay más posibilidades de acceder a servicios de salud pública y privada que en las zonas rurales». Entonces, en términos generales, hay una serie de beneficios que superan considerablemente los costos que conlleva el vivir en la Ciudad de México.

¿Y cuáles son esos costos? «Uno de ellos es el tiempo que se tiene que invertir en el traslado desde el lugar en que se habita al lugar donde se desempeña otra actividad, ya sea el estudio o el trabajo. Para una buena parte de la población, prácticamente el 30 por ciento de su jornada está dedicado al transporte. Se habla de todas las opciones a las que un capitalino tiene la posibilidad de asistir, como por ejemplo a espectáculos, museos, cines, teatros, entre otros. Aunque en la realidad, muy pocas veces se pueden disfrutar porque es prácticamente imposible llegar a los lugares donde se ofrecen.

Si vas de un lugar a otro en la ciudad, puedes llegar a tardarte una, dos o tres horas en trasladarte. Según proyecciones que hemos hecho, aproximadamente en el 2025, esta ciudad va a colapsar ya que no será posible transportarse. Y si no se abren nuevas opciones, esto probablemente llegue aún más temprano, como en el 2015. No hay ninguna ciudad en el mundo que tenga el crecimiento del parque vehicular como la Ciudad de México, alrededor de 300 000 vehículos se incorporan cada año. Esto, aparte de contribuir a que el tráfico se vuelva caótico, aumenta la contaminación».

El comercio informal

«Pero existen otros costos,» —agrega— «la gente que habita esta ciudad está consciente, además, de los riesgos de vivir en una zona sísmica. «No quiero pensar en que un terremoto como el que se suscitó en Japón sucediera en la Ciudad de México; porque hay que recordar que, en Japón, el daño mayor fue causado por el Tsunami. Pocos edificios sufrieron daños porque están sujetos a una normatividad muy estricta de construcción, pero aquí no: los edificios se cayeron en 1985 porque estaban mal hechos. Aún con eso, la gente asume ese costo y se siguen construyendo».

De acuerdo con Welti, un tema sustancial es el del agua, ya que es muy probable que, a corto plazo, estemos enfrentando la falta de abastecimiento de agua. Otro de los costos de vivir en la capital es la violencia, aunque hay que señalar que «la violencia que vivimos los habitantes de esta ciudad no se compara con la violencia que se vive en otras partes de la República».

A pesar de todo lo caótica que pueda llegar a ser, la Ciudad de México tiene muchos beneficios, aquí está concentrado todo: el conocimiento, los contactos, la interacción con lo que a uno le interese. «Es una ecuación costo-beneficio. Los beneficios de vivir en la Ciudad de México superan considerablemente a los costos monetarios o a los costos en materia de seguridad, por eso digo que la decisión de vivir en esta metrópoli, es una decisión que se justifica racionalmente», concluye Welti.

2 **asumir a/c** aceptar a/c 5 **amplio/-a** *hier* breit gefächert 6 **el desempeño** Ausübung 8 **el comercio informal** la venta callejera 9 **limpiar parabrisas** Windschutzscheiben putzen (als informelle Arbeit, z. B. an Ampeln) 9 **hacer malabares** jonglieren (als informelle Arbeit, z. B. an Ampeln) 15 **acceder a a/c** tener acceso a a/c 21 **el traslado** el camino que se hace para ir de un lugar a otro 23 **desempeñar a/c** etw. ausüben 27 **el/la capitalino/-a** el/la habitante de la capital 35 **la proyección** Hochrechnung 41 **el parque vehicular** *aquí* el número de coches 44 **incorporarse a a/c** hinzukommen 49 **agregar a/c** añadir a/c 52 **la zona sísmica** Erdbebengebiet 53 **el terremoto** Erdbeben 54 **suscitar** *aquí* pasar, suceder 57 **estar sujeto/-a a a/c** etw. unterliegen 59 **1985** el terremoto del 20/9/1985 destruyó muchos edificios y causó unos 10 000 muertos en la Ciudad de México 64 **el abastecimiento de agua** Wasserversorgung 79 **la ecuación** Gleichung 82 **monetario/-a** financiero/-a

Competencia intercultural

1 Compara las ventajas y desventajas tratadas en el texto con las que conoces de centros urbanos o metrópolis en Alemania: ¿en qué coinciden, en qué se diferencian?

Expresión oral

2 ¿Preferirías vivir en la ciudad o en el campo? Da tu opinión y justifícala refiriéndote a los beneficios y costos que conllevan ambas opciones.

Expresión escrita

Punto final

3 Trabajad en grupos y confeccionad un collage sobre la Ciudad de México que represente algunas de las facetas mencionadas en el texto. Luego presentadlo en clase.

Por mi ciudad en bicicleta

Acercarse al tema

Explica qué medios de transporte utilizas regularmente y di por qué.

El texto

Textos informativos → p. 255

A2 Mapa mental → p. 261

OPCIÓN (A) Retratar una ciudad desde la perspectiva de otra persona

1 Resume los motivos de los capitalinos para usar la bicicleta.
2 Extrae de los textos la información sobre México D. F. y ordénala en un mapa mental.
3 Retrata la ciudad desde la perspectiva de los ciclistas.

OPCIÓN (B) Comprender y comentar testimonios

1 Presenta en una tabla las ventajas y desventajas que trae usar una bicicleta en México D. F., según los testimonios.
2 Comenta la idea de cerrar carriles para el uso exclusivo de bicicletas (ll. 34–38). ¿Se podrían resolver así los problemas de tránsito en las megaciudades como D. F.?

Arturo Vázquez, traductor, 52 años: «El que no arriesga, no gana»

Por lo general, uso las calles primarias, las grandes avenidas; lo hago por militancia. Me parece importante obligar al automovilista a que conviva con el ciclista y le dé su lugar. Creo que si uso las calles secundarias, es más difícil generar una cultura de respeto hacia el ciclista. [...]. Los demás me dicen que cómo se me ocurre andar en bicicleta, que es muy peligroso. Se preocupan, pero [...] no se dan cuenta de que, con esa postura, están contribuyendo a que la cultura de la bicicleta no se desarrolle, a que las cosas no cambien. Hay un dicho que dice: El que no arriesga, no gana. Entonces si no promueves el cambio, las cosas no van a cambiar. Yo podría contestar: «Sí, es cierto, esta ciudad no está hecha para los ciclistas». Pero si sigo pensando eso, mejor me compro un coche y me vuelvo igual que los demás. La ciudad está saturada de automóviles y la bicicleta podría solucionar en gran medida los graves problemas de circulación que hay.

Nadia Matamoros, comerciante, 27 años: «Mi percepción de la ciudad ha cambiado»

Una de las ventajas de la bicicleta es que vas conviviendo con todo. Desde que la uso, ha cambiado mi percepción de la ciudad: la vivo de diferente forma. A mí siempre me ha gustado conocer la ciudad, pero no como el turista que se concentra en llegar a su destino. A mí me gusta ir puebleando, ir conociendo. Casi nunca hago mis rutas lineales, sino que intento desviarme. Obviamente no mucho, pero sí trato de hacer rutas alternativas para no aburrirme y descubrir lugares nuevos. [...] Sí, he conocido muchos lugares en los que tengo que cuidarme, como Apatlaco o San Andrés Tetepilco, [con] calles peligrosas. [...] Para nada son caminos que me gusten. Siempre intento evitarlos. También he conocido lugares muy padres. Xochimilco me encanta porque me puedo ir por callejones y hay mucha vegetación. [...] La ciudad representa un peligro y a la vez un mundo por descubrir. Es ambivalente.

Aarón Nuñez, empleado, 27 años: «Alguien tiene que cerrar un carril»

El transporte público está saturado. No hay manera de subirse y viajar de una manera cómoda y digna. Los peseros son una porquería en la ciudad; están en el origen de muchos males. Entonces prefiero no usarlos para no fomentar que sigan existiendo. Por eso, mi motivación para usar la bicicleta fue la comodidad. Además, sé que al usar la bicicleta ahorro muchos recursos que el gobierno puede usar en otra cosa. Lo que yo haría sería … cerrar un carril. Así como tal, para uso exclusivo de la bicicleta. Al principio, todo el mundo protestaría, pero al darse cuenta de las ventajas de la bicicleta, la gente la usaría. Es como un círculo vicioso. Si no hay espacio para la bici, la gente no la usa. […] Alguien lo tiene que hacer. Alguien tiene que cerrar un carril para las personas que andamos en bici. Si no, nunca va a cambiar la situación. Yo, personalmente, sería radical en ese punto.

Ruth Pérez López: Por mi ciudad en bicicleta © Bicitekas, 2011

1 **arriesgar a/c** etw. wagen, riskieren 3 **por militancia** *hier* bewusst, mit voller Absicht 8 **la postura** Haltung, Einstellung 9 **el dicho** Sprichwort 14 **saturado/-a** *aquí* lleno/-a 19 **pueblear** *aquí* ir de lugar a lugar 20 **desviarse** vom Weg abkommen, *hier* neue Wege finden 22 **cuidarse** *aquí* tener cuidado 24 **padre** *adj. mex.* genial, fantástico/-a 24 **el callejón** la calle pequeña 26 **el carril** (Fahr-) Spur 28 **digno/-a** würdig, *hier* anständig 28 **el pesero** günstiges Sammeltaxi mit fester Fahrtstrecke 29 **la porquería** *hier* Mist 30 **el mal** Übel 36 **el círculo vicioso** Teufelskreis

Expresión oral

1 Formad grupos y organizad un debate con el título: «Desarrollar la cultura de la bicicleta, ¿una solución para el tránsito caótico en las grandes ciudades?»

El debate → p. 242

Comprensión auditiva

2a Escucha el testimonio de Sebastián. Luego dale un título adecuado.

15 Comprensión auditiva → p. 239

la preparatoria *etwa* gymnasiale Oberstufe in Mexiko • **la sensación** Gefühl • **atropellar a alg.** jdn. überfahren • **lastimarse** sich verletzen • **la muñeca** Handgelenk • **el rumbo** *aquí* la dirección

2b Vuelve a escuchar el testimonio y elige la opción correcta.

15

1. A Sebastián le gusta ir en bicicleta porque es
   a) rápido.
   b) activo.
   c) saludable.
2. Prefiere moverse por el barrio «La Roma» porque
   a) es más verde que Polanco.
   b) es más tranquilo que Polanco.
   c) es más seguro que Polanco.
3. No le gusta ir en bicicleta de noche porque
   a) los coches no lo ven.
   b) hay muchos accidentes.
   c) teme tener un accidente y romperse las manos.
4. Sebastián es
   a) violinista.
   b) deportista.
   c) pianista.
5. Sebastián
   a) se pierde mucho, y así, descubre rutas nuevas.
   b) a veces se pierde a propósito para descubrir rutas nuevas.
   c) siempre busca rutas nuevas que sean más cortas.

Expresión escrita

3 ¿Qué experiencias has hecho tú como ciclista en tu pueblo/ciudad? Redacta un testimonio en el que hables de tu propia motivación para (no) usar la bicicleta, así como de los pros y contras que ves.

El miedo a la violencia

Acercarse al tema

Fotos → p. 257

1a Describe la foto: ¿qué está pasando aquí?

1b Reunid ideas: ¿qué tipos de violencia creéis que son un problema en México?

El texto

Textos narrativos → p. 249

OPCIÓN (A) Examinar cómo se desarrolla la imagen de un personaje literario

1. Presenta a Teresa Mendoza y al Güero Dávila.
2. Examina cómo se desarrolla la imagen de la protagonista a lo largo del relato.
3. Discutid: ¿a quién se puede considerar responsable de lo que le pasa a Teresa?

OPCIÓN (B) Analizar cómo se crea tensión en un texto literario

1. Resume brevemente la situación en la que se encuentra la protagonista del texto.
2. Analiza cómo crea tensión el narrador.
3. Comenta la intención de Teresa de crear «un hogar lindo y confortable» (ll. 69–70).

La protagonista de la novela «La Reina del Sur», Teresa Mendoza, está en su piso en el estado mexicano de Sinaloa. De repente, se da cuenta de que los narcos la están buscando para matarla.

Sonó el teléfono y supo que la iban a matar. Lo supo con tanta certeza que se quedó inmóvil, la cuchilla en alto, el cabello pegado a la cara entre el vapor del agua caliente que goteaba en los azulejos. *Bip-bip*. Se quedó muy quieta, conteniendo el aliento como si la inmovilidad o el silencio pudieran cambiar el curso de lo que ya había ocurrido. *Bip-bip*. Estaba en la bañera, depilándose la pierna derecha, el agua jabonosa por la cintura, y su piel desnuda se erizó igual que si acabara de reventar el grifo del agua fría. *Bip-bip*. En el estéreo del dormitorio, los Tigres del Norte cantaban historias de Camelia la tejana. La traición y el contrabando, decían, son cosas incompartidas. Siempre temió que tales canciones fueran presagios, y de pronto eran realidad oscura y amenaza. El Güero se había burlado de eso. [...]. *Bip-bip*. Soltó la rasuradora, salió despacio de la bañera, y fue dejando rastros de agua hasta el dormitorio. El teléfono estaba sobre la colcha, pequeño, negro y siniestro. Lo miró sin tocarlo. *Bip-bip*. Aterrada. *Bip-bip*. Su zumbido iba mezclándose con las palabras de la canción, como si formase parte de ella. Porque los contrabandistas, seguían diciendo los Tigres, ésos no perdonan nada. El Güero había usado las mismas palabras, riendo como solía hacerlo, mientras le acariciaba la nuca y le tiraba el teléfono encima de la falda. Si alguna vez suena, es que me habré muerto. Entonces, corre. Cuanto puedas, prietita. Corre y no pares, porque ya no estaré allí para ayudarte. Y si llegas viva a donde sea, échate un tequila en mi memoria. Por los buenos ratos, mi chula. Por los buenos ratos. Así de irresponsable y valiente era el Güero Dávila. El virtuoso de la Cessna. El rey de la pista corta, lo llamaban los amigos [...]: capaz de levantar avionetas en trescientos metros, con sus pacas de perico [...], y volar a ras del agua en noches negras, frontera arriba y frontera abajo, eludiendo los radares de la Federal y a los buitres de la DEA. Capaz también de vivir en el filo de la navaja, jugando sus propias cartas a espaldas de los jefes. Y capaz de perder.

El agua que le caía del cuerpo formaba un charco a sus pies. Seguía sonando el teléfono, y supo que no era necesario responder a la llamada y confirmar que al Güero se le había acabado la suerte. Aquello bastaba para seguir sus instrucciones y salir corriendo; pero no es fácil aceptar que un simple *bip-bip* cambie de golpe el rumbo de una vida. Así que al fin agarró el teléfono y oprimió el botón, escuchando.

— Quebraron al Güero, Teresa.

No reconoció la voz. El Güero tenía amigos y algunos eran fieles […]. Quebraron al Güero, repitió la voz. Lo bajaron, y también a su primo. Ahora le toca a la familia del primo, y a ti. Así que corre cuanto puedas. Corre y no pares de correr. Luego se cortó la comunicación, y ella miró sus pies húmedos sobre el suelo y se dio cuenta de que temblaba de frío y de miedo. […]

El pánico vino de improviso, muy distinto al terror frío que había sentido antes. Ahora fue un estallido de desconcierto y de locura que la hizo gritar, breve, seca, llevándose las manos a la cabeza. Sus piernas eran incapaces de sostenerla, así que fue a caer sentada sobre la cama. Miró alrededor: […] los cuadros de las paredes con paisajes bien chilos y parejas que paseaban en puestas de sol, las porcelanitas que había ido coleccionando para alinear en la repisa, con la intención de que el de ellos fuera un hogar lindo y confortable. Supo que ya no era un hogar, y que en pocos minutos sería una trampa. Se vio en el gran espejo del armario: desnuda, mojada, el pelo oscuro pegado a la cara, y entre sus mechas los ojos negros muy abiertos, desorbitados de horror. Corre y no pares, habían dicho el Güero y la voz que repetía las palabras del Güero. Entonces empezó a correr.

Arturo Pérez-Reverte: La Reina del Sur © Alfaguara, Madrid 2002

2 **los narcos = los narcotraficantes** Drogenmafia 4 **la certeza** la seguridad 6 **gotear** tropfen 6 **el azulejo** Fliese 7 **contener el aliento** den Atem anhalten 11 **erizarse la piel** eine Gänsehaut bekommen 12 **reventar** *aquí* abrirse 13 **los Tigres del Norte** grupo de música popular mexicano 14 **Camelia la tejana** protagonista de una canción de los Tigres del Norte 14 **la traición** Verrat 15 **el contrabando** Schmuggel, *hier* von Drogen 15 **incompartido/-a** *aquí* inseparable 16 **el presagio** Omen, Vorzeichen 18 **burlarse de a/c** sich über etw. lustig machen 18 **soltar a/c** *aquí* dejar a/c 21 **la colcha** Tagesdecke (Bett) 21 **siniestro/-a** unheilvoll 22 **aterrado/-a** muy asustado/-a 22 **el zumbido** Summen, Brummen 27 **acariciar a/c** etw. streicheln 28 **la nuca** Nacken 30 **mi prietita** mi morena (Kosename) 33 **mi chula** mi guapa (Kosename) 35 **el virtuoso de la Cessna** el gran piloto (de una avioneta marca *Cessna*) 37 **la paca de perico** *fam.* Päckchen mit Kokain 38 **a ras del agua** direkt über dem Wasser 39 **eludir a/c** evitar a/c 40 **la (Policía) Federal** *mex.* Bundespolizei 40 **los buitres de la DEA** *fig. pey.* los agentes de la *Drug Enforcement Administration* (US-amerikanische Drogenbekämpfungsbehörde) 41 **en el filo de la navaja** auf Messers Schneide 41 **jugar sus propias cartas a espaldas de alg.** *hier* eigene Geschäfte hinter dem Rücken von jdm. machen 50 **oprimir a/c** *aquí* apretar a/c 51 **quebrar a alg.** *aquí* matar a alg. 54 **bajar a alg.** *aquí* matar a alg. 58 **temblar** zittern 60 **de improviso** inesperadamente 61 **el estallido** *fig.* la explosión 62 **el desconcierto** la confusión 66 **chilo/-a** *fam. mex.* bonito/-a 68 **la repisa** Fensterbank 71 **la trampa** Falle 73 **la mecha** Haarsträhne 74 **desorbitado/-a** *aquí* grande, muy abierto/-a (ojos)

Expresión oral

1 Describe y comenta los resultados de la siguiente encuesta que se hizo en México.

Estadísticas → p. 259

«Con respecto a la seguridad pública en su estado, ¿qué situación le provoca a usted más ansiedad o temor?»

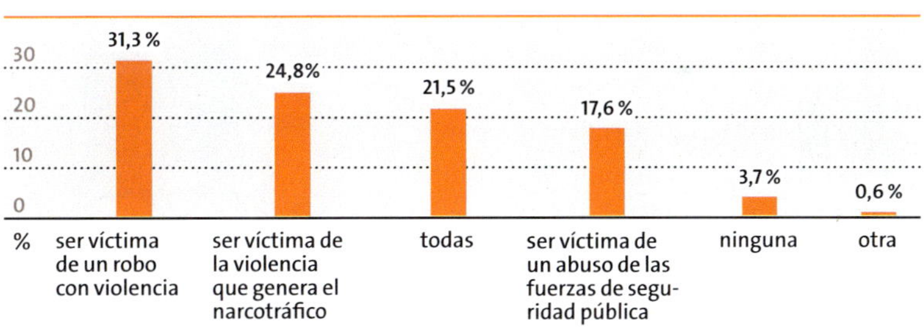

Fuente: Consejo Nacional para Prevenir la Discriminación, México D. F., 2011

Competencia intercultural

2 Vuelve a ver la estadística de la tarea 1. Imagina que esta encuesta también se hiciera en Alemania. ¿Qué piensas que contestarían los alemanes?

Mediación

3 En un foro de Internet, un grupo de hispanohablantes está discutiendo sobre la lucha contra el narcotráfico en México. Uno de los participantes critica que los medios mexicanos no tratan suficientemente el tema. Respóndele con un comentario en el que resumas la situación actual de los periodistas en México basándote en el artículo «Zeitung kapituliert vor Drogenkartellen» (p. 269).

Punto final

Mediationstext → p. 269

Mediación → p. 248

Hacia la no discriminación

Acercarse al tema

Carteles → p. 258

Describe e interpreta el cartel de abajo: ¿cuál es su mensaje y cómo se transmite?

El texto

Textos informativos → p. 255

OPCIÓN (A) Extraer la información principal de un reportaje

1 Presenta a Luz María Perusquía Rodríguez y a Rosa Nereida Chávez.
2 Explica por qué es «un plus para las empresas» contratar a personas con discapacidad, según el texto.

OPCIÓN (B) Analizar la postura de la autora de un reportaje

1 Resume la información que se da sobre:
   - los empleados en el aeropuerto de la Ciudad de México,
   - las causas y consecuencias de contratarlos.
2 Analiza la postura de la autora frente a las empresas con cultura de no discriminación.

Trabajadores con discapacidad, un plus para las empresas

En México hay pocas empresas con cultura de no discriminación. Un caso ejemplar es Grupo Eulen, que contrató a 72 personas en sillas de ruedas para ofrecer servicio de información a los pasajeros en el aeropuerto de la Ciudad de México.

El martes 15 de diciembre de 2009, una mujer estuvo a punto de perder su vuelo a Nueva York porque olvidó sus documentos en un baño del aeropuerto Benito Juárez de la Ciudad de México. Recibió ayuda de Luz María Perusquía Rodríguez, persona de trato amable y educado, quien le ayudó a ubicar los documentos y a encontrar la sala apropiada justo a tiempo. Luz María vestía uniforme azul marino, portaba un gafete de identificación, llevaba el pelo recogido en una cola de caballo y los ojos pintados de azul. Iba en silla de ruedas. Hace quince años sufrió un accidente automovilístico. En el aeropuerto tiene 72 compañeros de trabajo. Todos son orientadores y todos usan silla de ruedas. La mayoría no son parapléjicos de nacimiento, sino como consecuencia de algún accidente automovilístico. Antes estudiaban, trabajaban y vivían como la mayoría de la población.

Trabajar con una discapacidad

En México, la discapacidad motriz a menudo está ligada a la carencia de oportunidades de educación y laborales, ya sea por discriminación o por falta de accesibilidad. El problema de fondo es cultural: se tiene la percepción de que una persona en silla de ruedas no cuenta con aptitudes profesionales, o que contratarla representará un gasto extra para la empresa.

La experiencia de los empleados de Eulen en el *Aeropuerto Internacional Benito Juárez* rebate estas ideas. Llama la atención la actitud que tienen los integrantes del equipo: no son autocompasivos, se mueven con soltura por el aeropuerto, y tienen trato amable con la gente. Además, muchos de ellos tienen niveles altos de educación. «Estamos convencidos de que las personas con discapacidad motriz tienen un talento mayor que quienes no la tenemos, porque desarrollan otras habilidades: sensibilidad, apego, amor y disciplina, con las que trabajan», asegura la directora comercial de Servicios Sociales y de Salud de Grupo Eulen, Brenda Becerril Islas.

El empleo significa una invaluable oportunidad de independencia y profesionalización para los trabajadores. Rosa Nereida Chávez lleva un año y tres meses trabajando en el aeropuerto. A los 19 años tuvo un accidente automovilístico que la dejó parapléjica. Llegó a este empleo gracias a la *Fundación Vida Independiente*. Eso le implicó mudarse al Distrito Federal con su marido. Ya en la Ciudad de México, compraron un automóvil y rentaron un departamento a unos minutos del trabajo. Su sueldo, dicen, es bueno y tienen todas las prestaciones que marca la ley. Aseguran que están contentos.

Ventajas de no discriminar

El Consejo Nacional para Prevenir La Discriminación (CONAPRED) afirma que en empresas que contratan a personas con discapacidad, disminuye el ausentismo, aumenta la calidad del servicio y la satisfacción de los clientes; se desarrolla el espíritu innovador y creativo de los empleados, se incrementa la motivación y la eficiencia, se promueve la reputación de la empresa y se refuerzan los valores culturales de la misma. Se observa que «los trabajadores con alguna discapacidad, a los que generalmente se considera más onerosos, toman menos días libres por razones no vinculadas a su discapacidad y suelen trabajar para el mismo empresario durante más tiempo que los demás empleados». Además, la motivación de la persona con discapacidad contagia a quienes están a su alrededor: «Cuando las personas con capacidades regulares empiezan a trabajar con personas con discapacidad, se dispara su sensibilidad. Cuando observas que alguien puede hacer algo con disminución de las capacidades físicas, la visión es que no hay obstáculos para crecer».

1 **la discapacidad** Behinderung 3 **la silla de ruedas** Rollstuhl 12 **el trato** *aquí* el comportamiento 13 **ubicar** localizar, encontrar 14 **la sala** *mex.* Gate (am Flughafen) 16 **el gafete** *mex.* la placa con nombre 23 **parapléjico/-a** querschnittsgelähmt 29 **la discapacidad motriz** *etwa* Körperbehinderung 30 **estar ligado/-a a a/c** estar conectado/-a a a/c 30 **la carencia de a/c** la falta de a/c 34 **la aptitud** la capacidad, la cualificación 38 **rebatir a/c** etw. widerlegen 40 **el/la integrante** el/la miembro 40 **autocompasivo/-a** selbstmitleidig 41 **la soltura** la naturalidad 47 **el apego** Zuneigung 57 **mudarse** cambiar de piso 59 **rentar a/c** *mex.* alquilar a/c 61 **la prestación** Leistung 67 **el ausentismo** Fehlen (am Arbeitsplatz) 70 **incrementar a/c** aumentar a/c 71 **promover a/c** *aquí* mejorar a/c 75 **oneroso/-a** *aquí* caro/-a, costoso/-a 80 **contagiar a alg.** jdn. anstecken, sich auf jdn. übertragen 83 **dispararse** *aquí* activarse 84 **la disminución de las capacidades físicas** körperliche Einschränkungen, Körperbehinderung

Expresión oral

1 Presenta los resultados de la encuesta que se hizo con personas con capacidades diferentes en México y relaciónalos con la información del reportaje.

Estadísticas → *p. 259*

«Hoy en día, ¿cuál cree que es el principal problema de las personas con su condición en México?»

1 **autosuficiente** *aquí* independiente
2 **trasladarse** ir de un lugar a otro

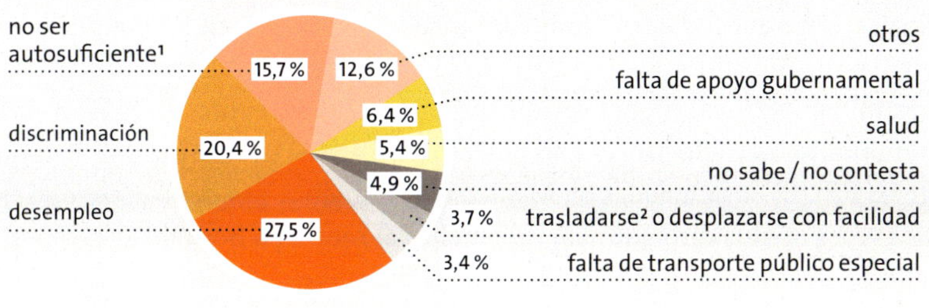

Fuente: Consejo Nacional para Prevenir la Discriminación, México D. F., 2011

Las maquiladoras

Acercarse al tema

Fotos → p. 257

Describe la foto de una maquiladora en el norte de México. ¿Cómo te imaginas un día de trabajo allí? También puedes basarte en la información de *Palabras en contexto* (p. 132, ll. 59–67).

El texto

Textos narrativos → p. 249

OPCIÓN (A) Presentar a las protagonistas de una novela

1. Presenta a las cuatro protagonistas.
2. Explica la metáfora de las «princesitas inocentes» en un lugar lleno de «ogros» (ll. 50–51).
3. Explica y comenta el estado de ánimo de las mujeres: «todas estaban divididas por dentro» (ll. 65–66).

OPCIÓN (B) Analizar la imagen que el narrador crea de un fenómeno

1. Describe la fábrica de montaje donde trabajan las cuatro mujeres.
2. Resume la información que se da sobre las condiciones laborales en la fábrica.
3. Analiza qué imagen de las maquiladoras crea el narrador.

Marina, Dinorah y Rosa Lupe, tres mujeres mexicanas, van camino al trabajo, una maquiladora en Ciudad Juárez, en la frontera con EEUU.

Marina dijo que ya entraban a la parte bonita y las tres miraron los cipreses alineados a ambos lados de la carretera sin hablarse más; esperando nomás la aparición bellísima que no dejaba de asombrarlas todos los días a pesar de la costumbre, la fábrica montadora de televisores a color, un espejismo de vidrio y acero brillante, como una burbuja de aire cristalino, era como trabajar rodeadas de pureza, de brillo, casi de fantasía, tan limpia y moderna la fábrica, el parque industrial como decían los managers, las maquiladoras que le permitían a los gringos ensamblar textiles, juguetes, motores, muebles, computadoras y televisores con partes fabricadas en los EEUU, ensambladas en México con trabajo diez veces menos caro que allá, y devueltas al mercado norteamericano del otro lado de la frontera con el solo pago de un impuesto al valor añadido: de esas cosas ellas no sabían mucho, Ciudad Juárez era simplemente el lugar de donde llamaba el trabajo, el trabajo que no existía en las rancherías del desierto y la montaña, el que era imposible hallar en Oaxaca o Chiapas o en el mismísimo DF, aquí estaba a la mano, y aunque el salario era diez veces menos que en los EEUU, era diez veces más que nada en el resto de México: esto se cansaba de explicarles la Candelaria, una mujer de 30 años [...] [que] llevaba 15 en las maquilas, no quería amolarse la salud, ya había trabajado en una fábrica de pinturas y los solventes la habían enfermado —mira que pasarse nueve meses enlatando pintura para acabar pintada por dentro, eso dijo entonces— y es cuando conoció a Bernal Herrera, un hombre maduro que por eso le gustó a la Candelaria, [...] y Bernal le dijo: Candelaria, aquí no le dan agua ni al gallo de la pasión, lo que uno necesita debe ganárselo a pulso, aquí declaran los costos y utilidades que se les antojan, aquí no hay seguros por riesgo de trabajo, ni medicaciones, ni pensión, ni compensaciones por dote, maternidad o muerte, nos están haciendo el gran favor, eso es todo, nos están dando trabajo, muchas gracias y a callarse la boca […].

— Es tan bonito este lugar —suspiró Marina, evitando pisar con sus zapatos de stileto los prados verdes con la advertencia doble: NO PISE EL PASTO / KEEP OFF THE GRASS.

— Si hasta parece Disneylandia —dijo Dinorah entre seria y risueña.

— Sí, pero llena de ogros que se comen a las princesitas inocentes como ustedes —les dijo con una sonrisa sarcástica la Candelaria. […]

Se pusieron las batas azules reglamentarias y tomaron sus lugares frente a los esqueletos de las televisoras, dispuestas a hacer el trabajo en serie, la Candelaria el chasis, la Dinorah la soldadura, Marina estrenándose apenas para reparar soldaduras, y la Rosa Lupe fijándose en los defectos, los alambres sueltos, las coronas dañadas […].

Todas venían de otro lado. Por eso se entretenían contándose historias sorprendentes sobre sus orígenes, sobre las combinaciones familiares, las cosas que las diferenciaban, y a veces, también, se admiraban de que coincidieran en tanto, familias, pueblos, parentescos. Pero todas estaban divididas por dentro: ¿era mejor dejar atrás todo eso, borrar la memoria, resolverse a empezar una nueva vida aquí en la frontera?, ¿o era necesario alimentar el alma con el recuerdo […], sentir la tristeza del pasado, convenir en que el desamor es la muerte del alma? A veces se miraban sin hablarse, todas las amigas, las camaradas, Candelaria que era quien más tiempo llevaba en la maquila, Rosa Lupe y Dinorah que llegaron al mismo tiempo, Marina que era la más verdecita, entendiendo que no era preciso decirse nada para decirse esto, que todas necesitaban amor pero no recuerdos.

1 **la maquiladora** Montagefabrik 4 **el ciprés** Zypresse (Baum) 4 **alineado/-a** puesto/-a en línea 5 **nomás** *mex.* solo 6 **que no dejaba de asombrarlas** *etwa* die sie immer wieder in Erstaunen versetzte 8 **el espejismo de vidrio y acero** *fig. etwa* Illusion aus Glas und Stahl 9 **la burbuja de aire cristalino** *fig. etwa* gläserne Luftblase 13 **los gringos** *pey.* los estadounidenses 14 **ensamblar a/c** montar a/c 19 **el impuesto al valor añadido** Mehrwertsteuer 22 **la ranchería** el pueblo 23 **hallar a/c** encontrar a/c 29 **amolarse a/c** *aquí* arruinarse a/c 30 **el solvente** Lösungsmittel 32 **enlatar a/c** etw. in Dosen abfüllen 36 **aquí no le dan agua ni al gallo de la pasión** *etwa* hier gibt es nichts geschenkt 37 **ganarse a/c a pulso** *etwa* sich etw. hart erarbeiten, für etw. schuften 38 **los costos y utilidades** Kosten und Nutzen 38 **que se le/s antoja/n** que quiere/n 39 **el seguro por riesgo de trabajo** Unfallversicherung (für Arbeitsunfälle) 40 **la compensación por dote** beneficio financiero que recibe una persona casada 45 **el prado** Rasenfläche 49 **risueño/-a** que sonríe 50 **el ogro** Oger (großes, hässliches Monster) 53 **la bata** Kittel 56 **el chasis** Rahmen, Gehäuse 56 **la soldadura** Schweißarbeiten 57 **estrenarse para hacer a/c** hacer por primera vez a/c 59 **el alambre** Draht 59 **la corona** *hier* Zahnrad 60 **entretenerse** divertirse 65 **el parentesco** Verwandschaft 75 **verdecito/-a** *aquí* nuevo/-a, sin experiencia 75 **preciso/-a** *aquí* necesario/-a

Expresión escrita

Punto final

Hacer citas
→ p. 262

1 Imagina que eres periodista y quieres escribir un reportaje sobre la industria maquiladora en el norte de México. Decides entrevistar a Marina, Dinorah, Rosa Lupe y Candelaria. Quieres saber:
- por qué dejaron sus pueblos y se vinieron a trabajar a la maquila,
- qué opinan de las condiciones laborales,
- si están realmente dispuestas a empezar una nueva vida en Ciudad Juárez.

Escribe la entrevista partiendo de la información que te da el texto.

Comprensión audiovisual

Vídeo

Vídeos
→ p. 256

2a Mira el tráiler del documental «Maquilápolis». Formula hipótesis sobre el argumento del documental basándote en la información que te da el tráiler.

2b Vuelve a ver el primer minuto del tráiler y explica lo que está pasando.

2c Analiza cómo el tráiler despierta sentimientos de compasión por las protagonistas del documental. Enfócate en las imágenes, la música y la información verbal.

Los indígenas en México

Acercarse al tema

Fotos → p. 257

Describe la foto de abajo y relaciónala con el título del texto. Luego formula hipótesis sobre por qué los indígenas en México no tienen «nada que festejar» desde la Independencia.

El texto

Textos informativos → p. 255

OPCIÓN (A) Extraer la información esencial de un artículo periodístico

1 Presenta el tema central del texto.
2 Explica qué dicen las siguientes personas o entidades sobre los indígenas en México:
- Armando Bartra
- el Movimiento Indígena Nacional
- el Plan Nacional de Desarrollo del Gobierno
- el Consejo Nacional de Evaluación de Política Social
- el Consejo Nacional de Población
- Adelfo Regino

OPCIÓN (B) Analizar la postura del autor en un artículo periodístico

1 Presenta el estado social y económico de los pueblos indígenas mexicanos.
2 Analiza cómo el autor presenta la situación de los indígenas en México y qué efecto quiere lograr.
3 Comenta la frase: «Para nosotros ese movimiento sólo fue un cambio de yugo: se fueron los españoles, pero se quedó el colonialismo» (ll. 64–67).

Indígenas en México: «nada que festejar» desde la Independencia

Indígenas marchando en Cancún (Yucatán)

México se prepara para conmemorar, a gran escala, los 200 años del inicio de la guerra por su independencia. Pero para muchas comunidades indígenas del país, no hay mucho que celebrar. Según datos oficiales, la mayoría de los pueblos originarios mexicanos viven en condiciones de pobreza, e incluso los índices más altos de marginación se encuentran en comunidades indígenas.

Pero esos números dan cuenta apenas de una de las facetas de la condición actual de los indígenas, afirma el investigador Armando Bartra, de la Universidad Autónoma Metropolitana. «Hay una doble miseria: la económica y otra de origen racial, clasista. El país vive un colonialismo interno, la imagen de ‹pobreza› se asocia a una adscripción de raza», dice en conversación con BBC Mundo.

Esa exclusión se manifiesta en los festejos del Bicentenario, afirman organizaciones como el Movimiento Indígena Nacional. «Sólo nos utilizan como sujetos de interés, como un adorno folclórico en sus festividades mediáticas», señala el grupo en un comunicado.

Las cifras sobre la situación de los indígenas en México parecen hablar por sí solas. El 75 % de los 13,7 millones de indígenas que viven en México son pobres, y muchas poblaciones pequeñas en los estados de Oaxaca o Guerrero viven en condiciones de extrema pobreza. El 80% de los habitantes de pueblos originarios tienen un ingreso promedio de unos US$ 6 al día, según reconoce el Plan Nacional de Desarrollo 2007–2012 del gobierno federal. Según la Unesco, las mujeres mexicanas que hablan una lengua indígena tienen 15 veces menos posibilidades de aprender a leer y escribir.

En un informe del Consejo Nacional de Evaluación de Política Social, se afirma que la mayoría de los 5 millones de personas que, entre 2006 y 2008, se ubicaron en la condición de pobreza alimentaria, pertenece a pueblos originarios. La mortalidad infantil en estas comunidades es de un 60%, muy superior a la del resto de los mexicanos, dice el Consejo Nacional de Población. Y la lista sigue, porque la mayor parte de la población indígena vive en condiciones de marginación económica, social y política.

«A 200 años de la Independencia, los pueblos indígenas no tenemos nada que festejar. Para nosotros ese movimiento sólo fue un cambio de yugo: se fueron los españoles, pero se quedó el colonialismo», le dice a BBC Mundo Adelfo Regino, director de la organización Servicios del Pueblo Mixe de Oaxaca.

El gobierno mexicano asegura que ha aumentado sus esfuerzos para mitigar la pobreza en las comunidades indígenas. Un ejemplo es que, en la actualidad, nueve de cada diez comunidades indígenas tienen caminos o carreteras, según el Ministerio de Comunicaciones.

De hecho, el presupuesto para educación, salud y escuelas para pueblos originarios es uno de los mayores de la historia, reconocen organizaciones sociales. Pero, según Bartra, la inclusión no es sólo un asunto de dinero, sino del reconocimiento que los indígenas son parte del país.

1 **festejar a/c** celebrar a/c 4 **conmemorar a/c** etw. gedenken 16 **el índice** el número, el valor 18 **dar cuenta de a/c** mostrar a/c 18 **apenas** kaum, *hier* nur 27 **la adscripción** Zuschreibung 33 **el bicentenario** 200° aniversario 36 **el adorno** Schmuck, Verzierung 40 **hablar por sí solo/-a** für sich selbst sprechen 52 **el informe** Bericht 55 **ubicarse en la condición de** *aquí* estar en una situación de 65 **el cambio de yugo** *etwa* Austausch des Peinigers 71 **mitigar a/c** combatir a/c 76 **el presupuesto** Budget

Expresión oral

1 Preséntale a tu compañero/-a una de las estadísticas y relaciónala con la información del texto.

Estadísticas → p. 259

Localidades con 40 % y más de población indígena

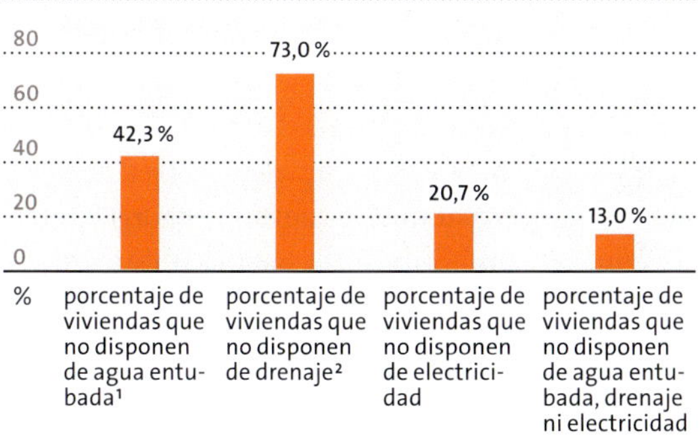

Grado de marginación³ en municipios indígenas

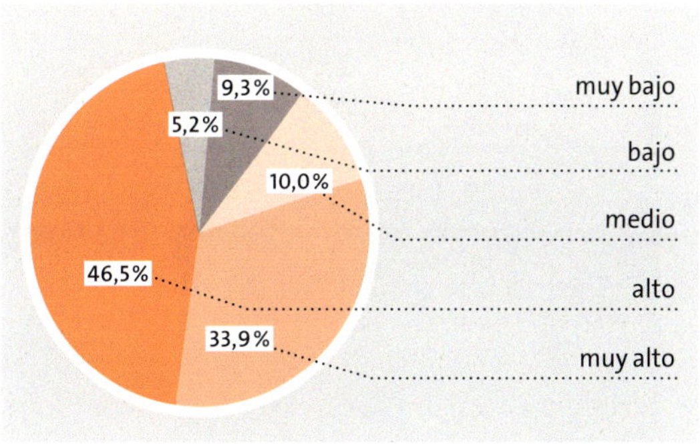

Fuente: www.cdi.gob.mx, 2012

1 **el agua entubada** *f.* fließendes Wasser 2 **el drenaje** *hier* Kanalisation 3 **la marginación** *hier* Diskriminierung

Expresión escrita

Punto final

2 Escribe una carta al director para el periódico que publicó el artículo que acabas de leer. Comenta el problema de la marginación indígena en México basándote en el texto, en las estadísticas y también en otras fuentes.

Escribir una carta → p. 246

Ser indígena y mujer

Acercarse al tema

Lee el siguiente texto y reacciona espontáneamente.

En México hay varias comunidades indígenas que tienen como leyes los «usos y costumbres sociales» que se han transmitido de generación en generación. No se rigen[1] por las leyes vigentes[2] en todo el país. En algunos casos, por ejemplo, no se reconoce la igualdad de la mujer. En otros, las mujeres no tienen derecho a votar o no se les permite asumir un cargo público[3] en su comunidad.

1 **regirse por a/c** sich nach etw. richten 2 **vigente** gültig 3 **el cargo público** öffentliches Amt

El texto

Textos informativos → p. 255

OPCIÓN A Presentar a una persona

1 Presenta a Eufrosina Cruz Mendoza en pocas frases y describe el papel que desempeña en Oaxaca.
2 Presenta cómo se imagina el futuro en México.
3 Explica por qué se siente «más discriminada por indígena que por mujer» (ll. 40–41).

OPCIÓN B Analizar la opinión de una persona

1 Confecciona un currículum de Eufrosina Cruz Mendoza.
2 Analiza la opinión que ella tiene sobre las leyes de usos y costumbres y la situación de los indígenas en México.
3 Explica y comenta el título del artículo.

«En México, si eres indígena, mujer y pobre, estás fregada»

Eufrosina Cruz Mendoza (Santa María Quiegolani, México, 1979) no cree a su padre responsable por haber casado a su hermana a los 12 años. «Él aprendió conmigo que yo, mujer, valía lo mismo que mi hermano hombre», asegura la diputada. Nacida en un pueblo del monte de Oaxaca que se rige no por las leyes estatales, sino por usos y costumbres propios, Cruz reclamó en 2008 su derecho a votar y ser elegida presidenta municipal, pero ambos le fueron negados «por ser mujer». Ahí empezó la batalla política de quien, en 2010, se convirtió en presidenta del Parlamento de Oaxaca —la primera mujer indígena— y hoy ocupa un escaño en la Cámara de Diputados. «No quería repetir la historia de mi madre, casarme y tener hijos siendo una niña».

Reconoce que con el pretexto de esas «leyes propias» se violan los derechos humanos de muchas mujeres: «428 municipios de Oaxaca todavía se rigen por usos y costumbres; en casi 100, las mujeres no tienen derecho a participar en los procesos democráticos, pero podemos cambiarlo. Los usos y costumbres son la lengua, la vestimenta ... no la violación del desarrollo».

Durante la charla, Cruz Mendoza se lleva varias veces sus manos al vientre. «Quedan unos 10 días para el parto», así que, cada vez más, las jornadas de Parlamento, reuniones y entrevistas se hacen cansadas, algo que admite sonriendo. «Pero estar embarazada no significa estar enferma», matiza. Cuando se le pregunta qué México imagina para su primer hijo, no duda: «Un país en el que todos quepamos, sin diferencias y con igualdad de oportunidades. Tal vez mis ojos no vean todo lo que yo sueño, pero estoy aquí para abrir espacio a los que vengan, no por mi carrera».

Pese a haber sufrido dos atentados y vivir en contradicción con la sociedad que le tocaba, nunca se ha considerado víctima. Se ve, eso sí, más discriminada por indígena que por mujer. «Aunque se dice que si eres indígena, mujer y pobre, estás fregada». La diputada reclama más espacio para las personas de las comunidades en la Cámara. «Somos cinco diputados indígenas de un total de 500 y, en realidad, representamos casi al 16 % de la población mexicana». Cuando acaba la entrevista, decide que es hora de que el niño descanse. Son las siete de la tarde y lleva once horas trabajando.

1 **estar fregado/-a** *ugs.* schlechte Karten haben 5 **valer lo mismo** tener el mismo valor 7 **el/la diputado/-a** Abgeordnete/r 9 **reclamar a/c** exigir a/c 11 **negar a/c a alg.** jdm. etw. verweigern 15 **el escaño** Sitz (im Parlament) 15 **la Cámara de Diputados** el Parlamento 18 **el pretexto** la excusa 19 **violar** *hier* verletzen 24 **la vestimenta** la ropa típica 27 **el vientre** la barriga 28 **el parto** Geburt 31 **matizar** *aquí* decir 34 **quepamos** *presente de subjuntivo de* caber, tener un lugar 38 **pese a** trotz, obwohl 39 **tocarle a/c a alg.** *aquí* tener que vivir con a/c

Expresión oral

1 Comenta la siguiente frase del texto: «Pese a haber sufrido dos atentados y vivir en contradicción con la sociedad que le tocaba, nunca se ha considerado víctima» (ll. 38–40).

2 Describe e interpreta el cuadro: personas · paisaje · ambiente · colores · luz · valor simbólico · sensaciones que despierta en ti.

la tela Tuch · **el/los cactus** Kaktus/Kakteen

© David Alfaro Siqueiros, 1924

Cuadros → p. 257

Expresión escrita

3 Redacta un artículo para el blog «Mujeres en defensa de sus derechos» presentando a Eufrosina Cruz Mendoza y destacando su papel en la lucha de las mujeres indígenas.

Punto final

Escribir un artículo de blog → p. 245

Entre las culturas

Acercarse al tema

Discutid: ¿hasta qué punto los siguientes conceptos son similares / se diferencian?

el lugar donde nací	el lugar donde crecí	el lugar donde están mis raíces	mi hogar

La canción

16

Canciones → p. 253

OPCIÓN (A) Determinar el tema principal de una canción

1 Escucha la canción e imagina cómo se siente el yo lírico.

2 Busca los verbos en primera persona en la letra de la canción y presenta el camino del yo lírico.

3 Determina el tema central de la canción y justifica tu elección:
- la búsqueda de felicidad
- la búsqueda de identidad
- ser multicultural

OPCIÓN (B) Interpretar la música y la letra de una canción

1 Escucha la canción y lee la letra. Relaciona cada estrofa con una de las siguientes opciones y justifica con citas:
- volver a sus raíces
- asumir su origen
- ser de origen mixteco
- tener un conflicto de identidad

2 Analiza el efecto que la artista provoca con la melodía, el ritmo y la letra de la canción.

Semilla de piedra

Soy hija de un hombre de piedra
venado con viento parió
nací del color de la tierra
de un baño de fuego y vapor.

Busqué por el mundo mi causa
verdades de otros creí
surgió en mi conciencia la falta
del cielo donde yo crecí.

Volví al refugio de razas de piedra y de lodo
al seno de sangre manchada por todo
al campo de infancia y de muerte
al viento que impuso mi suerte.

Volví a la tierra que mis sentimientos amaban
donde yo no hallaba lo que yo buscaba
por este momento he vivido
hoy vivo mi orgullo perdido.
…

Lila Downs: Semilla de piedra © EMI, 2000

2 **los hombres de piedra** seres de la mitología mixteca 3 **el venado, el viento** dioses creadores en la mitología mixteca 3 **parir** gebären 5 **el vapor** Dampf 6 **la causa** *aquí* la razón de ser 8 **surgir** *hier* entstehen 8 **la conciencia** Gewissen 10 **el refugio** el lugar seguro 10 **el lodo** Schlamm 11 **el seno** *aquí* el origen 13 **imponer a/c** *aquí* traer a/c 15 **hallar a/c** encontrar a/c 17 **el orgullo** Stolz

Comprensión auditiva

17

1a Escucha la entrevista a Lila Downs. Luego explica cuál es tu impresión personal de la cantante.

1b Vuelve a escuchar la entrevista y termina las frases:

1. En su música, Lila Downs
   a) mezcla rock y pop con canto mixteca.
   b) mezcla canto indígena o ritmos tradicionales con ópera, jazz o blues.
   c) canta en inglés, español y mixteca.
2. Lila Downs creció
   a) cerca del Río Bravo en México.
   b) en los EE. UU.
   c) a ambos lados del Río Bravo, en los dos países.
3. La madre de Lila Downs
   a) solo habla español.
   b) habla mixteco como lengua materna y le costó aprender español.
   c) también habla inglés, pero le costó aprenderlo.
4. Lila Downs
   a) cursó la universidad en México y trabajó en EE. UU.
   b) cursó la universidad en ambos países.
   c) cursó la universidad en EE. UU. y escribió su tesis en México.
5. Según Lila,
   a) en la vida eres tratado según tu color, tu sexo y tu raza.
   b) la vida la ha tratado muy bien.
   c) la vida te trata mal.
6. Cuando tenía 16 años
   a) se avergonzaba de su padre.
   b) se avergonzaba de ser mujer.
   c) se avergonzaba de tener raíces indígenas.
7. Ahora Lila se ha dado cuenta de que
   a) es tan indígena como chicana[1].
   b) es indígena y pocha[2].
   c) no tiene una clasificación.

1 **chicano/-a** *adj.* estadounidense con raíces mexicanas
2 **pocho/-a** *adj.* mexicano/-a que adopta costumbres estadounidenses

Comprensión auditiva
→ p. 239

Expresión escrita

2 Escribe un artículo sobre Lila Downs para el blog «Entre dos mundos» en el que se presentan personajes famosos con trasfondo multicultural.

3 Transforma la entrevista de la tarea 1 en un reportaje sobre Lila Downs. Puedes citarla y también agregar información adicional sobre su persona.

Punto final

Escribir un artículo de blog
→ p. 245

Competencia intercultural

4 Escríbele un e-mail a Lila Downs comentando por qué la multiculturalidad es tan importante en las sociedades modernas. Da ejemplos de tu entorno.

Escribir un e-mail
→ p. 246

Gramática en contexto

PRESENTAR INFORMACIÓN DE MANERA ECONÓMICA • Construcciones con infinitivo y gerundio

1a Abrevia las siguientes frases utilizando los elementos del recuadro como en el ejemplo:

al • antes de • después de • hasta • sin	*+ infinitivo*

Ejemplo:
Cuando los españoles conquistaron el imperio azteca, sometieron a muchos indígenas.
→ Al conquistar el imperio azteca, los españoles sometieron a muchos indígenas.

1. Tenochtitlán se había convertido en una de las ciudades más grandes de su época ya antes de que cayera en manos de los conquistadores.
2. La Corona española mejoró la situación de la población indígena después de que expidiera las Leyes Nuevas de 1542.
3. Cuando se mezclaron la cultura indígena con la europea, nació el mestizaje.
4. Los mexicanos no dejaron de luchar contra las tropas españolas hasta que se independizaron en 1821.
5. México es uno de los países latinos con más diversidad cultural y étnica porque cuenta con más de 54 poblaciones indígenas.
6. Muchos emigrantes dejan el país y se dirigen a los EE. UU. sin que tengan visado.
7. Cuando los inmigrantes llegan a su destino, necesitan encontrar trabajo y un lugar para vivir.

1b Formula más frases subordinadas que luego puedas abreviar con los elementos del recuadro de 1a.

2 Abrevia las siguientes frases condicionales, causales, concesivas y temporales utilizando el gerundio. Con las conjunciones «aunque» y «pese a que» tienes que añadir «aun».

Ejemplo:
Si la sociedad mexicana superara las injusticias, podría vivir en armonía con los pueblos indígenas.
→ Superando las injusticias, la sociedad mexicana podría vivir en armonía con los pueblos indígenas.

1. Si el gobierno de D. F. implementara medidas para combatir la contaminación, la carencia de agua o el tránsito caótico, empezaría a solucionar los principales retos de la capital del país.
2. Si la Ciudad de México hiciera más carriles para bicicletas, disminuiría el tránsito caótico en las calles.
3. Ya que los ciclistas circulan por los carriles de coches, arriesgan su vida todos los días.
4. Los narcotraficantes controlan Ciudad Juárez, ya que aterrorizan a la población.
5. Si los indígenas luchan por sus derechos, pueden salir de la pobreza y la precariedad.
6. Aunque hoy en día hay menos injusticias, las comunidades indígenas muchas veces siguen siendo discriminadas.
7. Pese a que las poblaciones indígenas representan la valiosa diversidad cultural mexicana, siguen siendo un grupo vulnerable.
8. Cuando la industria estadounidense produce en México, ahorra mucho dinero.
9. Cuando las empresas contratan a trabajadores con discapacidad, aumentan la calidad del servicio que ofrecen.

EXPRESAR CONJETURAS • La frase condicional irreal en pasado

3a Identifica los tiempos verbales utilizados en la siguiente frase:

«¿Qué habría pasado si Hernán Cortés no hubiera conquistado la capital azteca?»

3b ¿Cómo la dirías en alemán?

3c Completa las frases con los tiempos verbales correctos.

1. Si Hernán Cortés no ___ (*tomar*) la capital azteca, quizás los españoles no ___ (*abusar*) de los indígenas.
2. ¿Qué ___ (*suceder*) en Mesoamérica si la civilización maya no ___ (*desaparecer*)?
3. Si los conquistadores no ___ (*poner fin*) a la civilización maya, a lo mejor ___ (*ser*) la civilización más desarrollada de la época.
4. ¿Qué ___ (*ocurrir*) si los españoles no ___ (*someter*) a los indígenas?
5. Si los españoles no ___ (*abusar*) de los indígenas, posiblemente no ___ (*existir*) diferencias sociales entre indígenas y españoles.
6. ¿Qué ___ (*acontecer*) en México si el pueblo no ___ (*luchar*) por su independencia?
7. Si el pueblo no ___ (*pelear*) por su independencia, seguramente no ___ (*lograr*) liberarse.
8. ¿Qué ___ (*suceder*) si en 2008 más personas ___ (*apoyar*) la causa de Eufrosina Cruz Mendoza?
9. Si más gente ___ (*defender*) los reclamos de Eufrosina, al poco tiempo seguramente ya las mujeres ___ (*tener*) derecho al voto.

CITAR A OTRAS PERSONAS • El estilo indirecto en pasado

4 Cita el testimonio de Eufrosina Cruz Mendoza en el pasado utilizando los verbos del recuadro:

dijo • indicó • afirmó • aseguró • añadió • contó • comentó • explicó • subrayó • admitió • reconoció • (se) preguntó

«Soy la hija de una mujer indígena que nació pobre, que vivió en la ignorancia y que de mayor fue olvidando sus sueños de libertad y de igualdad. Soy la hermana de una mujer que tuvo diez hijos de los que ninguno tuvo derecho a elegir un destino; soy la compañera de cientos de niñas que sólo dialogan en zapoteco y que un día, en lugar de recibir una muñeca para aprender a jugar, recibieron la orden de sus padres de casarse con un hombre al que ni siquiera habían visto.

Por eso, decidí soñar con los ojos abiertos y luchar por el derecho de las mujeres a decidir sobre su propio destino, a tomar decisiones en favor de su comunidad, así como a votar en sus municipios.

Lo he hecho porque desde niña aprendí que la palabra «justicia» no existía en el diccionario de los usos y costumbres para las mujeres; por eso escapé de mi pueblo para construirme un destino mejor y diferente al que hubiera conocido. ¿Alguien alguna vez ha tratado de frenar un río con las manos? Yo lo he intentado. Gracias a esta lucha, hoy en Oaxaca ya fue aprobado en el Congreso del Gobierno una reforma a la Constitución de mi estado, en su artículo 25, donde dice que ‹En todo Oaxaca la mujer tendrá su derecho a votar y ser votada.›

He aprendido que si muchas manos se unen a esta causa, será posible lograr el respeto a la igualdad y a las libertades. Ojalá que quien lea este pequeño texto sobre la realidad de miles de mujeres, nos apoye. No somos costos políticos, somos al contrario: desarrollo, unión, fuerza, desafíos, no miedo.»

7 **el zapoteco** una de las lenguas indígenas de México 8 **la muñeca** Puppe 17 **los usos y costumbres** el sistema de leyes propio de una comunidad indígena que le permite autogobernarse

Vocabulario temático

HISTORIA DE MÉXICO

La civilización	maya	se desarrolló	en Mesoamérica.	
		se destacó por sus avances en	Astronomía · Matemáticas · Agricultura · Arquitectura ...	
		desapareció	misteriosamente.	
	azteca	fundó	la capital de su imperio Tenochtitlán	en el lago Texcoco. donde hoy se encuentra la Ciudad de México.
		se destacó por sus avances en	Astronomía · Medicina · Transporte · Armamento ...	

Los españoles, al mando de Hernán Cortés	tomaron · ocuparon · conquistaron	la capital azteca, Tenochtitlán, en 1521.
La monarquía hispánica	creó la «encomienda» que	se asemejaba al trabajo forzoso. legitimó los abusos de los conquistadores.

Después de largos conflictos, Por la vía de las armas,	México	puso fin al dominio español alcanzó su independencia	en 1821.

MÉXICO EN EL SIGLO XXI

Vivir en D. F.	tiene presenta	ventajas: beneficios: pros:	mayor cantidad de puestos de trabajo. · mejores condiciones laborales. acceso a servicios de salud. · actividades culturales.	
			iniciativas como	el uso de la bicicleta. la inclusión de personas con capacidades diferentes.
		desventajas: costos: contras:	los tiempos de traslado. · la contaminación ambiental. la carencia de agua. · la saturación del transporte público. el tránsito caótico. · el crecimiento del parque vehicular.	
			la violencia	por robo. · que genera el narcotráfico. por parte de las fuerzas de seguridad pública.

Las maquiladoras son	fábricas empresas	que	están establecidas mayormente en el norte de México. importan piezas libres de impuestos del extranjero. montan productos acabados a bajo costo. generan millones de puestos de trabajo. desarrollaron rápidamente regiones económicamente desiertas. son criticadas por las malas condiciones de trabajo que ofrecen.

Muchos pueblos indígenas Cada vez más indígenas	viven	bajo las leyes de usos y costumbres.	
	luchan por demandan	la igualdad	de oportunidades. · de género.
		la representación política. el desarrollo económico propio y autónomo. mayor participación social.	
		que se respeten que se reconozcan	sus derechos. sus prácticas culturales.

⊙ Punto final

Tarea mini: hacer un collage

Tu instituto está organizando una jornada de puertas abiertas. Te han pedido que le presentes al público un collage sobre las diferentes facetas de México que has conocido. Para prepararte, primero les presentarás el collage a tus compañeros de clase.

1a Confecciona un collage sobre México en forma de póster. Ten en cuenta que puedes utilizar:
- fotografías, imágenes, gráficos, cabeceras de artículos de periódico o noticias sobre el país
- material de Internet, revistas, periódicos o libros
- colores, por ejemplo para simbolizar aspectos

1b Cuelga tu collage en la clase y preséntalo.

2 Redacta una descripción del collage de un/a compañero/-a sin escribir el título. Entrégale tu descripción a otro/-a compañero/-a para que reconozca el collage y lo ubique junto al póster correspondiente.

Tarea final: escribir un reportaje

Con tus compañeros vais a elaborar una revista con el título «México hoy». Para ello, escribiréis reportajes sobre diferentes temas de la actualidad mexicana.

1. Formad los grupos de trabajo y elegid el tema de actualidad que queréis tratar en el reportaje, por ejemplo:
   - vivir en la megaciudad D. F.
   - la lucha contra el narcotráfico
   - las maquiladoras
   - la diversidad étnica y cultural
   - los indígenas hoy
   - ...
2. Investigad sobre el tema en diferentes fuentes. Recopilad también testimonios y citas de personas que se refieran al tema.
3. Seleccionad y ordenad la información:
   - datos / hechos de la problemática a tratar
   - antecedentes históricos
   - causas y consecuencias
   - citas de otras personas con diferentes puntos de vista ...
4. Estructurad y escribid el reportaje reuniendo los puntos de arriba de la manera más neutra posible.
5. Revisad lo escrito y complementadlo con material gráfico.
6. Compilad todos los reportajes y presentadlos en forma de revista.

Dictaduras y Democracia

RELACIONAR INFORMACIÓN CON IMÁGENES

1 Describe lo que ves en las fotos y qué efecto producen en ti.

18 **2a** Escucha y relaciona cada informe con las ciudades de las fotos.

2b Vuelve a escuchar: toma apuntes sobre lo que se dice sobre 18
- las características del proyecto
- el objetivo del proyecto.

2c Discutid en parejas: explicaos mutuamente lo que hayáis apuntado y comparad vuestras ideas.

Buenos Aires, Argentina

Santiago de Chile, Chile

DISCUTIR SOBRE ASPECTOS HISTÓRICOS

3a Trabajad de a tres: cada uno/-a elige un país: –España, Chile o Argentina– y resume el contexto histórico de «su» país de las páginas 264–265 según los siguientes aspectos:
- cuándo y cómo comenzó la dictadura
- cuánto duró
- cuándo se inició la transición a la democracia
- desde cuándo hay acciones para recuperar la memoria histórica.

3b Presentad el contexto histórico del país que hayáis elegido a vuestros compañeros de grupo.

3c Discutid: ¿por qué es importante mantener viva la memoria histórica?

Palabras en contexto

España en el siglo XX

Después de una época de pobreza a principios del siglo XX, los españoles votaron por un gobierno de izquierdas. Se inició así la «Segunda República» (1931–1936). El gobierno republicano realizó diversas reformas para acabar con la crisis y la injusticia social: a nivel sociopolítico, se suprimió la monarquía. En el sector agrario se les prometieron tierras a muchas familias que aún trabajaban las tierras de terratenientes o de la Iglesia. La educación se secularizó y así la Iglesia Católica perdió poder.

Pero todos los esfuerzos del gobierno por superar la crisis fueron en vano: en julio de 1936, los grupos de derechas apoyados por el Ejército, la Iglesia, la elite financiera e incluso por otros dictadores fascistas como Hitler o Mussolini, iniciaron un golpe de estado que desató la «Guerra Civil Española» (1936–1939). España quedó dividida en dos bandos: los republicanos (de izquierdas) y los nacionales (de derechas).

El general Franco ganó la guerra en abril de 1939 e inició una dictadura nacional-católica llamada «Franquismo». Los vencidos fueron perseguidos, los derechos básicos fueron suprimidos y la sociedad empezó a sufrir la represión del régimen dictatorial. El Franquismo se caracterizó por la falta de libertad, desapariciones y asesinatos.

Durante los últimos años de la dictadura, Franco nombró a Juan Carlos I, por entonces Príncipe de España, su sucesor. Al asumir como Rey en 1975, Juan Carlos I decidió encaminar el retorno a la democracia en lugar de continuar con la dictadura. Así comienza la fase de la historia española conocida como la «Transición». En 1977, los españoles volvieron a votar a sus representantes del Parlamento, y, en 1978, se aprobó la Constitución que estableció la monarquía parlamentaria como sistema político en España.

Actualmente existen asociaciones que se ocupan de recuperar la «memoria histórica» sacando a la luz crímenes y luchando por que sean juzgados.

Argentina y Chile

En Argentina, el golpe de estado de 1976 derrocó a la presidenta constitucional María Estela de Perón, conocida como Isabel Perón. Comenzó así la dictadura gobernada por una Junta Militar que llamó a este periodo «Proceso de Reorganización Nacional» (1976–1983).

En Chile, Salvador Allende, el presidente constitucional izquierdista, fue derrocado por el Ejército. Se inició entonces el periodo llamado «Régimen Militar» (1973–1990) liderado por el general Augusto Pinochet.

En ambos países, la época de la dictadura se caracterizó por la violación sistemática de los derechos humanos: secuestros, arrestos, torturas, extorsiones, represión, asesinatos y desapariciones estaban a la orden del día. Millones fueron forzados al exilio.

En Argentina, madres y abuelas de víctimas de la dictadura se unieron y formaron en 1977 las asociaciones «Madres de Plaza de Mayo» y «Abuelas de Plaza de Mayo». Desde entonces buscan a sus hijos y nietos desaparecidos.

La «Transición a la democracia» en ambos países se dio de diferente modo. En Argentina, la presión internacional y la derrota en la Guerra de Malvinas (1982) hicieron que la Junta Militar llamara a elecciones en 1983. El candidato presidencial Raúl Alfonsín triunfó con el 52 % de los votos y se transformó en un símbolo de la democracia argentina y latinoamericana. Ordenó el Juicio a las Juntas Militares y creó la Comisión Nacional sobre la Desaparición de Personas (CONADEP) que investigó los crímenes cometidos durante la dictadura.

En Chile, la nueva Constitución de 1980 preveía un plebiscito en el cual el pueblo tenía que votar por el Sí o por el No a Pinochet. En 1988 triunfó el No. En 1990, el general Pinochet le entregó el poder al presidente electo por el pueblo, Patricio Aylwin. Es así como se inició el periodo chileno de transición democrática.

COMPRENSIÓN DE VOCABULARIO

1a Busca en el texto las palabras marcadas que se corresponden con las siguientes definiciones.

1. cambios estructurales para salir de una crisis
2. las personas que pierden una guerra
3. un régimen autoritario
4. quitar del poder a un gobierno democrático con violencia
5. asociación de mujeres argentinas que buscan a sus nietos desaparecidos
6. el conjunto de militares de un país

1b Escribe una definición para otra expresión marcada en el texto. Después intercambiad vuestras definiciones y buscad las palabras en el texto.

FAMILIA DE PALABRAS

2 Busca los siguientes términos en un diccionario monolingüe. Completa la familia de palabras de cada uno.

el/la dictador/a • la democracia • el/la político/-a • el gobierno • la república • las elecciones • el voto • el secuestro • el exilio • el / la desaparecido/-a

El diccionario monolingüe → p. 261

DEFINICIÓN

3 Define los siguientes periodos históricos utilizando la información del texto:

la Segunda República • la Guerra Civil Española • el Franquismo • la Transición en España • el Proceso de Reorganización Nacional • el Régimen Militar • la Transición en Argentina y Chile

Ejemplo: En Argentina, el «Proceso de Reorganización Nacional» comenzó con el golpe de estado de 1976 y finalizó en 1983 cuando la Junta Militar llamó a elecciones que fueron ganadas por Alfonsín. El «Proceso» se caracterizó por …

TÉCNICAS DE DEDUCCIÓN

4a Completa la tabla deduciendo los infinitivos de los siguientes participios. En caso de que haya un sustantivo correspondiente, agrégalo. Puedes utilizar un diccionario monolingüe.

El diccionario monolingüe → p. 261

apoyados • dividida • juzgados • desaparecidos • perseguidos • suprimidos • conocida • gobernada • derrocado • llamado • liderado • forzados • cometidos

participio	verbo en infinitivo	sustantivo
liderado	liderar	el liderazgo, el /la líder

4b Amplía la tabla con los participios y sustantivos derivados de los siguientes verbos: luchar, triunfar, investigar, votar, perder, superar, desatar, sufrir, asumir, encaminar, recuperar.

ACTIVAR EL VOCABULARIO

5 Completa las frases con las palabras marcadas del texto.

1. Los grupos de derechas que apoyaron al general Franco eran ▬, ▬, ▬ y ▬.
2. El Rey ▬ encaminó la democracia en España. Durante la «Transición» se aprobó ▬.
3. El general que derrocó a Allende se llamaba ▬. En el ▬ de 1988 se votó en su contra.
4. Las dictaduras militares se caracterizaron por crímenes como ▬, ▬, ▬, ▬, ▬, ▬, y ▬.
5. ▬ se transformó en símbolo de la democracia latinoamericana.

La Guerra Civil: caída de Madrid

Acercarse al tema

Fotos → p. 257

Durante la Guerra Civil, Madrid fue el escenario de una batalla sangrienta entre republicanos y nacionales. Empezó en octubre de 1936 y duró hasta el 28 de marzo de 1939 con la rendición de los republicanos. Describe el contraste de las calles de Madrid en 1931 y 1937.

El poema

Poemas → p. 253

B5 Recursos estilísticos → p. 250

OPCIÓN (A) Interpretar un poema a partir de sus imágenes

1 Trabajad en grupos de tres (alumno/-a **A**, **B**, **C**):
A toma nota de los objetos y seres que se nombran, así como de los colores y sonidos que se asocian en los versos 1–12.
B hace lo mismo que **A**, pero con los versos 14–31.
C hace lo mismo que **A**, pero con los versos 32–51.
2 Cada uno hace un dibujo a partir de sus apuntes.
3 Explicaos mutuamente vuestros dibujos.
4 Comparad vuestros apuntes y dibujos.
5 Poneos de acuerdo sobre el tema del poema y explicad el título.

OPCIÓN (B) Analizar un poema

1 Señala los párrafos que tienen un carácter narrativo, apelativo e interrogativo y resumid sus respectivos contenidos.
2 Resume la información sobre la vida del yo lírico en la primera parte del poema.
3 El yo lírico acusa a varias personas. Identifícalas y explica el trasfondo histórico.
4 Indica a quién/es se dirige el poema.
5 Explica con qué recursos estilísticos el poeta describe a España.

Explico algunas cosas

Yo vivía en un barrio
de Madrid, con campanas,
con relojes, con árboles.

Desde allí se veía
el rostro seco de Castilla
como un océano de cuero.
Mi casa era llamada
la casa de las flores, porque por todas partes
estallaban geranios: era
una bella casa
con perros y chiquillos.

[...]
Y una mañana todo estaba ardiendo
y una mañana las hogueras
salían de la tierra
devorando seres,
y desde entonces fuego,
pólvora desde entonces,
y desde entonces sangre.
Bandidos con aviones y con moros,
bandidos con sortijas y duquesas,
bandidos con frailes negros bendiciendo
venían por el cielo a matar niños,
y por las calles la sangre de los niños
corría simplemente, como sangre de niños.

[...]
¡Frente a vosotros he visto la sangre
de España levantarse
para ahogaros en una sola ola
de orgullo y de cuchillos!

Generales
traidores:
mirad mi casa muerta,
mirad España rota:
pero de cada casa muerta sale metal ardiendo
en vez de flores,
pero de cada hueco de España
sale España,
pero de cada niño muerto sale un fusil con ojos,
pero de cada crimen nacen balas
que os hallarán un día el sitio
del corazón.

Preguntaréis ¿por qué su poesía
no nos habla del sueño, de las hojas,
de los grandes volcanes de su país natal?

¡Venid a ver la sangre por las calles,
venid a ver
la sangre por las calles,
venid a ver la sangre
por las calles!

Pablo Neruda: España en el corazón © Ediciones Ercilla, Santiago de Chile 1937

3 **la campana** Glocke 6 **el rostro** la cara 7 **el cuero** Leder 10 **estallar** explotar 12 **el chiquillo** *diminutivo de* el chico 14 **arder** brennen 15 **la hoguera** Scheiterhaufen, Brandherd 17 **devorar a/c / a alg.** etw./jdn. verschlingen 17 **el ser** Wesen, Mensch 19 **la pólvora** Schießpulver 21 **los bandidos con aviones** alusión a los aviones italianos que mandó Mussolini para apoyar a Franco en 1936 21 **los moros** alusión a los marroquíes que apoyaron a Franco 22 **la sortija** Fingerring 22 **el duque, la duquesa** Herzog/in, alusión a la aristocracia que apoyó a Franco 23 **el fraile** Mönch, alusión a la Iglesia Católica que apoyó a Franco 23 **bendecir** segnen 30 **ahogar a alg.** jdn. ertränken 33 **el/la traidor/a** Verräter/in 35 **roto/-a** zerbrochen, kaputt 38 **el hueco** el agujero 40 **el fusil** Gewehr 41 **la bala** Gewehrkugel 42 **hallar a/c** encontrar a/c

Expresión escrita

1 Muchos afirman que con este poema empezó el compromiso político en la poesía de Pablo Neruda. Argumenta por qué se puede calificar este poema como comprometido políticamente.

Info: Pablo Neruda

Pablo Neruda nació en 1904 en Parral, Santiago de Chile. Fue diplomático y poeta. Desde 1934, trabajó como cónsul chileno en Barcelona y Madrid. Allí vivió con su pareja, la argentina Delia del Carril, en su «casa de las flores» donde acogían a amigos y a poetas de la generación del 27. El comienzo de la Guerra Civil marcó el final de aquel periodo y Neruda comenzó a comprometerse políticamente.

Pablo Neruda (12/07/1904–23/09/1973)

La posguerra

Acercarse al tema

Explica qué muestra el mapa.

El texto

Textos narrativos → p. 249

OPCIÓN A Situar a los personajes de un texto literario en el contexto histórico

1. Identifica cuáles son los dos bandos enfrentados durante la Guerra Civil que presenta el texto y determina qué personajes pertenecen a cada uno.
2. Presenta a Paco Cigales.
3. Explica por qué Elena le tiene miedo.

OPCIÓN B Analizar a un personaje de un texto literario

1. Reorganiza los acontecimientos del texto en orden cronológico.
2. Analiza cómo se presenta a Paco.
3. Busca una respuesta a las preguntas: ¿Quiénes eran los buenos? ¿Quiénes los malos? (ll. 63–64)

Elena es una niña de familia republicana. Inmediatamente después de la Guerra Civil, ella reflexiona sobre sus vivencias y sobre lo que le cuentan de los dos bandos enfrentados durante la Guerra Civil. Elena trata de ordenar la información que le parece contradictoria.

Abajo, un poco más abajo de su casa, había un chalet oscuro y triste. Su dueño tenía la mirada fiera y sombría y salía a pasear acompañado siempre de un perro pastor alemán. Iba vestido de negro con la corbata negra también. Solamente su camisa era azul, de un azul marino casi. Tenía además el pelo muy negro entrado en la frente y un espeso bigote. Su nombre era Francisco Mallén, pero le llamaban Paco Cigales.

Elena había oído que, mientras los rojos mandaban en la ciudad, había estado escondido y que luego, cuando entraron en ella los nacionales, fue -y seguía siendo- su ocupación favorita sacar a muchos de paseo: Obligarles a salir de su casa para dejarles muertos en cualquier sitio.

Cuando Elena bajaba la cuesta, lo hacía siempre por la acera de enfrente a la de la casa de Paco Cigales y si en alguna ocasión no le quedaba otro remedio que cruzarse con él, lo hacía con el corazón encogido y procurando pasar desapercibida. No fuese a ser que por algo la cogiese antipatía y luego la pagase con su padre …

Un día le vio en misa de una, arrodillado muy cerca del altar. A Elena le pareció extraño. ¿Cómo casaba esto con lo otro?

Algunos días más tarde fue con su madre de visita a casa de la viuda de Granica, que había sido un buen profesor y una excelente persona según decía mamá. A Don Manuel Granica le habían matado los rojos en una redada que hicieron en la manzana de casas en donde había estado escondido con muchos otros. Se habían organizado allí varios pasadizos entre los pisos en que vivía gente de derechas y así, cuando llegaban a registrar una casa, pasaban a través de ellos de un piso a otro. Pero un día alguien debió dar el soplo y, entrando entonces los milicianos al mismo tiempo por distintos lados, lograron atrapar a todos para llevarles enseguida al paredón.

—Dos días antes de que nos liberaran los nacionales —decía la señora de Granica—. Por sólo dos días le perdí para siempre. ¿Se da usted cuenta de lo que es esto? Y lloraba con desconsuelo.

Aquella tarde se enteró Elena de que en esas casas habían cogido, y matado también, al padre y a un hermano de Paco Cigales y que éste había sido el único que logró librarse de la matanza, porque, aunque estaba en uno de aquellos pisos, en vez de esconderse, había vivido allí disfrazado de mujer. Pasaba por ser la cocinera de una de las familias. Se había afeitado bien el bigote, depilado sus espesas cejas, teñido el pelo de color caoba y pintado los labios. [...]

En casa luego se comentó todo aquello que tanto había impresionado a Elena.

—Según me han contado —dijo papá—, con el pelo rojizo aún, hizo un montón de barbaridades y luego, con él teñido de nuevo en negro, no dejó de hacerlas ... Esta guerra ha sido, y está siendo todavía, algo terrible, Elenina.

Además de tristeza, todas estas cosas producían desconcierto en Elena. ¿Quiénes eran los buenos? ¿Quiénes los malos? En la escuela les habían dicho que Franco era el salvador de España; pero los de Franco habían castigado a su padre y seguían fusilando todavía a muchos.

A partir de entonces veía en su imaginación a Paco Cigales con el pelo caoba, los labios pintados y un delantalito de cocinera.

Mercedes Neuschäfer Carlón: La primavera no reía © Ediciones Madú, Granada-Siero 2005

1 **republicano/-a** *aquí* de izquierdas 5 **fiero/-a** grimmig 6 **sombrío/-a** düster 10 **la frente** Stirn 10 **el bigote** Schnurrbart 13 **mandar** *aquí* tener el poder 19 **bajar la cuesta** den Hang hinuntergehen 20 **la acera** Gehweg 21 **no quedar otro remedio** nichts anderes übrig bleiben 22 **con el corazón encogido** voller Angst, mit angstvollem Herzen 23 **desapercibido/-a** unbemerkt 23 **No fuese a ser que** Damit bloß nicht 25 **la pagase con su padre** den Vater büßen lassen 26 **la misa de una** Gottesdienst um ein Uhr 26 **arrodillado/-a** knieend 27 **¿Cómo casa esto con lo otro?** Wie passt das zusammen? 33 **la redada** Razzia 33 **la manzana de casas** Häuserblock 35 **el pasadizo** Durchgang 39 **dar el soplo** einen Hinweis geben, etw. verraten 39 **el miliciano** *hier* Angehöriger der republikanischen Miliz 41 **atrapar a alg.** jdn. fangen 41 **el paredón** Wand, an die jmd. gestellt und erschossen wird 45 **con desconsuelo** untröstlich 49 **la matanza** Gemetzel 51 **disfrazado/-a** verkleidet 53 **depilarse** Haare entfernen 53 **las cejas** Augenbrauen 53 **teñir a/c** etw. färben 54 **el color caoba** rotbraun 63 el **desconcierto** Verwirrung 65 **el salvador** Retter 66 **castigar a alg.** jdn. bestrafen 66 **fusilar a alg.** ejecutar a alg. 70 **el delantalito** kleine Schürze

Expresión escrita

1 Elena escribe en su diario sobre el miedo que siente por vivir rodeada de víctimas. Redacta la entrada y tematiza también por qué no tiene claro quiénes son «los buenos» y quiénes, «los malos».

Redactar textos creativos → p. 245

Expresión oral

2 Ya de adulta, Elena le explica a un/a amigo/-a el miedo que sentía de niña y cómo logró superarlo enfocándose en el contenido de la última frase (ll. 68–70). Presentad el diálogo en clase.

Las 13 rosas: la imagen

Acercarse al tema

1 Mira la foto y expresa espontáneamente lo que asocias con ella.

2 Lee la sinopsis de la película y explica con tus palabras quiénes fueron «las trece rosas».

Las 13 rosas: sinopsis de la película

1º de abril de 1939. Con la entrada en Madrid de las tropas de Franco, termina la Guerra Civil española. Temiendo la sangrienta represión que se avecinaba, muchos republicanos huyen del país, pero otros no pueden o no quieren. Como las jóvenes muchachas de esta historia real. Franco promete que solamente serán castigados los que tengan las manos manchadas de sangre. Y ninguna de esas chicas las tiene. Como Carmen, por ejemplo, de 16 años, que militaba en las Juventudes Socialistas pero nunca tuvo un arma. Y el caso de Blanca Brisac, hija de un judío francés, es más evidente todavía. Es católica, votante de la derecha, madre de un hijo y ha acudido a ayudar económicamente a un músico, militante comunista, compañero de orquesta de su marido.

Las detuvieron al mes de acabar la guerra y finalmente fueron trasladadas a la cárcel de Ventas. A las trece detenidas las acusan de ayuda a la rebelión y de haber planeado un atentado contra Franco, un atentado irreal. Todo sin pruebas. Ellas y sus familiares estaban tranquilos, a lo máximo les caerían unos años de cárcel. Pero unos días antes de que se celebre el juicio, se produce un atentado contra un militar franquista. Nada tienen que ver con ello las 13 jóvenes. Pero se fragua una venganza y el Tribunal Militar las condena a muerte.

3 **sangriento/-a** blutig 8 **castigar a alg.** jdn. bestrafen 9 **manchado/-a** befleckt 18 **detener a alg.** jdn. festnehmen 19 **trasladar a alg.** jdn. verlegen 19 **la cárcel de Ventas** ehem. Frauengefängnis in Madrid 20 **acusar a alg.** jdn. beschuldigen 25 **celebrar un juicio** eine Gerichtsverhandlung durchführen 27 **fraguarse una venganza** Rache schmieden 28 **condenar a alg. a muerte** jdn. zum Tode verurteilen

Vídeo

La película

Películas → p. 256

OPCIÓN A Identificar a los personajes a través de la imagen

1 Mira una vez la escena de la película sin sonido y formula hipótesis sobre el argumento.

2 Indica quiénes son «los buenos», quiénes «los malos» y quiénes parecen ser los protagonistas. Indica qué recursos fílmicos utiliza el director para diferenciarlos.

3 Vuelve a mirar la escena sin sonido una o dos veces más e imagina los diálogos.

4 Mira la escena con sonido y compárala con tus hipótesis de 1, 2 y 3.

OPCIÓN B Ponerse en el lugar de los personajes de una película

1 Mira una vez la escena de la película y resume el argumento.

2 Trabajad en grupos: volved a ver la escena varias veces. Cada uno elige a un personaje y se pone en su lugar describiendo sus reacciones e imaginando sus sentimientos y emociones.

3 Formulad en el grupo vuestras ideas de la tarea 2 en primera persona.

Las 13 rosas: el sonido

Acercarse al tema

Vídeo

1a Cierra los ojos y escucha solamente en qué orden aparecen los siguientes efectos sonoros en esta escena.

suena un timbre	se abre una puerta	se abre un cajón	se dan pasos

1b Vuelve a escuchar la escena sin verla. Esta vez, concéntrate solo en la música y determina si cambia o desaparece con los efectos sonoros de 1a o no. ¿Qué ambiente transmite la música? Justifica tu respuesta.

La película

Vídeo

Películas → p. 256

OPCIÓN A Imaginar una escena a través del oído

1 Escucha la escena dos o tres veces con los ojos cerrados. Imagina dónde tendrá lugar.
2 Intenta deducir cuántas personas hablan y quiénes son. Imagina cómo serán: edad, físico y carácter.
3 Explica el papel que desempeña la joven, una de las futuras «13 rosas», en esta escena.

OPCIÓN B Situar una escena en el argumento de una película

1 Mira la escena y describe la relación que hay entre los personajes.
2 Lee la sinopsis de la película (p. 170) y localiza la frase que se corresponde con esta escena.
3 Explica la importancia que tiene lo sucedido en esta escena para el destino de la joven.

¡Alerta! ¡Atención! • **el/la enemigo/-a** Feind/in • **escapar** huir • **la obligación** el deber • **denunciar a alg.** jdn. anzeigen • **esconderse** sich verstecken • **callar** no decir nada • **responder ante la justicia** *etwa* sich vor Gericht verantworten müssen • **el/la encubridor/a de los enemigos de la patria** Helfer/in der Staatsfeinde • **el/la suegro/-a** Schwiegervater/-mutter • **el/la cuñado/-a** Schwager, Schwägerin • **bolchevique** *adj.* comunista

Expresión escrita

1 Resume lo que has escuchado o visto. Luego inventa cómo sigue la historia de Blanca, la joven que aparece en la escena, basándote en los siguientes fotogramas:

Redactar textos creativos → p. 245

Las 13 rosas: de la novela a la película

Acercarse al tema

Discutid lo que preferís: ¿ver una película o leer un libro? Comparad las ventajas y las posibilidades que ofrece cada medio.

Vídeo

El texto y la película

Películas → p. 256

OPCIÓN A Crear el guion y la escenificación de un texto literario

1a Formad grupos. Después de leer el texto, divididlo en posibles escenas.

1b Resumid el argumento de cada escena y haced una lista con personajes y lugares.

2 Transformad el texto en un guion teniendo en cuenta qué detalles del texto literario (no) deberían estar reflejados en la película y qué elementos queréis añadir.

3 Imaginad los recursos fílmicos para escenificar el guion: miradas, gestos, movimientos, iluminación, planos de cámara, lugares, música ...

4 Presentad vuestro guion en clase.

5 Mirad la versión cinematográfica y comparadla con vuestra interpretación.

OPCIÓN B Comparar un texto literario con su versión cinematográfica

1 Concentrándote en el argumento, divide la escena de la película en sus diferentes tomas. Los términos de abajo pueden ayudarte.

2a Localiza cada toma de la película en el extracto literario y anota tus resultados en una tabla.

2b Indica qué párrafos del texto literario se transmiten en la película mediante recursos típicamente fílmicos.

3 Resume y comenta las diferencias que hay entre la película y el texto literario.

4 Comenta cuál de las dos versiones te impresiona más: la literaria o la cinematográfica. Justifica tu respuesta.

el/la juez/a Richter/in • **rebajar** verringern • **el consejo de guerra** Militärgericht • **el pañuelo** (Hals-/Taschen-) Tuch • **el/la procesado/-a** Angeklagte/r • **la circunstancia agravante** erschwerender Umstand • **solicitar la pena de muerte** die Todesstrafe beantragen • **el/la fiscal** Staatsanwalt/-anwältin • **el/la defensor/a** Verteidiger/in • **la evidencia de las pruebas** die Offensichtlichkeit der Beweise • **apreciar** (ein-)schätzen, taxieren • **la sesión secreta** geheime Sitzung

La mañana del 2 de agosto, una celadora la llamó [a Julia] «a jueces», una expresión que daba cuenta de la presencia en la cárcel del juez instructor para comunicarle la celebración de la vista oral, que invariablemente tenía lugar al día siguiente, los cargos de que era acusada y la petición del fiscal. Tras Julia fueron llamadas sus amigas [...]. Quince muchachas cuyo destino había sido unido a una misma causa. [...]

La noticia corrió por la prisión de boca en boca. ¡A las menores, les piden la «pepa»! Nunca hasta entonces una causa había incluido tal número de mujeres, ni habían sido tantas las peticiones de muerte. El revuelo inicial dio paso a los preparativos para la vista oral.

Llamado a jueces

Las presas de la «familia», con las que se compartía el espacio vital, los petates y los escasos alimentos que algunas recibían desde el exterior, se encargaban

1 **el/la celador/a** Wärter/in 3 **la cárcel** Gefängnis 3 **el/la juez/a instructor/a** Untersuchungsrichter/in 4 **la celebración de la vista oral** die Durchführung der gerichtlichen Anhörung 4 **invariablemente** unveränderlich 5 **el cargo** *hier* Anklagepunkt 6 **la petición** *hier* Forderung 6 **el/la fiscal** Staatsanwalt/-anwältin 6 **tras** después de 10 **pedirle a alg. «la pepa»** *aquí* pedirle a alg. la pena de muerte 11 **la causa** *hier* der Fall 13 **el revuelo** Unruhe 13 **inicial** del principio 15 **el/la preso/-a** la persona que está en la cárcel 16 **el petate** un mueble miserable para dormir 16 **escaso/-a** spärlich 17 **encargarse de a/c** für etw. sorgen

de que la compañera que iba a ser juzgada dispusiera de las mejores ropas. Un vestido, unos zapatos y medias. Era una manera de recuperar la dignidad exterior que les había sido arrebatada por meses de privaciones y sufrimientos. [...]

A las nueve y media de la mañana de aquel jueves 3 de agosto, mientras las quince muchachas de Ventas eran trasladadas en camión hasta el Palacio de Justicia, tenía lugar en la Iglesia de Jesús, situada en la plaza del mismo nombre, una misa por eterno descanso del alma del comandante don Isaac Gabaldón Irurzun y su conductor, don José Luis Díez Madrigal, «que murieron por Dios y por España el día 29 de julio del año actual», según rezaba una esquela publicada en el diario Arriba. [...]

Traslado al Palacio de Justicia

Permanecieron encerradas en los calabozos ubicados en los sótanos de las Salesas –hombres por un lado y mujeres por otro– mientras las llamaban a sala. Llegado el momento subieron esposadas de dos en dos, y al llegar al enorme vestíbulo desde el que se accedía a los numerosos tribunales tuvieron la impresión de estar en un mercado callejero por el bullicio de voces y saludos, de miradas al acecho de caras familiares. [...]

Los acusados, cincuenta y ocho en este caso, conocían entonces a su abogado defensor, con el que hasta ese momento habían intercambiado ni una palabra, ni la cruzarían entonces, y cuyo conocimiento de la causa se limitaba a una discreta ojeada.

Una de las acusadas

A fin de cuentas todas las causas eran iguales, y su papel se limitaba a solicitar para los inculpados la misma pena que el fiscal, aunque rebajada en un grado. Si el ministerio público reclamaba pena de muerte, él pedía treinta años de reclusión, y si era ésta la petición fiscal, él la rebajaba a veinte, y así sucesivamente.

Sonó la campanilla del ujier y se hizo en la sala un silencio solemne que presagiaba la entrada del tribunal [...]. Cuando todos hubieron tomado asiento, el presidente declaró constituido el consejo de guerra [...], y leyó los nombres de todos los acusados. Tomó entonces la palabra el señor fiscal, que tras el obligado preámbulo sobre los peligros que acechaban a la patria y los peligros

El fiscal

del comunismo, fue desgranando las acusaciones que formulaba contra cada uno de los allí presentes. [...] ►

20 **recuperar a/c** etw. wiedererlangen 20 **la dignidad** Würde 21 **arrebatar a/c** etw. entreißen 22 **la privación** Entbehrung 25 **trasladar** verlegen 31 **rezar** *hier* lauten 32 **la esquela** *hier* Todesanzeige 33 **permanecer** bleiben 33 **el calabozo** Kerker 33 **ubicar** localizar 34 **el sótano** la planta baja de un edificio 34 **las Salesas** una orden de monjas 36 **esposar** Handschellen anlegen 37 **el vestíbulo** Vorraum 38 **acceder** Zutritt haben 40 **el bullicio** Unruhe, Tumult 40 **al acecho** auf der Lauer 43 **el/la abogado/-a defensor/a** Verteidiger/in 46 **la causa** Rechtssache, Verfahren, Prozess 46 **la discreta ojeada** flüchtiger Blick 48 **solicitar a/c** etw. beantragen 48 **el/la inculpado/-a** Beschuldigte/r 50 **reclamar pena de muerte** die Todesstrafe verlangen 51 **la reclusión** Gefängnisstrafe 55 **solemne** feierlich 55 **presagiar a/c** etw. vorhersagen, vorausdeuten 57 **constituir el consejo de guerra** das Militärgericht bilden 60 **el preámbulo** Vorwort 61 **acechar** lauern 62 **desgranar a/c** decir una cosa después de la otra

La arenga del fiscal concluyó con un alegato en el que acusaba a todos los procesados de ser responsables de un delito de adhesión a la rebelión, previsto y penado en el artículo 238 del Código de Justicia Militar, con la agravante de la «trascendencia de los hechos y peligrosidad».

En su turno de palabra, el defensor [...] solicitó que se estudiara atentamente la actuación de cada uno de los procesados porque muchos de ellos no eran autores de los delitos de que se les acusaba, sino tan sólo cómplices.

Sin tiempo para más, el presidente [...] declaró constituido el consejo en sesión secreta para deliberar y dictar sentencia.

El defensor

El presidente del consejo de guerra

No se sabe el tiempo que se prolongaba la misma, pero sí que no debió de ser mucho, porque el fallo fue redactado el mismo día, declarando probadas todas y cada una de las acusaciones del fiscal [...]. [...] «fallamos que debemos condenar y condenamos a cada uno de los procesados a la pena de MUERTE [...]».

Sólo Julia Vellisca eludió la pena capital. [...] Fue la única concesión a la defensa.

La farsa había terminado. La efímera vida de las Trece Rosas se consumía.

Carlos Fonseca: Trece rosas rojas © Ediciones Temas de Hoy S. A., Madrid 2004

65 **la arenga** Ansprache 65 **el alegato** Plädoyer 67 **la adhesión** Anschluss, Beitritt 69 **la agravante** erschwerender Umstand 69 **la trascendencia de los hechos** die Tragweite der Taten 76 **declarar constituido el consejo** erklären, dass der Rat beschlussfähig ist 77 **deliberar y dictar sentencia** über das Urteil beraten und es fällen 80 **el fallo** Urteil 83 **condenar a alg. a la pena de muerte** jdm. zum Tode verurteilen 86 **eludir la pena capital** der Todesstrafe entgehen 87 **la concesión** Bewilligung, Entgegenkommen 88 **la farsa** Farce, *fig.* Komödie 88 **efímero/-a** corto/-a 89 **consumirse** *aquí* terminarse

Expresión oral

Fotos → p. 257

1 Elige uno de los fotogramas y preséntalo en unos dos minutos: primero describe el fotograma y sitúalo en el argumento de la escena de la película que acabas de ver. Después, elige a uno de los personajes de la foto e imagina lo que está pensando.

Punto final

Expresión escrita

2a Trabajad en parejas (**A**, **B**):

A se pone en el lugar de un/a periodista del bando franquista.
B se pone en el lugar de un/a periodista del bando antifranquista.
Ambos tenéis que redactar un breve informe después de haber asistido al juicio. Para ello, cada uno/-a toma apuntes sobre:

- los hechos que quiere poner en evidencia y los que quiere callar
- el tono que piensa que tiene que tener su informe
- los lectores y sus expectativas.

2b Redactad vuestros respectivos informes.

2c Comparad vuestros informes y comentad las diferencias (estilo, perspectiva, valoraciones ...).

El Franquismo y la mujer

Acercarse al tema

Durante el Franquismo, las mujeres que hacían el Servicio Social recibían una «Guía de la buena esposa». Imagina qué consejos recibirían allí.

El texto

OPCIÓN Ⓐ Definir los roles de marido y mujer a partir de imágenes y títulos

1 Describe a las mujeres basándote en las imágenes (apariencia, mimica, postura, actividades) y en los títulos de las reglas.
2 Describe al marido de la regla 9 e imagina cómo se lo presentaría en las demás reglas.
3 Compara los roles de marido y mujer y formula una definición de un «buen matrimonio» según la «Guía de la buena esposa».

OPCIÓN Ⓑ Comparar los roles de ambos sexos en los años 50 y en la época actual

1 Resume el mensaje de las reglas e indica los ámbitos de la vida conyugal a los que se refieren.
2 Comenta los objetivos de una «buena esposa» según estas reglas.
3 Compara el ideal de un «buen matrimonio» según esta guía con el ideal de una relación igualitaria en la España de hoy.

Fotos → p. 257

B3 Presentar un tema → p. 240

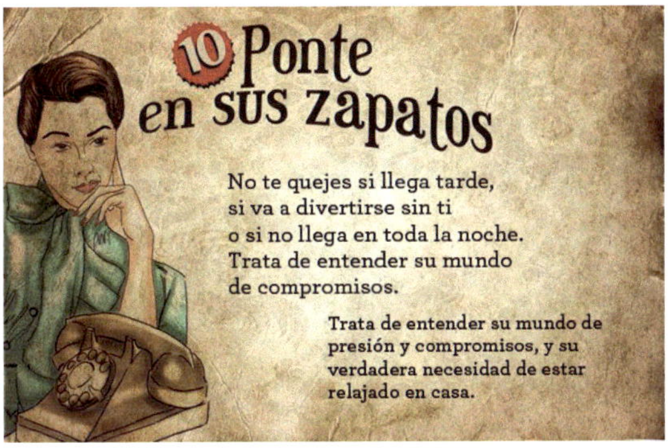

Pilar Primo de Rivera: Guía de la buena esposa © Sección Femenina, 1953

№ 9 **la docena** Dutzend № 10 **ponerse en los zapatos de alg.** imaginar e intentar entender la situación de alg. № 10 **el compromiso** Verpflichtung

Expresión escrita

1 Imagina a una mujer rebelde que se opone al papel que le dictan en la «Guía de la buena esposa» y formula lo que contestaría a cada una de las reglas.

Redactar textos creativos → p. 245

Un largo silencio

Acercarse al tema

Reunid ideas: ¿qué dificultades crees que habrá tenido un político franquista al tener una pareja del bando «rojo»?

El texto

Textos narrativos → p. 249

OPCIÓN A Ponerse en el lugar de un personaje literario

1 Trabajad en parejas: **A** presenta a Feda y **B**, a Simón. Luego describid la relación que tienen.
2 Ponte en la situación de Feda o Simón respectivamente. Expresa tus sentimientos y explica por qué te sientes así.
3 Formula tu opinión sobre el comportamiento de uno de los personajes.

OPCIÓN B Interpretar un texto desde la perspectiva de un personaje literario

1 Describe la relación entre Feda y Simón durante y después de la guerra.
2 Interpreta la carta de Simón desde la perspectiva de Feda.
3 Comenta la reacción de Feda después de leer la carta.

Después de la Guerra Civil en España, la joven Feda busca a su novio, Simón. Él se había ido con el ejército de Franco y ella no ha tenido noticias de él desde hace mucho tiempo. Feda le pide ayuda a Rosa, su amiga.

—¿Sabes algo de Simón?

La pregunta de Feda la sorprende [a Rosa].

—Pues ... no, la verdad es que no. ¿Tú tampoco?

—No, bueno, sí, algo. Se fue con el ejército de Franco. Y hoy me han dicho que está en Madrid con su madre. ¿De verdad que no sabes nada?

—De verdad que no, Fedita. Sólo hace quince días que llegamos, y casi no he salido. [...] Pero me enteraré, claro que me enteraré, no te preocupes.

Un par de días después, Rosa aparecerá en casa [...].

—Tengo noticias. Es verdad que está en Madrid, con un cargo, en Justicia, creo.

—¿Me has conseguido la dirección?

—No exactamente ... Bueno, sí, me la han dado, pero me han hecho jurar que no te la pasaría. —La cara de Feda languidecerá—. No te preocupes, Fedita, le he escrito yo por ti. Le he mandado una carta felicitándolo por lo de su nombramiento y, de paso, le he contado que te había visto y que se te había muerto tu padre y que, por favor, te escribiera aquí.

Feda se comerá a besos a su amiga. Durante un rato hablarán del futuro [...].

Un mes después, Feda recibirá una carta sin remite, pero con matasellos de Madrid. La abrirá temblorosa, rompiendo el sobre que se resiste a sus dedos.

Mi querida Feda:

A mí mismo me resulta extraño escribir ese nombre, después de tanto tiempo. Y, sin embargo, ¡cuántas veces lo habré susurrado en las noches después de los combates, Feda, Fedita [...] sólo quería que la guerra terminase pronto para volver a estar a tu lado, amándote. Pero las cosas han cambiado tanto, mi niña ... Ahora, quizá ya lo sabes, tengo un cargo importante. He empezado una carrera política en la que estoy seguro llegaré lejos. Me gusta. Creo en esto. En las ideas por las que hemos hecho la guerra y en mí mismo. [...]

Tienes que entender que ahora debo cuidar mucho las cosas. No puedo volver contigo. Eso sería cavar mi propia fosa. [...] Así pues, me veo obligado a renunciar a ti. [...] Hay que elegir. Yo ya he hecho mi elección, y por muy dolorosa que sea, seguiré adelante. Y eso mismo es lo que tienes que hacer tú. Piensa en tu futuro, organízalo. Trata de alejarte todo lo que puedas de los tuyos. Te lo digo por tu propio bien: las cosas no van a ser fáciles para los que están marcados por sus ideas. A ti nunca te ha importado la política, y así es como debe ser. Pero mientras sigas pegada a tus madre y tus hermanas, los demás no pensarán eso de ti. [...] Empieza a ir a la iglesia. Que te vean allí todos los domingos. Busca apoyo en un confesor. E intenta encontrar un buen marido, un hombre como es debido que cuide de ti y te trate como a una reina. Eso es lo que mereces, mi Feda querida, y eso es lo que te desea con toda la nostalgia del mundo tu

SIMÓN

P.D.: [...] Puedo hacerte llegar algo de dinero si lo necesitas. Házmelo saber a través de Rosa Dindurra.

Impasible, callada, Feda se guardará la carta en el bolsillo de su chaqueta, caminará hasta la playa y se sentará sobre la arena húmeda [...]. Feda sacará entonces la carta de su bolsillo y la romperá despacio en trozos cada vez más pequeños. [...] Después se dará la vuelta, con la cabeza muy alta, muy firme, y caminará de regreso a casa, empapada y rodeada de luz.

Ángeles Caso: Un largo silencio

2 **el ejército** Armee 11 **enterarse de a/c** etw. herausfinden 16 **el cargo** el empleo 19 **jurar a/c** etw. schwören 20 **languidecer** *hier* traurig werden 26 **comerse a besos a alg.** besar muchas veces a alg. de alegría 28 **el remite** Absender 29 **con matasellos de** abgestempelt in 29 **tembloroso/-a** zitternd 35 **susurrar** flüstern 36 **el combate** Schlacht 46 **cavar la propia fosa** sich das eigene Grab schaufeln 52 **los que están marcados por sus ideas** *aquí* los que están en contra de Franco 55 **seguir pegado/-a a alg.** bei jdm. bleiben 65 **impasible** ungerührt, versteinert

Expresión oral

1 Feda le cuenta el contenido de la carta a su hermana expresando sus emociones y su opinión sobre Simón. Esta la consuela y apoya. En parejas, preparad el diálogo y luego representadlo.

Cuadros → p. 257

2a Joan Miró (1893–1983), artista catalán, pintó el tríptico[1] «La esperanza del condenado a muerte» en 1974 para conmemorar a una víctima del Franquismo. Describe la obra.

1 **el tríptico** el cuadro compuesto de tres partes

2b Analiza el tríptico:
- ¿Qué expresa o simboliza para ti?
- ¿Qué efecto produce en ti?

2c Comenta si te gusta este tipo de arte y explica por qué (no).

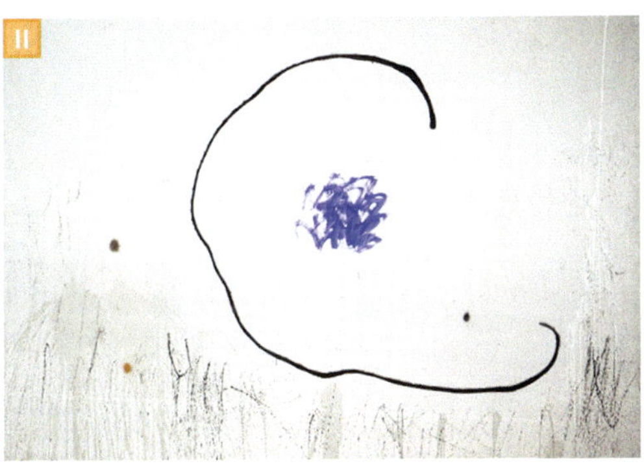

Juan Carlos I y la Transición

Acercarse al tema

Mapa mental → p. 261

Haz un mapa mental con lo que sepas sobre el Rey Juan Carlos de España y su familia.

El texto

Entrevistas → p. 255

OPCIÓN (A) Hacer una lectura selectiva

1 Resume lo que dice el Rey sobre ...
- la necesidad de encaminar la Transición a la democracia poco a poco.
- el hecho de que el primer presidente de España después del franquismo fuera un ex-franquista.
- la importancia del pueblo español durante la Transición.

OPCIÓN (B) Explicar y comparar etapas históricas

1 Describe el papel que desempeñó el Rey durante la Transición en España.

2 Explica las características de la Transición.

3a En grupos, informaos sobre la historia de Alemania después de la caída del Tercer Reich.

3b Comparad vuestros resultados de 3a con algunos hechos significativos de la Transición española.

ENTREVISTA

La figura del Rey Juan Carlos I fue esencial para encaminar el retorno a la democracia en España. Al morir Franco, el 20 de noviembre de 1975, Juan Carlos de Borbón fue proclamado Rey de España. Para poder implementar una democracia, el Rey tuvo que colaborar con políticos franquistas. Sin embargo, poco a poco fue sustituyéndolos por demócratas que apoyaban sus intenciones. Así fue como logró llevar al país a la democracia y, en 1977, a las primeras elecciones democráticas después de Franco. En esta entrevista, el Rey rememora su papel en la Transición.

Sé que Vuestra Majestad estaba muy molesto por tener que jurar ante las Cortes el mantenimiento de los principios del Movimiento • Sí, porque sabía que incluso si juraba mantenerlos, los principios del franquismo no podían seguir vigentes, pues ello equivalía a admitir que el régimen precedente seguía en su lugar. Pero Torcuato, sin perder la calma, me decía: «Vuestra Alteza no debe preocuparse. Jurad los principios del Movimiento, que más tarde los iremos cambiando legalmente uno tras otro.» Su frase favorita era: «Hay que ir de la ley a la ley.» Y así fue como se hizo. Finalmente, todo el mundo, incluso los más encarnizados defensores del régimen franquista, comprendieron que, muerto Franco, las cosas no podían seguir como estaban. [...]

Resulta increíble que el paso de una dictadura a una monarquía constitucional y democrática se haya hecho sin sobresaltos, de una manera tan fluida, tan serena. Parece un milagro. • El milagro era poder

Coronación del Rey Juan Carlos I (22/11/1975)

contar con el pueblo español, que en su gran mayoría nos dio su confianza, a la espera de lo que, gracias a Dios, le hemos podido dar. *Don Juan Carlos duda un instante antes de añadir:* No creo que en ningún país del mundo haya habido un rey a quien se le haya dado la posibilidad de hacer lo que yo hice. [...]

¿Por qué la elección de Suárez? • Porque era un hombre joven y moderno. Porque procedía del franquismo y porque no se le podía hacer sospechoso de pretender cambios demasiado radicales, inaceptables para ciertos sectores de nuestra sociedad. Adolfo, como todos los españoles que desempeñaron funciones públicas en esos años, había hecho su carrera en el seno del franquismo. [...] Pero, como vuelvo a repetir, era joven, moderno y suficientemente ambicioso como para desear ser el hombre capaz de afrontar los momentos que vivíamos. Adolfo Suárez, el franquista, logró convencer a los antifranquistas de que depositaran en él su confianza para poner el cambio en marcha. Su éxito superó todas las expectativas. Pero no olvidemos que detrás de él, detrás de nosotros, estaba el pueblo español entero, que ante todo aspiraba a la paz. Creo que la gente, dejando a un lado las ideologías, se dijo: «Vamos a ver si la cosa es posible al menos durante algún tiempo.»

1 **encaminar a/c** den Weg bereiten 10 **jurar** schwören 10 **las Cortes** spanisches Parlament 11 **el Movimiento** el Movimiento Nacional Franquista (1936–1975) 13 **vigente** gültig 14 **equivaler a** significar a/c 16 **Torcuato Fernández Miranda Hevia** consejero político de Juan Carlos I 17 **Vuestra Alteza** Eure Hoheit 24 **encarnizado/-a** eingefleischt 25 **el/la defensor/a** *hier* Verfechter/in 31 **el sobresalto** *hier* Unruhe 31 **fluido/-a** fließend 32 **sereno/-a** tranquilo/-a 39 **Adolfo Suárez** primer presidente constitucional en España después de la dictadura de Franco (1976–1981) 40 **proceder de a/c** aus etw. stammen 41 **el/la sospechoso/-a** Verdächtige/r 44 **desempeñar a/c** *aquí* trabajar en a/c 46 **en el seno de** *lit.* en 48 **ambicioso/-a** ehrgeizig 49 **afrontar a/c** sich etw. stellen 51 **depositar a/c** *aquí* poner a/c

Comprensión auditiva

1a Escucha un fragmento del discurso que Juan Carlos pronunció al ser coronado Rey de España y apunta lo que dice sobre Franco, el futuro de España y la justicia.

1b Relaciona tus apuntes con lo que acabas de leer en la entrevista al Rey.

19

Comprensión auditiva → p. 239

Expresión oral

2 Trabajad en parejas: describios mutuamente el cómic. Luego interpretadlo teniendo en cuenta los resultados de vuestro trabajo con la entrevista.

Cómics → p. 258

© Eneko, 2012

Competencia intercultural

3 España sigue siendo una monarquía parlamentaria. Informaos sobre este sistema de gobierno, los partidos políticos más importantes y el rol del Rey. Comparadlo con la República Federal de Alemania.

Panorama político de España → p. 266

Los niños robados del Franquismo

Acercarse al tema

Unos 30 000 hijos de republicanos fueron entregados ilegalmente en adopción durante el Franquismo para liberarlos de la «influencia izquierdista» de sus padres. ¿Cómo crees que España está actuando para reparar a las víctimas[1] y a sus familiares?

1 **reparar a las víctimas** den Opfern Wiedergutmachung leisten

El texto

Textos informativos → p. 255

B1 Hacer un resumen → p. 242

OPCIÓN (A) Extraer la información de un artículo periodístico

1. Presenta las vivencias personales de Mar.
2. Explica lo que pasó con muchos niños durante el Franquismo según la información que se da en el artículo.
3. Expón el estado actual de la investigación sobre los niños robados y desaparecidos.

OPCIÓN (B) Analizar un artículo periodístico

1. Apunta las palabras clave de cada párrafo y haz un resumen del texto.
2. Analiza cómo el autor presenta el tema «robo de niños.»
3. Comenta la última frase del texto: « ... los casos de niños desaparecidos son crímenes contra la humanidad que no prescriben» (ll. 62–64).

«A mi hermana nos la robaron en el Franquismo»

Mar Soriano tiene una hermana que adora y comparte con ella todos los rincones de su mente. Pero no la conoce, nunca la ha visto.

«Siempre sueño con nuestro encuentro, con que podamos ser amigas a pesar de esto tan horrible que nos ha pasado», le comenta a BBC Mundo. Es uno de los numerosos casos de niños supuestamente robados en España durante el gobierno de Francisco Franco. A los 260 casos que la Asociación Nacional de Afectados por Adopciones Irregulares (ANADIR) presentó a la Fiscalía General del Estado para su investigación a finales de enero, se acaban de sumar otros 600.

Más desaparecidos que en Chile y Argentina

«Lo increíble es que cuando se dio el paso a la democracia no se crearon los organismos, las comisiones de búsqueda, los tribunales, las bases de datos genéticas. Cuando un país da un paso adelante intenta reparar a sus víctimas», le dijo a BBC Mundo el investigador de Derecho Penal Internacional, Miguel Ángel Rodríguez.

«España es el segundo país del mundo con más fosas clandestinas después de Camboya, unas 150 000. Hay más desaparecidos en Andalucía que en Chile y Argentina juntos», detalló. Rodríguez es el autor de las primeras investigaciones jurídicas que abordan las desapariciones del Franquismo como crímenes contra la humanidad. También es el autor de «El caso de los niños perdidos del Franquismo». Ahora salió a la luz que, desde los comienzos del Franquismo, en las clínicas y hospitales habrían funcionado redes que arrebataban y luego vendían a los niños, primero de familias republicanas y, más adelante, de manera indiscriminada. Así fue como desapareció Beatriz, la hermana de Mar.

«Fue en 1964, después del parto, en la clínica O' Donnell de Madrid. A mis padres les dijeron que mi hermana había muerto de otitis. ¿Quién se muere de otitis? No les dejaron ver el cuerpo, les dijeron que ya había sido enterrado en una fosa común», detalla Mar. Desde entonces Beatriz, su hermana, se convirtió en un fantasma que no la abandona.

Mar guardó el recuerdo en un baúl con llave hasta que en 1997, en un pueblo alpino de Alemania, un desconocido aseguraba que tenía que ser de una familia alemana que él conocía. «El hombre seguía insistiendo, dando detalles y, de repente, pensé en mi hermana. Yo la tenía guardada en un baúl y él me dio la llave», susurra la mujer.

«Creamos la Plataforma de niños robados del Franquismo y presentamos los casos ante la Audiencia Nacional para su investigación. No nos hacen caso, pretenden que olvidemos. El Estado tendría que investigar este tema y no lo que está ocurriendo, que las familias tengan que sufragar las búsquedas», subraya.

Mar intentó contactar con el hombre que la abordó en Alemania pero se topó con una pared. «Le hice saber (la historia de mi hermana) a través de un intermediario y me respondió que dejara esta búsqueda, que si continuaba no tenía ética ni moral, que era una robafamilias. No he vuelto a saber de él», detalla.

Rodríguez insiste en que los casos de niños desaparecidos son crímenes contra la humanidad que no prescriben.

3 **adorar a alg.** jdn. anbeten, verehren 4 **el rincón** Winkel 6 **supuestamente** vermutlich 8 **la Fiscalía General del Estado** Generalstaatsanwaltschaft 13 **los tribunales** *aquí* organismos que juzgan los crímenes cometidos durante la dictadura 13 **la base de datos** Datenbank 15 **reparar a las víctimas** den Opfern Wiedergutmachung leisten 16 **el Derecho Penal Internacional** Internationales Strafrecht 19 **la fosa clandestina** geheimes Massengrab 23 **abordar a/c** *hier* etw. aufgreifen 28 **la red** Netzwerk 29 **arrebatarle a alg. a/c** jdm. etw. entreißen 33 **el parto** Entbindung, Geburt 35 **la otitis** Mittelohrentzündung 38 **la fosa común** Massengrab 41 **el baúl** Truhe 49 **la Audiencia Nacional** *etwa* Bundesgerichtshof 53 **sufragar a/c** pagar a/c 56 **abordar a alg.** *hier* sich jdm. nähern 56 **toparse con a/c** auf/gegen etw. stoßen 60 **el/la robafamilias** *etwa* Person, die eine Familie zerstört 64 **prescribir** verjähren

Expresión oral

Examen oral

1a Coméntale a tu compañero/-a una de las estadísticas sobre niños desaparecidos.

Estadísticas → p. 259

¿Ha oído hablar del robo de niños durante el Franquismo?

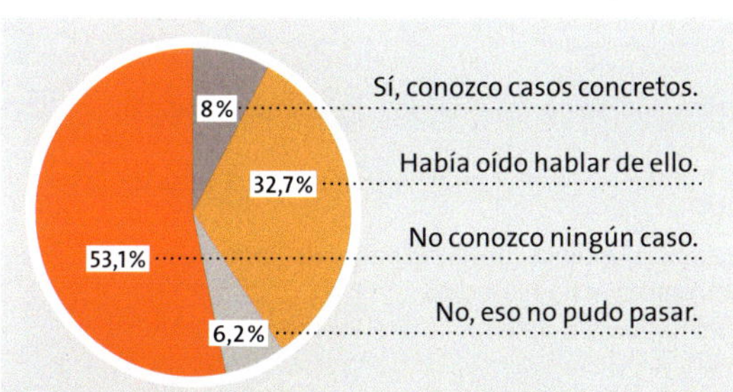

Ciudades con más denuncias presentadas ante la fiscalía

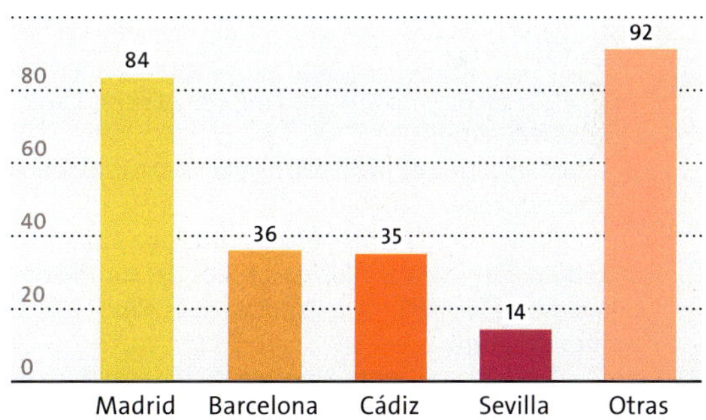

Fuente: El País, 2011

1b Discutid en clase: ¿por qué hay que recordar la época del Franquismo? Para ello, tened en cuenta la importancia:

- para las víctimas y sus familiares
- para la sociedad actual

La discusión → p. 240

Expresión escrita

Punto final

2 Eres miembro de una organización que lucha por los derechos humanos. Escribe una carta a la Audiencia Nacional de España[1] presentando el caso de Mar y reivindicando su investigación.

Escribir una carta → p. 246

1 **la Audiencia Nacional de España** *etwa* Bundesgerichtshof

Recuperar la memoria

Acercarse al tema

La Guerra Civil Española duró desde 1936 hasta 1939. Después de tantos años, ¿cómo crees que se puede mantener despierta la memoria histórica?

El texto

Comentarios → p. 255

OPCIÓN (A) Reflexionar sobre el compromiso de una persona retratada en un blog

1 Presenta la información que da el texto sobre:
- el niño que hizo el hallazgo
- Ignacio
- los familiares de Ignacio

2 Expón el compromiso de la madre del niño que hizo el hallazgo.

3 Comenta la frase: «El hallazgo ha marcado para siempre la vida de una de las integrantes del grupo» (l. 19).

OPCIÓN (B) Analizar y comentar la intención del autor de un artículo de blog

1 Presenta lo sucedido en 1937, en 1997 y en los 16 años posteriores.

2 Analiza cuál es la postura del autor ante la recuperación de la memoria y cómo la transmite. ¿Por qué habrá escrito el artículo? Justifica con citas.

3 Comenta la siguiente frase: «Existe una mínima posibilidad aún [...] de conocer la verdad. Y hay que agotarla, por mínima que sea. Es su derecho» (ll. 39-40).

INICIO | SOBRE MEMORIA PÚBLICA | NAVEGA POR EL SUMARIO | ACTUALIDAD | BLOG

Ignacio, 1937

En 1997, un grupo de jóvenes aficionados a la espeleología, encuentra una cueva desconocida hasta el momento en una zona montañosa de Mallorca. Como la apertura es muy estrecha, entra sin miedo un niño de 10 años que, al final de un largo túnel, hace un hallazgo sorprendente.

Unas letras escritas en una gran roca en el suelo llaman su atención, se acerca y a la luz de la linterna puede leer ... IGNACIO, 1937.

Una mirada detrás de la roca le revela la presencia de restos humanos. Sorprendentemente, tiene el valor de agacharse y coger el cráneo.

Alertados sus compañeros por los gritos que profiere desde el interior de la cueva, no paran de llamarle.

Cuando por fin vuelve, informa a todos del sorprendente hallazgo que ha realizado.

Rápidamente la apertura de la cueva es ensanchada y esta vez sí pueden acceder al interior todos los integrantes del grupo.

Lo que ven, hiela la sangre. Nunca habían visto nada igual. Comprueban que los restos humanos corresponden a un varón. El agujero en la cabeza evidencia que murió de muerte violenta y su nombre y el año referencia una etapa en la historia de España, que para nadie pasa desapercibida: 1937, la Guerra Civil.

Acuerdan entre todos entregar los restos humanos en un Instituto Arqueológico para su estudio. Al recoger los huesos, encuentran parte de una mina de grafito que formaba parte de un lápiz, de uno de esos gordos y rojos que usan los carpinteros para pintar la madera. El nombre de Ignacio en la roca fue pintado con ella.

El hallazgo ha marcado para siempre la vida de una de las integrantes del grupo. La madre del niño que hizo el hallazgo. Su ética y compromiso le hacen ir mucho más allá y emprender una investigación personal, con solo dos datos. Un nombre y un año.

La investigación es infructuosa durante muchos años, nadie sabe nada, nadie ha visto nada. Solo una pequeña pista, sacada de un listado de personas desaparecidas durante la Guerra Civil de las localidades cercanas al hallazgo, llama un día su atención.

Entre estas personas aparece un hombre, de nombre Ignacio, de profesión carpintero. Ignacio fue uno de los dirigentes del Partido Comunista en uno de los pueblos de la zona y su detención y desaparición posterior también se realiza en el año 1937.

A partir de este mismo instante, varias preguntas rondan en su cabeza y no la dejan dormir. ¿Podría ser él? ¿Como podría saberlo?
Su búsqueda de la verdad la lleva a indagar y encontrar a la familia del Ignacio de la lista de desaparecidos. En concreto a un nieto, quien inmediatamente la pone en contacto con los hijos aún con vida de este hombre, quienes le cuentan lo sucedido a su padre.
Solo saben que lo detuvieron por ser comunista, se lo llevaron y nunca más volvieron a verlo. Nadie jamás, nunca les dio pista sobre su paradero.
Hace solo dos días han vuelto a subir a la cueva. Han subido casi los mismos. Después de 16 años, todo estaba tal y como lo dejaron. El nombre aún permanece allí. Han subido con personal técnico para fotografiar todo. Han podido recuperar una pieza dental en la que, por el momento, están depositadas todas las esperanzas de una posible identificación genética.
Los hijos de Ignacio, ya muy mayores, han vuelto a recobrar la esperanza perdida. Existe una mínima posibilidad aún, después del tiempo transcurrido, de conocer la verdad. Y hay que agotarla, por mínima que sea. Es su derecho.

2 **la espeleología** Höhlenforschung 4 **el hallazgo** el descubrimiento 8 **agacharse** inclinarse 8 **el cráneo** Schädel 9 **proferir** articular en voz alta 11 **ensanchar a/c** agrandar a/c 13 **helar la sangre** das Blut (in den Adern) gefrieren lassen 14 **el varón** el hombre 15 **pasar desapercibido/-a** unbeachtet bleiben 18 **el/la carpintero/-a** Schreiner/in 22 **infructuoso/-a** sin éxito 23 **el listado** la lista 28 **rondar en la cabeza** im Kopf herumgehen 30 **indagar a/c** averiguar a/c 31 **el paradero** *hier* Verbleib 37 **la pieza dental** parte de la dentadura 39 **recobrar a/c** recuperar a/c 40 **agotar a/c** etw. ausschöpfen

Expresión oral

1 Describe y analiza los siguientes carteles sobre la memoria histórica en España: ¿a quién se dirigen, cuál es su mensaje y cómo se intenta lograr el objetivo?

Carteles → p. 258

Expresión escrita

2 Después de haber leído el artículo de blog, decides postear una breve entrada con tu opinión sobre la importancia de recuperar la memoria para los familiares de los desaparecidos durante la Guerra Civil.

3 Redacta una carta de agradecimiento desde la perspectiva de un familiar de Ignacio a la madre del niño por haber buscado respuestas durante 16 años.

Punto final

Escribir un artículo de blog → p. 245

Escribir una carta → p. 246

Historietas por la identidad

Acercarse al tema

Mira la «historieta[1]» y describe tu primera impresión.

1 **la historieta** Bildgeschichte

La historieta

Cómics → p. 258

OPCIÓN (A) Interpretar elementos de una historieta

1. Presenta a la familia de esta historieta desde la perspectiva de Nicolás Placci.
2. Explica a quién se dirige la historieta.
3. Haz una lista de los elementos que más te llaman la atención. Luego interprétalos: ¿qué función tienen?
4. ¿Qué efecto tiene esta historieta en ti?

OPCIÓN (B) Analizar una historieta

1. Resume la información que te da la historieta sobre Eduardo y Alba.
2. Analiza el efecto de la historieta explicando
   - cómo se complementan las imágenes y los textos,
   - por qué las primeras dos viñetas (y sus textos) se repiten y varían al final y
   - por qué la «perspectiva narrativa» cambia al final (él/ella/ellas > vos).

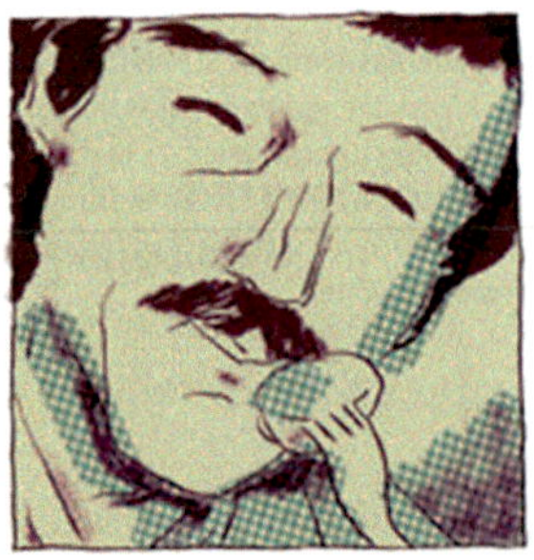

A Eduardo le gusta
cómo cocina su madre,
mucho le gusta.
El pollo a la portuguesa,
por ejemplo.

Alba es tímida.
Cuando ríe,
se cubre la boca.
Se ruboriza.

Fue en
Venado Tuerto,
quizás en el 72,
que se conocieron.

Ambos militaban.
Él delegado sindical,
ella en la militancia barrial.
Los dos pertenecían
a Montoneros.

Alba está
muy contenta
con su embarazo.
Le gusta
lucir su panza.

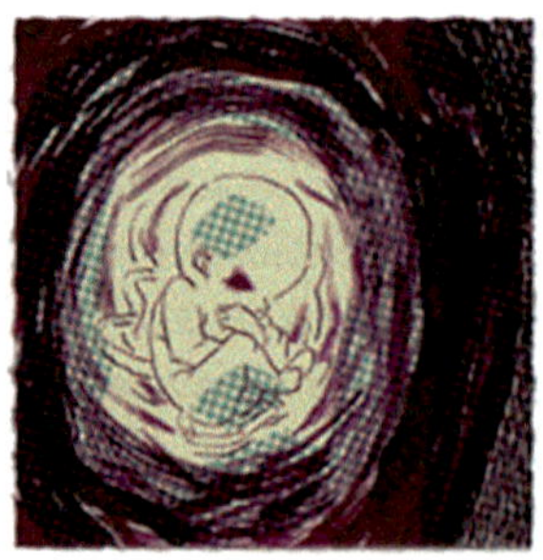

En la panza,
Nicolás.
Por ahora, sus papás
lo llaman:
carocito.

9 **ruborizarse** ponerse rojo/-a 11 **Venado Tuerto** Stadt im Südwesten der Provinz Santa Fe (Arg.) 14 **militar** *hier* politisch aktiv sein 15 **el delegado sindical** Gewerkschaftsvertreter 16 **la militancia barrial** grupo de personas de un barrio que están políticamente activas 18 **los Montoneros** Mitglieder einer linksextremen Stadtguerrilla der 70er Jahre in Argentinien 21 **el embarazo** Schwangerschaft 23 **lucir a/c** mostrar a/c 28 **carocito** *hier* kleiner Kerl

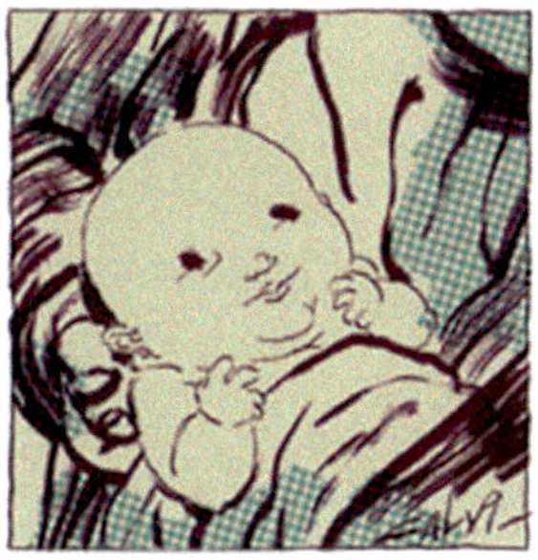

En mayo
de 1976
nace Nicolás.

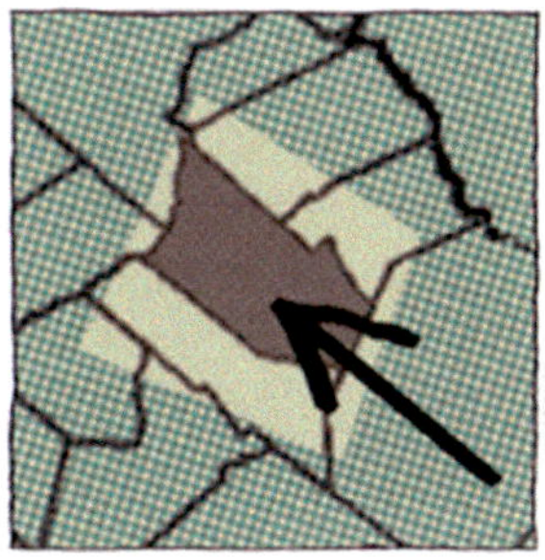

Seis meses después,
Alba y Eduardo son secuestrados.
Vivían en el Partido de
San Martín.

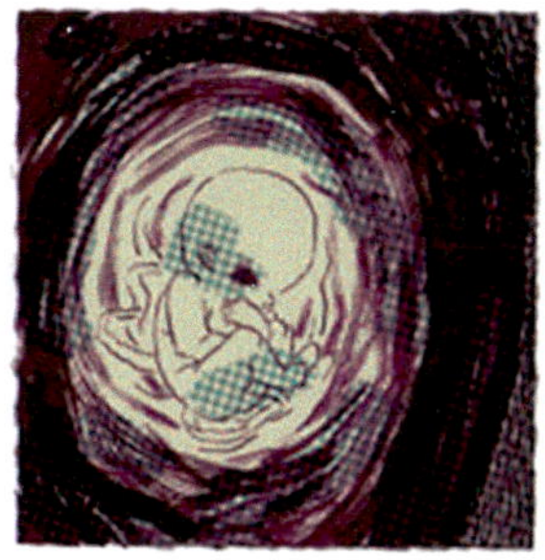

Embarazada estaba Alba
cuando se la llevaron.
Esperaba a su segundo hijo/-a
entre mayo y julio de 1977.

Nicolás tenía
seis años
cuando escuchó la historia.
Su abuela se la contó.

Ha pasado
mucho tiempo.
Ahora vive en Caseros
y está casado.

Alba y Eduardo
están desaparecidos.

Poco sabemos sobre su hijo
nacido en cautiverio.
No sabemos
si es varón o mujer.
Ni dónde nació.

No sabemos
cómo te dicen ahora.
Ni dónde estás.

Sí sabemos que
tu verdadero apellido es Placci.
Y que Nicolás,
tu hermano,
te busca.

A tu papá le gustaba
cómo cocinaba tu abuela,
mucho le gustaba.
El pollo a la portuguesa,
por ejemplo.

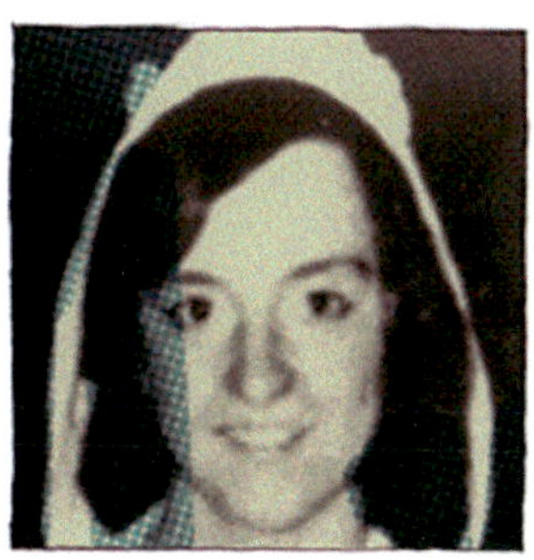

Tu mamá era tímida.
Cuando reía,
se tapaba la boca.
Se ruborizaba.

33 **secuestrar a alg.** jdn. entführen 51 **en cautiverio** en la cárcel 53 **el varón** el hombre 72 **tenés** *arg.* tienes 74 **comunicáte** *arg.* comunícate

Comprensión auditiva

22 Comprensión auditiva → p. 239

1a Escucha el testimonio de Leonardo Fossati, uno de los nietos recuperados por las «Abuelas». ¿Sobre qué habla principalmente?
a) sobre la larga y difícil búsqueda de su verdadera identidad
b) sobre las dudas que tenía sobre su identidad
c) sobre el alivio que siente ahora por saber quién es y de dónde viene

22 **1b** Vuelve a escuchar el audio e intenta explicar:
- qué impresión tuvo de niño al mirarse en el espejo.
- por qué empezó a dudar sobre su identidad.
- qué les diría a quienes están dudando.

Expresión oral

2 La historieta que acabas de leer pertenece a una campaña de las «Abuelas de Plaza de Mayo» destinada a la búsqueda de sus nietos desaparecidos. ¿Por qué piensas que se eligió este tipo de texto para este tema tan serio?

Expresión escrita

Redactar textos creativos → p. 245

3 Para encontrar a más nietos desaparecidos, las «Abuelas» organizaron el concurso «TwitteRelatos por la identidad». Cientos de usuarios enviaron su microcuento escrito desde la perspectiva de un/a nieto/-a que recuperó su identidad. Escribe tú también un *tweet* de 140 letras e ilústralo.

@carito_gp Dudé ... Pregunté. Me negaron. Insistí. Me acerqué. Escuché y acepté. Esperé ... Un día, atendí. Corrí. Llegué. Volví a nacer... Soy.

@gonzaloyarzun Cuando lo supe, quedé destrozado. –¿Y ahora cómo estás? –Todavía destrozado, pero al menos los pedacitos tienen sentido.

¿Dónde está mi padre?

Acercarse al tema

Observa la foto y lee la información. Luego formula hipótesis: ¿qué temas podrían tratarse en una canción?

La canción

23
Canciones
→ p. 253

OPCIÓN (A) Entender la relación entre la melodía y la letra de una canción

1 Escucha la canción y describe el ambiente y las imágenes que transmite.
2 Vuelve a escucharla y toma nota de: la situación inicial · los protagonistas · qué se dice de ellos. Luego compara tus apuntes con la letra de la canción y complétalos.
3 Presenta al padre y a su hijo. ¿Quiénes podrían ser los «hombres» (l. 5)?
4 Da tu opinión sobre la relación entre la melodía y la letra: ¿en qué medida ayuda a transmitir el mensaje? Justifica tu respuesta.

OPCIÓN (B) Analizar la estructura de una canción en relación a su contenido

1 Escucha la canción sin leer la letra y toma nota de todo lo que entiendas. Luego formulad hipótesis con un/a compañero/-a sobre el tema de la canción.
2 Vuelve a escuchar la canción por estrofas y anota más información sobre la situación descrita y el yo lírico.
3 Analiza la estructura de la canción.
4 Comenta la función de la estructura teniendo en cuenta el contenido: ¿qué efecto ha producido en ti?

Blues al desaparecido

Dicen que el blues es grito de tristeza
en el alma de un niño que quedó sin riqueza.
Sin aviso alguno le quitaron a su padre,
se lo llevaron unos hombres con otros ideales.

No llores, mi pequeño, esto es sólo un gran error,
estos hombres que me llevan pronto entrarán en razón.
Mañana es domingo y como siempre, te prometo,
volveremos a estar juntos en la mesa.
Quédese tranquilo hijo,
que su padre nunca ha roto una promesa.

¿Dónde está mi padre? Necesito encontrarlo.
Quiero verlo cuanto antes, sólo para abrazarlo.
¡Desaparecido! ¡Desaparecido!
Nadie puede devolverme lo perdido.
¡Desaparecido! ¡Desaparecido!
No hay domingos, no hay perdón y no hay olvido.
Si por tus sueños diste la vida,
yo en encontrarte daré la mía.

¿Dónde está mi padre? Necesito encontrarlo…

Valparaíso, 30 de agosto

Info: los desaparecidos
En Chile desaparecieron más de 3.000 personas durante la dictadura pinochetista (1973–1990). El 30 de agosto de cada año se conmemora el «Día Internacional del Detenido Desaparecido».

Expresión escrita

1 El hijo recuerda cómo eran los domingos antes de que se llevaran a su padre. ¿Qué escribe en su diario?

Gramática en contexto

ENLAZAR FRASES • Conjunciones adversativas, consecutivas y concesivas

1a Relaciona las conjunciones con sus nombres correspondientes.

1. adversativas (oposición)	**2. concesivas** (argumentos en contra)	**3. consecutivas** (consecuencias)
a) así (es) que de modo/manera que por eso/esto por esta razón por lo tanto	b) en cambio no obstante pero sin embargo	c) a pesar de que aun así aunque si bien

1b Elige tres conjunciones de cada grupo y forma frases relacionadas con el tema «memoria histórica».

Ejemplo: Todavía hay muchos hijos de desaparecidos durante la dictadura en Argentina que no conocen su verdadera identidad. **Por esta razón,** las Abuelas de Mayo los siguen buscando.

DESCRIBIR UNA ÉPOCA • Pretérito imperfecto

2a Escribe la tercera persona (sg. y pl.) de los verbos subrayados en pretérito imperfecto.

el régimen dictatorial / autoritario • la dictadura militar • los militares	**los ciudadanos • la gente • la población • la oposición • los militantes • los activistas**
violar los derechos humanos • no permitir la creación de sindicatos o partidos políticos • manipular las noticias • censurar • perseguir a opositores/vencidos • organizar adopciones ilegales de niños nacidos en cautiverio • extorsionar • torturar • ocultar crímenes	no tener derechos básicos • vivir con miedo / en clandestinidad • huir al exilio • no ser libres en todos los ámbitos de la vida pública • desaparecer • sufrir la falta de libertad de expresión / la censura

2b Escribe un texto en pretérito imperfecto describiendo la vida bajo una dictadura con ayuda de las palabras de 2a.

NARRAR HECHOS PASADOS • Pretérito indefinido e imperfecto

3a Completa las frases con el tiempo verbal correcto: indefinido o imperfecto.

1. El 14 de abril de 1932 ___ *(iniciarse)* el periodo llamado la Segunda República Española.
2. El gobierno republicano ___ *(secularizar)* la educación y la Iglesia Católica ___ *(perder)* poder.
3. En aquel tiempo, el gobierno republicano no ___ *(lograr)* vencer la crisis que había en España.
4. Los grupos de derechas ___ *(perder)* las elecciones en 1936 y ___ *(organizar)* un golpe.
5. La Guerra Civil Española ___ *(durar)* casi cuatro años.
6. En 1939, Franco ___ *(tomar)* todos los poderes y ___ *(ser)* jefe de Estado y del ejército.
7. Cuando ___ *(morir)* Franco, ___ *(terminarse)* la dictadura y el gobierno de Transición ___ *(encaminar)* el retorno a la democracia.
8. Tanto en Argentina como en Chile, el Ejército ___ *(derrocar)* a los presidentes constitucionales.
9. La crisis en Argentina por la derrota en Malvinas y por la presión internacional ya ___ *(anunciar)* que llegarían tiempos de cambios: el retorno a la democracia ___ *(llegar)* en 1983 con Alfonsín.
10. Aunque el Régimen Militar en Chile ___ *(tener)* la intención de continuar en el poder, la mayoría del pueblo ___ *(votar)* en 1988 por el No a Pinochet.

3b Justifica tus elecciones de 3a con ayuda de las siguientes reglas para el uso del indefinido e imperfecto:
Se usa el pretérito indefinido/imperfecto cuando se ...

- trata de un hecho ocurrido en una fecha concreta o de un hecho puntual, único y acabado.
- describe una situación o un estado que duró un tiempo indeterminado.
- describe una situación pasada de manera imprecisa: en aquel tiempo, antes ...
- trata de un hecho que siguió a otro.

NARRAR HECHOS ANTERIORES AL PASADO • Pretérito pluscuamperfecto

4 Lee las frases y diferencia qué acción ocurrió antes. Completa las frases con los verbos en indefinido* o pluscuamperfecto** respectivamente.

Ejemplo: En 1932 se eliminó* la monarquía en España porque el rey Alfonso XIII no había sabido** dirigir el país.

1. En 1936 ___ *(estallar)* la Guerra Civil Española ya que los grupos de derechas no ___ *(aceptar)* las elecciones.
2. En 1976 ___ *(comenzar)* el «Proceso de Reorganización Nacional» en Argentina, ya que el golpe de estado ___ *(derrocar)* al gobierno constitucional de María Estela de Perón.
3. En Argentina se calcula que ___ *(haber)* unas 500 adopciones ilegales de niños que ___ *(nacer)* en cautiverio.
4. Dado que las Juntas Militares ___ *(cometer)* numerosos crímenes, Raúl Alfonsín ___ *(ordenar)* llevarlas a juicio.
5. En 1988 ___ *(iniciarse)* el periodo de transición democrática en Chile ya que el pueblo ___ *(votar)* por el No a Pinochet en el plebiscito.

NARRAR HECHOS HISTÓRICOS DE FORMA IMPERSONAL • La voz pasiva y el impersonal con «se»

5 Completa las frases sobre hechos históricos con verbos en voz pasiva.

Ejemplo: Diversas reformas fueron realizadas por el gobierno republicano para superar la crisis.

1. En 1932 ___ *(elegir)* democráticamente la Segunda República Española.
2. En 1936 los grupos de derechas ___ *(apoyar)*, entre otros, por la Iglesia y el Ejército.
3. La Constitución Española ___ *(aprobar)* por las Cortes en 1978.
4. Las violaciones a los derechos humanos ocurridas durante la dictadura militar en Argentina, ___ *(investigar)* por la Comisión Nacional sobre la Desaparición de Personas (CONADEP).
5. Muchos integrantes de la Junta Militar argentina ___ *(juzgar)* por sus crímenes.
6. Los opositores de Pinochet ___ *(perseguir)* y, en muchos casos, ___ *(torturar)*.
7. Muchos niños nacidos en cautiverio ___ *(robar)* y ___ *(dar)* ilegalmente en adopción.

6 Transforma las siguientes frases utilizando el «se» impersonal.

Ejemplo: En 1936, ~~grupos de derechas~~ iniciaron un golpe de estado que desató la «Guerra Civil».
→ En julio de 1936 se inició un golpe de estado que desató la «Guerra Civil Española».

1. Durante la «Segunda República», el gobierno realizó diversas reformas para intentar salir de la crisis.
2. En los años 50, Franco abrió las puertas de España al turismo internacional para evitar el aislamiento económico.
3. Durante la «Transición», Juan Carlos I formó un gobierno democrático que acabó con las estructuras dictatoriales franquistas.
4. En 1978, los políticos redactaron la Constitución Española.

Vocabulario temático

PROYECTOS SOBRE MEMORIA HISTÓRICA

El proyecto	se desarrolló a partir de se inició en	...	y tiene como objetivo	mantener viva la memoria histórica. conmemorar a las víctimas del nacionalsocialismo.	
	consiste en	colocar empotrar		placas conmemorativas.	
	se extendió	por	Alemania Europa	y ya existen más de ... placas colocadas.	
	se financia de apadrinamientos de			privados. asociaciones.	
Considero	decisivo · importante elemental · esencial fundamental · vital	mantener viva la memoria histórica	para	aprender de no repetir ...	los errores del pasado. ...

DICTADURAS Y DEMOCRACIA

En 1931, los españoles	eligieron a votaron por	un gobierno	de izquierdas republicano	que dio comienzo a la Segunda República.
El gobierno	implementó realizó llevó a cabo	muchas reformas, como		suprimir la monarquía. secularizar la educación. separar a la Iglesia del Estado. minimizar los costes en el ejército.
En 1936	estalló comenzó	la Guerra Civil Española. la lucha sangrienta entre republicanos y nacionales.		

El Franquismo El Proceso de Reorganización Nacional (Arg.) El Régimen Militar (Ch.)		se caracterizó por	la violación de los derechos humanos · la persecución a los opositores/vencidos · la falta de libertad / de derechos básicos · secuestros · arrestos · torturas · extorsiones · represión · asesinatos · desapariciones · el robo de bebés · adopciones ilegales de niños nacidos en cautiverio · injusticias · la prohibición de partidos políticos / sindicatos / la oposición
La dictadura El régimen	de Franco de la Junta Militar (Arg.) de Augusto Pinochet (Ch.)		

La Transición en	España	se inició con comenzó con	con la muerte de Franco y la coronación de Juan Carlos I.
	Argentina		la presión internacional. la derrota en la Guerra de las Malvinas (1982). el llamado a elecciones por parte de la Junta Militar. el triunfo del presidente constitucional Raúl Alfonsín.
	Chile		el triunfo del No a Pinochet en el plebiscito de 1988. el nombramiento del presidente electo por el pueblo, Aylwin.

Políticos Asociaciones Ciudadanos Jueces y abogados Familiares de las víctimas	se ocupan de luchan por trabajan para	recuperar la memoria histórica.	
		buscar encontrar hacerles justicia	a los desaparecidos. a los bebés robados.
		investigar juzgar	los crímenes de guerra. a los criminales. a los torturadores.

Punto final

Tarea mini: redactar un artículo de blog

Has encontrado un blog destinado a recuperar la memoria histórica en España. Allí se tematizan los delitos y desapariciones sucedidos al finalizar la Guerra Civil y durante el Franquismo.
En Alemania existe el proyecto *Stolpersteine* para no olvidar los crímenes cometidos durante el Tercer Reich.
Has decidido escribir un artículo en el blog para hacer conocer cómo se está trabajando en Alemania para recuperar la memoria histórica.

1a Infórmate sobre el proyecto *Stolpersteine* en Internet y toma apuntes sobre los aspectos que te interesan tematizar en el blog, por ejemplo: cuándo comenzó el proyecto • el artista que lo inició • la cantidad de ciudades alemanas representadas • la cantidad de placas[1] colocadas en Alemania • quién puede apadrinar una placa • cuánto cuesta, etc.

1b Apunta también por qué es importante recuperar y mantener viva la memoria histórica.

2 Redacta el artículo para el blog.

1 **la placa (conmemorativa)** *etwa* (Gedenk-) Stein

Recuperar la memoria histórica: *Stolpersteine*

Tarea final: escribir un librillo

Vais a prepararos para el *Abitur*, concretamente para el tema «Dictaduras y Democracia». Para ello, vais a elaborar un librillo con la información más importante sobre las dictaduras y la transición a la democracia en España, Argentina y Chile.

1 Dividid la clase en tres grupos. Cada grupo se ocupará de un país: España, Argentina o Chile.

2 Definid de qué va a tratar vuestro librillo. Los temas «historia», «terror de estado» y «memoria histórica» tienen que ser tratados. Buscad más temas que puedan aparecer en vuestro librillo.

3 Cada miembro del grupo elige un subtema y reúne la información de los textos tratados en el capítulo o de Internet si es necesario. No olvidéis indicar las fuentes de donde habéis sacado la información.

4 Cada miembro redacta un texto con la información encontrada, así como tareas de repaso para los demás grupos.

5 Intercambiad vuestros textos y corregidlos.

6 Pensad en el diseño de vuestro librillo, en el orden de los textos y preparadlo.

7 Al final, repartid vuestro librillo a los otros grupos para que todos tengan la misma información sobre el tema «Dictaduras y Democracia» en España, Argentina y Chile.

Migración

HABLAR DE LAS FOTOS

1a **Piensa:** ¿dónde crees que se tomaron las fotos? ¿Qué pasa aquí? Mira las fotos y toma apuntes sobre cada una.

1b **Discute:** en parejas, explicaos mutuamente lo que veis y comparad vuestras ideas.

1c **Comparte:** ¿qué relación hay entre las fotos y el título del capítulo «Migración»? Intercambiad opiniones con otra pareja.

JUSTIFICAR UNA ELECCIÓN

2 Elige una foto que te llame mucho la atención y explica por qué.

EXPRESAR SUEÑOS Y PREOCUPACIONES

3 Elige a una de las personas de las fotos y toma apuntes: ¿cómo se sentirá la persona en este momento? ¿Cuáles serán sus preocupaciones y sueños para el futuro? Después, comparte tus ideas con tus compañeros.

Palabras en contexto

Mundo en movimiento

La movilidad de los seres humanos existe desde siempre y hoy, más que nunca. Muchas personas desean tener mejores perspectivas de vida y las buscan en otro lugar. Sin embargo, no es nada fácil tomar la decisión de dejar atrás lo conocido para empezar una nueva vida en otro país. Entonces, ¿cuáles son las razones que llevan a alguien a migrar?

Las causas son diversas. Para muchos, el aspecto socioeconómico es el decisivo: mientras en el país de origen los salarios bajos y la alta tasa de paro limitan su crecimiento laboral, el país de destino les ofrece trabajos más dignos y salarios más altos. Otros se marchan en busca de libertad política, religiosa o étnica que les falta en sus países de procedencia. Pero el emigrante no abandona su país solo por estos motivos. Más bien, la movilidad es una parte esencial del mundo moderno: mucha gente joven se va al extranjero para estudiar, para mejorar sus perspectivas laborales o para conocer otra cultura. Los enamorados cruzan fronteras para estar con su pareja de otra nacionalidad. Otra gente lo hace para reunirse con su familia.

La situación en España

España siempre ha sido un país de migrantes. En los años 60 y 70 del siglo pasado, muchos trabajadores españoles parten rumbo a Alemania, Francia y a otros destinos en busca de trabajo. Tan solo veinte años después, una España próspera se convierte en un país de acogida. Millones de inmigrantes, principalmente de América Latina, África y Europa del Este, transforman a España en una sociedad multicultural. A su llegada, muchos de ellos tienen que afrontar nuevos obstáculos: al no contar con un permiso de residencia o de trabajo, necesitan regularizar su situación. Quienes no pueden hacerlo, tienen que vivir en la ilegalidad.

Hoy en día, España es nuevamente un país de emigrantes. Debido a la crisis económica y a la escasez de trabajo, muchos extranjeros deciden volver a su patria. Y no solo ellos: muchos jóvenes españoles también se marchan en busca de mejores condiciones de vida y de dignidad laboral.

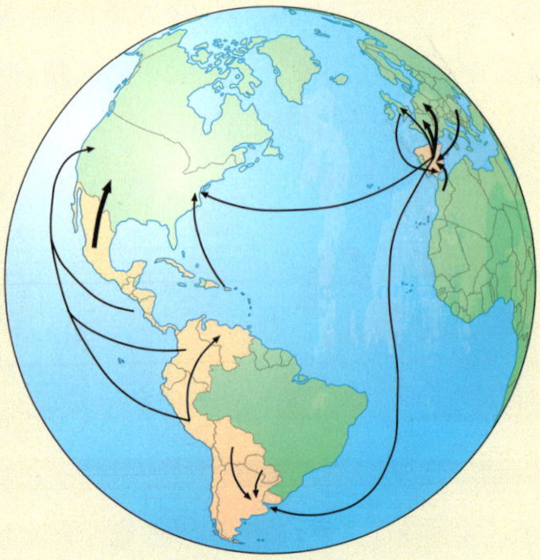

Los hispanos en EE. UU.

En 2010, la población de origen hispano en EE. UU. –en su mayoría chicanos (de origen mexicano)– superó la marca de 50 millones de personas, un 16% del total de la población. Así, EE. UU. se convirtió en el segundo país con más hispanohablantes del mundo después de México. En muchos barrios de los estados en la frontera sur de EE. UU., como California y Texas, se habla principalmente español. Y la influencia de los hispanos en la sociedad norteamericana está aumentando cada día: en la economía, la política y la cultura. Hasta ha nacido el spanglish, una mezcla de los idiomas español e inglés.

Sin embargo, marchar al norte puede ser una experiencia larga y peligrosa si se hace como indocumentado. Los caminos de África a España o de México a EE. UU. son diferentes, pero los peligros, muy parecidos. Las personas sin visado arriesgan su vida al cruzar la frontera por desiertos, ríos o por el mar en pateras o cayucos: no solo pueden caer en redes mafiosas de tráfico de personas (polleros o coyotes en México, pateros en África), sino que también corren el peligro de que la policía fronteriza los detenga y los deporte a sus países de origen.
Además, en el país de destino la integración no es fácil para los inmigrantes, sean legales o ilegales. Muchos sufren al estar separados de sus familias, otros son víctimas de racismo o discriminación. Aun así, para muchos vale la pena afrontar estas dificultades para que se cumpla el sueño de una vida mejor.

COMPRENSIÓN DE VOCABULARIO

1a Busca en el texto las palabras marcadas que se corresponden con las siguientes definiciones.

1. una persona que se va de su país para vivir en otro emigrante
2. una región donde hay muy poca agua desierto
3. una persona extranjera que no tiene permiso de residencia ilegale, indocumentado, persona sin visado
4. partir con destino a migrar, partir rumbo a
5. el dinero que gana una persona al mes por un trabajo salario
6. una persona que habla español hispanohablante
7. un barco pequeño patera, cayuco
8. las dificultades de los inmigrantes al llegar a un país obstáculos,
9. el límite entre dos países frontera
10. el proceso de adaptación a las condiciones de vida en el país de acogida integración

1b Escribe una definición para otra expresión marcada en el texto. Después intercambiad vuestras definiciones y buscad las palabras en el texto.

un país que no es su propio y donde se habla tal vez otro idioma

PREFIJOS

2 Forma nuevas palabras con los prefijos **e-, i-, in-, des-** y los términos del recuadro. Luego explica su significado.

la movilidad · la migración · legal · el/la migrante · el/la documentado/-a · la decisión · conocido/-a

ANTÓNIMOS

3a Busca los antónimos en el texto.

3b Elige tres antónimos y formula frases con ellos.

la patria (extranjero) · el emigrante (el inmigrante) · el país de origen (acogida) · legal (ilegal) · separarse de alg. (reunirse con alguien) · quedarse (marcharse) · la consecuencia (la causa) · seguro/-a (peligroso) · la tolerancia (intolerancia)

MAPA MENTAL

4a Ordena el vocabulario del texto en un mapa mental.

4b Añade tus propias ideas sobre el tema «migración» al mapa mental.

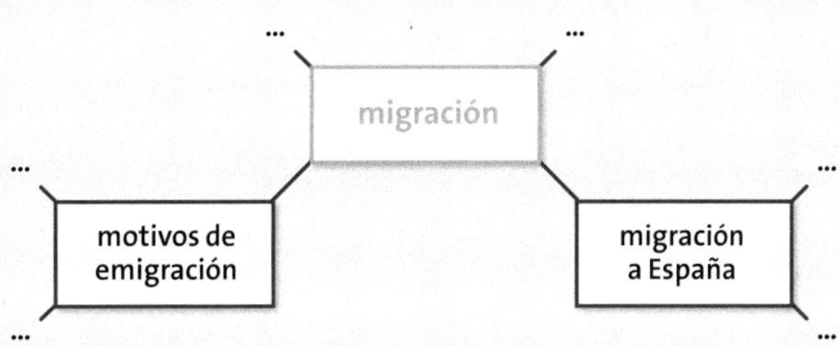

Punto final

Mapa mental
→ p. 261

ACTIVAR EL VOCABULARIO

5 Completa las frases con las palabras marcadas del texto.

1. Hoy en día hay muchas parejas de diferente ___ nacionalidad.
2. Muchas personas abandonan sus países por falta de libertad ___ política, ___ religiosa o ___ étnica.
3. Los inmigrantes de todo el mundo han transformado a España en una ___ sociedad multicultural.
4. Para poder trabajar legalmente, un inmigrante necesita un ___ permiso de trabajo.
5. La influencia de los inmigrantes en los países de acogida ___ está aumentando (zunehmend) cada vez más.
6. La mayoría de los hispanos en EE. UU. son ___ (Estados Unidos). chicanos, ilegales
7. El ___ Spanglish es una mezcla de español e inglés que se habla en EE. UU.
8. Las personas que «ayudan» a los indocumentados a cruzar la frontera entre México y EE. UU. se llaman ___ polleros o ___ coyotes.
9. Los inmigrantes ___ dejan su vida y ___ superan todo tipo de dificultades para ___ cumplir el sueño de una vida mejor.
10. Muchos extranjeros y también jóvenes españoles se van de España por la ___ condición de vida y la ___. ~~dignidad laboral~~ escasez de trabajo

Las voces de los nuevos catalanes

Acercarse al tema

Define los siguientes términos y da ejemplos: racismo · discriminación · integración · prejuicio

El texto

Textos informativos → p. 255

OPCIÓN (A) Resumir información de testimonios

1 Haz una tabla y complétala con la información del texto:
nombre · edad · origen · lo que ve positivo en España · lo que ve negativo en España

2 Resume la información para escribir un pequeño informe titulado «Cómo se sienten los nuevos catalanes en Cataluña».

OPCIÓN (B) Comprender, analizar y comentar testimonios

1 Indica los contextos en los que los inmigrantes citados notan racismo o discriminación.

2 Analiza la imagen de los catalanes que se presenta en los testimonios.

3 Comenta los ejemplos de discriminación y racismo que has encontrado en los textos y relaciónalos con otros ejemplos que conozcas.

Kariba Bahbah, lleva 11 años en Cataluña

«Tengo 18 años y estudio Atención Sociosanitaria. Me siento bastante integrada, pero no del todo. Noto que me miran diferente cuando voy con mi familia, mi madre lleva pañuelo. El racismo se nota más en los pueblos que en Lleida, porque en la ciudad hay más inmigrantes. A veces en las tiendas nos miran como si nos fuéramos a llevar algo.»

Paola Morán, lleva 4 años en Vic

«Soy de Ecuador. Soy encargada de un bar-restaurante. Los catalanes son buena gente. Nunca me he sentido rechazada. En todos sitios hay ladrones. Y a veces son de cuello blanco y corbata. No es verdad que quitemos el trabajo a los españoles.»

Ahmed Boulaich, llegó hace 13 años a Vic

«Por el solo hecho de no llamarte Pedro o José, la gente ya te mira diferente. Se instaura una cierta desconfianza. Para conseguir un puesto importante, tienes que demostrar el doble de lo que se exige a un catalán. Estoy en el paro.»

Marem Ndiaye, 17 años, nació en Lleida

«Soy de aquí, de origen senegalés. Estoy casada y me siento integrada, hay muchos jóvenes como yo. En el mundo laboral sí veo discriminación: por no tener la nacionalidad española no puedo trabajar, mientras una amiga de Gambia que sí la tiene pudo trabajar desde los 16 años.»

Abdeljalil Ayadi, lleva 6 años en Cambrils

«Tengo 25 años. Aquí se vive bien, aunque no todo el mundo te trata bien, especialmente la policía. Siempre te piden la documentación. Piensan que todos somos delincuentes. No todos somos iguales. La gente en general te mira de forma rara. Ahora la situación está complicada porque no hay trabajo.»

2 **Atención Sociosanitaria** Altenpflege (Ausbildung) 2 **no del todo** no completamente 3 **el pañuelo** Kopftuch 5 **llevarse a/c** *aquí* robar a/c 10 **el ladrón, la ladrona** una persona que roba 15 **instaurarse** establecerse 16 **la desconfianza** Misstrauen 18 **exigir a/c a alg.** etw. von jdm. fordern 32 **el/la delincuente** una persona que comete crímenes

Comprensión auditiva

24

Comprensión auditiva → p. 239

1a Escucha a Amine y Mohamed, dos «nuevos catalanes» más y decide cuáles de las siguientes afirmaciones se corresponden con lo que dicen:

Amine ...

a) siempre ha querido vivir en España.
b) va a empezar a estudiar dentro de un año.
c) está aprendiendo castellano y catalán.
d) vive con sus hermanos.
e) quiere trabajar en una fábrica de coches.

Mohamed ...

f) piensa que aprender castellano es fácil.
g) tiene familia en Salt.
h) dice que Salt es muy moderno.
i) quiere volver a Marruecos.
j) se siente totalmente integrado.

1b Vuelve a escuchar y cuenta qué más entiendes de lo que dicen Amine y Mohamed.

Competencia intercultural

Punto final

2a Basándote en los testimonios, discute con tu compañero/-a posibles medidas para que «los nuevos catalanes» se sientan mejor integrados.

2b Opinad si «los nuevos alemanes» tienen los mismos problemas que «los nuevos catalanes» y si se deberían aplicar las mismas medidas que habéis discutido en 2a .

Un frío viento del infierno

Acercarse al tema

Reunid ideas: ¿qué consecuencias puede tener la falta de un permiso de residencia en la vida cotidiana de un/a inmigrante?

El texto

Textos narrativos → p. 249

OPCIÓN (A) Analizar un personaje literario

1. Lee el texto hasta la línea 13 y describe la situación del narrador.
2. Continúa leyendo hasta la línea 32 y describe la situación de los amigos de Saïf.
3. Lee el texto hasta el final y compara lo que dice el narrador sobre la llegada de los árabes a España en el pasado y hoy en día.
4. Analiza el comportamiento y el carácter del narrador Saïf.

OPCIÓN (B) Analizar un texto literario

1. Divide el texto en partes y dale a cada una un título.
2. Basándote en la última frase del texto, explica el contraste entre el narrador y sus amigos.
3. Ll. 8–32: ¿con qué personas o acciones se asocia aquí a los inmigrantes? Explica el efecto que produce el uso del léxico en el lector.
4. Analiza el efecto que produce el hecho que el texto esté escrito en la primera persona.

El siguiente texto es un extracto de una novela. El narrador, Saïf, es un estudiante marroquí que se encuentra legalmente en España para conocer la cultura y aprender español.

Eva estaba hoy más guapa que nunca. Me encantan sus ojos y sus… ¡sus pecas! Me ha dicho que le ha hablado a una amiga suya de lo nuestro, y a mí me ha gustado porque quiero conocer a sus amigos y quiero que ella conozca a los míos.

Aunque no sé lo que pensará de los que viven medio escondidos bajo el puente de Méndez Álvaro, junto a toxicómanos y ladrones. Viviendo así no es difícil que confundan a los inmigrantes con delincuentes y enfermos.

Ayer estuve visitándolos.

Me ha dicho Mohamed que la policía efectuó una redada hace dos semanas y que sólo se llevó a los «morenos». Tal vez es que los drogadictos están más en alerta, y los que roban o trapichean sean más rápidos, pero el caso es que detuvieron a seis o siete moros, como dicen ellos cada vez que hablan de nosotros. Y sólo volvieron dos que tenían un trabajo, o lo que puede parecer un trabajo: cargar cajones de fruta o pescado en Mercamadrid.

Les digo que no pueden seguir así todos los días, escondidos como criminales, y me contestan que qué otra cosa pueden hacer. No tienen vivienda, no tienen trabajo, no tienen dinero y unos pocos hasta roban para sobrevivir. Entonces les he preguntado que por qué han venido a España. Conozco las dificultades del viaje; primero mucho dinero para conseguir un apoyo, luego una *patera* en la que uno se juega la cárcel, el regreso o incluso la vida. Y al final, si todo sale bien, ¿qué?

Qué diferente del pasado, cuando nuestro pueblo llegó a la península con todo su poder y esplendor, formando reinos, califatos, y erigiendo mezquitas tan majestuosas como la de Córdoba.

Hoy los árabes que llegan a España lo hacen de noche, en cáscaras de nuez, cruzando el estrecho de Gibraltar, entre olas, vientos y a veces disparos de las patrulleras. ¿Para qué? Dicen que algunos recogen frutas, que otros son empleados en la construcción, o utilizados como mano de obra barata para la confección de ropa en talleres clandestinos. ¿Clandestinos? Todo es clandestino. Si uno enferma, no existe. Si tiene un accidente, nadie responde por él. Si se muere, al mar o al río. Nunca existió. Sólo existe su trabajo y su sudor. La verdad es que me siento algo avergonzado por hablarles con mi traje sin rotos y con mi cara afeitada.

Carlos Puerto: Un frío viento del infierno, pp. 56–57 © Ediciones SM, Madrid 1997

4 **la peca** Sommersprosse 10 **el/la toxicómano/-a** una persona que es adicta a las drogas 10 **el ladrón, la ladrona** una persona que roba 11 **confundir a alg. con alg.** jdn. mit jdm. verwechseln 16 **estra en alerta** in Alarmbereitschaft sein 17 **robar a/c** etw. stehlen 17 **trapichear** hacer cosas ilegales para ganar dinero 19 **el/la moro/-a** *peyorativo* el/la árabe, el musulmán, la musulmana, el/la marroquí 21 **cargar a/c** etw. beladen, etw. tragen 21 **el cajón** Kiste 22 **Mercamadrid** Lebensmittelgroßhändler in Madrid 34 **el esplendor** Glanz 35 **el reino** Königreich 35 **el califato** Kalifat 38 **la cáscara de nuez** Nussschale (auch im übertragenen Sinn) 39 **el disparo** Schuss 47 **el sudor** Schweiß 48 **avergonzado/-a** beschämt 48 **el roto** kaputte Stelle 49 **afeitado/-a** rasiert

Expresión oral

Punto final

1 Basándote en el texto, expón y comenta uno de los siguientes aspectos:
- las dificultades del viaje
- las condiciones de vida de los inmigrantes indocumentados en España

2 Imagínate que Eva acaba de acompañar a su novio Saïf a visitar a sus amigos. Prepara con tu compañero/-a un diálogo entre *Eva y Saïf* o *Eva y una amiga suya* después del encuentro. Después presentad el diálogo con ayuda de vuestros apuntes.

Expresión escrita

3 Quieres pasar las vacaciones trabajando como voluntario en España. En Internet has encontrado esta oferta de Karibu. Escribe un e-mail a la organización explicando por qué te interesa la oferta y por qué piensas que eres la persona adecuada para la plaza.

Escribir un e-mail → p. 246

¿Quieres colaborar como voluntario?

Si eres una persona comprometida, si tienes interés en la inmigración, la exclusión social y la interculturalidad. Si tienes tiempo, crees en nuestro proyecto y cumples alguno de estos perfiles, contacta con nosotros.

En este momento necesitamos:

Monitores /-as voluntarios /-as para un campamento de verano con niños y jóvenes africanos.

- **Perfil / Requisitos:** Buscamos personas con o sin experiencia, pero con entusiasmo y motivación para trabajar con niños y jóvenes. Preferiblemente entre 18 y 35 años. Personas extrovertidas, con alto grado de implicación, que sepan trabajar en equipo. Posibilidad de realizar prácticas.
- **Disponibilidad:** Las primeras dos semanas de agosto.
- **Zona:** Madrid / Cuatro Caminos

Nace la familia transoceánica

Acercarse al tema

Formula hipótesis: ¿qué es una familia transoceánica? Intercambia ideas con tu compañero/-a.

El texto

Textos informativos → p. 255

OPCIÓN (A) Extraer la información principal de un texto periodístico

1 Haz una lista de los temas que se tratan en el texto. Compara la lista con tu hipótesis de *Acercarse al tema*.
2 Trabajad en parejas. Uno/-a busca en el texto la información sobre Sandra Rocío Ruiz, el/la otro/-a, sobre Estrella Duica (edad, lugar de origen, situación familiar, actividades en España, sentimientos). Luego presentaos mutuamente los resultados.
3 En parejas, preparad una lista sobre las consecuencias positivas y negativas de la emigración para las familias de los emigrantes.

OPCIÓN (B) Analizar y comentar un texto periodístico

1 Apunta los aspectos más importantes del tema «familias transoceánicas». Después explica este fenómeno en unas tres frases.
2 Compara la actitud de las mujeres migrantes con la de sus maridos.
3 Explica las consecuencias que tiene la emigración de las madres
   - para sus familias en el país de origen,
   - para ellas mismas.
4 Basándote en la información del texto, busca soluciones para reducir los problemas de las familias transoceánicas.

La emigración femenina se emancipa. En los últimos años, las mujeres emigran cada vez con más autonomía, hasta el punto de representar casi la mitad de los emigrantes en el mundo. Sandra Rocío Ruiz, boliviana de 41 años, es un caso prototípico. Madre de cuatro hijos de entre 7 y 22 años, llegó a España hace tres, encontró trabajo enseguida y hoy se ocupa de una casa y de tres niños ajenos. Vino con la intención de quedarse sólo un año para pagar las deudas del marido, que quedó en Bolivia con los hijos. Luego se sumaron los gastos de la carrera universitaria del mayor, y ahora ya no piensa en volver. «Aquí hay más oportunidades, un futuro mejor, sobre todo para los chicos, pero mi marido no quiere oír hablar de ello. Yo quisiera traerme a los pequeños, y mi hijo mayor lo entiende y me apoya. Pero mi marido está atascado allá y no tolera que se lo proponga», explica.

La imposibilidad de hacer entender al marido es uno de los problemas en esta familia transoceánica. «El hombre está descolocado. Se ve en casa, al cuidado de los hijos, y no se reconoce», explica Josune Huidobro, de la Asociación de Cooperación Bolivia-España (ACOBE). Las emigrantes sostienen en muchos casos a sus familias y contribuyen por tanto al PIB de sus países de origen tanto como los hombres. «La decisión de migrar nunca se toma individualmente, hay negociaciones previas en las familias para decidir qué miembro emigra y qué otro se queda al cuidado de los hijos del que se va», explica el antropólogo Sánchez Medina.

El informe «Situación de familias de migrantes a España en Bolivia», de ACOBE, refleja cuál es el coste psicosocial de la separación. Aunque los encuestados confirman que su situación económica ha mejorado tras la emigración de sus familiares, el 62 % habla de traumas emocionales. Los niños y adolescentes presentan los porcentajes más altos y, aunque la educación se beneficia del envío de remesas por el emigrante (en el 53 % de los casos ha mejorado), el 67 % de los hijos presentan problemas de conducta, y el 48 % tienen problemas en la escuela.

La vivencia de cuidar de hijos ajenos mientras se echa de menos a los propios también es muy dura. Sandra Rocío reconoce: «Llegas a encariñarte con los niños, es un poco como si fueran tuyos». La rumana Estrella Duica, de 39 años, al contrario, tuvo que esforzarse mucho para encargarse de hijos ajenos. Un día, el padre de uno de ellos le dijo: «No me gusta tu cara, siempre estás triste». «Si estoy triste es porque así me siento, ¿cómo no es capaz de entenderlo?», contestó.

Además del enorme sentido de culpa que tanto Estrella como Sandra reconocen sentir, las madres migrantes tienen problemas de salud tanto físicos como mentales: «Ansiedad, problemas de autoestima, insomnio y todo tipo de afecciones dermatológicas…», enumera Ana Bellocchio de la Federación de Mujeres Progresistas. Y depresión.

«Es fundamental no estar aislada ni sola, crear redes sociales de apoyo», indica Bellocchio. «La autoestima es fundamental, y hablo también de autoestima laboral: mujeres tituladas aquí se emplean en el servicio doméstico. Siempre llegan varios grados debajo de su clase». Además, «el instrumento de trabajo de un inmigrante es su cuerpo, porque suelen desempeñar trabajos físicos, así que el miedo a la enfermedad se suma a sus problemas», según esta experta.

8 **ajeno/-a** fremd 10 **la deuda** Schulden 11 **el gasto** Ausgabe 17 **estar atascado/-a** festsitzen 21 **descolocado/-a** confundido/-a 25 **sostener** ayudar económicamente 26 **el PIB** el producto interno bruto (Bruttoinlandsprodukt) 41 **la remesa** dinero que un/a emigrante le manda a su familia 43 **la conducta** Verhalten 58 **la ansiedad** Beklemmung, innere Unruhe 58 **el autoestima** Selbstwertgefühl 59 **el insomnio** no poder dormir 62 **estar aislado/-a** isoliert sein 65 **titulado/-a** una persona que tiene un título o un diploma universitario

Expresión oral

Examen oral

1 Coméntale a tu compañero/-a una de las estadísticas sobre inmigrantes bolivianos en España.

Punto final

Estadísticas → p. 259

A ¿Cuál es su actividad laboral en España?

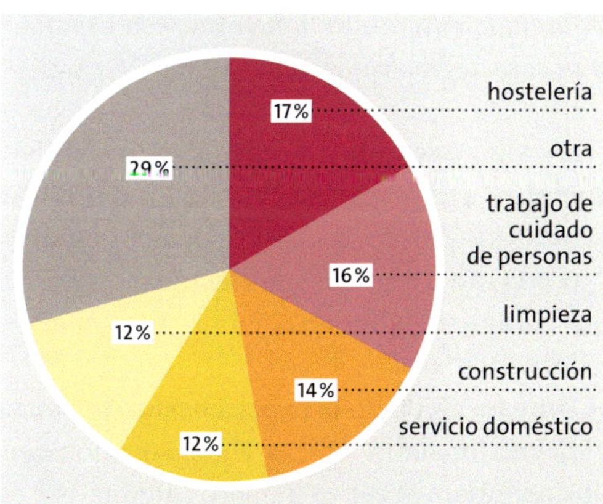

B ¿Qué miembros de su familia en Bolivia dependen económicamente de usted?

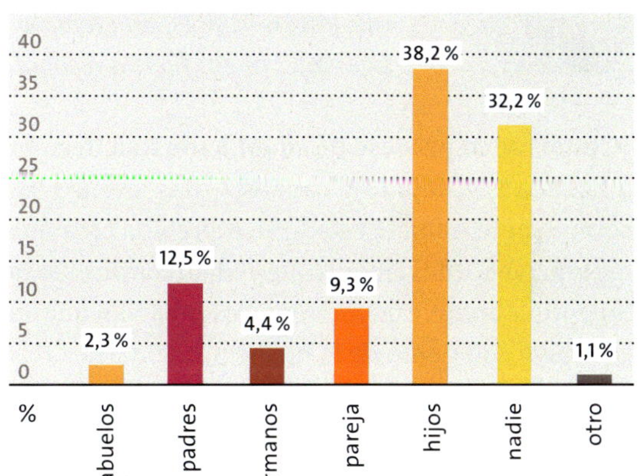

Fuente: ACOBE, 2010

2 Haced un juego de rol: una familia boliviana habla sobre su futuro. Distribuid los roles, después preparaos buscando argumentos en el texto y apuntando ideas propias. Luego presentad la discusión.

La discusión → p. 240

- **La madre** lleva dos años trabajando en España y quiere que su familia también emigre.
- **El padre** se ha quedado con los niños en Bolivia y no quiere emigrar.
- **El hijo**, de 12 años, quiere que su madre vuelva a vivir con ellos.
- **La hija**, de 18 años, quiere irse a España para estudiar.

Expresión escrita

3 Comenta la siguiente frase del texto: «mujeres tituladas aquí se emplean en el servicio doméstico. Siempre llegan varios grados debajo de su clase» (ll. 65–67).

Escribir un comentario → p. 243

Un venezolano en Madrid

Acercarse al tema

Mapa mental → p. 261

Haz un mapa mental con aspectos generales que conozcas sobre Venezuela: capital, ubicación, lengua oficial, etc.

El texto

Entrevistas → p. 255

OPCIÓN (A) Resumir información por medio de palabras clave

1 Divide la entrevista en párrafos temáticos e indica los temas de cada uno.
2 Apunta las palabras clave de cada uno de estos párrafos temáticos.
3 Resume la información de la entrevista basándote en las palabras clave de la tarea 2.

OPCIÓN (B) Analizar y comentar un punto de vista

1 Describe a Juan Carlos Méndez Guédez.
2 Analiza lo que dice el escritor sobre el tema de la inmigración y lo que espera de la política en España.
3 Comenta la frase: «todos deberíamos ser extranjeros alguna vez en la vida porque seríamos mejores personas» (ll. 35–37).

ENTREVISTA

La casa que me esperaba

Juan Carlos Méndez Guédez (Barquisimeto, Venezuela, 1967) es una de las voces más celebradas de la narrativa venezolana de la última década. Es autor de ***Una tarde con campanas*** *(2004), un ejemplo de la llamada «literatura inmigrante» en España. Las siguientes líneas fueron recogidas en su casa de Madrid, donde reside.*

¿Cómo fue su proceso de adaptación a su llegada a España? • Rápido y cada vez más intenso. Es como si aquí hubiese estado siempre una casa que me esperaba, unos amigos que pedían cervezas para mí porque aunque no me conociesen sabían que en cualquier momento de la noche me sentaría a reír con ellos.

¿Por qué no regresó a Venezuela? • Soy feliz en una ciudad donde la gente queda para cenar a las once de la noche, y en la que sólo ves militares en los desfiles del 12 de octubre. Una ciudad así merece la pena. Pero mejor no digamos nunca, digamos que sigo aquí y que todavía no he regresado.

¿Cómo ha afectado la distancia su visión de Venezuela? • Lo primero que hago cada mañana es mirar los periódicos venezolanos; en la noche es posible que haya soñado que estoy en Caracas o en Barquisimeto; por eso no creo que me encuentre distante. Vivo en una imaginación que me conecta con Venezuela y con España como si fuesen una continuidad, una calle de distintos colores.

¿Hay algo que todavía eche de menos de Venezuela? • De Venezuela extraño los diminutivos, los abrazos y los besos que nos damos diariamente y a cada minuto. Aquí son afectuosos, pero hasta que comprenden tus costumbres piensan que eres un obseso sexual.

¿Cómo ha afectado la experiencia migratoria su vida y su oficio? • Dije en alguna ocasión que todos deberíamos ser extranjeros alguna vez en la vida porque seríamos mejores personas.
Yo quizás no soy mejor, pero soy diferente al que se bajó de un avión en Madrid en 1996. Viajar te reconcilia con la flexibilidad; con la mutación; con la posibilidad de ser uno y muchos.

En *Una tarde con campanas* usted propone un acercamiento al fenómeno de la inmigración. ¿De dónde surge esta motivación? • Es una historia que necesitaba contar. Algo que veían y contemplaban mis ojos y que no pude dejar de escribir. Me pareció que de nuevo se escenificaba mi vida de infancia: sólo que ahora los niños asustados que llegaban a un colegio extraño no eran gallegos, canarios, italianos o portugueses que comenzaban a vivir en Caracas, sino que eran venezolanos, colombianos, ecuatorianos o peruanos que empezaban una nueva vida en Madrid.

El tema de la inmigración fue uno de los puntos más álgidos en las pasadas elecciones generales y, sin duda, continúa siendo una de las mayores preocupaciones del gobierno español y de la Unión Europea. ¿Sigue habiendo un lugar para los inmigrantes en España? • Venezuela fue un mejor país gracias a los miles y miles de españoles que vivieron entre nosotros. Espero que España comprenda eso, y que terminen por desinflarse esos discursos étnicos que desde la izquierda y la derecha están intentando limitar el espacio digno que merecen quienes aquí trabajan, pagan impuestos, y generan riqueza cultural y económica.

Yo en lo personal sigo subrayando que este es un lugar generoso, receptivo. La España que yo vivo mañana a mañana es mucho mejor que la que leo en los discursos políticos de los periódicos.

17 **los desfiles del 12 de octubre** Militärparade am Nationalfeiertag 17 **merecer la pena** es wert sein, sich lohnen 28 **echar de menos a/c / a alg.** etw./jdn. vermissen 29 **extrañar a/c / a alg.** echar de menos a/c / a alg. 29 **el diminutivo** Verkleinerungsform (z. B. pequeñito/-a) 39 **reconciliarse con alg.** sich mit jdm. versöhnen 44 **surgir de** *aquí* venir de 45 **contemplar a/c** mirar a/c con calma 48 **asustado/-a** con miedo 55 **álgido/-a** *aquí* importante 62 **desinflarse a/c** *aquí* perder importancia 64 **digno/-a** *etwa* angemessen 66 **generar** crear 68 **generoso/-a** a quien le gusta dar o regalar 68 **receptivo/-a** a quien le gusta recibir

Competencia intercultural

1 Explica la frase: «Aquí son afectuosos, pero hasta que comprenden tus costumbres piensan que eres un obseso sexual» (ll. 31–33).

2 Entre todos, reunid ejemplos de diferencias culturales que conozcáis. Explicad qué malentendidos puede haber cuando una persona no conoce estas costumbres.

Comprensión audiovisual

Vídeo

3a Imagina de qué tratará el reportaje basándote en los fotogramas.

1 0:25

2 2:44

3b Mira el reportaje y describe qué imágenes se muestran del barrio de El Raval en Barcelona. ¿Qué efecto producen en ti?

Vídeos → p. 256

3c Vuelve a ver el reportaje y apunta lo que dice Juan sobre:

- los niños de origen migrante
- por qué no regresó a su país natal
- su llegada a España
- qué echa de menos de su país natal

3d Compara las respuestas de Juan con las de la entrevista que acabas de leer: ¿qué aspectos tienen en común y cuáles se diferencian?

Los nuevos emigrantes españoles

Acercarse al tema

Estadísticas → p. 259

1 Describe la estadística y compara la situación de España con la de los otros países.
2 Relacionad la estadística con el título del texto y formulad hipótesis: ¿de qué tratará el texto?

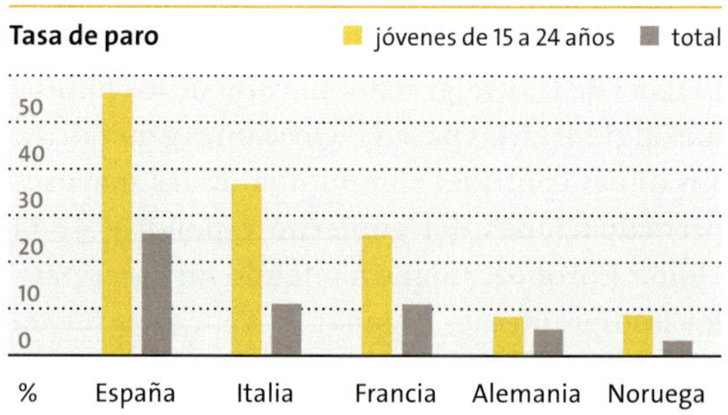

Fuente: Eurostat, 2012

El texto

Textos informativos → p. 255

OPCIÓN A Ordenar la información de un texto

1 Resume las características de los nuevos emigrantes españoles.
2 Busca en el texto las razones por las cuales ellos se marchan y qué esperanzas tienen para su futuro.
3 Explica qué consecuencias traerá la fuga de cerebros para España según el texto.

OPCIÓN B Analizar la estructura así como el efecto de un texto

1 Resume la información principal del texto.
2 Analiza la estructura del texto: ¿qué tipo de texto es y qué partes lo caracterizan?
3 Explica la postura de la periodista ante la situación en España. Justifica con citas.
4 Explica qué efecto provoca el estilo del lenguaje en el lector.

Emigrantes otra vez

Giro de 180 grados. En esta década, la emigración volverá a superar a la inmigración en España. Cada año se marcharán medio millón de personas por la falta de trabajo y perspectivas. En torno al 10 %, españoles.

Partir es morir un poco. Dejar atrás la familia de uno, los amigos de uno, el barrio de uno, la ciudad de uno … Decidirlo. Cargar la maleta. Cerrar las puertas de la casa de uno (si es que tiene) para abrir otra (si es que la consigue) de la que aún no se tiene llave. Decir basta y marchar voluntariamente y/o por necesidad.

Y uno se va. *Las ilusiones perdidas,* titulaba un artículo de Concha Caballero en EL PAÍS: «No hay estadísticas oficiales sobre ellos. Nadie sabe cuántos son ni adónde se dirigen. No se agrupan bajo el nombre oficial de emigrantes. Son, más bien, una microhistoria que se cuenta entre amigos y familiares. 'Mi hija está en Berlín', 'Se ha marchado a Montpellier', 'Se fue a Dubai', son frases que escuchamos sin reparar en el significado exacto que comportan. Escapan a las estadísticas de la emigración porque suelen tener un nivel alto de estudios y no se corresponden con el perfil típico de lo que pensamos que es un emigrante. Quizá en las cuentas oficiales figuren como residentes en el extranjero, pero deberían aparecer como nuevos exiliados producto de la ceguera de nuestro país».

Así, los emigrantes económicos vuelven a ser una realidad en España (lo fueron durante todo el siglo XX y dejaron de serlo a finales de los ochenta). ¿Las razones para salir? Paro, precariedad en las pocas ofertas que se encuentran, políticas educativas que se consideran nefastas, recortes sociales. No hay trabajo, cinco millones de desempleados en las últimas cifras. España tiene los jóvenes más preparados, peor pagados y más parados de Europa. Ingenieros, técnicos, personal sanitario e investigadores que desean trabajar en lo suyo son los que más se están marchando. «Buscan dignidad laboral».

Caballero escribe en el artículo citado al inicio: «Aparentemente nadie se escandaliza por esta fuga de cerebros, lenta pero inexorable. No son, como dicen, una generación perdida para ellos mismos. Son una generación perdida para nuestro país y para nuestro futuro. Un tremendo error que pagaremos muy caro en forma de atraso, de empobrecimiento intelectual y técnico. Aunque todavía no lo sepamos».

Enfermero con destino a Noruega

En primavera, David Ríos, de 29 años, se incorporará a su nuevo puesto de trabajo en Noruega. No se va por elección propia. Dice que «ha enviado más de 1.000 currículos a empresas españolas». Sin suerte. Cada día dedica cuatro horas a aprender noruego.

Este enfermero y técnico de rayos se declara «decepcionado e insatisfecho» con la sociedad que le ha tocado. «Estudias y trabajas duro, y eso no se premia». Tras un año en el extranjero, con el inglés aprendido y nociones de sueco, pensaba que encontrar trabajo no sería complicado. El último fue de dependiente en una tienda. A sus padres, dice, no les entusiasma este viaje sin billete de vuelta. «Ellos saben lo que es ser inmigrante, vivieron en Francia y mi padre siempre me dice que en el extranjero eres ciudadano de segunda. Y yo respondo que aquí tampoco me siento ciudadano de primera».

Al fin del mundo

Ana Álvarez Simón, de 31 años, profesora de español en Barcelona, pondrá rumbo a Seúl en enero. Allí le esperan su pareja y una buena oportunidad. «Es mi trabajo ideal. Las condiciones, si las comparo con las de aquí, son de ciencia ficción».

Tuvo que consultar en el mapa la ubicación de Corea del Sur. Ana es profesora de español «por vocación», subraya. Llegó a cobrar cinco euros la hora por sus clases y veía cómo gente sin formación le «pasaba por delante» una y otra vez. «Al principio sentía rabia, luego se transformó en frustración». Pero eso ya es historia; ahora está entusiasmada con su «exilio asiático». Su pareja trabaja desde el pasado verano en la Universidad de Seúl, y ella lo hará a principios de año. «Por fin voy a tener un trabajo en el que me sienta valorada».

2 **el giro** Drehung, Kehrtwende 4 **en torno a** ungefähr 15 **dirigirse a** irse a 20 **reparar en a/c** reflexionar sobre a/c 21 **comportar** *aquí* incluir, tener 21 **escapar a a/c** *hier* (aus einer Statistik) herausfallen 28 **la ceguera** Blindheit 32 **la precariedad** Fehlen von Stabilität und Sicherheit 34 **nefasto/-a** unheilvoll 35 **el recorte social** Sozialabbau 44 **la fuga de cerebros** la emigración de jóvenes profesionales y científicos 44 **inexorable** unerbittlich 48 **el atraso** *hier* Rückständigkeit 49 **el empobrecimiento** Verarmung 56 **el técnico de rayos** Spezialist für Röntgenstrahlen 59 **tener nociones de sueco** Grundkenntnisse in Schwedisch haben 63 **el ciudadano de segunda** ... de segunda clase 70 **la ubicación** örtliche Lage

Expresión oral

© Andrés Rábago, 2009

Cuadros → p. 257

1 Describe y comenta el gráfico basándote en la información del texto «Emigrantes otra vez».

2 Ponte en el lugar de un/a joven que no encuentra un trabajo interesante después de terminar la Formación Profesional o la Universidad. ¿Te puedes imaginar emigrar a otro país para conseguir un empleo? ¿Por qué (no)? ¿A qué país/es irías?

Expresión escrita

Escribir una carta → p. 246

3 Asume el rol de una de las personas del reportaje y escribe una carta a un/a amigo/-a sobre tu situación laboral y tu proyecto de emigrar. Puedes ampliar la información acentuando tu estado de ánimo o añadiendo comentarios de otras personas acerca de tu proyecto (padres, amigos, etc.).

Escribir una carta → p. 246

4 Basándote en la cita de Concha Caballero (p. 219, ll. 43–50), escribe una carta al director de El País en la que expreses tu opinión sobre la fuga de cerebros de España. Comenta también las consecuencias de este fenómeno tanto para España como para los países de destino como Alemania.

Mediación

Mediationstext → p. 270

5 Tienes un amigo español que es enfermero y está parado. Basándote en el artículo «Deutschland wirbt gezielt spanische Arbeitskräfte an» (p. 270), escríbele un e-mail y explícale cómo ves sus posibilidades de encontrar empleo en Alemania.

Comprensión auditiva

6a Lee la introducción de la entrevista que vas a escuchar y explica quién habla:

Durante los años 60 y 70 explotó la emigración española. Algunos partían por motivos políticos, otros por falta de trabajo. Al llegar al país de acogida, los primeros tiempos no siempre eran fáciles: muchos emigrantes no hablaban el idioma del país y se encontraban solos. Sin embargo, muchos de ellos tuvieron la oportunidad de mejorar su calidad de vida gracias a la emigración. A continuación, comparto con vosotros una entrevista que le hice a mi madre donde ella cuenta sus experiencias migrantes al llegar a Alemania.

25

6b Escucha la entrevista y decide si la señora ve su experiencia migratoria como algo generalmente positivo o negativo.

25

6c Escucha otra vez y apunta la siguiente información en una tabla:

Comprensión auditiva → p. 239

- las razones de la emigración
- las condiciones de vida de los emigrantes en Alemania (p. ej. el alojamiento y el tiempo libre)
- las relaciones con los alemanes (la lengua, la integración en la sociedad alemana)
- los hijos de la señora
- sus perspectivas de volver a España

Competencia intercultural

7 En la entrevista de la tarea 6, la señora habla de su deseo de jubilarse en España algún día, pero añade: «La adaptación será muy difícil ya que hemos vivido tantos años aquí». Comenta la afirmación.

La frontera de los sueños rotos

Acercarse al tema

Formula hipótesis sobre lo que podría ser «La frontera de los sueños rotos».

El texto

OPCIÓN A Presentar a los personajes de un reportaje

1 Define el papel que desempeñan las siguientes personas en la emigración de México a EE. UU.:
- los «sin papeles»
- la policía fronteriza
- los coyotes
- los conductores de furgonetas

2 Presenta a Efraín y cuenta lo que le pasó.

OPCIÓN B Analizar y comentar un reportaje

1 Explica brevemente la situación que se presenta en la región fronteriza entre México y EE. UU.

2 Analiza el efecto que el periodista quiere provocar en el lector teniendo en cuenta la manera en que presenta la situación de Efraín. Justifica tu análisis con citas.

3 Explica la siguiente frase: «Unas veces ganan unos. Otras, los otros. Pero siempre, siempre, pierden los mismos» (ll. 86–88).

Textos informativos → p. 255

Decenas de «sin papeles» tratan de cruzar cada día hacia Arizona por el desierto mexicano de Sonora – La policía de fronteras los deporta a cientos de kilómetros

Efraín tiene 27 años, los pies destrozados y los bolsillos vacíos. Nació en Puebla, en el centro de México, y desde mucho antes de dejar de ser un niño tuvo que trabajar en el campo. Su sueño, reunir los 1.200 dólares necesarios para emigrar sin papeles a Estados Unidos. El viernes consiguió por fin pisar tierra norteamericana. Pero sólo durante unas horas. La Border Patrol (policía fronteriza) lo localizó al llegar a Arizona: Efraín fue detenido y expulsado a México.

Ahora está de regreso en Altar, un pequeño pueblo de Sonora convertido en el parque temático de la emigración. Aquí llegan cada día oleadas de jóvenes de México y Centroamérica en busca de los coyotes (traficantes de personas) que, por mucho dinero, los conducen a través del desierto de El Sásabe hasta Estados Unidos. «Allí en Puebla», explica Efraín, «todos hablaban de Altar, pero cuando llegué, no me podía creer que todo estuviera tan a la vista…». Desde luego, llama mucho la atención que toda la vida del pueblo gravite alrededor de un negocio tan lucrativo llamado emigración… ilegal.

Decenas de casas de huéspedes. Decenas de casas de cambio. Decenas de tiendas destinadas a las necesidades de los migrantes: mochilas, mantas para la fría noche del desierto, calcetines gruesos, linternas, garrafones de agua, papel higiénico. Todo el mundo sabe que las grandes furgonetas cuyo rótulo pone «transporte especializado de servicio público de pasaje» están dedicadas a llevar, unos tumbados sobre los otros, a los migrantes hasta el desierto. Son más de 200 furgonetas. Efraín tuvo que pagar 1.000 pesos (unos 60 euros) para que lo llevaran hasta el desierto. Ahí estaba incluido el porcentaje para las mafias que controlan el camino, pero no el precio del coyote o pollero. Lo cuenta, entre sonrisas, sin esconderse, el propietario de una de las furgonetas. El periodista le pregunta cuánto le costaría la travesía hasta el desierto de El Sásabe: ▸

1 **los «sin papeles»** los inmigrantes indocumentados 1 **cruzar** überqueren, *hier* die Grenze überschreiten 1 **el desierto** Wüste 2 **deportar a alg.** jdn. abschieben 3 **destrozado/-a** destruido/-a, herido/-a 9 **pisar tierra norteamericana** llegar a EE. UU. 12 **detener a alg.** jdn. verhaften 12 **expulsar a alg.** jdn. ausweisen 18 **a través de** durch 22 **estar a la vista** *aquí* ser evidente 24 **gravitar alrededor de a/c** *hier* sich um etw. drehen 26 **la casa de huéspedes** Pension 26 **la casa de cambio** Wechselstube 29 **la linterna** Taschenlampe 30 **el garrafón de agua** una gran botella de agua 31 **la furgoneta** Kleinlaster 33 **unos tumbados sobre los otros** aufeinander liegend 39 **el pollero** el coyote

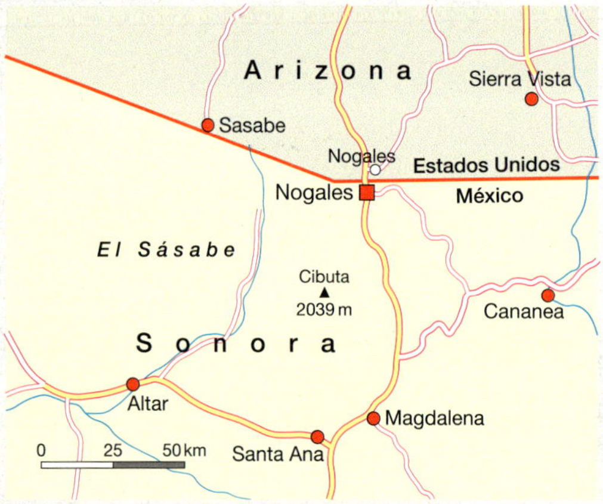

— A usted le cobraría 1.000 pesos, pero la mayor parte no es para mí, es para que la mafia me deje pasar.

— ¿Y en eso está incluido el coyote?

— No, hombre, no. El coyote es aparte. A ese le tendrá usted que pagar mucho más. Un buen coyote le cobrará 1.000 dólares por dejarlo en Estados Unidos.

— ¿Y dónde consigo yo un coyote?

— Pero, hombre, cómo me pregunta usted eso… Mire a su alrededor. Este es el pueblo de los coyotes, de los polleros…

No hay secretos en Altar. El que paga, pasa. El que no, no. Seis jóvenes de Chiapas cuentan su experiencia. «Intentamos pasar hace tres días. Sólo teníamos dinero para pagar el taxi. Y nos dejó en el desierto. Estuvimos dos noches esperando a poder cruzar. Hasta que aparecieron unos muchachos, con pistolas, y nos obligaron a regresar. Se ve que todo está muy organizado. Y nosotros no tenemos dinero para coyotes. Regresaremos a Chiapas».

«Las autoridades de Arizona», cuenta un alto funcionario mexicano, «tratan de romper el vínculo entre el migrante que está siendo detenido en frontera y la persona que lo ha ayudado. Si te detienen en Nogales, te echan por otro extremo de la frontera. Así, esa persona se queda sin nada, sin un peso en el bolsillo, tal vez herido y solo, en una situación muy vulnerable. La patrulla fronteriza ha establecido grandes centros de detención de inmigrantes. Desde ahí, los montan en autobuses y los llevan lejos, a cientos de kilómetros. Y entre esos deportados hay mujeres y niños en situaciones lamentables…».

Efraín tiene los pies vendados. Está sentado sobre una cama de la pensión La Palma, en la calle principal de Altar. Los pesos por valor de 900 euros que reunió durante años ya están en el bolsillo del coyote, que ya espera en la plaza y a la vista de todos -camisa negra, sombrero norteño, cerveza bien fría- a su próximo cliente. Cuando llegue, empezará de nuevo el juego entre los coyotes y los policías fronterizos. Unas veces ganan unos. Otras, los otros. Pero siempre, siempre, pierden los mismos.

43 **cobrar** Geld verlangen, kassieren 65 **las autoridades** die Behörden 66 **el vínculo** la relación 72 **vulnerable** verletzlich, verwundbar 73 **el centro de detención** Untersuchungsgefängnis 78 **vendado/-a** verbunden

Examen oral

Expresión oral

Punto final

1a Necesitáis una foto para un cartel que lleva el título «La frontera de los sueños rotos». Trabajad en parejas: cada uno/-a elige una de las fotos de las páginas 206 – 207 y se la describe al/a la otro/-a.

Fotos → p. 257

1b Intenta convencer a tu compañero/-a de que tu foto es la mejor para el cartel. Discutid durante cuatro minutos. Al final, tenéis que decidiros por una de las fotos.

Una canción para el vecino

Acercarse al tema

Lee la introducción de la canción que estás por escuchar y mira el cartel. Expón tus impresiones: ¿quién canta? ¿A quién se dirige? ¿Por qué razón?

That's right.
Ésta va pa' mi vecino.
Ojalá que nos podamos entender un poco mejor.
Je, je, je, that's right.

La canción

OPCIÓN A Escuchar y comprender una canción

26

1 Escucha la canción y apunta los temas que se tratan.

2 Trabajad en parejas. Intercambiad vuestros resultados de la tarea 1 y poneos de acuerdo sobre cuál es el tema de la canción.

Comprensión auditiva → p. 239

3 Vuelve a escuchar la canción y decide cuáles de las siguientes afirmaciones son correctas. Luego verifica con la letra de la canción (p. 224) si has elegido las opciones correctas.

El cantante...
a) ... le pide a su vecino que no le tenga miedo.
b) ... critica a la policía fronteriza.
c) ... afirma que no hay mucha diferencia entre él y su vecino aunque tengan un aspecto físico diferente.
d) ... describe las malas condiciones de vida en su país de origen.
e) ... reconoce que algunos inmigrantes roban.
f) ... describe los trabajos que los inmigrantes hacen para su vecino durante todo el año.
g) ... describe la soledad y la tristeza que siente por estar separado de su familia.
h) ... habla del miedo de ser deportado.
i) ... le recuerda a su vecino que casi todos los habitantes de EE. UU. tienen alguna historia de migración en su familia.
j) ... dice que ha venido a EE. UU. para trabajar y para poder mantener a su familia.

OPCIÓN B Analizar y comentar una canción

26

1 Escucha la canción e indica de qué trata, quién canta y qué quiere lograr.

2 Trabajad en tres grupos con la letra de la canción. Cada grupo analiza el efecto de una de las tres estrofas:
   1. Resumid el contenido en una o dos frases.
   2. Interpretad las razones y los argumentos que da el cantante.
   3. Analizad los recursos estilísticos utilizados:
      - la repetición
      - la enumeración
      - la pregunta retórica
      - la personificación

Canciones → p. 253

B2 Recursos estilísticos → p. 250

3 Comenta la postura del vecino tal como aparece en la canción.

Vecino

Esta es una carta a mi querido vecino
de ojos azules a quien le dicen «gringo».
Quiero saber qué bronca tenemos.
Hablas mal de mí sin conocernos.
¿Por qué tanto odio si te vine a ayudar
pa' que mires la tele en tu lindo sofá?
Me criticas porque vengo a trabajar.
Por medio de mi sudor voy a completar.
No vengo a pedir ni a que me regales.
Vengo por el dólar y a mi familia darles.
Tu país es muy grande y necesita de mí.
Si no hubiera trabajo,
no estuviéramos aquí.
Tus abuelos —¡recuerda!—
hicieron mi oficio.
Llegaron como inmigrantes en busca
de lo mismo.
Estudia la historia de este país y verás
que todo el mundo vino a construir.

Vecino (vecino). No te vine a robar.
Vengo con sueños — ojalá comprenderás.
Vecino (vecino). No te vine a pedir.
Vengo a trabajar — no vine a sufrir.
…

Tu gobierno anuncia que ya no me quiere.
Pone en los cerros láminas de paredes.
Construimos un túnel y pasamos allí -
por abajo de tus pies entramos al país.
Déjame, te explico un poquito de mí,
para que conozcas lo que hago pa' vivir:
en el otoño recojo tus hojas al caer,
en el invierno te quito la nieve de tu andén,
en primavera siembro y acomodo tu jardín,
pa' que en el verano tus hijos jueguen allí.
Han pasado cinco años y mira los míos.
Sé que están bien porque en las fotos los miro.
Me hacen mucha falta. Extraño sus abrazos.
Aprieto el teléfono cuando platicamos.
Me acuesto por las noches con mi amiga soledad.
Esperanza me levanta y me da ganas de chambear.

Vecino (vecino) …

No llegué por barco ni siquiera en avión.
Me vine caminando cruzando cerros a montón.
Soy inmigrante y no hay vuelta que darle.
Tú también eres — chequea tu sangre.
Si tienes piel clara no eres de aquí,
si tus ojos son azules pa' qué decir.
Yo también quiero el sueño americano
como los europeos y los africanos.
Sé que te gusto: comes mi comida.
Sé que te gusto: me pides ayuda.
No me tengas miedo si no me parezco a ti.
Si me quito la piel soy igualito a ti.
Soy tu vecino y pa' siempre seré.
Aprende el español y yo el inglés,
pa' podernos entender mucho mejor.
Sacaremos adelante esta gran nación.

Vecino (vecino) …

3 **el/la gringo/-a** el/la estadounidense (de origen europeo) 4 **tener bronca con alg.** pelearse con alg., tener problemas con alg. 7 **pa' que** para que 7 **lindo/-a** *lat. am.* bonito/-a 9 **por medio de** *aquí* con 9 **el sudor** Schweiß 16 **el oficio** el trabajo 26 **el cerro** la colina, *aquí* la frontera 26 **las láminas de paredes** *etwa* Blechwände (des Grenzzauns) 31 **recoger** aufsammeln, *hier* kehren 32 **el andén** *lat. am.* Bürgersteig 33 **sembrar** säen, bepflanzen 37 **me hacen mucha falta** sie fehlen mir sehr 37 **extrañar** *lat. am.* echar de menos 38 **apretar** *hier* umklammern 38 **platicar** *mex.* hablar, charlar 40 **chambear** *lat. am.* trabajar 43 **a montón** zuhauf 44 **no hay vuelta que darle** es así, es la verdad 45 **chequear** examinar, controlar 47 **pa' qué decirle** *hier* schon gar nicht 52 **parecerse a alg.** jdm. ähneln 57 **sacar adelante a/c** etw. voranbringen, etw. vorwärtsbringen

Expresión escrita

Escribir un artículo de blog → *p. 245*

1 Extrae toda la información sobre la vida, los sueños y los problemas de los inmigrantes latinos en EE. UU. que encuentres en la canción. Luego escribe un artículo de blog desde el punto de vista de un/a inmigrante latino/-a en el que describes tu situación en EE. UU.

Escribir un comentario → *p. 243*

2 El cantante dice que «[él] también quier[e] el sueño americano» (l. 48). Busca información sobre el sueño americano (por ejemplo, en Internet). Después escribe un comentario:

- ¿En qué se basa el «sueño americano»?
- ¿Qué esperanzas refleja?
- ¿Qué opinas tú de este concepto?

Expresión oral

Cómics → p. 258

3a Describe e interpreta el cómic sobre una familia hispana en EE. UU. basándote en las ll. 12–14 y 31–34 de la letra de la canción.

3b Describe e interpreta el cómic sobre Juan Alien basándote en tus resultados de la tarea 2.

el muro *aquí* la frontera entre EE. UU. y México • **deportar a alg.** jdn. abschieben • **los anteojos** *lat. am.* las gafas • **borroso/-a** verschwommen

Mediación

Mediación → p. 248

4a Estás escuchando la canción «Vecino» con un amigo. A él le gusta mucho, pero no sabe español y te pregunta quién es el «vecino», de qué trata la canción y cuál es su mensaje. Cuéntaselo en alemán.

4b Tu amigo quiere saber más sobre la situación de los inmigrantes hispanos en EE. UU. En Internet encontráis las siguientes noticias. Resúmele la información en alemán. Explícale también qué crees que está pasando en la foto.

El voto latino contribuyó a la reelección de Barack Obama

El fuerte apoyo de los latinos, el grupo demográfico de más rápido crecimiento en EE. UU., ayudó a inclinar la suerte del presidente Barack Obama para asegurar un segundo mandato en la Casa Blanca.

© Los Tiempos, 8/11/2012

Los recién nacidos blancos ya no son mayoría en EE. UU.

Por primera vez en la historia de Estados Unidos, una minoría de los recién nacidos son blancos [...]. El crecimiento de la población hispana, con un alto índice de natalidad, así como de la minoría asiática, confirma una tendencia esperada desde hace varios años.

© El País, 17/5/2012

Suspenden deportaciones de jóvenes inmigrantes en EE. UU.

El gobierno de Estados Unidos anunció hoy que detendrá la deportación de cientos de miles de estudiantes indocumentados, quienes podrán recibir además permisos temporales de trabajo.

© www.informador.com.mx, 15/6/2012

8 **el alto índice de natalidad** hohe Geburtenrate 10 **suspender a/c** etw. (vorübergehend) unterbrechen, aussetzen 10 **la deportación** Abschiebung 11 **detener a/c** etw. stoppen

Odisca del norte

Acercarse al tema

El protagonista de la novela que estás por leer es un inmigrante indocumentado en EE. UU. que afirma: «Por lo menos estoy vivo. Con eso tengo bastante». Imagina en qué contexto ha dicho esto.

El texto

Textos narrativos → p. 249

OPCIÓN (A) Acercarse a un personaje literario de manera creativa

1 Resume la información sobre el protagonista, Calixto.
2 Elabora un esquema que represente la situación en la que se encuentra Calixto. Luego formad grupos y explicaos mutuamente los esquemas.
3 Prepara cinco preguntas que le harías a Calixto. ¿Qué te gustaría saber? Imagina las respuestas y redacta la entrevista.

OPCIÓN (B) Comprender y analizar un texto literario

1 Describe las circunstancias del accidente.
2 Analiza cómo el narrador presenta la situación de los inmigrantes ilegales en los EE. UU. Ten en cuenta:
   - el dilema del protagonista,
   - las afirmaciones de los espectadores que rodean el lugar del accidente,
   - la función de los contrastes presentados en el texto.

«¡Hoy será un precioso día en Washington!» exclamó la voz de la radio. «Cielo azul despejado, con temperatura en los 70 grados, soleado sin pronóstico de lluvia. ¡Perfecto día de primavera!».

Dos agentes de la policía hacían sus rondas por el barrio Adams Morgan, con las ventanas del carropatrulla abiertas para recibir la brisa fresca [...]. La metálica voz del transmisor de la central de policía los sacó de sus cavilaciones, ordenándoles dirigirse de inmediato a un edificio en la calle Harvard situado frente al parque zoológico, a escasos minutos de donde se hallaban.

Cuando llegaron al lugar indicado, tuvieron que abrirse paso entre los numerosos vecinos que habían acudido a los gritos desesperados de una mujer.

Ordenaron a la gente que se apartara y pudieron entonces apreciar la causa del tumulto: un cuerpo despatarrado como pegado al cemento caliente. [...]

Calixto se encontraba entre los espectadores, atemorizado, boquiabierto, lívido, sin poder decir una palabra sobre la tragedia; incapaz de atestiguar que cuando limpiaban el lado exterior de las ventanas del octavo piso, la cuerda atada a la cintura de su compañero se rompió. Temía que lo culparan a él por la muerte y terminara en la cárcel, si es que no lo deportaban por indocumentado. «Entonces», pensaba, «¿quién va a mantener a mi familia?».

El intendente del edificio observaba la escena desde el vestíbulo. Tampoco estaba dispuesto a abrir la boca. Temía perder el trabajo por permitir que limpiaran ventanas a semejante altura sin disponer del equipo apropiado para tan peligrosa faena. Descubrirían que empleaba indocumentados y les pagaba una tercera parte de lo que una compañía de limpieza normalmente cobraba.

La sirena de la ambulancia irrumpió en el vecindario con tal estridencia que asustó a los animales del zoológico. El león rugió como si protestara por el bullicio.

Los enfermeros se abrieron paso y extendieron la camilla en el suelo cerca del cuerpo. Al cabo de un corto examen, uno de ellos dijo secamente: «Ya está muerto», confirmando lo que todos sabían.

—¿Quién era? —preguntó un enfermero al policía—. ¿Cómo se llamaba?

—No se sabe. Nadie parece reconocerlo.

—Por las facciones de la cara diría que era latino —afirmó el otro enfermero al observar de cerca al cadáver.

—Quizás lo era —comentó el agente—. Esos siempre andan metidos en problemas.

—Posiblemente era de Centroamérica —dijo una señora, apretando la cartera contra su pecho. En este barrio viven muchos de ellos. Ustedes saben, vienen huyendo de los problemas en sus países...

—Si no era de El Salvador seguramente era de Guatemala —afirmó un enfermero—. Aunque ahora vienen de todas partes. De Bolivia, Perú, Colombia. [...]. Muy pronto Washington parecerá Latinoamérica.

—Pobres diablos —dijo el otro enfermero—. Mueren lejos de su tierra, desconocidos.

En el zoológico, mientras tanto, el fuerte rugido del león fue correspondido por el de la leona. La pareja de felinos, ajena a los conflictos que se desarrollaban en sus alrededores, consumaba la reproducción de su especie, parte del antiguo ritual de primavera.

Los enfermeros metieron el cadáver en la ambulancia. Se marcharon los policías. Los curiosos desaparecieron. Una extraña mancha roja quedó dibujada en el cemento.

Calixto se internó en el zoológico y caminó distraídamente entre las jaulas de los animales, pensando en su compañero que tan sólo media hora atrás le comentaba que ya había comprado el boleto del avión para regresar a su país, donde planeaba abrir una tienda de abarrotes con los ahorros de cinco años de intenso trabajo en Estados Unidos.

De pronto, Calixto se percató de que solamente en cosa de minutos se había quedado sin empleo, lo cual le afligió sobremanera al recordar que para conseguir el trabajo de limpiar ventanas, le había tomado cerca de mes y medio de constante búsqueda.

Permaneció en el zoológico el día entero y, mientras se debatía internamente entre regresar a su país o continuar buscando fortuna en Washington, recorrió el lugar varias veces de extremo a extremo. Cuando cerraron el parque se echó a caminar por largas calles con extraños nombres, hasta que por fin anocheció y no tuvo más remedio que regresar a su morada: un apartamento de un dormitorio que ocupaban veinte personas.

«Por lo menos estoy vivo», dijo para sí. «Con eso tengo bastante».

2 **despejado/-a** *aquí* azul 3 **70 grados (Fahrenheit)** *aprox.* 21°C 6 **el carro-patrulla** *lat. am.* el coche que usa la policía 9 **la cavilación** el pensamiento 12 **hallarse** encontrarse, estar 15 **acudir** sich einfinden, herbeieilen 16 **apartarse** *hier* aus dem Weg gehen, zurücktreten 18 **despatarrado/-a** *etwa* mit gespreizten Beinen 18 **pegado/-a a** festgeklebt an 20 **lívido/-a** pálido/-a, con miedo 21 **atestiguar** bezeugen 23 **la cuerda** Seil 23 **atado/-a** festgebunden 23 **la cintura** Taille 25 **la cárcel** Gefängnis 26 **deportar a alg.** mandar a un/a inmigrante a su país de origen, expulsar 27 **mantener a alg.** *aquí* dar de comer a alg., dar dinero a alg. 28 **el/la intendente** *hier* Hausverwalter 30 **el vestíbulo** Eingangshalle 40 **emplear a alg.** dar trabajo a alg. 44 **irrumpir** eindringen 45 **la estridencia** *hier* schriller, lauter Ton 46 **rugir** (Löwe) brüllen 47 **el bullicio** el ruido 49 **la camilla** Trage, Bahre 50 **el examen** *hier* (medizinische) Untersuchung 55 **las facciones de la cara** los rasgos de la cara 61 **la cartera** *lat. am.* Handtasche 71 **el rugido** (Löwe) Brüllen 73 **el felino** Raubkatze 73 **ajeno/-a a** sin conocer, sin interesarse por 74 **consumar** completar, acabar 78 **la mancha** Fleck 80 **internarse** entrar 81 **la jaula** Käfig 85 **la tienda de abarrotes** *mex.* Lebensmittelgeschäft 85 **los ahorros** el dinero que uno tiene en el banco 87 **percatarse de a/c** darse cuenta de a/c 89 **afligir a alg.** poner triste a alg. 89 **sobremanera** muchísimo 94 **buscar fortuna** sein Glück versuchen 96 **echarse a hacer a/c** empezar a hacer a/c 99 **la morada** el sitio donde uno vive

Expresión escrita

1 Redacta una breve noticia sobre el accidente.

2 Calixto reflexiona sobre el dilema de su situación actual y de su posible futuro. Escribe un monólogo interior.

Redactar textos creativos → p. 245

Expresión oral

3 Prepara una charla de tres minutos titulada «Vivir en la ilegalidad»:

- Extrae del texto toda la información que refleje las consecuencias de vivir en la ilegalidad. Si tienes más información, puedes añadirla.
- Basándote en tus apuntes, comenta las circunstancias de vida de los inmigrantes latinos ilegales en EE. UU.

Presentar un tema → p. 240

Punto final

¿Hablas spanglish?

Acercarse al tema

Identifica en las líneas 16 – 28 del texto qué expresiones sirven para hablar de estadísticas y apúntalas.

El texto

Estadísticas → *p. 259*

Textos informativos → *p. 255*

OPCIÓN (A) Describir una estadística

1. Observa las estadísticas sobre el dominio del inglés y del español, así como del uso del spanglish en inmigrantes hispanos. Luego describe cómo se desarrollan ambos fenómenos a través de las tres generaciones de inmigrantes en EE. UU.
2. Lee el texto informativo y determina qué otra informacion se da sobre la segunda generación de hispanos en EE. UU.

OPCIÓN (B) Analizar y comentar un texto periodístico

1. Resume la información que da el texto sobre el spanglish. Fíjate también en la estadística «Uso del spanglish».
2. Explica por qué Adriana es una chica «típica» (l. 8) de su generación.
3. Comenta la afirmación de Cristina Burgos (ll. 46 – 50).

«En mi casa hablo en español, aunque entre mis hermanos hablamos en inglés. Me encantan las telenovelas y las vemos en familia. Me gusta el rock, pero mi papá pone rancheras», dice Adriana, una adolescente que nos encontramos en la secundaria Bell High School en el este de Los Angeles, California.

Adriana es típica de la segunda generación de inmigrantes en ese ir y venir entre dos mundos y dos idiomas: el español de sus padres mexicanos, y el inglés en el que estudia y socializa con otros jóvenes.

Las familias inmigrantes usualmente siguen una trayectoria en el que el dominio del idioma nuevo aumenta con cada nueva generación, que a la vez va perdiendo el idioma de los padres.

El porcentaje de niños hispanos que no dominan el inglés disminuye marcadamente de una generación a otra. Mientras que en la primera generación el porcentaje alcanza el 43%, en la segunda es del 21% y en la tercera, 5%.

Pero la rápida adopción del nuevo idioma no necesariamente significa la pérdida del español. Ocho de cada diez jóvenes de la segunda generación dominan el español, lo cual significa que son bilingües.

En esta generación, la frontera entre ambos idiomas es borrosa, y siete de cada diez confiesan

utilizar frecuentemente el híbrido mejor conocido como spanglish.

«Por ejemplo, I'm talking with my friends and sometimes Spanish gets mixed in with the English and you're like, hey, como estás, I saw you the other day », dice Ilyn, una latina de 15 años que quiere mostrarle a BBC Mundo cómo suena el spanglish.

Dominio del idioma según la generación (jóvenes de 16 a 25 años de edad)

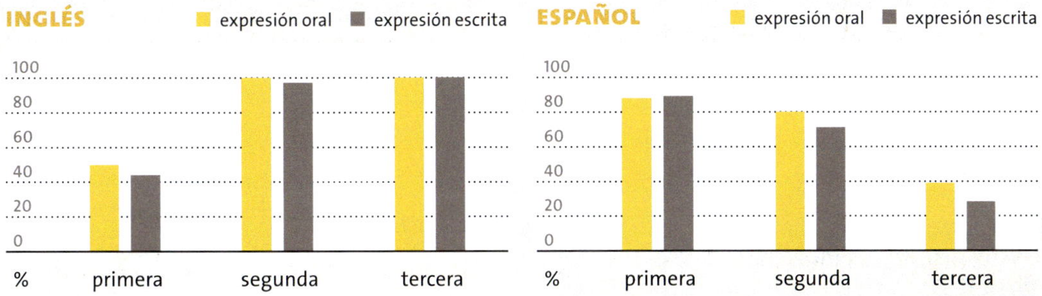

Comunicarse en spanglish

El spanglish, que antes era condenado como un mal uso del idioma, cada vez es más utilizado en los medios de comunicación latinos.

Cristina Burgos, quien vive en Los Angeles y escribe un blog en spanglish, dice que «hace algunos años nos criticaban por hablarlo, decían que éramos perezosos y no podríamos hablar ni un idioma ni el otro. Pero ahora es aceptable y lo ves en comerciales, en la televisión, en los carteles. Es una tendencia del mercado».

Para Burgos, «es un código, porque si hablas spanglish y conoces a alguien que también lo habla, inmediatamente sabes que esa persona es bilingüe y que te puedes comunicar en un nivel más profundo porque también es bicultural». Ese biculturalismo se refleja en la creación de nuevos canales de televisión que tienen como mercado objetivo la segunda generación de hispanos. Yarel Ramos es la presentadora de un programa sobre música regional mexicana llamado «Reventón», en el que pasa de un idioma a otro de oración a oración y sin ninguna dificultad. Ramos explica que «escuchaba música regional mexicana cuando pequeña a través de mis padres. Mi programa presenta esta música con una onda más juvenil, para que la música adquiera otro sentido», añade.

USO DEL SPANGLISH

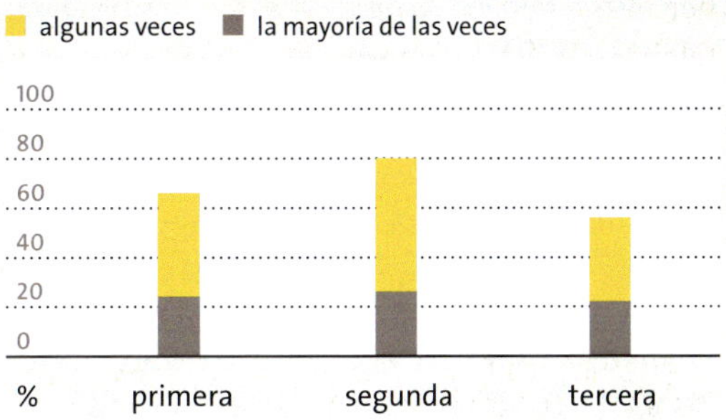

Fuente: Centro Hispano Pew

Consumiendo in English

La segunda generación de hispanos ya está en la mira de compañías y medios que han visto su potencial como consumidores. «Esta generación es un mercado extremadamente importante y podría llegar a ser el futuro de Estados Unidos», dice David Morse, director general de la agencia de estudio de mercado New American Dimensions. «Cuando entran a la escuela generalmente hablan en español o son bilingües, pero para el momento en que se gradúan prefieren hablar en inglés», dice Morse.

«La gente automáticamente te empieza a hablar en español, sólo porque eres latina. Pero ser latina no necesariamente significa que hables en español, en mi familia se habla inglés», confirma Rosemary, quien también estudia en Bell High School.

4 **la ranchera (canción)** música popular mexicana 11 **socializar con alg.** *aquí* tener contacto con alg. 13 **el dominio (de un idioma)** Beherrschung 15 **ir perdiendo a/c** perder a/c poco a poco 16 **dominar (un idioma)** saber muy bien un idioma 21 **la adopción** *hier* Übernahme, Annahme 22 **la pérdida** Verlust 24 **ser bilingüe** tener dos lenguas maternas 26 **borroso/-a** impreciso/-a, difícil de ver 26 **confesar a/c** reconocer a/c, admitir a/c 27 **el híbrido** *aquí* la mezcla de dos idiomas 33 **sonar** klingen, sich anhören 36 **condenar a/c** etw. verurteilen, etw. verdammen 46 **el código** (Erkennungs-) Code 57 **la oración** la frase 60 **la onda** *aquí* el estilo 64 **estar en la mira de alg.** im Visier von jdm. sein 73 **graduarse** obtener un diploma universitario

Examen oral

Expresión oral

Punto final

1 Elige uno de los gráficos sobre la población latina en EE. UU. y coméntaselo a tu compañero/-a.

Estadísticas → p. 259

Procedencia de la población latina de EE. UU.

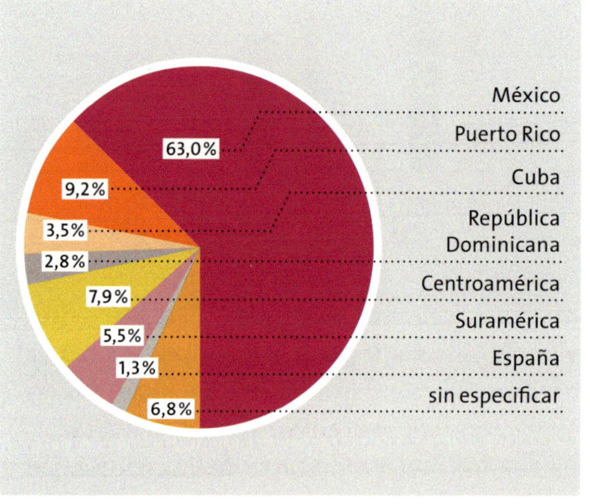

Población latina por estado

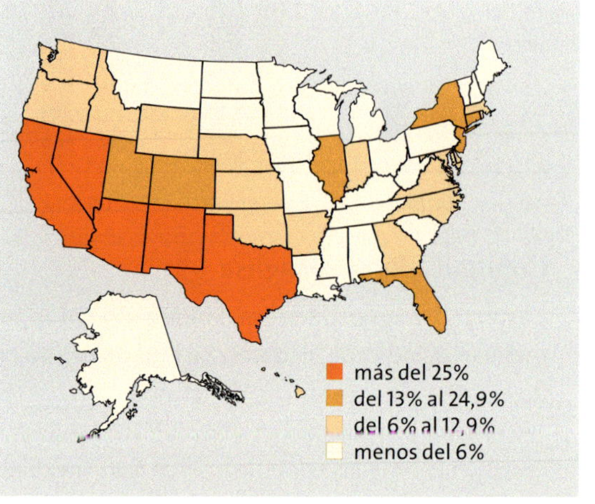

Fuente: U.S. Census Bureau, 2010

La discusión → p. 240

2 Entre 2000 y 2010 la población hispana en Estados Unidos creció un 43 por ciento. Se estima que, en menos de 50 años, vivirán unos 100 millones de latinos en EE. UU. En grupos de tres, discutid cómo este desarrollo va a influenciar tanto la cultura como el idioma que se habla en EE. UU.

Expresión escrita

Escribir un comentario → p. 243

3 Elige uno de los siguientes temas y escribe un comentario:
- ¿Cómo te imaginas el futuro lingüístico de EE. UU.? Incluye en tu comentario la información de las estadísticas de la página 229 y de la tarea 1.
- ¿Qué importancia tiene el dominio de la lengua del país de acogida para el proceso de integración de los inmigrantes?

Mediación

Mediationstext → p. 271

Mediación → p. 248

4 Una amiga argentina tuya está investigando sobre la situación de la población hispana en EE. UU. En Internet has encontrado el texto «Weiße, die neue Minderheit» (p. 271). Resúmele a tu amiga en español la información que da el texto tematizando los siguientes aspectos:
- la situación demográfica actual y pronosticada
- cómo se muestra la fuerte presencia de los hispanos en la vida cotidiana
- la historia de la inmigración en EE. UU.
- cómo se ven los diferentes grupos hispanos y mexicanos indígenas a sí mismos

Competencia intercultural

Estadísticas → p. 259

5a Haced una encuesta a los alumnos de vuestro curso y de los cursos paralelos: ¿qué lenguas hablan en sus familias, además del alemán? ¿Cuántos alumnos se consideran bilingües/biculturales? ¿Con quiénes hablan en qué lengua? ¿Sobre qué tema hablan mejor en qué idioma?

Punto final

5b Presentad los resultados de la encuesta en forma de gráfico o de diagrama.

5c Discutid los resultados de la encuesta en clase. ¿Hay alguna información que os haya afectado o sorprendido?

Un poema chicano

Acercarse al tema

La autora del siguiente poema –una chicana[1]– mezcla los idiomas español e inglés. Reunid ideas sobre las posibles razones.

1 **el/la chicano/-a** persona de origen mexicano que vive en EE. UU.

El poema

OPCIÓN (A) Hacer una lectura dramatizada de un poema

1 Trabajad en parejas. Leed el poema y aclaraos las palabras y expresiones que no hayáis comprendido.
2 Preparad la lectura del poema: Decidid con qué tono (alegría, tristeza, resignación, ironía, etc.) o énfasis se debe leer cada verso o palabra.
3 Practicad la lectura, también con gestos y mímica. Luego presentad el poema en clase.

OPCIÓN (B) Analizar y comentar un poema

1 Lee el poema y relaciónalo con la foto de la Falla de San Andrés.
2 Identifica los recursos estilísticos del poema e indica su función: las repeticiones, los contrastes, las imágenes y las metáforas, así como otras palabras o elementos que llamen la atención.
3 Explica qué sentimientos despierta en ti el poema. Comenta también cómo la representación gráfica influye en tu percepción.

Poemas → p. 253

B2 Recursos estilísticos → p. 250

Where you from?

Soy de aquí
y soy de allá
from here
and from there
born in L.A.
del otro lado
y de éste
crecí en L.A.
y en Ensenada
my mouth
still tastes
of naranjas
con chile
soy del sur
y del norte
crecí zurda
y norteada

cruzando fron
teras crossing
San Andreas
Tartamuda
Y mareada
where you from?
soy de aquí
y soy de allá
I didn't build
this border
that halts me
the word fron
tera splits
on my tongue

10 **Ensenada** ciudad en el estado mexicano de Baja California 17 **zurdo/-a** persona que escribe con la mano izquierda 18 **norteado/-a** sin orientación, perdido/-a 22 **tartamudo/-a** stotternd 23 **mareado/-a** schwindelig, seekrank

Competencia intercultural

1 Cuenta una situación en la cual uno se podría sentir tanto «de aquí» como también «de allá».

Mexicanos en el extranjero

Acercarse al tema

Fotos → p. 257

1a Rebeca es una mexicana que vive y trabaja desde hace cuatro años en Chicago, Estados Unidos. Los fotogramas la muestran en distintos ámbitos de su vida. Elige una de las cuatro imágenes y descríbela detalladamente.

1b Formula hipótesis sobre cómo se siente Rebeca en Chicago basándote en la imagen de la tarea 1a que acabas de describir.

2 Rebeca es entrevistada por una cadena de televisión mexicana. Lee las preguntas que le hace la periodista, después imagina las respuestas de Rebeca. Puedes utilizar las palabras del recuadro.

- En México, ¿qué estabas haciendo?
- ¿Qué fue lo más difícil ese primer tiempo que estuviste [en Chicago], esos primeros meses?
- ¿Es difícil abrirte paso como profesionista[1]?
- ¿La gente [en Estados Unidos], cómo es?
- ¿Qué has podido transmitir de tu cultura a la gente que te rodea aquí?
- ¿Qué planes tienes dentro de cinco años?

no darse besos • estudiar una maestría[2] • trabajar de arquitecta • tener experiencia en EE. UU. • el calor humano • la comida mexicana • relacionarse • no abrazarse • la construcción • no poder comunicarse • hablar inglés • la administración de proyecto • formas de tratarse • las costumbres • la forma de expresarse • los sabores • el dibujo • estudiar una especialidad

1 **el/la profesionista** *mex.* el/la profesional
2 **la maestría** Master (Studium)

El vídeo

Vídeo

Vídeos
→ p. 256

OPCIÓN A Comparar la información de un programa con las propias expectativas

1 Mira el vídeo y describe cómo se siente Rebeca en Chicago. Explica si coincide con tu hipótesis (*Acercarse al tema*, tarea 1b).
2 Vuelve a mirar el vídeo y apunta qué contesta Rebeca a las preguntas mencionadas arriba (*Acercarse al tema*, tarea 2).
3 Compara las respuestas de Rebeca con tus expectativas. Después relaciona sus respuestas con tu impresión general de cómo se siente Rebeca en Chicago.

OPCIÓN B Deducir el mensaje de un programa de televisión

1 Mira el vídeo y haz una lista:
- ¿Qué lugares les enseña Rebeca a los espectadores?
- ¿De qué temas habla?
- ¿Cuál parece ser el tema más importante para ella?

2 Explica cómo presenta Rebeca su país natal, México.
3 Discutid: ¿qué imagen de México y de los mexicanos en EE. UU. transmite el vídeo?

Mediación

Mediación
→ p. 248

1 Después de ver el vídeo en clase, te encuentras con un/a amigo/-a en el recreo que está planeando un viaje a Chicago. Explícale en alemán qué programa acabas de ver, resume lo que recuerdes de Rebeca y de su vida en Chicago y comenta qué imagen de los mexicanos en EE. UU. transmite el programa.

Mediations-text
→ p. 271

2 Tu amiga española, Laura, colabora con una ONG española que trabaja con inmigrantes de todas partes del mundo. Te contó que estaba buscando ideas para ofrecerles más posibilidades a los inmigrantes, pero que tenía dificultades para financiarlas. Tú acabas de leer el artículo «Mary Cantu, turning trash into treasures» (p. 271) en tu clase de inglés y has pensado inmediatamente en ella. Escríbele un e-mail contándole sobre el artículo. Para ello, enfócate en los siguientes aspectos:
- quién es Mary Elizabeth Cantu
- cómo funciona su organización «Spare PARTS»
- su aporte a la causa migrante

Expresión escrita

Escribir un artículo de blog
→ p. 245

3 Rebeca tiene un blog español llamado «Ser mexicana en Chicago». Redacta una entrada para el blog desde la perspectiva de Rebeca. Escribe sobre su situación en Chicago teniendo en cuenta la información del vídeo.

Expresión oral

4a Lee y comenta la siguiente definición sobre la integración de inmigrantes publicada por el Consejo Europeo.
4b Trabajad en grupos: presentaos vuestras conclusiones de la tarea 4a y discutidlas.
4c Relacionad la definición y vuestras conclusiones con la historia de Rebeca e intercambiad vuestras opiniones: ¿está completamente integrada? Justificad vuestras respuestas.

La integración es un proceso de ajuste bidireccional y continuo, dinámico y a largo plazo. Requiere la participación no sólo de los emigrantes sino de todos los residentes. El proceso de integración implica una adaptación por parte de los inmigrantes, todos los cuales tienen derechos y responsabilidades en su nuevo país de residencia. También implica a la sociedad receptora, que debe crear oportunidades para la plena participación económica, social, cultural y política de los inmigrantes.

© Consejo Europeo, 2004

Gramática en contexto

DAR CONSEJOS Y SUGERENCIAS • El condicional

1 Formula los consejos que le dan familiares y amigos a una persona que quiere emigrar. Utiliza el condicional.

Ejemplo: Yo en tu lugar / Yo que tú / Si fuera tú, aprendería la lengua.

~~aprender la lengua~~ • informarse sobre el país de acogida • decir adiós a todos mis amigos • llevarse cosas personales (fotos…) • hacer una lista con las actividades de las primeras semanas • apuntarse a un curso de … para conocer a otras personas • buscar a otros inmigrantes para intercambiar experiencias • salir mucho de casa y no encerrarse • leer a diario el periódico de la ciudad de acogida • llamar regularmente a mi familia y a mis amigos • escribir un blog para contar mis experiencias

RELATAR LO QUE SE DICE / LO QUE SE DIJO • El estilo indirecto en presente y en pasado

2 Escribe los consejos del ejercicio 1 utilizando el estilo indirecto del presente (a) y del pasado (b).

Ejemplos: a) Mis amigos me sugieren / aconsejan / recomiendan que aprenda la lengua.
b) Mis amigos me sugirieron / aconsejaron / recomendaron que aprendiera la lengua.

EXPRESAR RAZONES Y METAS • Conjunciones causales y finales

3a Lee el texto y diferencia las razones (¿por qué?) de las metas de la migración (¿para qué?). Luego completa el texto con las conjunciones correspondientes para cada caso.

razones	porque como debido a que ya que	**metas**	para a fin de con el objetivo de	+ *inf.*	para que a fin de que con el objetivo de que	+ *subj.*

Existen factores socioeconómicos, políticos, religiosos, étnicos y personales que explican los movimientos migratorios: ___ la escasez de trabajo es muy alta en algunos países, los migrantes deciden dejar su país de procedencia ___ vivir con dignidad laboral.
Algunos emigrantes políticos abandonan su país ___ su vida está en peligro. Huyen de su patria ___ ellos y sus familias puedan vivir en un país democrático.
___ en algunos países fundamentalistas se persigue a personas de otra religión, hay migrantes que dejan su país de origen ___ poder vivir en una sociedad libre. Otros migrantes deciden abandonar su patria ___ sufren el racismo étnico. Emigran ___ sus hijos crezcan en una sociedad tolerante e igualitaria.
___ algunos familiares viven en el país de destino, algunos migrantes se marchan del país de procedencia ___ la familia vuelva a vivir unida.

3b ¿Qué otras razones y metas tienen los migrantes? Escribe más ejemplos utilizando las conjunciones de 3a.

FORMULAR SUEÑOS Y DESEOS • Subjuntivo o infinitivo

4a Expresa los sueños y deseos de los migrantes utilizando la forma verbal correspondiente en cada caso.

1. Los migrantes esperan que las empresas les ___ *(ofrecer)* empleos bien pagados.
2. Muchos inmigrantes quieren que sus familias también ___ *(emigrar)* y ___ *(vivir)* con ellos.
3. A pesar de que muchos inmigrantes quieren ___ *(mandar)* remesas a casa, no siempre es posible.
4. Muchos inmigrantes sueñan con que las autoridades ___ *(regularizar)* su situación.
5. Aunque los migrantes prefieren ___ *(quedarse)* en España, a veces tienen que volver a sus países porque no encuentran trabajo.

4b ¿Qué otros sueños migrantes puede haber? Escribe más ejemplos utilizando *esperar (que) / gustar (que) / querer (que) / preferir (que).*

FORMULAR DEMANDAS Y EXIGENCIAS • El subjuntivo con expresiones impersonales

5 Convierte las afirmaciones en demandas o exigencias utilizando las siguientes expresiones impersonales con subjuntivo:

es necesario que • es indispensable que • es fundamental que • es esencial que • es importante que

Ejemplo:
No todos los españoles saben que el trabajo de los inmigrantes es imprescindible para el país.

→ <u>Es necesario que</u> todos los españoles <u>sepan</u> que el trabajo de los inmigrantes es imprescindible para el país.

1. No siempre se les comunica a los inmigrantes cuáles son sus derechos y libertades.
2. No hay muchos centros de acogida para darles protección a los inmigrantes indocumentados.
3. No hay suficientes campañas de legalización para regularizar la situación de los «sin papeles».
4. No todos los habitantes de los países de acogida aceptan la llegada de inmigrantes.
5. No todos los inmigrantes están dispuestos a participar en la sociedad del país de acogida.

FORMULAR HIPÓTESIS • La frase condicional irreal en presente

6a ¿Cómo dirías la siguiente frase en alemán?

«Si no hubiera inmigrantes por un día, muchos servicios dejarían de funcionar.»

6b Imagínate que los inmigrantes desaparecieran por un día. ¿Qué pasaría? Pon los tiempos verbales adecuados.

Si	los inmigrantes	___ *(desaparecer)* no ___ *(vivir)* aquí no ___ *(estar)* aquí	por un día,	muchos habitantes del país de acogida ___ *(echar de menos)* a sus amigos. varios institutos y universidades ___ *(quedarse)* sin profesores. en los hospitales ___ *(no haber)* suficientes médicos ni enfermeros. a algunos equipos de fútbol les ___ *(faltar)* los jugadores. muchos niños no ___ *(tener)* al padre o a la madre con ellos.

6c ¿Qué más pasaría si los inmigrantes desaparecieran por un día? Escribe más ejemplos utilizando frases condicionales irreales en presente.

Vocabulario temático

RAZONES PARA MIGRAR

Aspectos	Factores de expulsión del país de origen / procedencia:	Factores de atracción del país de acogida / destino:
socio-económicos	la escasez de trabajo · los salarios bajos · el paro · las malas condiciones de vida · el acceso limitado al estudio	las ofertas de empleo · los salarios altos · la dignidad laboral · las remesas · las mejores condiciones de vida · el acceso al estudio
políticos	la inestabilidad · la dictadura · la guerra · la represión	la estabilidad · la democracia
religiosos / étnicos	la persecución · la discriminación · el racismo · la intolerancia	la libertad · el respeto · la igualdad · la tolerancia
personales	el amor · la familia · las raíces	

LA TRAVESÍA

Los (e)migrantes	dejan · se marchan de · abandonan · huyen de	su país de origen/procedencia. · su patria.		
	afrontan · superan	obstáculos. · dificultades. · peligros.		
	cruzan la frontera viajan	por	tierra / vía terrestre:	a pie / caminando. · con coyotes/polleros. · en tren. · en coche.
			mar / vía marítima:	en barcos (de carga). · en pateras.
			aire / vía aérea:	en avión.

PAÍS DE ACOGIDA Y LEGALIDAD

El/La	(in)migrante · extranjero/-a · forastero/-a · exiliado/-a · refugiado/-a (político)	tiene · llena una solicitud para conseguir · pide	papeles. · el visado. · el permiso de residencia. · el permiso de trabajo. · asilo político.

El gobierno Las autoridades	toma/n medidas. · hace/n campañas de legalización.	
	regulariza/n la situación de los extranjeros	irregulares. · clandestinos. · indocumentados. · «sin papeles».

AISLAMIENTO, ADAPTACIÓN E INTEGRACIÓN

Al principio	uno se siente	extraño/-a · perdido/-a desorientado/-a aislado/-a decepcionado/-a insatisfecho/-a	por	el choque cultural. · echar de menos el país natal. · echar de menos a la familia. · no saber el idioma. · no poder comunicarse. · no conocer a gente. · no participar en la sociedad / vida ciudadana. ·	
Con el tiempo		bi-/multicultural integrado/-a cosmopolita entre dos mundos como en casa respetado/-a satisfecho/-a	por	moverse entre dos o más culturas. · dominar dos o más idiomas. · ser bilingüe / plurilingüe. · ser imprescindible para el país de acogida. · participar en la sociedad / vida ciudadana.	
				adaptarse a las nuevas condiciones de vida · acostumbrarse a la nueva cultura	conservando las costumbres. · sin olvidar las raíces.

molestar = stören

Punto final

Tarea mini: hacer un juego de rol

Un/a joven español/-a planea emigrar a otro país europeo para buscar trabajo. Habla con un/a amigo/-a quien le da su opinión.

1 Preparad vuestros roles con ayuda de las siguientes fichas. Luego haced el juego de rol.

A Eres el/la joven que planea emigrar.

1 Vuelve a leer el reportaje «Emigrantes otra vez» (p. 218 – 219).
2 Crea tu personaje teniendo en cuenta los siguientes criterios:
- datos personales
- búsqueda de trabajo en España
- estado de ánimo (ante la situación en España y la idea de migrar)
- sugerencias de otras personas (la familia, los amigos ...)

B Eres su amigo/-a.

1 Vuelve a leer el reportaje «Emigrantes otra vez» (p. 218 – 219).
2 Apunta posibles argumentos para
- desviar a **A** de su proyecto.
- apoyar a **A** con su proyecto.

3 Apunta expresiones útiles para poder comentar el proyecto de **A** (expresar acuerdo/desacuerdo ...). Puedes basarte en la lista de expresiones de la p. 241.

Tarea final: organizar una exposición

EXPOSICIÓN

Migraciones en el mundo hispánico

Inauguración con visita guiada:

.... *de* .... *de* .... *en* ....
(día) (mes) (año) (lugar)

Vais a organizar una exposición titulada «Migraciones en el mundo hispánico». El día de la visita guiada, cada grupo va a presentar su panel en español a los visitantes.

1 Preparad en grupos paneles de exposición sobre diferentes aspectos del tema, por ejemplo:
- La movilidad en el mundo moderno
- Las razones de la emigración
- La travesía
- Sueños y realidad: la situación de los inmigrantes en los países de acogida
- Vivir entre la adaptación y el aislamiento
- Las claves de la integración
- ...

2 Buscad información sobre el tema de vuestro panel en los textos del capítulo «Migración», así como en otras fuentes.

3 Apuntad y estructurad la información en un mapa mental o en una tabla.

4 Preparad el panel. Para ello, basaos en la información estructurada de 3.

5 Repartid las tareas para la visita guiada. Cada uno/-a tiene que exponer una parte.

6 Practicad la presentación. Podéis utilizar una ficha con palabras clave.

Destrezas

Anexo

Comprensión lectora

Antes de leer

- Ten claro el **objetivo** de la lectura: global, selectiva o detallada.
- Formula **hipótesis** sobre el contenido: tipo de texto, (sub)títulos, fotos...
- Acuérdate de lo que **sepas** sobre el tema y apúntalo eventualmente.

Tomar apuntes → p. 261

Lectura global

Le echas una ojeada a un texto para saber **de qué trata:**

1. Lee la **primera y la última frase de cada párrafo.**
2. Busca **palabras o expresiones clave** y subráyalas eventualmente.
3. **Formula frases** con la información principal: ¿qué?, ¿quién?, ¿cuándo?, ¿dónde?

Lectura selectiva

Buscas **información concreta** en un texto (fechas, horarios, etc.):

1. Determina qué **palabras clave** están relacionadas a la información que buscas.
2. Intenta encontrar **frases con las palabras clave.**
3. Después de **localizarlas**, léelas para confirmar si es la información que buscas y procura entenderla detalladamente.

Lectura detallada

Necesitas entender prácticamente todos los **detalles** de un texto (recetas, etc.):

1. Haz una **lectura global.**
2. Profundiza la lectura (¿cómo?, ¿por qué?) diferenciando entre la **información necesaria** y detalles que podrías dejar de lado.
3. En los párrafos más importantes, procura **deducir todas las palabras desconocidas.**

Deducir vocabulario → p. 260

Comprensión auditiva

Antes de escuchar

- Ten claro el **objetivo** de la audición: global, selectiva o detallada.
- Formula **hipótesis** sobre el contenido: título, contexto, fotos ...
- Acuérdate de lo que **sepas** sobre el tema y apúntalo eventualmente.
- Prepara un **esquema** para tomar apuntes durante la audición: ¿qué?, ¿quién?, ¿cuándo?, ¿dónde?, ¿cómo?, ¿por qué?

Tomar apuntes → p. 261

Durante la audición

- **El tono o la manera de hablar** de alguien (con enfado, con alegría), los **sonidos y ruidos** (olas del mar, tránsito) pueden darte información sobre el contenido del texto.
- Concéntrate en las **palabras que comprendas**. Si puedes escuchar el texto más de una vez, estas palabras te servirán de **base** para entender otras.
- Los **conectores** y **palabras de enlace** (porque, en segundo lugar) te ayudan a comprender si se trata de una causa, una enumeración, etc. y a reconocer las **partes del texto**.

Audición global

Necesitas hacerte una **idea general** (lo más importante de las noticias de la radio):

1. Procura entender la **información principal** del texto: ¿qué?, ¿quién?, ¿cuándo?, ¿dónde?
2. No te pierdas en detalles.
3. Después de la audición, **formula frases** que resuman la información principal.

Audición selectiva

Debes localizar **información concreta** (el tiempo que va a hacer en una región):

1. Pon atención a las **palabras o frases clave**. Pasa por alto el resto.
2. Si puedes escuchar el texto más de una vez, concéntrate en el **contexto de las palabras o frases clave** para poder entender más detalladamente la información requerida.

Audición detallada

Tienes que comprender **información detalladamente** (la descripción de un accidente).

1. Si puedes escuchar el texto más de una vez, **empieza con una audición global**.
2. Aprovecha la comprensión de la información principal para deducir **la información suplementaria:** ¿cómo?, ¿por qué?
3. Concéntrate en los **detalles importantes** y toma nota para no olvidar ninguno.

Tomar apuntes → p. 261

Expresión oral

Presentar un tema

Preparar una presentación

1. Ten claro el **objetivo** de tu presentación: informar, presentar resultados, convencer ...
2. **Analiza el tema** y busca la **información correspondiente** sin perderte en detalles: ¿qué es interesante para todos? ¿Qué es lo más importante? ¿De cuánto tiempo dispones para preparar y presentar el tema?
3. **Estructura la información** según los aspectos más relevantes.
4. **Toma apuntes en español** (frases clave, citas, etc.) sin escribir todo texto. Puedes hacerlo en tarjetas que luego podrás utilizar durante la presentación.
5. Enriquece la presentación utilizando **elementos visuales** (programas de presentación, transparencias, imágenes, etc.) y/o **elementos auditivos** (canciones, otras grabaciones, etc.)
6. **Ensaya** la presentación recitando el texto en voz alta y acortándolo si te parece muy largo. ¿Funcionan los medios técnicos?

Tomar apuntes → p. 261

Realizar una presentación

- Comienza con una **anécdota, una cita o una broma** que despierte interés.
- **Mira** a los oyentes. Habla **pausado, en voz alta y con frases cortas**.
- **Resume la información principal** al final de cada parte de la presentación.
- Utiliza **vocabulario conocido**. Escribe las palabras nuevas en una **hoja de resumen.**
- Da **ejemplos concretos**, no seas demasiado abstracto/teórico.
- **Sé breve**: no hay que aburrir a los oyentes.
- Presenta una pequeña **conclusión** y prepárate para responder **preguntas**.
- Reparte al público la **hoja de resumen** de tu presentación.

Expresiones útiles

Introducir el tema	Hoy voy a hablar sobre ... · El tema de mi presentación es ... · Me gustaría presentaros (a) ...		
Estructurar la presentación	Primero quisiera	hablar sobre ... · presentar ... · exponer el tema ... · tratar la cuestión de ...	
	Después · Luego · En segundo lugar	os daré	más información sobre ... información más detallada sobre ...
	Para		terminar ... · concluir ...
Establecer contacto con el auditorio	Podéis interrumpirme No dejéis de avisarme	cuando	no me comprendáis. queráis hacerme una pregunta. sea necesario que precise algo.

El diálogo / La discusión

Preparar un diálogo / una discusión

1. Ten en claro la **situación y el objetivo** de la conversación:
   - ¿Es un simple **diálogo** para pasar el rato con otra persona?
   - ¿Es un **juego de rol** con papeles determinados?

- ¿Es una **discusión** para convencer, buscar un acuerdo, solucionar un problema, informar al público o para informaros mutuamente sobre vuestras posturas?

2. Adapta tu **manera de hablar** a la situación y a tus interlocutores: ¿conviene tutearlo/s, utilizar lenguaje coloquial o formal, aplicar fórmulas de cortesía?

Realizar un diálogo / una discusión

1. Aplica las **estrategias** que has aprendido para
   - tomar la palabra y cederla,
   - resumir lo dicho,
   - pedir aclaraciones o aclarar en caso de dudas o malentendidos,
   - parafrasear una idea si no conoces las palabras,
   - interrumpir a otra persona con cortesía,
   - no apartarte del tema,
   - hablar con claridad.
2. Si se trata de una discusión, procura
   - presentar **argumentos sólidos** y razones objetivas,
   - ilustrar tus argumentos con **ejemplos concretos**,
   - ser **respetuoso** con los demás, no ofenderlos aunque tengan otra opinión,
   - estar dispuesto a **reconocer** si los argumentos de los demás son mejores.

Parafrasear
→ p. 260

Expresiones útiles

Opinar	(Yo)	Pienso · Creo · Opino · Diría	que ...
	Me parece · Estoy convencido/-a de		que ...
	Desde mi punto de vista · Para mí		...
Subrayar algo	Lo más importante · Un aspecto esencial		es que ...
	Ante todo quiero destacar Sobre todo hay que tener en cuenta		que ...
Interrumpir a alguien	Perdona que te interrumpa, pero ... · Espera un momento ...		
Manifestar interés o sorpresa	¡Anda! · ¡Vaya! · ¡No me digas! · ¡Fíjate! · ¡Venga! · ¡A ver, cuéntame! · ¿De verdad? · ¿De veras?		
Añadir un aspecto	Además ... · No hay que olvidar que ... · Todavía habría que tematizar ...		
Pedir aclaraciones, repeticiones o precisión	¿Cómo dices? · Perdona, ¿puedes repetir lo que has dicho? · ¿Puedes hablar más alto/despacio, por favor? · ¿A qué te refieres? · ¿En qué piensas cuando ...? · O sea que ... · A ver si lo entiendo bien: ... · ¿Qué quieres decir con ...? · ¿Qué significa para ti ...?		
Aclarar cosas	Mira, a ver si me explico: ... · Más concretamente, ... · En otras palabras se podría decir que ...		
Resumir	Resumiendo se podría decir que ... · En resumidas cuentas ...		
Expresar acuerdo	¡Por supuesto! · ¡Desde luego! · Estoy de acuerdo contigo. · Comparto tu opinión.		
Expresar desacuerdo	¡De ninguna manera! · No veo las cosas como tú. · Yo pienso justo lo contrario. · No es verdad. · No tienes razón. · Perdona, pero esto no lo veo así. · Me parece que estás equivocado/-a. · Te equivocas al decir que ... · No estoy de acuerdo con (que + *subj.*) ... · No creo que + *subj.* · Me extrañaría que + *imperfecto de subj.*		
Expresar indiferencia	Me da lo mismo. · Me da igual. · Me es indiferente.		
Proponer algo	Quisiera proponer lo siguiente: ... · Mi propuesta sería la siguiente: ... · Una solución podría ser (que + *imperfecto de subj.*) ... · ¿Por qué no ...?		

El debate

Preparar un debate

1. Formular el **tema**, p. ej. a partir de una declaración controvertida.
2. Formar **dos equipos**: uno a favor; el otro, en contra.
3. Elegir a un/a **moderador/a imparcial** y formar el **jurado**.
4. **Buscar información** sobre el tema: datos y ejemplos.
5. Definir los **argumentos principales**.
6. Preparar el **vocabulario y las expresiones** para exponer vuestras ideas.
7. **Repartir los roles en el equipo y el orden de los argumentos**: ¿cuáles se mencionarán al principio, cuáles al final?
8. **Pensar en posibles argumentos del equipo contrario** para anticipar sus puntos débiles.

Realizar un debate

1. La exposición
   - **El/La moderador/a** abre el debate **anunciando el tema** y **presentando a los participantes**.
   - **El jurado** observa el debate tomando apuntes para evaluar a ambos equipos según los siguientes criterios: el contenido, la estrategia, la presentación y su estilo.
   - **Los portavoces** de cada grupo **exponen su posición**.
   - Después de cada exposición, el **grupo contrario** puede cuestionar brevemente lo expuesto mediante preguntas.
2. La refutación
   - **Los demás oradores** de cada equipo **exponen** –por turnos– **más argumentos** para defender su postura y para relativizar la postura contraria.
   - Durante cada intervención, los **miembros del equipo contrario** tienen la posibilidad de levantar la mano para **interpelar brevemente al orador / a la oradora** con el fin de realizar observaciones, preguntas o comentarios.
   - El/la orador/a **puede rechazar o aceptar** una interpelación.
3. La conclusión
   - **El/la portavoz** de cada grupo **presenta la conclusión** a la que ha llegado su equipo, **subrayando otra vez los argumentos esenciales** a favor de su posición.
   - **El/La moderador/a** cierra el debate con un breve resumen y, eventualmente, con un comentario personal.

El diálogo / La discusión → p. 241

Expresiones útiles

Puedes utilizar las expresiones útiles para «diálogos y discusiones».

Expresión escrita

Hacer un resumen

Preparar un resumen

- Ten en cuenta **para qué o para quién escribes** el resumen: ¿para repasar antes de un examen? ¿Para comunicarle a alguien lo que pasa en una novela? ¿Para orientar a alguien? ¿Para comprobar que hayas entendido bien un texto?
- Según el género, un resumen responde a las siguientes preguntas básicas:

Texto narrativo	Texto informativo
¿dónde? • ¿cuándo? • ¿quién/es? • ¿qué? • ¿por qué? • ¿cómo?	¿Cuál es el tema del texto? • ¿Cuál es la información principal? • ¿Cuáles son los argumentos? • Si el texto incluye una conclusión, ¿cuál es?

- Lee el texto globalmente para **captar el tema y el argumento principal**.
- Vuelve a leer el texto, esta vez **en detalle**, para comprenderlo del todo.
- Subraya o copia las **palabras clave**. Las puedes encontrar más fácilmente respondiendo a las preguntas básicas.

Hacer un resumen

- Empieza con una **frase introductoria** que contenga el título, el nombre del autor/de la autora, la fuente y –lo más importante– el tema del texto.
- Utiliza la **3ª persona del presente**.
- Utiliza un **estilo neutro y distanciado**. No adoptes el punto de vista del narrador/autor/de la autora ni hagas comentarios personales.
- Redacta un **texto corto utilizando tus propias palabras**. No pongas citas del texto original ni ejemplos o detalles.

Evitar errores → p. 263

Modelo

«Odisea del norte», ‣ pp. 226–227

El presente texto es un fragmento de la novela «Odisea del norte», escrita por Mario Bencastro y publicada en 1999. Trata del accidente mortal de un inmigrante ilegal de origen latino en la ciudad estadounidense de Washington. Los acontecimientos se relatan desde la perspectiva de Calixto, compañero de trabajo de la víctima del accidente. Los dos trabajan ilegalmente como limpiadores de ventanas.

El accidente se produce cuando los dos están limpiando desde fuera las ventanas del octavo piso de un edificio. La cuerda de seguridad del compañero de Calixto -que al parecer no es apropiada para el trabajo peligroso que llevan a cabo- se rompe, el hombre cae y muere al impactar contra la calle. Poco después, llegan los enfermeros y la policía.

Los policías, los enfermeros y los espectadores que rodean al muerto especulan sobre su posible origen, pero resulta imposible identificarlo. Acaban por meter al cadáver en la ambulancia. Luego todos abandonan el lugar. Calixto, que se encuentra entre los espectadores, no se da a conocer porque teme ser detenido y deportado por no tener papeles.

Después, Calixto, perturbado y afligido, entra en un parque zoológico que está muy cerca. Se queda allí el día entero reflexionando sobre lo sucedido y pensando en sus planes para el futuro. No sabe si debería volver a su país o si debería seguir buscándose la vida como ilegal en Washington.

Escribir un comentario

Preparar un comentario

- Confecciona, p. ej., un **mapa mental** y apunta el tema del comentario en el centro.
- Usa el mapa mental para agrupar y organizar los **argumentos a favor y en contra** que ofrezca el tema. También puedes completarlo con **ejemplos y datos**.
- Forma tu **propia opinión** y marca en el mapa los argumentos, ejemplos y datos que la avalen.

Mapa mental → p. 261

Escribir un comentario

- Empieza con una **introducción** en la que menciones el tema controvertido. Aquí también puedes expresar **tu propia posición**.
- Partiendo del mapa mental, compara y **evalúa los diferentes argumentos**. Si es posible, da ejemplos concretos.
- Expón **tu propia opinión** y justifícala.

Evitar errores → p. 263

Expresiones útiles

Introducir el tema	El / La ... es un/a	concepto · idea multifacética · tema	muy discutido/-a controvertido/-a candente	en la sociedad contemporánea.
	En la actualidad, hay una gran controversia en la sociedad (española) en cuanto a ...			
Estructurar la argumentación	Un / Otro argumento es ... · Por un lado ...; por otro lado ... · Es verdad/cierto que ..., sin embargo ... · ... mientras que ... · ... en cambio ... · No se debe olvidar que ...			
Evaluar argumentos	Los argumentos	a favor en contra	son poco son bastante	plausibles. convincentes.
	Este argumento me parece		sólido · concluyente · equivocado · inaceptable ...	
	Este argumento	carece de validez. · se debe cuestionar.		
Dar ejemplos	El siguiente ejemplo apoya mi argumentación / este argumento. · Para nombrar un ejemplo ... · Tomemos el ejemplo de ...			
Opinar	A mi	modo de ver · juicio · entender		...
	En mi opinión ... · Desde mi punto de vista ... · No cabe duda de que ...			
	Me parece	absurdo · lógico · plausible · vergonzoso · intolerable · increíble · fantástico		que + *subj* ...
	(No) Estoy de acuerdo con	esta lógica · este argumento · lo que dice ...		porque ...
	Comparto la opinión de ...			

Modelo

«Vecino», ‣ p. 224 / ej. 2

El «sueño americano» es un concepto multifacético y conocido en el mundo entero. La expresión ya aparece en libros de historia del año 1931. En la actualidad, se sigue utilizando para referirse al flujo migratorio hacia los EE. UU. y, en un sentido más amplio, también hacia otros países desarrollados, como por ejemplo el flujo de África a Europa.

En este sentido, puede definirse como el deseo de alcanzar un cierto bienestar económico. Para muchos, este deseo se concreta, por un lado, con la idea de conseguir un trabajo bien remunerado o un negocio que genere ingresos estables y, por otro lado, con la idea de poseer, por ejemplo, una casa propia en un barrio acomodado.

Aunque yo –desde mi punto de vista de joven viviendo en un país desarrollado comprendo que para los emigrantes este aspecto sea decisivo, a mí me parece inaceptable reducir la idea del «sueño americano» a lo económico. No dudo que sea verdad que mucha gente sueñe con tener una casa propia. Sin embargo, no se debe olvidar que a muchos también les impulsa el deseo de un futuro mejor para sus hijos, el deseo de que crezcan en un ambiente favorable y que reciban una buena educación.

Además, el «sueño americano» tiene otra faceta que personalmente me convence mucho más: también se refiere a que la prosperidad depende de las habilidades y de los esfuerzos de cada uno y no de la jerarquía social. Viéndolo así, el concepto representa la oportunidad de poder progresar en la vida sin discriminación por raza, clase, religión u origen.

Esta idea es la que yo comparto y que, desde mi punto de vista, hace del «sueño americano» un concepto positivo.

Redactar textos creativos

Preparar un texto creativo

- Después de haber leído el texto original, ten claro el **objetivo de la tarea creativa**: ¿tienes que variar el tipo de texto, modificar partes, ponerte en el lugar de un personaje o hacer otra cosa?
- Fíjate en la **información que contenga el texto**: cualquier detalle te puede servir. Reflexiona también sobre la **información que falte en el texto**.
- Escribe todas las ideas que se te ocurran **relacionando los datos relevantes del texto con tu imaginación**.
- Esboza un **plano del texto a redactar** ordenando las ideas que hayas recopilado.

Redactar un texto creativo

- Respeta las **características propias del género** (forma, lenguaje, estilo): una carta, un diálogo, un artículo periodístico, etc.
- Utiliza **palabras de enlace** para lograr mayor **coherencia**.
- Antes de entregar tu texto, reléelo revisando la gramática y el vocabulario.

Evitar errores → *p. 263*

Escribir un artículo de blog

Preparar un artículo de blog

Decide si tu artículo de blog contendrá:
1. **Información**: se da generalmente en forma de noticia.
2. **Experiencia personal**: puede ser importante para la credibilidad del contenido.
3. **Opinión**: tanto la experiencia personal como la opinión fomentan el carácter personal de un blog que es uno de los rasgos distintivos de este tipo textual.

Escribir un artículo de blog

No hay una estructura fija, pero normalmente un artículo de blog está compuesto por:
1. **El título**: debe llamar la atención y dar una idea del contenido del artículo.
2. **La introducción**:
   - menciona la noticia a la que se referirá el artículo de blog de forma resumida.
   - el origen de la noticia: puede ser la lectura de otro artículo de blog, una experiencia personal o un caso concreto.
   - tu postura personal o al menos un indicio de cómo vas a tratar el contenido.
3. **El desarrollo del contenido**: donde tematices el contenido de tu blog.
4. **La conclusión**: resume lo esencial y tu opinión. Puedes hacer un llamamiento.

Evitar errores → *p. 263*

Expresiones útiles

Informar	Quiero comentaros que ... · Me gustaría informaros sobre ...		
Referirse a una experiencia personal / a un caso concreto	Una vez más me ha tocado vivenciar ... Esta semana he leído que / he visto que ...		
Opinar	A mi	modo de ver · juicio · entender	...
	En mi opinión ... · Desde mi punto de vista ... · No cabe duda de que ...		
	Me parece	absurdo · lógico · plausible · vergonzoso · intolerable · increíble · fantástico	que + *subj.*
	(No) Estoy de acuerdo con lo que dice ... porque ... · Comparto la opinión de ...		
Hacer un llamamiento	Necesito · Necesitamos	vuestro apoyo ...	
	Hay que ...		
	Es	necesario · imprescindible	que ... + *subj.*

Modelo

Parque Natural Cabo de Gata en peligro

Me gustaría informaros sobre las protestas que se están haciendo en Almería contra la construcción de un hotel en las salinas del Parque Natural Cabo de Gata. Para aquellos que no lo conozcáis, Cabo de Gata-Níjar es un parque natural destinado a la protección de aves y, además, Reserva de Biosfera de la UNESCO.

Ahora se pretende construir un hotel de lujo que –según informaciones ecologistas– se realizará en la zona norte de las salinas y tendrá 3000 m^2 de terreno con tres hectáreas de jardines.

Una vez más, los intereses económicos de unos pocos parecen superar los ecológicos de muchos. Esto es intolerable. Desde siempre, las salinas han sido una parada obligatoria para el turismo responsable y sostenible. Pero que quede claro que no se puede llamar «sostenibilidad» a la especulación de unos pocos.

Los ecologistas de Almería necesitamos vuestro apoyo: no solo las salinas están en peligro, sino que también todo el ecosistema natural se ve amenazado por este tipo de instalaciones hoteleras. Las manifestaciones ya han comenzado.

Escribir una carta (al director) / un e-mail

Preparar una carta / un e-mail

- A la hora de escribir una carta, ten en cuenta cuáles son sus **elementos característicos: la fecha, el encabezado, el cuerpo, la despedida, el saludo final y la firma.** En los e-mails se omiten la fecha y la firma.
- Ten en cuenta **a quién le escribes la carta**: ¿debo dirigirme a esta persona en tono formal o puedo tutearla?
- Además, ten claro cuál es el **objetivo** de la carta: informar, saludar, presentarte, expresar sentimientos, persuadir, pedir algo, protestar, etc.

Escribir una carta / un e-mail

Expresiones útiles

Una carta suele tener la siguiente **estructura**:

	Una carta / un e-mail formal	Una carta / un e-mail informal
El encabezado	Estimados señores y señoras: Estimado Sr. Muñoz: / Estimada Sra. Sánchez: Estimado Sr. Director: / Estimada Sra. Directora:	Querido Fernando: / Querida Carmen: Hola, Marcela/Marcos:
Empezar la carta	Por intermedio de la presente quisiera ... Me dirijo a Ud. / a ustedes con el fin de ... Le/Les escribo para solicitar información sobre ... Le/Les escribo en respuesta a su carta del 28 de mayo ...	¿Qué tal? ¿Cómo te va? ¿Qué cuentas? ¿Cómo estás? Por aquí todo bien. Te mando esta carta / este e-mail para ...
Mencionar el anexo	Adjunto a la presente ... Adjunto a esta carta / a este e-mail encontrará Ud. / encontrarán ustedes ...	Te envío en el adjunto ...
La despedida	Desde ya, muchas gracias. A la espera de su respuesta, ...	Esto es todo por ahora. Escríbeme pronto. No se te olvide contestarme. No desaparezcas.
El saludo final	Reciba/Reciban un cordial saludo, ... Le/Les saluda atentamente/cordialmente, ... Atentamente/Cordialmente ...	Un saludo, / Saludos, ... Un abrazo, / Abrazos, ... Un beso, / Besos, ...

Modelo

TIM WIESER

Hildastr. 23	*El Corte Inglés*	*Leipzig, 10 de julio de 2013*
	Av. Salvador Allende 8	
D-04103 Leipzig	*E-29080 Málaga*	

Estimados señores y señoras:

Por intermedio de la presente quisiera aplicar a unas prácticas en su centro de llamadas, concretamente en la sección responsable del mercado alemán.

Soy alemán, tengo dieciocho años y estoy terminando el último año del instituto. El Instituto de la Juventud tuvo la gentileza de proporcionarme su dirección. En el folleto de su empresa, me he enterado de que ustedes también trabajan para el mercado alemán. Es por eso que he decidido escribirles para ofrecerles mis servicios.

Hablo muy bien español, ya que este es el quinto y último año que llevo estudiándolo en el instituto. También domino muy bien el inglés y, desde luego, el alemán que es mi lengua materna. Además, tengo buenos conocimientos de informática. Soy una persona comunicativa y dispuesta a trabajar en equipo. En el adjunto les envío mi currículum vitae. Desde ya, muchas gracias.

Reciban un cordial saludo,

Tim Wieser

Escribir un currículum vitae

Un CV sigue una **estructura preestablecida** que se divide normalmente en cinco partes:

- Datos personales
- Experiencia laboral u otras actividades (p. ej. en el instituto)
- Formación educacional
- Otros conocimientos (p. ej. idiomas)
- Información adicional (p. ej. aficiones, deportes)

Modelo

DATOS PERSONALES

Nombre	Finja Ratering
Fecha de nacimiento	28 de febrero de 2000
Dirección	Eichenstraße 58, D-48455 Bad Bentheim
Teléfono	49-(0)5922-2571812
E-mail	FRate@tooterline.de
Nacionalidad	alemana
Estado civil	soltera

ACTIVIDADES Y EXPERIENCIA LABORAL

Desde 2012	Miembro del equipo de bádminton del «Burggymnasium»
Julio de 2014	Participación en un taller de escritura creativa
Enero de 2015	Prácticas en una editorial

FORMACIÓN EDUCACIONAL

Desde 2010	Alumna del Instituto «Burggymnasium»

IDIOMAS Alemán (lengua materna), inglés (nivel B2), español (nivel A2)

AFICIONES Escritura, bádminton

Mediación

Antes de la mediación

Ten claro el **objetivo y la situación** de la mediación:
- ¿**Para quién** tienes que mediar el texto?
- ¿**Qué** hay que mediar: **información global** sobre todo el texto o **información específica** sobre partes del texto?

Deducir vocabulario → p. 260

Utilizar un diccionario → p. 261

Comprender el texto original

- Si el texto original español contiene palabras que no conoces, acuérdate de las **estrategias para deducir vocabulario** o utiliza un **diccionario**.
- Si el texto original alemán te parece muy complejo, intenta **simplificarlo en alemán** parafraseándolo con palabras más sencillas, pero sin cambiarle el sentido. Esta versión simplificada te servirá de base para formular tu resumen en español.
- ¡Ojo con las **frases hechas**!: a menudo no se pueden traducir al pie de la letra.
- ¡Cuidado con los **«falsos amigos»**!: palabras que se parecen en las dos lenguas, pero que tienen significado distinto. P. ej. el mantel: die Tischdecke; der Mantel: el abrigo.

Elegir y transmitir la información relevante

- **Elige la información relevante para la situación dada** trabajando con un marcador, tomando apuntes o haciendo esquemas/tablas.
- ¿Se necesita información global? Formula tu resumen basándote en las preguntas **¿qué?, ¿quién?, ¿cuándo?, ¿dónde?, ¿cómo? y ¿por qué?**
- ¿Se necesita información específica? Pasa por alto la información demasiado detallada y transmite solo la **información relevante** para la situación dada.
- Nunca se pedirá una traducción literal del texto original; más bien habrá que **acortar la información simplificándola y parafraseándola**.
- Sin embargo, a veces es necesario **traducir (partes de) frases** para transmitir información concreta.

Explicar diferencias (inter-) culturales

Da explicaciones adicionales en caso de que en el texto haya **expresiones o hechos típicos de la cultura del país** que sean relevantes para entenderlo.

Expresarse de manera adecuada

- Procura utilizar un **estilo y vocabulario adecuados**:
  - contexto: oficial (trabajo) o privado (amigos o familares),
  - tuteo: tutear o no tutear a la persona para quien estás mediando,
  - tipo textual: carta, artículo, resumen ...
- Procura transmitir el **mismo tono** para evitar malentendidos, p. ej. la diferencia entre «me gustaría que» („hätte gerne“) y «quiero que» („möchte, dass“).
- Utiliza la tercera persona o el estilo indirecto para aclarar que **tu texto no transmite tus ideas, sino las del texto original:** Dice que ... / El texto trata de ...
- Si usas un diccionario, fíjate siempre en todos los significados y contextos del término que quieras usar para elegir la palabra adecuada.

Análisis y comentario de textos

Textos narrativos

Géneros

- la novela histórica
- la novela policial
- la novela de terror
- el relato
- la anécdota
- la fábula
- el cuento corto
- la leyenda, etc.

Analizar un texto literario

Primer paso: preparar el texto

1. **Divide el texto en partes** en las cuales aparezcan nuevos aspectos estructurales o en las tres partes clásicas del argumento: exposición, desarrollo y desenlace.
2. Dale un **subtítulo** a cada parte.
3. Durante la lectura, **toma nota** sobre cada una de las partes.
4. Formula una **frase introductoria** que contenga el **título, el/la autor/a, la fuente y el tema.**

Segundo paso: analizar la forma

Menciona los siguientes puntos únicamente en función del contenido y en relación al efecto que producen en el lector:

1. **la estructura del texto**: los capítulos, el prólogo, etc.
2. **la/s perspectiva/s del narrador**:
   - **el narrador protagonista**: relata en **primera persona** siendo uno de los personajes y creando así un ambiente más íntimo.
   - **el narrador testigo**: relata en **primera persona**, pero, al no ser uno de los personajes, cuenta solo lo que ve desde una perspectiva externa.
   - **el narrador omnisciente**: el narrador está presente en **tercera persona**. Lo sabe todo sobre la acción y los personajes.
   - **el narrador en tercera persona** puede adoptar **el punto de vista de uno de sus personajes.**
3. **los recursos estilísticos**

Recursos estilísticos → *p. 250*

Tercer paso: analizar el contenido

Cuando presentas el argumento y a los personajes, justifica tus **afirmaciones e interpretaciones** citando líneas del texto literario.

1. Describe y analiza el argumento:
   - Exposición
     – se presentan a los personajes, la situación, el espacio y el tiempo,
     – *in medias res:* el texto narrativo empieza en pleno desarrollo de la acción.
   - Desarrollo y conflicto
     – la situación expuesta empieza a evolucionar,
     – el clímax: el punto culminante del argumento.
   - Desenlace
     – el desenlace positivo o negativo: se resuelve el conflicto,
     – el final abierto: no se resuelve el conflicto,
     – el desenlace inesperado: un final imprevisto.
2. Describe y analiza a los **personajes según sus características físicas, psicológicas y sociales.** No olvides citar pasajes del texto para justificar tus afirmaciones. Ten en cuenta no solo **lo que dicen ellos mismos**, sino también su **comportamiento** y lo que quizás **«se esté escondiendo» detrás de sus palabras.**
3. Describe y analiza el **tiempo** del texto narrativo.
4. Describe y analiza el **espacio** del texto narrativo.

Cuarto paso: resumir el resultado

Después de haber terminado el análisis, **resume los resultados más importantes.**

Recursos estilísticos — Son característicos en textos narrativos, dramáticos, en poemas, en textos periodísticos y también en otros tipos de textos como en discursos políticos, cartas abiertas, etc.

La enumeración — Aglomeración de palabras que sirve para ilustrar varios aspectos de una idea:
- «¿vértigo? ¿asaltos? ¿discotecas?» (p. 33, l. 23)
- «va a servir para construir, para crear, para producir, para trabajar» (p. 189, l. 13)

El contraste o la antítesis — Juega con puntos de vista opuestos. Pueden ser palabras sueltas o descripciones.
- «Que te llene de valor y que te quite del suicidio» (p. 14, l. 8)
- «La generación mejor preparada tiene las peores perspectivas» (p. 24, ll. 17–18)
- «los sabios granujas» (p. 33, l. 30)

La comparación — Se compara a una persona u objeto con un concepto de otro campo semántico usando «como», «parecido a», etc.
- «como a una reina» (p. 177, l. 60)

La metáfora — Es una comparación implícita, es decir que se prescinde de la palabra comparativa «como». También relaciona dos elementos, pero con mayor intensidad.
- «tenemos el cuello de botella en la formación profesional» (p. 22, ll. 15–16)
- «sacar a muchos de paseo» (p. 168, ll. 16–17)
- «oro negro» (p. 196, l. 18)

La personificación — Consiste en darles características humanas a animales u objetos.
- «El autito empieza a toser.» (p. 185, l. 89)

El símbolo — Es un elemento concreto que representa algo abstracto por analogía o por convención.
- En el logo de la campaña contra Pinochet, el arcoíris simboliza la esperanza y una oposición política multifacética y multicolor (p. 198).
- La pieza del rompecabezas, colocada en el lugar adecuado, simboliza la recuperación de la veradera identidad (p. 194).

La pregunta retórica — Esta pregunta está dirigida al lector y se formula sin esperar respuesta.
«¿Qué les queda por probar a los jóvenes / en este mundo de paciencia y asco?» (p. 33, ll. 2–3)

La repetición — Consiste en repetir palabras o frases para enfatizar una idea determinada.
«Ni aunque vengan ... Ni aunque me retuerzan ... Ni aunque me claven ... » (p. 185, ll. 45–48)

Expresiones útiles

<table>
<tr><td rowspan="4">Analizar el argumento</td><td rowspan="4">(En) El / La</td><td>exposición</td><td>se presenta/n</td><td colspan="2">a los personajes · la situación · el espacio · el tiempo ...</td></tr>
<tr><td rowspan="2">desarrollo y conflicto</td><td>se comienza</td><td colspan="2">in medias res ...</td></tr>
<tr><td>se encuentra</td><td colspan="2">el argumento · el clímax ...</td></tr>
<tr><td>desenlace</td><td>es</td><td colspan="2">positivo / negativo · con final abierto ...</td></tr>
<tr><td rowspan="2">Describir la perspectiva del narrador</td><td rowspan="2">El (yo) narrador</td><td>es</td><td colspan="2">protagonista · testigo · omnisciente</td><td rowspan="2">ya que ...
porque ...</td></tr>
<tr><td colspan="3">relata en primera/tercera persona</td></tr>
</table>

Caracterizar a personajes	El / La protagonista El personaje secundario	es	complejo · dinámico · cambiante ...	
		tiene	cualidades · características · rasgos	como ...
		es una persona de carácter	(im)paciente · alegre · triste · divertido · serio · sereno · tolerante · severo · fuerte · bromista · tímido · valiente ...	
Hablar del tiempo y el espacio	El argumento · La historia		se desarrolla en · tiene lugar en · transcurre en · se sitúa en	...
	Los hechos	se cuentan	de forma lineal · cronológicamente · intercalando retrospectivas: flashbacks, racontos o flashforwards ...	
		transcurren	en un solo lugar · en varios lugares saltando de un sitio a otro · en un lugar determinado · en un lugar indeterminado ...	

Modelo

«La Capitana», ‣ pp. 18–19

El texto es un extracto de la novela «La Capitana» de la escritora argentina Elsa Osorio y trata de una conversación entre la joven Mika y Nadia, su madre. Mika es de Rosario, pero cursa sus estudios en la universidad de Buenos Aires y su madre ha ido a visitarla. La conversación entre ambas se convierte en una pelea debido a que la madre duda mucho de su hija. Mika, por su parte, tiene la impresión de que su madre no la comprende.

Todo el texto está formulado en tercera persona y está escrito desde la perspectiva de la hija. De esta forma, el lector adopta el punto de vista de Mika y se pone en su lugar. La particularidad de este texto consiste en que no narra los acontecimientos cronológicamente, sino que se intercalan retrospectivas y reflexiones, enunciados en estilo directo, indirecto y narrado.

El comienzo del extracto presenta el resultado del diálogo entre los dos personajes, Mika y Nadia, así como las reflexiones de Mika sobre el tema: a pesar de que ella ha hecho todo lo posible por convencer a su madre de que está llevando una vida tranquila y de estudios, ella no le ha creído.

En el siguiente párrafo, empieza una retrospectiva. El texto comienza *in medias res* en la conversación de las dos mujeres y presenta un extracto de su diálogo. Primero hay una frase en discurso directo: la hija le asegura a su madre que no tiene «malas compañías» (ll. 25 - 26). Esta parte ya muestra que la madre no tiene mucha confianza en su hija.

El conflicto central del texto se presenta en las siguientes frases, narradas otra vez desde el punto de vista de la hija: Mika hubiera querido compartir con su madre la alegría por el amor que siente por su novio, Hipólito. Pero Nadia, en vez de escuchar tranquilamente las confidencias de su hija, expresó su pronóstico negativo sobre el futuro de la pareja y sus dudas acerca del origen de Hipólito –el lector se da cuenta de que la familia de Mika es judía y que respeta mucho las tradiciones–. Se ve que las inquietudes, el miedo y los compromisos sociales predominan en la madre.

En el siguiente párrafo, se aclara que la reacción de Mika ha sido «furiosa», que las dos se han ofendido mutuamente y que, después de una larga pelea, lo único que han logrado fue determinar la fecha de su próximo encuentro.

Las dos frases que se intercalan otra vez en estilo directo demuestran que, después de todo, la madre intentó recurrir al gran tema del amor preguntándole si él la quería, pero lo hizo demasiado tarde, cuando ya estaba a punto de subir al tren y Mika no le contestó. Así se termina la retrospectiva.

Las últimas frases del extracto se refieren a la situación inicial: reflexionando sobre la pelea con su madre, Mika decide mandarle por escrito la respuesta a su última pregunta: que su novio y ella se quieren. La hija quiere reconciliarse con su madre.

En este texto, los dos personajes representan conceptos opuestos: con la hija se asocian términos positivos como «amor»,«amistad»,«buenas notas», mientras que la madre es presentada como una mujer de la provincia a la que la capital le inspira «miedo». Ella (y el padre ausente) podrían «coartar» la libertad de su hija y «zanjar» sus confidencias. El texto termina con la expectativa de que la hija le va a escribir a su madre y que, el diálogo conflictivo que tuvieron, no terminará en ruptura.

Textos dramáticos

Géneros clásicos

- la tragedia
- la comedia
- la tragicomedia

Acotaciones

Las acotaciones para la puesta en escena dan información sobre cómo el/la autor/a se imagina el **escenario** (luz, sonido, efectos especiales ...), los **personajes**, la **vestimenta**, etc. Una obra está dividida en **actos y escenas** que pueden coincidir con **cambios de acción, de tiempo o de lugar**.

El modelo clásico

Es la obra de teatro en cinco actos:

1. **El primer acto:** se introducen a los personajes y el argumento.
2. **El segundo acto:** se desarrolla el argumento y se presenta el conflicto.
3. **El tercer acto:** punto culminante donde se decide en qué dirección seguir.
4. **El cuarto acto:** se retiene la decisión para generar tensión.
5. **El quinto acto:** presenta el desenlace feliz o trágico.

Las obras teatrales modernas difieren de este modelo y juegan con diferentes conceptos, p. ej. el teatro épico.

Analizar un texto dramático

Primer paso: preparar el texto

1. Divide el texto **en partes** en las cuales aparezcan nuevos aspectos estructurales: otro acto, un cambio de tiempo, de lugar, de los personajes o de los acontecimientos.
2. Dale un **subtítulo** a cada parte.
3. Durante la lectura, **toma nota** de los aspectos mencionados arriba.
4. Formula una **frase introductoria** que contenga el **título, el/la autor/a, la fuente y el tema** del texto.

Segundo paso: resumir el texto y contextualizarlo

Recursos estilísticos → p. 250

Resume el argumento de la obra de teatro y sitúalo en su **contexto histórico y social**. Menciona si hay **recursos estilísticos** y relaciónalos con el efecto que producen en el lector.

Tercer paso: caracterizar a los personajes

Describe y analiza a los **personajes según sus características físicas, psicológicas y sociales**: datos biográficos, aspecto físico, situación familiar, gustos, carácter y comportamiento. No olvides citar pasajes del texto para justificar tus afirmaciones. Ten en cuenta no solo **lo que dicen ellos mismos**, sino también su **comportamiento** y qué figura en las **acotaciones para la puesta en escena**.

Cuarto paso: comentar el efecto

Explica el **efecto** que la obra podría llegar a tener en los espectadores.

Expresiones útiles

Textos narrativos → p. 249

DESCRIBIR LA ESTRUCTURA

El drama · La tragedia La comedia · La tragicomedia	consta de se divide en	... actos. ... escenas	con sin	acotaciones.

El entremés	suele constar de se caracteriza por tener	un solo acto.	
La obra de teatro clásico		cinco actos.	
La obra de teatro épico El teatro moderno		un narrador que	comenta los acontecimientos. involucra al público en la acción.
		un final abierto. saltos temporales: avances y/o retrospectivas. cambios frecuentes de lugar.	

ANALIZAR EL EFECTO

La obra	pretende	instruir · ilustrar · educar · divertir · alegrar al público · presentarle al espectador un espejo para que se mire a sí mismo ...
	me ha gustado porque ... · me ha hecho reflexionar sobre ... · se puede recomendar ya que ...	

Poemas / Canciones

Analizar un poema / una canción

Primer paso: leer / escuchar una vez
Lee el poema en voz alta / Escucha la canción y después
- toma nota de la **primera impresión y del efecto** que ha producido en ti,
- apunta las **palabras y expresiones que recuerdes**,
- formula **hipótesis** sobre el contenido.

Segundo paso: leer / escuchar más veces
Lee el poema / Escucha la canción varias veces para averiguar
- si describe una **situación**, **emociones** o si cuenta una **historia** (poesía épica),
- cuál es el **tema y el mensaje**,
- quién es el **narrador** (yo lírico),
- **a quién se dirige**,
- cuál es la **relación entre título y contenido**.

Tercer paso: analizar la composición
Examina la composición del poema / de la canción para saber
- cuántos **versos y estrofas** tiene,
- cómo es el **ritmo y qué efecto** produce en ti.

Cuarto paso: analizar el lenguaje en relación al contenido
Analiza el **nivel del lenguaje y los recursos estilísticos.**

Recursos estilísticos → p. 250

Quinto paso: analizar un poema / una canción
El análisis resume los pasos anteriores y debería tener:
1. **Una introducción**: nombre del poeta / del grupo, título del poema / de la canción.
2. **Una parte central**: abarca los resultados de los pasos dos al cuatro.
3. **Una conclusión**: tu opinión y el efecto que el poema / la canción haya producido en ti.

Expresiones útiles

RESUMIR EL TEMA / EL MENSAJE

El poema La canción	tematiza · tiene como mensaje · critica el hecho de que · invita al lector a	...
El yo lírico	explica · cuenta · destaca · resalta · subraya · critica · hace énfasis en · insiste en	...

DESCRIBIR LA COMPOSICIÓN

El poema La canción	se compone de · consta de · está dividido/-a en	... estrofas y un estribillo. estrofas de ... versos.
	rima · presenta versos libres ...	
	es un soneto	compuesto por dos estrofas de cuatro versos y dos estrofas de tres versos.
El estribillo	se repite	después de cada estrofa · cada ... estrofas ...

ANALIZAR EL LENGUAJE

El lenguaje del poema / de la canción se caracteriza por	tener un estilo	sencillo · claro · objetivo · coloquial · complicado · enredado · metafórico · poético · enigmático ...
	contener	preguntas retóricas · exclamaciones · frases elípticas · frases dirigidas al lector ...
	tener un tono	triste · alegre · burlesco · irónico · realista ...
	tener un ritmo	dinámico · rápido · acelerado · pausado · lento ...

ANALIZAR LA FUNCIÓN DE LOS RECURSOS ESTILÍSTICOS

El ritmo El lenguaje La rima La metáfora ...	subraya · acentúa · apoya · refuerza · pone de relieve	el mensaje del poema · el tema principal · el argumento · la descripción del personaje ...
	tiene la función de	imitar el sonido de ... · crear un ambiente tranquilo · crear un efecto irónico · provocar · causar asombro/sorpresa ...

Modelo

«América Latina», ‣ pp. 118–119

El poema de Nicomedes Santa Cruz «América Latina» fue publicado en el año 1963.
El poema es un canto a la diversidad de los diferentes pueblos latinoamericanos y, a la vez, un llamamiento a la una unidad dentro de esta diversidad. El narrador es protagonista (1ª persona) y parece dirigirse directamente a sus hermanos latinoamericanos: «Mi cuate / Mi socio / Mi hermano / Aparcero / Camarado / Compañero / Mi pata / M´hijito / Paisano» (ll. 2 – 10).
Para transportar su mensaje, el poeta usa el verso libre y divide su poema en diez estrofas de diferente longitud.

En la primera estrofa, el yo lírico enumera los diferentes nombres amistosos que se les da a los amigos en los diversos países: «Mi cuate / Mi socio ...». A continuación, intensifica esta idea hablando de «mis hermanos» (ll. 3,12) y de que «Las mismas caras» (l. 13) se encuentran en todo el continente.

En la tercera estrofa, el yo lírico forma palabras nuevas combinando las características étnicas de los pueblos latinoamericanos: «Blanquinegrindios» (l. 16). Aunque estas palabras no se encuentren en el diccionario, refuerzan el mensaje del poema: la unión en la diversidad.

En la quinta estrofa, la más larga, el yo lírico critica el comportamiento de los pueblos latinoamericanos. Dice que «Todos se quejan» (l. 21) de las circunstancias que viven en su país. En esta estrofa se reitera el comienzo de las frases con «ni». Con este ritmo repetitivo se produce una cierta monotonía que representa, a su vez, las continuas quejas y lamentos.

En las estrofas sexta y séptima, se introduce un nuevo tema. El yo lírico explica que, al ser preguntado por su origen, no nombra un lugar concreto, sino que se identifica con muchas regiones latinoamericanas: «Nací cerca de Cuzco / admiro a Puebla / me inspira el ron de las Antillas / canto con voz argentina …» (ll. 37 – 42)

En las últimas estrofas, el yo lírico expresa lo que desea para Latinoamérica: unir a todo el continente en un gran «abrazo latinoamericano» (l. 57). Para ello, se sirve de la personificación. Para acentuar aún más esta idea, hace uso de una imagen: como si fuera un gigante, extiende todo su cuerpo sobre el continente: la frente en un extremo, los pies en el otro y las manos hundidas: una en el Atlántico y la otra, en el Pacífico.

Esta imagen final es el punto culminante del mensaje que se transmite a lo largo de todo el poema: el deseo de «unidad en la diversidad» para los pueblos latinoamericanos.

Textos informativos / Comentarios / Cartas abiertas / Discursos políticos / Entrevistas

Analizar

Primer paso: introducir la información principal

Da información sobre: el **tipo de texto, el/la autor/a u orador/a, el título y el tema.**

Segundo paso: resumir el contenido

Resume el contenido con **tus propias palabras** utilizando un **estilo neutro.**

Tercer paso: el efecto y el lenguaje

1. Analiza el **efecto que se quiere lograr** con el texto: transmitir información, explicar hechos, expresar la opinión personal, convencer a alguien para que adopte un punto de vista en particular ...
2. Incluye el **análisis del lenguaje.**
3. Menciona también si hay **recursos estilísticos** y relaciónalos al contenido y al efecto que se quiere lograr en el lector / oyente.

Recursos estilísticos → p. 250

Cuarto paso: valorar el texto

1. Valora el **punto de vista del autor / de la autora / del orador / de la oradora.**
2. Explica si te parece convincente la **argumentación** y si el texto logra el **efecto** buscado.

Expresiones útiles

DESCRIBIR EL TIPO DE TEXTO Y SUS ELEMENTOS

El texto es	un artículo periodístico · una entrevista · un reportaje · un comentario · una carta abierta · un discurso político ...
El texto consta de	título · subtítulos · un resumen · varios apartados con subtítulos · párrafos ...
El texto viene acompañado de	fotos · imágenes · estadísticas ...

ANALIZAR LA INTENCIÓN Y LAS FUNCIONES

El/La autor/a El / La orador/a	informa sobre · explica · aclara · amplía la información sobre · ilustra · revela · profundiza · presenta ...	el tema · el caso · el fenómeno · los resultados ...
El título	busca pretende	despertar el interés del lector · atraer al lector · llamar la atención del lector ...
El resumen	presenta	la información principal · una síntesis de lo principal · información previa ...
Los subtítulos	indican el comienzo de un nuevo aspecto. ayudan al lector a orientarse en el texto.	
Las citas intercaladas	refuerzan lo dicho · justifican las explicaciones ...	

ANALIZAR EL LENGUAJE

El lenguaje se caracteriza por	un estilo	sencillo · claro · objetivo · coloquial · complicado · enredado · metafórico · poético · enigmático ...		
		que	facilita la lectura · envuelve al lector · convence · provoca · impresiona ...	
			está en concordancia · se corresponde · subraya o refuerza	(con) el contenido.

Películas / Vídeos

Tipos / Géneros

- el tráiler
- el corto(metraje)
- el videoclip
- el documental
- la película de acción
- la película de terror
- la película de ciencia ficción
- la película de suspenso
- el western
- el drama
- la comedia (romántica)
- la animación

Analizar una película / un vídeo

Primer paso: preparar la escena

1. Ten en cuenta que no solo **lo que se dice** es importante, sino también todo **lo que se oye** (sonidos y música) y **lo que se ve.**
2. Lo que se oye y lo que se ve pueden ayudarte a comprender mejor lo que se está contando, si en un primer paso no llegas a entender todo lo que dicen los personajes.

Segundo paso: relacionar elementos con su función

1. Concéntrate **en el aspecto que quieras analizar**:
   - en **lo que se dice**,
   - en el **sonido,**
   - en los **recursos fílmicos** o
   - en los **planos de la cámara**.
2. Toma apuntes de lo que creas relevante, pero ten en cuenta que no basta con identificar aspectos: lo importante es relacionarlos siempre con **su función en el contexto**.

Tomar apuntes → p. 261

Tercer paso: analizar una película / un vídeo

1. Formula tu análisis basándote en tus notas.
2. Ten en cuenta que tu análisis debe **ser comprensible también para alguien que no haya visto las escenas.**
3. Si tienes la posibilidad, vuelve a ver las escenas para compararlas con tu interpretación.

Expresiones útiles

ANALIZAR EL SONIDO

La banda sonora	recoge	los monólogos · los diálogos · los silencios de los personajes · los efectos sonoros · la música ...
La música	se usa para	identificar determinados espacios · dar unidad a la película / al vídeo · definir los gustos musicales de un personaje · cargar una escena de emociones · aumentar / disminuir la tensión ...

ANALIZAR LOS RECURSOS FÍLMICOS

El/La director/a	se sirve de	*flashbacks*	para	viajar al pasado.
		flashforwards		retornar al presente.
		elipsis		omitir acciones o hechos.
		fundidos a negro		transmitir la sensación de transcurso de tiempo o espacio.

ANALIZAR LOS PLANOS DE LA CÁMARA

El/La director/a se sirve de	un gran plano general		para	acentuar · reforzar · subrayar · apoyar · mostrar ...
	un plano	general · medio · americano · corto · de detalle		

Gran plano general

Plano general

Plano medio

Plano americano

Plano corto

Plano de detalle

Fotos / Cuadros

Analizar fotos / cuadros

Primer paso: describir

1. **Clasifica la imagen.**
2. **Sitúa la imagen** en su contexto. **Nombra los elementos** que se puedan ver.
3. **Describe la composición.** Empieza con el **elemento dominante** que resalte a primera vista.
4. Luego **describe los demás elementos** de la imagen. Si no hay un elemento dominante, describe la imagen de izquierda a derecha.

Segundo paso: analizar

1. Expón lo que **expresa/n o simboliza/n** la imagen en su totalidad o ciertos elementos en ella.
2. Interpreta también el **efecto** que la imagen produce sobre el observador.

Expresiones útiles

DESCRIBIR UNA FOTO / UN CUADRO

Se trata de un/a	fotografía · cuadro · dibujo · (autor)retrato · fotograma ...	
La foto · El cuadro	ilustra · muestra	una escena de ... en ... · el momento en que ...
En	la parte superior · la parte inferior · el primer plano · el segundo plano · el centro	hay ... · se encuentra/n ... · se distingue/n ... · se presenta/n ... · se ve/n ...
A la	derecha · izquierda	

ANALIZAR EL EFECTO Y LO QUE SIMBOLIZA LA IMAGEN

Esta imagen Los colores	expresa/n · muestra/n · representa/n · simboliza/n · ilustra/n ...				
El objetivo	de la foto del cuadro	es	criticar · señalar · demostrar · denunciar · expresar	que	...
Para mí, En mi opinión,	la foto el cuadro	significa ... · transmite como mensaje ... · me llama la atención porque ... · me provoca ...			

Carteles / Cómics

Tipos de carteles

- el cartel publicitario
- el anuncio
- la campaña
- la publicidad
- el cartel propagandístico
- el cartel de película

Elementos de un cómic

- la viñeta
- la cartela
- el bocadillo

Analizar un cartel / un cómic

Primer paso: dar información principal

Indica primero el origen del cartel/cómic: de quién · cuándo · dónde · para qué.

Segundo paso: describir

Luego describe los elementos, el texto y la imagen:

1. Los elementos	2. El texto	3. La imagen / La foto
• cómic: las viñetas, la cartela ... • cartel: el eslogan, el lema, el logo ...	• las palabras / las frases, • la posición / la distribución, • el tipo de letra / el diseño ...	• los planos y la distribución, • los colores ...

Tercer paso: analizar e interpretar el mensaje

- ¿A quién se dirige?
- ¿Cuál es su objetivo?
- ¿Cómo se intenta lograr el objetivo? (connotaciones, asociaciones, etc.)

Expresiones útiles

DESCRIBIR UN CARTEL / CÓMIC

El cómic	consta de · está compuesto por	... viñeta/s	a color · blanco y negro ...	
El cartel	consta de · está compuesto por	un eslogan · un lema · un logo		
La cartela	se encuentra · se halla · está colocada · aparece	en la parte superior/inferior · al margen de ... · encima de ... · debajo de ... · al lado de ...		
	da información sobre · comenta	el lugar · el tiempo · los personajes ...		
El texto	de los bocadillos del cartel	contiene	palabras frases	sueltas · cortas · (in)completas · elípticas · la imitación de sonidos (onomatopeyas) · exclamaciones · interrogaciones ...
	se encuentra ubicado	en el centro · a la izquierda / derecha · en la parte superior / inferior	de ...	
El tipo de letra	se caracteriza por	su tamaño · el color · estar en mayúsculas · estar en minúsculas ...		

ANALIZAR UN CARTEL / CÓMIC

El cómic El cartel	se dirige	a niños · a jóvenes · al público en general ...	
	advierte sobre · cuenta · critica · explica · pone de relieve	un problema · un hecho · un acontecimiento · un episodio	que ...
	tiene el objetivo de	entretener · divertir · denunciar · criticar · enseñar · insinuar · reforzar · mostrar · presentar · enfatizar · subrayar · hacer reír · hacer reflexionar ...	
	se sirve de · recurre a · crea	personajes · situaciones · imágenes · textos	chistosos/-as · actuales · ficcionales · (ir)reales · exagerados/-as ...

Estadísticas

Analizar una estadística

Primer paso: describir
Describe el **tipo de estadística**, menciona qué **tema** trata y **describe los valores** que se presenten o comparen.
Segundo paso: analizar
Menciona qué **tendencias** se pueden interpretar, **quién/es se podría/n ver afectado/s** por este hecho y cuáles podrían ser las posibles **causas**.

Expresiones útiles

DESCRIBIR UNA ESTADÍSTICA

La estadística	se presenta en forma de	tabla · un gráfico de barras · un gráfico de curvas · un diagrama circular ...	
En torno al · Mientras que el · Cerca del	17% (por ciento)	(de los encuestados) (de la población) (de los españoles)	declara · afirma · niega · rechaza · considera · opina · aprueba · (no) se identifica con ...
Una parte considerable · Un porcentaje elevado · La mayor parte · Más de la mitad · Un cuarto · Dos tercios			
Una amplia · La gran	mayoría · minoría		
Se puede · observar	una subida · un aumento · un descenso · una caída	del ... % (por ciento).	
Este	descenso aumento	se ha producido (especialmente) en ... se puede observar sobre todo en (el sector de) ...	
El número de ...	se ha reducido ha aumentado	a la mitad · al ... por ciento · considerablemente ...	

ANALIZAR UNA ESTADÍSTICA

Los datos	muestran · revelan · manifiestan	una tendencia	favorable · negativa	con respecto a ...
		algunas diferencias		
Esto afecta · Esto concierne		en	menor · mayor	medida a ...
Es un factor que parece estar asociado a ...				
Esto se debe a ...				

Herramientas

Deducir vocabulario

Existen **estrategias** que te ayudan a la hora de comprender vocabulario desconocido o de hablar en la lengua extranjera.

El contexto

Ten en cuenta el contexto de la palabra desconocida para descifrar su significado: **dibujos, fotos, estructura del texto con títulos y subtítulos**.

Internacionalismos

Ten en cuenta las similitudes que muchos términos tienen en **diferentes lenguas.**

alemán	español	inglés	francés	italiano
Kondition	condición	condition	condition	condizione

Familias de palabras

Reflexiona si ya conoces una palabra de la **misma familia**: la posibilidad – posible

Formación de palabras

Los **prefijos** y **sufijos** dan información sobre el significado o aclaran si se trata de un sustantivo, un verbo o un adjetivo. Al leer o escuchar una nueva palabra, trata de descifrarla descomponiéndola y buscando la **palabra base**: im-perdon-able > **perdón**

Prefijos

ante- antes, delante (de): antecedente, anteayer
a- / anti- oposición: apolítico, antifascista
bi- dos o dos veces: bilingüe, la bicicleta
co- / con- unión y participación con otro: colaborar, el contexto
in- / im-, de- / des-, di- / dis- sentido negativo o contrario: imposible, desesperado, disminuir
pre- delante (de): prevenir, el prefijo
sobre- aumenta el significado de la palabra: sobresaliente
sub- debajo, la inferioridad o la disminución: el submarino, el subcampeón, el subdesarrollo

Sufijos

-dad / -tad / -tud sustantivos femeninos: la ciudad, la facultad, la actitud
-ción / -sión sustantivos femeninos: la función, la decisión
-ista / -ema sustantivos masculinos procedentes del griego: el problema la forma femenina es la misma: el / la especialista
-able / -ible o -ente / -ante adjetivos: manejable, comprensible, elocuente, semejante
-tor / -dor adjetivos o sustantivos referidos a una profesión o a la característica derivada de una actividad: el traductor, el comedor
-ito / -illo diminutivos: el chiquito
-azo aumentativos: el golazo, el manotazo

Parafrasear

Al hablar, puede suceder que no se te ocurra la palabra exacta que quieres decir. En este caso, intenta expresar la **misma idea con diferentes palabras**:

- **Define** el objeto o el hecho **con tus palabras**: p. ej., es una persona/cosa / un objeto/lugar/sentimiento que / con el/la cual ...
- Describe el objeto o el hecho con **sinónimos o antónimos**.
- Utiliza **gestos y mímica**.
- Para ganar tiempo, utiliza **muletillas** como: bueno, bien, vamos a ver, pues, entonces ...

Utilizar un diccionario

Familiarízate con las **partes de tu diccionario**. Al principio o en el anexo, suelen haber listas con los símbolos y las abreviaciones que se usan, esquemas gramaticales, modelos de verbos regulares y listas de verbos irregulares, explicaciones para una pronunciación adecuada, etc.

El diccionario bilingüe

- Verifica el **significado** de la palabra buscada en el **contexto** requerido.
- **Compara** el significado de la palabra española que has encontrado con su **traducción** en la **parte español-alemán** del diccionario.
- De ser necesario, comprueba su significado en un **diccionario monolingüe**.

El diccionario monolingüe

- Agrupar **familias de palabras** te ayudará a memorizarlas.
- Estudia los **ejemplos de uso** que da el diccionario bilingüe: frases completas, expresiones idiomáticas, etc.
- Fíjate si el diccionario ofrece **sinónimos** y **antónimos**.
- Ten en cuenta si el término lleva una determinada **preposición** o si el verbo es **irregular**.

Tomar apuntes

Técnicas para tomar apuntes

- **Diseña tu propio sistema**: signos, abreviaturas, etc. ya que normalmente solo tú tienes que descifrarlos.
- **Escribe legible y claro** para poder utilizar los apuntes más tarde.
- Dales un **título** a tus apuntes e indica la **fuente** del texto original.
- Apunta solamente **palabras y expresiones clave**.
- Los apuntes deberían reflejar la **estructura del texto:** la introducción, la información más importante y la conclusión.
- Señala con **signos de interrogación** (¿?) lo que no hayas entendido.
- Al final, **vuelve a leer los apuntes** y rellena la información que no hayas entendido con **hipótesis** sobre su posible significado.

Mapa mental

¿Qué es un mapa mental?

Un mapa mental **hace visible la relación entre ideas. Relacionar palabras sueltas** entorno a una palabra o frase clave ayuda a retenerlas y aprenderlas. Un primer paso puede ser elaborar un **asociograma**, es decir, **apuntar espontáneamente todo lo que asocies con una palabra.**

¿Cómo proceder?

- Escribe la **palabra o frase clave** en el centro de una hoja.
- Añade **otras palabras relacionándolas** con la palabra o frase clave **mediante rayas**.
- Puedes añadir otras más en cada fase de tu trabajo.
- Puedes utilizar **colores** para destacar los **aspectos importantes**.
- Puedes darles un **orden lógico** a tus ideas **enumerando** las rayas.

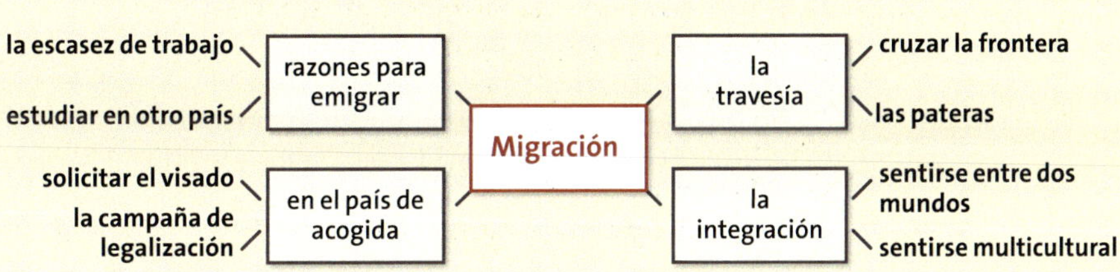

La escritura automática

La escritura automática sirve para **generar ideas y activar conocimientos previos**. Además, puede ayudarte para evitar bloqueos a la hora de escribir un texto.

Llevar a cabo la escritura automática

- Cuando veas o escuches la **palabra clave / el tema,** empieza a escribir.
- Apunta **todo** lo que se te pase por la cabeza: palabras, letras, frases cortas, ideas, asociaciones, opiniones, sentimientos, conocimientos, preguntas ...
- **Escribe «automáticamente»**, o sea **sin reflexionar** y sin levantar el lápiz del papel. ¡No te preocupes por escribir correctamente! No corrijas nada, no taches nada, no cambies nada.
- Si se interrumpe el flujo de ideas, no levantes el lápiz. **Vuelve a escribir la última palabra** (*alegría_alegría_alegría_alegría_ale*✎) hasta que se te ocurra otra idea.
- Si no sabes expresar una idea en español, apúntala en tu **lengua materna**.
- Deja de escribir cuando oigas la **señal**.

Sacarle provecho del resultado

Luego relee lo que has apuntado. Puedes

- **marcar** palabras o frases útiles para el tema o la tarea en cuestión,
- **tachar** partes que no necesites para continuar,
- **comparar** tu resultado con el de algunos compañeros de clase. Ojo: Ten en cuenta que solo podrás leer lo que han escrito tus compañeros si te dan permiso. Tú también tienes que estar de acuerdo con que lean lo que has escrito tú.

Hacer citas

Características

Una cita reproduce el texto original palabra por palabra y tiene que ser reconocible como tal utilizando

- **comillas** para dejar claro el principio y el final de la cita: « »,
- **puntos suspensivos entre corchetes** [...] en caso de **añadir u omitir** palabras: «Aunque no sé lo que pensará [la amiga] de los que viven [...] bajo el puente de Méndez Álvaro ...» (p. 212, ll. 8–9).

Citas indirectas

Según el protagonista, casi siempre son marroquíes los que son detenidos en las redadas policiales (p. 212, ll. 14–16).

Introducir una cita hablando

En una charla o al exponer un tema, debes dejar en claro cuándo estás citando a una persona, ya sea de forma directa (Voy a citar literalmente lo que el/la autor/a dice al respecto: «...»), o de forma indirecta.

Citar la fuente

Siempre hay que indicar la fuente de una cita, ya sea entre paréntesis en el texto o al pie de página.

- Un libro: Puerto, Carlos (1997): Un frío viento del infierno. Madrid: Ediciones SM.
- Un artículo de prensa: Sánchez Vallejo, María Antonia: Nace la familia transoceánica. El País, 8/11/2008.
- Una fuente de Internet: Informador.com.mx (15/6/2012): Suspenden deportaciones de jóvenes inmigrantes en EE. UU. Online en: http://www.informador.com.mx/internacional/2012/383250/6/suspenden-deportaciones-de-jovenes-inmigrantes-en-eu.htm

Evitar errores

Es normal que cometas errores al aprender una lengua extranjera. Lo importante es que sepas analizarlos: si sabes qué tipo de errores sueles cometer, podrás evitar muchos de ellos.

1. Ten presente **las categorías de errores típicos.** He aquí algunos ejemplos:

Categoría	Regla (ejemplo)	Ejemplo de uso correcto
La ortografía	En español no hay consonantes dobles.	intere**s**ante, el te**n**is, di**f**ícil
	...	...
El género	Los sustantivos terminados en -ema son masculinos.	**el** probl**ema**, **el** t**ema**, **el** sist**ema**, **el** esqu**ema**
	...	...
El uso del artículo	«Otro» se usa sin artículo indeterminado.	Voy a dar **otro** ejemplo.
	Los verbos del tipo «gustar» se usan con el artículo determinado.	**El** fútbol me **gusta** mucho. No me **interesan las** películas de acción.
	...	...
La concordancia	Los sustantivos y sus determinantes concuerdan en número y género.	Tus ide**as** son buen**as**, est**a** vez, **los** pintor**es**, un**as** zapatill**as** blanc**as** y nuev**as**.
	El sujeto y el verbo concuerdan en número y persona.	Poc**os** habl**aban** alemán, **nadie** lo sab**e**, mucha **gente** particip**ó**
	...	...
El uso del subjuntivo	Después de una frase principal negada, se usa el subjuntivo.	Aquí **no hay nadie que diga** la verdad. **No creo que** me **haga** caso.
	...	...

2. Haz **una lista con los errores que tú suelas cometer**. Formula reglas que sean comprensibles para ti –claro que también puedes formularlas en tu lengua materna– y escribe ejemplos de uso correcto.
   Antes de entregar un texto, **revísalo varias veces concentrándote en una regla por vez**. Marca la revisión ✔.

Categoría	Mi/s regla/s / *Meine Regel/n*	Mi/s ejemplo/s correcto/s	✔

Historia de España

Romanización

Teatro romano de Mérida

S.II a.C. – S.IV d.C. Dominio romano en toda la Península Ibérica. La influencia romana se evidenció particularmente en la infraestructura: murallas, vías, puentes, teatros, circos, etc.
S.IV a.C. – S.V d.C. Primeras invasiones bárbaras. Fin de la presencia romana.
S.V a.C. – S.VII d.C. Llegada de los visigodos a la Península. Formación de reinos cristianos.

Dominio árabe

711 – 726 d.C. Conquista árabe de Hispania procedente de África del Norte a través del estrecho de Gibraltar. La mayor parte de la Península Ibérica se transforma en un emirato árabe llamado Al-Ándalus con Córdoba como capital.

Reconquista y Reyes Católicos

722 Rebelión contra los musulmanes liderada por Pelayo en los montes de Asturias. Comienzo de la Reconquista.
a partir del S.XI Los reinos musulmanes se debilitan. Expansión de los reinos cristianos.
1143 Portugal se independiza del Reino de Castilla.
1474 – 1516 (reinados de Castilla y Aragón) Los Reyes Católicos, Fernando II de Aragón e Isabel I de Castilla, majestades de la Corona de Castilla y Aragón, crean una fuerte monarquía.
Conquista del Reino nazarí de Granada, del Reino de Navarra, de Canarias, Melilla y otras plazas africanas bajo su reinado. La política exterior de los Reyes Católicos estuvo marcada por los enlaces matrimoniales con varias familias reales de Europa que resultaron en la hegemonía de los Habsburgo durante los siglos XVI y XVII.

Llegada a América

1492 Llegada de los españoles a América. Comienzo de la colonización de los nativos.

Carlos I de España / Carlos V de Alemania

1516 – 1556 Carlos I fue rey de España (1516 -1556) y emperador del Sacro Imperio Romano Germánico bajo el nombre de Carlos V (1520-1558). Carlos I era nieto de los Reyes Católicos y, a los 19 años, se convirtió en el hombre más poderoso de su época. Al llegar a España para heredar la Corona, no sabía español ni conocía las costumbres y las leyes del país. Su reinado duró 40 años.

Felipe II

Felipe II

1556 – 1598 Felipe II de Austria o Habsburgo, rey de España. Hijo de Carlos I, Felipe II expandió el territorio de su reinado a través de los océanos Atlántico y Pacífico, llevando a la monarquía hispánica a ser el primer imperio mundial ya que, por primera vez en la historia, un imperio integraba territorios de todos los continentes del planeta.

Dinastía borbónica y centralismo

1700 – 1746 España pierde importancia internacional a favor de Inglaterra. Felipe V, primer rey borbón de España. La dinastía borbónica se destacó por implementar un modelo absolutista con influencias del modelo político de Luis XIV de Francia. La política se basaba en la idea de que los poderes del rey eran ilimitados (absolutos).
1811 – 1821 Independencia de la mayoría de las colonias españolas en América.
1812 Aprobación de la primera Constitución Española en Cádiz.
1898 Pérdida de las últimas colonias españolas (Cuba, Filipinas y Puerto Rico).

La II República

abril de 1931 Llamado a elecciones municipales por parte del rey Alfonso XIII. Triunfo de los republicanos. Proclamación de la Segunda República Española. Abdicación y exilio del Rey Alfonso XIII.
1933 Triunfo de la derecha en las elecciones.
16/2/1936 Triunfo de la coalición de izquierdas (Frente Popular).

Guerra Civil Española

Refugiados (1936)

17-18/7/1936 Golpe de Estado de grupos de derechas. Comienzo de la Guerra Civil.
28/3/1939 Entrada de las tropas franquistas a Madrid. Fin de la Guerra Civil.

Franquismo

1939-1975 Dictadura franquista.
1969 Francisco Franco nombra al príncipe Juan Carlos de Borbón su sucesor.
20/11/1975 Fallecimiento del general Franco.

La Transición

22/11/1975 Proclamación del Príncipe Juan Carlos de Borbón como Rey Juan Carlos I.
1976 Nombramiento del presidente Adolfo Suárez.
15/6/1977 Primeras elecciones generales desde 1936. Adolfo Suárez sigue siendo presidente de gobierno.
6/12/1978 Aprobación de la Constitución. España es una monarquía parlamentaria.
1979 Adolfo Suárez dimite como presidente y es reemplazado por Leopoldo Calvo Sotelo.
23/2/1981 Golpe de estado fallido del coronel Antonio Tejero contra el Congreso.

Gobiernos democráticos actuales y memoria histórica

1982 Gobierno de Felipe González, PSOE (Partido Socialista Obrero Español).
1996 Gobierno de José María Aznar, PP (Partido Popular).
2000 Creación de la Asociación para la Recuperación de la Memoria Histórica.
2004-2008 Primer mandato de José Luis Rodríguez Zapatero, PSOE.
2007 Ley de Memoria Histórica.
2008-2011 Segundo mandato de José Luis Rodríguez Zapatero.
desde 2011 Gobierno de Mariano Rajoy, PP.

Dictaduras en Chile y Argentina

Chile

Salvador Allende

11/9/1973 Golpe de estado que derrocó al presidente electo Salvador Allende.
5/10/1988 Plebiscito Nacional para votar por el Sí o el No a Pinochet. Triunfo del No.
11/3/1990 Nombramiento del presidente democrático P. Aylwin (democratacristiano).
1990 Creación de la Comisión Nacional de Verdad y Reconciliación.
2009 Declaración del 30 de octubre como «Día Nacional del Ejecutado Político».
2010 Inauguración del Museo de la Memoria y los Derechos Humanos.

Argentina

24/3/1976 Golpe del estado que derrocó a la presidenta María Estela de Perón.
1977 Fundación de las asociaciones «Madres de Plaza de Mayo» y «Abuelas de Plaza de Mayo».
10/12/1983 Nombramiento del presidente democrático Raúl Alfonsín (Unión Cívica Radical).
1983 Creación de la Comisión Nacional sobre la Desaparición de Personas (CONADEP).
2002 Declaración del 24 de marzo como «Día Nacional de la Memoria por la Verdad y la Justicia».
2007 Inauguración del Monumento a las Víctimas del Terrorismo de Estado.

Panorama político de España

LA MONARQUÍA PARLAMENTARIA

REY
- Jefe de Estado
- Jefe de las Fuerzas Armadas Españolas
- arbitra y modera el funcionamiento de las instituciones
- asume la más alta representación del Estado español en las relaciones internacionales

PODER EJECUTIVO	PODER LEGISLATIVO	PODER JUDICIAL
Presidente (Jefe de Gobierno) Ministros	**Cortes Generales (Parlamento)**	**Tribunales de Justicia**
• aplicar las leyes • gobernar el país	• aprobar/vetar leyes • elaborar el presupuesto del Estado	• aplicar el derecho • asegurar el cumplimiento de la Constitución

eligen

CIUDADANOS

LOS PRINCIPALES PARTIDOS POLÍTICOS*

Partidos de ámbito nacional

Partidos mayoritarios	Partidos minoritarios
PSOE (Partido Socialista Obrero Español): centroizquierda, social-demócrata, progresista.	**IU** (Izquierda Unida): comunista, socialista, republicanista.
PP (Partido Popular): centroderecha, conservador, demócrata-cristiano.	**UPyD** (Unión, Progreso y Democracia): progresista, social-liberal, liberal-progresista.

Panorama mediático de España

LOS PRINCIPALES CANALES DE TELEVISIÓN*

Canales estatales	Canales privados
La «1» (RTVE): la «primera» es el canal con los programas más populares. Fundado en 1956.	**Antena 3**: canal muy popular con programas de entretenimiento, concursos, series nacionales e internacionales, informativos y cine. Fundado en 1989.
La «2» (RTVE): la «2» emite contenidos culturales o deportivos y es menos popular que la «1». Fundado en 1966.	**La Sexta**: canal con especial presencia de programas de humor y entretenimiento, programas de información y actualidad, series estadounidenses y retransmisiones deportivas.
Teledeportes: canal dedicado al mundo del deporte. Fundado en 1994.	**Telecinco**: canal enfocado a la actualidad, el entretenimiento, *reality shows*, series de ficción y cine.

LOS PRINCIPALES PERIÓDICOS*

El País • el Mundo • la Vanguardia • ABC

LAS PRINCIPALES EMISORAS DE RADIO*

Cadena Ser • RNE (Radio Nacional) • Onda Cero

*Además, cada comunidad autónoma tiene sus propios partidos políticos, canales de televisión, periódicos y emisoras de radio.

Deutsches Modell: Spanien hofft auf Los Azubis

Tarea 1
→ p. 23

In der Krise entdeckt Spanien die duale Berufsausbildung als Jobmotor.

Ungläubiges Staunen – das ist die typische Reaktion, wenn Violeta Fernández Sosa spanischen Bekannten erklärt, wie einfach sie ihren Ausbildungsplatz bekommen hat. Die 24-Jährige schrieb eine Bewerbung und schickte sie an ihre heutige Schule. Die leitete die Bewerbung an interessierte Firmen weiter. Vier Monate später kam die gute Nachricht: Violeta hatte einen Ausbildungsplatz.

„Die Geschichte kannst du Spaniern stundenlang erzählen", sagt Violeta, deren Eltern aus Spanien und Mexiko stammen. „Und dann denken sie immer noch: Nee, stimmt nicht."

Violetas Schule ist die Aset, eine Berufsschule in Madrid. In einem schmuck restaurierten Kloster im Norden der Stadt werden Jugendliche über zwei Jahre zu Industrie- oder Speditionskaufmännern ausgebildet. Die Theorie in der Schule wird auf Deutsch vermittelt, die Praxis in den Betrieben auf Spanisch.

Das spanische System bildet oftmals am Bedarf vorbei aus. In keinem anderen EU-Land arbeiten so viele Universitätsabsolventen in einem Job, für den sie überqualifiziert sind. „Titulitis nennt man das hier", erzählt Daniel Granados. Der Sohn eines Spaniers und einer Deutschen macht bei Mercedes eine Ausbildung zum Industriekaufmann. In seinem Umfeld ist der 18-Jährige damit ein Exot. „Ich habe keinen Freund, der eine Ausbildung macht."

Auch Max Deckert kennt die Vorbehalte von Gleichaltrigen gegen eine Ausbildung: „Die Leute hier gehen alle studieren und sind dann arbeitslos auf hohem Niveau", sagt der 21-Jährige.

Zwar gibt es auch in Spanien eine Art duale Ausbildung, die Formación Profesional. Doch spanische Berufsschüler machen erst am Ende ihrer Ausbildung Praktika, die nur etwa ein Fünftel der Ausbildungszeit ausmachen. „Das hat mit einer praktischen Ausbildung wie wir sie kennen wenig gemein", sagt die stellvertretende Aset-Leiterin Susanne Gierth. Ihre Schüler sind dagegen von Anfang an in die Betriebe integriert und verbringen dort fast zwei Drittel der Zeit.

Vielen spanischen Unternehmern scheint die duale Ausbildung bis heute fremd zu sein. Viele Unternehmen dürften die Kosten der Ausbildung schrecken. Investitionen in die Mitarbeiter seien „gerade in kleinen und mittleren spanischen Unternehmen noch ein Fremdwort", sagt Aset-Vorstand Bernhard Iber.

Ein Stück Wilder Westen mitten in Europa

Tarea 6
→ p. 77

Das Cabo de Gata ist mit seinen unberührten Stränden eine Entdeckung wert.

Hier müsste man einen Abenteuerfilm drehen! Dieser Gedanke drängt sich in der wilden Küstenlandschaft am andalusischen Cabo de Gata geradezu auf. Es ist ein Abschnitt der spanischen Mittelmeerküste, der angeblich noch nicht von Immobilienspekulation, Bettenburgen, Uferpromenaden, Strandrummel überrollt sein soll, wie wir hörten. Keine trügerische Verheißung, wie wir beim Besuch des Parque Natural Cabo de Gata wenige Kilometer östlich Almerías feststellen. Er ist seit 1997 auch Biosphärenreservat der Unesco, in dem Naturschutz und ein sanfter Ausbau von Landwirtschaft und Tourismus in Einklang gebracht werden sollen.

Die Halbinsel rund um das Kap gilt als sonnenreichste Zone des europäischen Kontinents. Von Anfang an erschien sie uns wie ein Stück Nordafrika, das man an die spanische Küste verfrachtet hat, und die kleinen Palmenhaine erinnerten uns an Oasen in der tunesischen oder marokkanischen Wüste. Schon spüren wir den lauen Wind des Mittelmeers, doch Hochhäuser oder ausgeuferte Einkaufszentren sehen wir keine. Der Tourismus hat zwar inzwischen auch hier Einzug gehalten, hält sich aber im Rahmen von kleinen Feriensiedlungen und einstöckigen Hotels bescheiden zurück.

Während unmittelbar an der Küste ein gewisser Entwicklungsdruck nicht zu leugnen ist, hat sich im Landesinneren ein anderes, kaum berührtes Andalusien erhalten: ohne Hotels und internationale Besuchermassen und sogar ohne Olivenhaine, Flamenco oder Stierkampfarenen.

Nur einen Steinwurf jenseits der Uferstraße und am Rand der winzigen Dörfer existiert bis heute ein archaisch anmutendes spanisches „Campo". Landarbeiter bestellen auf kleinen Gütern die Weizenfelder, und Hirten begleiten ihre Schaf- und Ziegenherden über die steinige, ausgetrocknete Erde. Anderswo liegen die Felder brach, manche Gehöfte sind zerfallen, nur die Überbleibsel eines Kirchturms ragen in die Höhe.

In den wenigen Cafés und Bars von Dörfern wie Los Escullos oder Isleta del Moro erwacht diese Zeit wie in einer Rückblende zum Leben. Am Tresen treffen wir alte, zahnlose Männer, die in schwer verständlichem Spanisch von den Tagen erzählen, in denen sie ihre Weizensäcke noch übers Land auf dem Rücken zu den Mühlen schleppen mussten. Viele von ihnen sind damals als Gastarbeiter nach Deutschland gegangen – schwere Zeiten, die gerade einmal 20 Jahre zurückliegen. Dennoch sind sie hier alle tief mit der kargen Erde verwurzelt und die meisten froh darüber, dass der Sturm der spanischen Immobilienspekulation am Cabo de Gata vorbeigezogen ist.

Die alten Herren haben uns dann auch hinauf zum ehemaligen Wachturm Vela Blanca geschickt. Von dort, so ►

meinten sie, habe man den besten Blick über den Naturpark. Und tatsächlich beweist das Panorama von diesem Aussichtspunkt, wie unberührt der größte Teil von Cabo de Gata noch immer ist. In beiden Richtungen, so weit das Auge reicht, erkennen wir keine einzige Siedlung, kein Haus, nur den Leuchtturm am Kap, der sich vor der bizarren Steilküste aus schwarzem, grauem, gelbem und ockerfarbigem Vulkangestein abhebt.

Trotz einiger Einschränkungen löst Cabo de Gata also sein Versprechen ein: 50 Kilometer spektakuläre und unverschandelte spanische Küste. So kann Tourismus also auch funktionieren, möchten wir von dieser Anhöhe aus vielen anderen Regionen im Land zurufen.

Tarea 2
→ p. 81

Wie Sklaven unter Plastik

Es ist sieben Uhr morgens im südspanischen El Ejido. Aus dem Schutz der Dunkelheit tauchen sie auf, die Kapuzen tief ins Gesicht gezogen, stumm, unauffällig. In kleinen Gruppen sammeln sie sich am Straßenrand und an der Tankstelle am Boulevard. Kleintransporter fahren im Schritttempo den Boulevard hinauf, einer hält vor einer versprengten Gruppe. Ein Fenster wird heruntergekurbelt, Bewegung kommt in die Wartenden. Ein kurzer Wortwechsel, sie steigen ein und der Wagen entfernt sich so lautlos, wie er gekommen ist.

Täglich warten im Intensivanbaugebiet von Almería Tausende Tagelöhner auf ihre Anwerbung durch die Patrones, um in einem der Gewächshäuser einen Tagesjob als Erntehelfer zu ergattern. Die meisten von ihnen sind papierlose Immigranten aus dem Maghreb oder Ländern südlich der Sahara, die in Booten vor den Kanarischen Inseln aufgegriffen werden. Nur selten protestieren sie nach den durchstandenen Strapazen noch gegen die Lebensbedingungen, die sie erwarten, wenn sie spanisches Festland erreichen. Doch was für die Produzenten ein gutes Geschäft mit billigen Arbeitskräften ist, bezahlen die Immigranten teuer. Und dem Endverbraucher ist selten klar, unter welchen Bedingungen die günstigen Obst- und Gemüseangebote in seinem Supermarkt zustande kommen.

Auch Abdelkader Chacha kam vor 30 Jahren aus Marokko nach Almería, um in den Gewächshäusern zu arbeiten. „Die Immigranten, die unter dem Plastik arbeiten, sind die Sklaven von heute!" Abdelkaders Blick schweift über die schmutzigweißen Plastikplanen, die um die Mittagszeit träge im heißen Wind flattern. „Die Bauern verdienen gutes Geld an uns, aber sie behandeln uns wie Dreck."

El Ejidos Bürgermeister Juan Enciso Ruiz von der konservativen Partido Popular („Volkspartei") folgt derweil unbeirrt seiner populistischen Linie und wird nicht müde, seinen Leitspruch zu zitieren: Immigranten ja, aber außerhalb der Stadt.

Außerhalb der Stadt, das ist zwischen den Gewächshäusern. Jeden Abend kehren diejenigen, die tagsüber Arbeit gefunden haben, in ihre Unterkünfte im Plastikmeer zurück. Auf einem verlassenen Platz, der als Müllabladefläche dient, haben marokkanische Arbeiter Hütten aus notdürftig zusammengezimmerten Paletten gebaut. Plastikplanen überdecken die Konstruktion, einzige Einrichtung ist ein klappriges Bettgestell. Draußen schwelt eine Feuerstelle, der Gestank verfaulten Gemüses liegt in der Luft. Fliegen schwirren über einem Haufen von verrottendem Treibhausmüll. Trinkwasser und Strom gibt es hier nicht.

Lehrer, Bauern, Fischer, Studenten – egal, welchem Beruf die Immigranten in ihrem Herkunftsland nachgingen, hier durchleben alle dasselbe. „An den Gewächshäusern kommst du nicht vorbei, sie sind für die 'Papierlosen' das Tor nach Spanien", sagt Spitou Mendy, der 17 Jahre lang Professor für Sprachen im Senegal war, bevor er hierher kam, um in den Gewächshäusern sein Glück zu suchen. „Nur hier wird es von offizieller Seite geduldet, Illegale zu beschäftigen. Kontrollen gibt es kaum, wir haben nur fünf Inspektoren für die gesamte Provinz, und die kommen eh nur, wenn es Probleme gibt. Außerdem werden die Kontrolleure vorher angekündigt und der Patrón sorgt dann dafür, dass alles sauber ist, bevor sie eintreffen."

Die Situation der Arbeiter sei fatal. Man beute sie aus. Zudem würden sie mit der ständigen Angst leben, abgeschoben zu werden, so Mendy. Der Patrón überzieht willkürlich die Arbeitszeit und zahlt viel zu wenig. Die Leute spritzen Pestizide ohne Schutzkleidung und leiden an Hautausschlag und Kopfschmerzen. Manche bekommen Krebs.

Bei Agrupaejido, einer der größten Versteigerungsplattformen für Obst und Gemüse in der Region, herrscht sechs Tage in der Woche geschäftiges Treiben. 5000 Bauern setzen hier pro Jahr ihre Treibhausprodukte ab, die an Abnehmer in ganz Europa gehen. Über Billigdiscounter und Supermärkte landen die Produkte ohne Umwege auf deutschen Tischen.

Die Umweltschutzorganisation Greenpeace setzt sich schon seit langem für Umweltstandards in der Agrarindustrie ein. Seitdem hat sich auch das Bewusstsein vieler Konsumenten für die Qualität ihrer Lebensmittel geschärft. Doch während Normen für einen ökologisch verantwortungsvollen Umgang in der Landwirtschaft langsam Fuß fassen, bleibt die Sorge um menschenwürdige Lebens- und Arbeitsbedingungen der Arbeiter auf der Strecke.

Fleisch frisst Land

Tarea 1
→ p. 103

Ein Hamburger mit Pommes und Salat vernichtet mehr als drei Quadratmeter Regenwald. Ohne es zu merken, tragen auch deutsche Verbraucher zum Raubbau in Südamerika bei – genau wie ihre Hunde und Katzen.

Der Raubbau an den Regenwäldern Südamerikas geht mit unverminderter Geschwindigkeit weiter. Umweltschutzorganisationen schätzen, dass allein in Brasilien pro Jahr 30 000 Quadratkilometer Waldfläche gerodet werden, vor allem für Sojafelder und Rinderweiden. Was vielen deutschen Verbrauchern jedoch nicht bewusst sein dürfte: Die Vernichtung der Regenwälder geht auch auf ihr Konto. Das zeigt eine neue Studie des World Wide Fund for Nature (WWF). Denn ein großer Anteil des Viehfutters, das für die Fleischerzeugung hierzulande benötigt wird, stammt aus Südamerika. Einer der wichtigsten Futterbestandteile ist Soja, mehr als 75 Prozent des Bedarfes in Deutschland wird laut WWF inzwischen mit Lieferungen aus Brasilien und Argentinien gedeckt.

Der WWF warnt vor den drastischen Folgen eines weltweit wachsenden Fleischkonsums, der die Nahrungsmittelknappheit verschärft und außerdem das Klima anheizt. „Obwohl Fleisch nicht einmal ein Fünftel zur Welternährung beiträgt, ist die Viehwirtschaft bereits heute der mit Abstand größte globale Landnutzer", sagt Tanja Dräger de Teran, Ernährungsexpertin des WWF. Derzeit werde ein Drittel der gesamten Landoberfläche als Weideland oder Ackerfläche zur Futtermittelproduktion genutzt. Tendenz steigend.

Jeder Deutsche isst laut der Studie pro Jahr gut 60 Kilogramm Fleisch, vor allem Schwein. Hinzu kommen pro Kopf noch einmal knapp 20 Kilogramm für Katzen- und Hundefutter. Um diesen Fleischhunger zu stillen, ist eine Anbaufläche von 8,4 Millionen Hektar notwendig, das entspricht der Größe Österreichs.

Bei der Einfuhr von Tierfutter geht es um gewaltige Mengen. Den Angaben zufolge importiert Deutschland pro Jahr 6,4 Millionen Tonnen Soja. Weil die Ackerflächen in Deutschland dafür bei weitem nicht ausreichen würden und außerdem kaum für den Sojaanbau geeignet sind, muss ein großer Teil importiert werden. Wie hoch der Flächenbedarf für die Fleischproduktion in Relation zu anderen Lebensmitteln ist, zeigen diese Beispiele: Um den Fleischhunger eines Einzelnen zu befriedigen, ist eine Futteranbaufläche von 1000 Quadratmetern pro Jahr nötig, für den Jahresverbrauch an Kartoffeln reichen dagegen 15 Quadratmeter Acker aus. Umgerechnet auf Mahlzeiten bedeutet dies, dass ein Hamburger mit Pommes und Salat auf 3,6 Quadratmeter kommt, Spaghetti mit Tomatensauce dafür nur auf 0,5 Quadratmeter.

Um die weltweit wachsende Nachfrage nach eiweißreichem Soja zu decken, haben große Erzeugerländer in Südamerika im vergangenen Jahrzehnt ihre Anbauflächen deutlich ausgeweitet, Brasilien um 160 Prozent und Argentinien sogar um 190 Prozent. Dies verschärft häufig bereits vorhandene Probleme wie Wasserknappheit oder Nahrungsmittelmangel und führt zu einer Übernutzung der Böden durch Monokulturen.

© Silvia Liebrich, in Süddeutsche Zeitung, 13.10.2011

Zeitung kapituliert vor Drogenkartellen

Tarea 3
→ p. 147

Journalismus ist lebensgefährlich in Mexiko. Immer wieder werden Reporter getötet, die über die Drogenkartelle und ihre dunklen Verbindungen in die Politik berichten. Eine Zeitung reagiert nun auf die Gefahr.

Die Angst geht um in den Redaktionsräumen von Zócalo. Am Montag hat die Regionalzeitung mit Sitz in der nordmexikanischen Stadt Saltillo im Bundesstaat Coahuila deshalb eine Kapitulationserklärung unterzeichnet. Die Journalisten von Zócalo kapitulieren vor der Gewalt.

Kurz vor 14 Uhr hat die Redaktion einen Text auf ihre Internetseite gestellt. „Da die Sicherheit nicht gewährleistet werden kann, hat die Redaktion der Zeitung Zócalo beschlossen, ab sofort die Berichterstattung im Zusammenhang mit der organisierten Kriminalität einzustellen", heißt es darin.

Damit komme die Zeitung ihrer Verantwortung für die Sicherheit von „mehr als tausend Mitarbeitern und ihren Familien" nach. Ab sofort werden die Journalisten also nicht mehr über die Drogenkartelle berichten, die Mexiko seit Jahren in Angst versetzen.

Es ist nicht das erste Mal, dass Medien zu einer solchen Form der Selbstzensur greifen. Denn Journalisten, die im Milieu der Drogenkartelle recherchieren, setzen dafür ihr Leben aufs Spiel. Anfang März wurde der Zeitungsverleger Jaime Gonzáles Berichten lokaler Medien zufolge in der Grenzstadt Ojinaga im Bundesstaat Chihuahua regelrecht hingerichtet. Sein Newsportal Ojinaga Noticias ist inzwischen im Internet nicht mehr aufrufbar. In den vergangenen zwölf Jahren sollen mindestens 127 Reporter ermordet oder entführt worden sein.

Für großes Aufsehen sorgte auch eine Aktion des Diario de Juárez, der Tageszeitung in Mexikos Drogenhochburg Ciudad Juárez. „Als Mitarbeiter eines Mediums der Information wollen wir, dass Sie uns erklären, was Sie von uns wollen und was wir Ihrer Meinung nach veröffentlichen sollen, damit wir wissen, wonach wir uns richten sollen", ►

schrieben die Journalisten im Herbst 2010 in einem Leitartikel und kündigten an, die Berichterstattung über organisierte Kriminalität vorerst einzustellen. In weniger als zwei Jahren waren zwei Kollegen von den Drogenbanden umgebracht worden.

Immer weniger Journalisten berichten inzwischen über „Drogenhandel, die Gewaltherrschaft der Kartelle und ihre engen Verbindungen in die Politik", heißt es von Reporter ohne Grenzen. In ihrer aktuellen Rangliste der Pressefreiheit, auf der 179 Nationen aufgelistet sind, führt die Organisation Mexiko auf Platz 153 – hinter Ländern wie Irak, Afghanistan und Libyen. [...]

Einige Journalisten trauen sich dennoch, über die kriminellen Machenschaften und die Kartelle der Drogenbosse zu berichten. Doch die Berichterstattung wandert mehr und mehr in Weblogs ab – anonym. Im Blog borderlandbeat.com schreiben die Autoren unter Pseudonym über die Probleme in Mexiko. Eine offene Berichterstattung bleibt für die Journalisten des Landes wohl auch in Zukunft zu gefährlich.

Tarea 1
→ *p. 189*

Argentiniens ehemaliger Präsident Raúl Alfonsín

Raúl Alfonsín war mehr als nur ein Ex-Präsident. Er gehört zu den am meisten respektierten Persönlichkeiten seines Landes. Schon vor seinem 18. Geburtstag gründete der Sohn eines spanischen Einwanderers, der es vom kleinen Ladenbesitzer zum wohlhabenden Mann gebracht hatte, eine politische Studiengruppe. Dann studierte er Jura, wurde Rechtsanwalt, verteidigte während der Militärherrschaft Regimegegner und gründete die „Ständige Versammlung der Menschenrechte".

Als die Militärjunta immer mehr an Zustimmung verlor und geschwächt aus dem verlorenen Krieg gegen Großbritannien um die Falkland-Inseln hervorging, wurden für 1983 Wahlen ausgerufen: Alfonsín gewann mit rund 50 Prozent und begann als erster ziviler Präsident nach dem Ende einer der grausamsten Diktaturen des lateinamerikanischen Kontinents, das Land zu demokratisieren.

Mit dem Politiker der linksliberalen Bürgerunion UCR verband sich die Hoffnung auf ein neues Zeitalter. Und er enttäuschte sie zunächst nicht. Mit seinen ersten Entscheidungen begründete er seinen Ruf als kompromissloser Verfechter der Rechtsstaatlichkeit. Drei Tage nach seiner Amtseinführung machte Alfonsín den Weg frei für die Prozesse gegen die Angehörigen der Streitkräfte wegen Menschenrechtsverbrechen während der Diktatur. Unter seiner Regierung mussten sich die bis dahin allmächtigen Militärs für zehntausendfachen Mord, Folter und Entführung von Regimegegnern verantworten. 1985 wurden die führenden Vertreter der Militärkaste in einem Aufsehen erregenden Prozess zu langjährigen Haftstrafen verurteilt. Die Verfahren, die in ganz Südamerika ohne Gleichen waren, endeten mit der Verurteilung und Inhaftierung von fünf Juntamitgliedern, darunter zwei Expräsidenten.

Alfonsín setzte auch eine Kommission ein, die die Fälle tausender Verschwundener – zumeist Oppositioneller – aufarbeitete und das brutale Regime der Militärherrscher dokumentierte. All das provozierte, wie kaum anders zu erwarten, den Widerstand der zuvor Mächtigen. Drei Mal versuchte das Militär zwischen 1987 und 1988, den demokratisch gewählten Präsidenten abzusetzen. Mehr als einmal stand Argentinien am Rande eines Bürgerkrieges.

Um das Land zur Ruhe zu bringen, verabschiedete das Parlament Amnestiegesetze. Doch die Immunität für niedere Ränge sollte nicht ewig währen: Im Jahr 2005 hob der Oberste Gerichtshof die Amnestiegesetze endgültig auf, nachdem das Parlament schon 2003 in gleichem Sinne entschieden hatte. Damit war die Möglichkeit geschaffen, Hunderte von Verfahren gegen die Schergen der früheren Militärjunta wieder aufzunehmen.

Tarea 5
→ *p. 220*

Deutschland wirbt gezielt spanische Arbeitskräfte an

Die deutsche Wirtschaft geht dazu über, gezielt Arbeitskräfte aus südeuropäischen Krisenländern zu rekrutieren.

Beim Anwerben würden allerdings klare Bedingungen gestellt, sagte Hans Heinrich Driftmann von der Deutschen Industrie- und Handelskammer der Wirtschafts-Woche: „Wir legen bei Zuwanderern die gleichen Qualifikationsmaßstäbe an wie bei heimischen Bewerbern, und natürlich müssen ausländische Arbeitnehmer bereit sein, die deutsche Sprache zu lernen." Damit gebe es klare Unterschiede zur früheren Anwerbung von Gastarbeitern, so Driftmann: „Damals haben wir zumeist einfache Arbeiter aus unterschiedlichen Ländern hierher geholt. Die Menschen waren schlecht oder gar nicht ausgebildet." Mit dem Anwerben von ausländischen Fachkräften möchte die deutsche Wirtschaft nicht nur den aktuellen Mangel lindern, sondern auch die künftigen Lücken auffüllen. Der DIHK-Präsident schätzt, dass hierzulande bis zum Jahr 2025 „unser Potenzial um rund 6,5 Millionen Erwerbsfähige sinkt".

Weiße, die neue Minderheit

Tarea 4
→ p. 230

Die USA stehen statistisch an einem Wendepunkt: Erstmals wurden im Land weniger als die Hälfte aller Babys mit weißer Hautfarbe geboren. Zwischen Juli 2010 und Juli 2011 waren dem U.S. Census zufolge 50,4 Prozent der Babys schwarz, asiatisch, indianisch, hispanisch oder multiethnisch. Dabei wurden die Vereinigten Staaten einst als Kolonie weißer Europäer gegründet. Eine nennenswerte Immigration aus nicht-europäischen Ländern gibt es erst seit den sechziger Jahren.

Unerwartet kommt diese Entwicklung nicht: Statistiker haben schon vor einigen Jahren berechnet, dass um das Jahr 2060 auch die Mehrheit der Erwachsenen in den USA nicht mehr weiß sein wird. In Bundesstaaten wie New Mexico, aber auch in Großstädten wie New York ist das bereits heute der Fall. Dort, wo Weiße noch die Mehrheit stellen, sind das in der Regel ältere Menschen, während sich Minoritäten eher aus jungen Familien zusammensetzen.

Am auffälligsten ist das in Yuma County, Arizona: Laut William Frey sind hier nur 18 Prozent der Bewohner unter 20 Jahren weißer Hautfarbe. 63 Prozent der Rentner hingegen sind weiß. Ähnlich sieht es in Texas aus: „Dort, wo die über 60-Jährigen leben, ist Texas ein Anglo-Staat", meint Mark Fosset von der texanischen A&M-University. „Das sind die wohlhabenden, hausbesitzenden, weißen Wähler. Guckt man sich an den Schulen um, dann ist jeder, der unter 18 Jahre alt ist, Latino."

An der mexikanischen Grenze, von Südkalifornien bis Texas, leben heute schon mehr Hispanics als Weiße. In El Paso sind die Ansagen in Bussen auf Spanisch. In San Antonio gibt es spanische Straßennamen. In Miami haben spanischsprachige Fernsehsender höhere Einschaltquoten als amerikanische, und Albuquerque zelebriert mexikanische Feiertage wie den „Tag des Todes". Auch in New York sind in manchen Supermärkten alle Hinweise auf Spanisch gehalten, die Zeitung *New York Times* liegt hier am Kiosk neben *El Diario*.

Im 18. Jahrhundert war Amerika eine englische Kolonie, wo Deutsche und Schotten nur geduldet wurden. Im 19. Jahrhundert warnten die „Know Nothings" vor einer Invasion „minderwertiger" katholischer Iren, die sich angeblich stärker vermehrten als die erwünschten weißen Protestanten nordeuropäischer Herkunft. Im 20. Jahrhundert erließ der Kongress Gesetze, um die Einwanderung russischer Juden zu unterbinden. Diese gelten erst seit wenigen Jahrzehnten als „weiß".

Heute kämpfen die Hispanics darum, als Weiße anerkannt zu werden. Bisher werden sie in der Statistik als eigene ethnische Gruppe geführt. Einwanderer aus Süd- und Mittelamerika finden allerdings nicht, dass sie eine gemeinsame ethnische Identität haben. Denn ihre Vorfahren stammen aus vielen verschiedenen Ländern, genauso wie die der Nordamerikaner. Weil sich zu viele Einwanderer auf den Fragebögen nicht wiederfanden, haben die Statistiker inzwischen die Kategorie „White Hispanic" (Weißer hispanischer Herkunft) geschaffen.

Mexikaner indianischer Herkunft wiederum fühlen sich sowieso nicht als Einwanderer. Immerhin leben sie seit Zehntausenden von Jahren im Land, während die derzeitige Grenze nur gut hundert Jahre alt ist.

Mary Cantu, turning trash into treasures

Tarea 2
→ p. 233

Mary Elizabeth Cantu doesn't believe in throwing anything away, and because of this she's probably helped create a small tribe of future Picasso's, Monet's, Kahlo's and Rivera's. Her voluntary efforts to give art teachers in San Antonio, Texas, schools, the raw materials they need has made her a rock star with grateful teachers, their excited art students and a thrilled number of parents.

After receiving her master's degree in art education from the University Texas at Austin, Cantu moved back to her hometown of San Antonio to teach. But within a couple of years, she lost her job after the Texas education budget was slashed significantly.

She says she decided to do what she loved – support the arts and local schools, even if she had to do it on a volunteer basis. So, in 2010, she launched the non-profit arts organization called Spare PARTS.

"It works like this: I dedicate my time all year (Cantu holds a part-time job as a college art history professor), making connections with various organizations. These companies donate free supplies. This is stuff they would otherwise dump," Cantu said. "But many of these things can absolutely be used for art projects."

Cantu and volunteers then distribute the goods to needy schools in August before the school year begins. There is never a short supply of phone calls from schools.

"The supplies are completely free of charge to any school or teacher who requests them and I don't turn anyone away – even private schools. But we do try to give first to the schools most in need," Cantu said.

As a former public school student herself, and the daughter of a Mexican American father, she says she feels honored to help kids who came from where she came from. About 90 percent of the kids she helps are minority and underprivileged. It's the reason, she says, she came back to San Antonio from Mount Holyoke College in Boston after under-grad – she wanted to give back.

"The reality is we should all be working toward reusing," Cantu says. "It's an honor for me to give in this way. It's my gift to the city of San Antonio."

Don Quijote

Acercarse al tema

La obra maestra de Cervantes, Don Quijote, se sitúa en La Mancha. Describe la foto de esta región y expresa espontáneamente qué asocias con este paisaje.

El texto

Textos narrativos → p. 249

1 Resume los acontecimientos principales del texto.
2a Caracteriza a don Quijote y a Sancho Panza enfocándote en la manera de percibir e interpretar la realidad de cada uno.
2b Describe la relación entre don Quijote y Sancho Panza. Justifica con citas del texto.
3 En los libros de caballería (s. XVI) se relatan las aventuras de los caballeros andantes. En el Quijote, Cervantes parodiza la idealización de este género. Busca ejemplos en el texto que relativicen el ideal caballerezco.
4 Comenta si (no) te parece heroico el comportamiento de don Quijote y justifica tu respuesta.

La aventura de los molinos de viento

La novela de Cervantes trata de don Alonso Quijano, quien enloquece luego de leer numerosos libros de caballería. Llega a creer que él mismo es un caballero andante y que se llama don Quijote. Motivado por su sed de aventura y justicia para los oprimidos, decide abandonar La Mancha acompañado de un viejo caballo, Rocinante. En el camino conoce a una mujer a la que llama Dulcinea y de la que se enamora perdidamente. Además, se encuentra con Sancho Panza a quien convence de que lo acompañe en sus aventuras como su escudero.

En esto descubrieron treinta o cuarenta molinos de viento que hay en aquel campo, y, así como don Quijote los vio, dijo a su escudero:

-La ventura va guiando nuestras cosas mejor de lo que acertáramos a desear; porque ves allí, amigo Sancho Panza, donde se descubren treinta, o pocos más, desaforados gigantes, con quienes pienso hacer batalla, y quitarles a todos las vidas, con cuyos despojos comenzaremos a enriquecernos: que ésta es buena guerra, y es gran servicio de Dios quitar tan mala simiente de sobre la faz de la tierra.

-¿Qué gigantes? -dijo Sancho Panza.

-Aquellos que allí ves -respondió su amo- de los brazos largos, que los suelen tener algunos de casi dos leguas.

-Mire vuestra merced -respondió Sancho- que aquellos que allí aparecen no son gigantes, sino molinos de viento, y lo que en ellos parecen brazos son las aspas, que, volteadas por el viento, hacen andar la piedra del molino.

-Bien parece -respondió don Quijote- que no estás cursado en esto de las aventuras: ellos son gigantes; y si tienes miedo, quítate de ahí, y ponte en oración en el espacio que yo voy a entrar con ellos en fiera y desigual batalla.

Y diciendo esto, dio de espuelas a su caballo Rocinante, sin atender a las voces que su escudero Sancho le daba, advirtiéndole que, sin duda alguna, eran molinos de viento, y no gigantes, aquellos que iba a acometer. Pero él iba tan puesto en que eran gigantes, que ni oía las voces de su escudero Sancho, ni echaba de ver, aunque estaba ya bien cerca, lo que eran; antes iba diciendo en voces altas:

-Non fuyades, cobardes y viles criaturas, que un solo caballero es el que os acomete.

Levantóse en esto un poco de viento, y las grandes aspas comenzaron a moverse, lo cual visto por don Quijote, dijo:

-Pues aunque mováis más brazos que los del gigante Briareo me lo habéis de pagar.

Y diciendo esto, y encomendándose de todo corazón a su señora Dulcinea, pidiéndole que en tal trance le socorriese, bien cubierto por su rodela, con la lanza en ristre, arremetió a todo el galope de Rocinante y embistió al primer molino que estaba delante; y, dándole una lanzada en el aspa, la volvió el viento con tanta furia que hizo la lanza pedazos, llevándose tras de sí al caballo y al caballero, que fue rodando muy maltrecho por el campo. Acudió Sancho Panza a socorrerle a todo el correr de su asno, y cuando llegó, halló que no se podía menear: tal fue el golpe que dio con él Rocinante.

-¡Válame Dios! -dijo Sancho-. ¿No le dije yo a vuestra merced que mirase bien lo que hacía, que no eran sino molinos de viento, y no los podía ignorar sino quien llevase otros tales en la cabeza?

-Calla, amigo Sancho -respondió don Quijote-; que las cosas de la guerra, más que otras, están sujetas a continua mudanza, cuanto más, que yo pienso, y es así verdad, que aquel sabio Frestón que me robó el aposento y los libros, ha vuelto estos gigantes en molinos por quitarme la gloria de su vencimiento: tal es la enemistad que me tiene; mas al cabo al cabo, han de poder poco sus malas artes contra la bondad de mi espada.

Miguel de Cervantes Saavedra:
El ingenioso hidalgo don Quijote de la Mancha

7 **el/la escudero/-a** Knappe 11 **la ventura** la suerte 14 **desaforado/-a** *aquí* descontrolado/-a, violento/-a 14 **hacer batalla con alg.** luchar contra alg. 15 **el despojo** Überreste 18 **la simiente** *hier* Brut 18 **la faz de la tierra** Angesicht der Erde 22 **la legua** Meile 23 **vuestra merced** gnädiger Herr 26 **el aspa** Windmühlenflügel 28 **estar cursado/-a en a/c** estar acostumbrado/-a a a/c 30 **ponerse en oración** rezar 31 **en el espacio que** mientras 33 **la espuela** Spore 35 **advertir a/c** vor etw. warnen 37 **acometer a alg.** atacar a alg. 37 **ir tan puesto/-a** ir tan convencido/-a 41 **non fuyades** no huyáis 41 **cobarde** feige 41 **vil** malvado/-a 47 **Briareo** gigante de cien brazos en la mitología griega 48 **encomendarse a alg.** sich jdm. anvertrauen 49 **que en tal trance le socorriese** que lo ayudara en este momento peligroso 50 **la rodela** Rundschild 51 **en ristre** in Kampfbereitschaft 51 **arremeter a todo el galope** im vollen Galopp losstürmen 52 **embestir a/c** *aquí* atacar a/c 53 **la lanzada** Lanzenstich 54 **hacer pedazos a/c** destruir a/c 56 **rodar** rollen 56 **maltrecho/-a** übel zugerichtet 57 **el asno** el burro 58 **menearse** *aquí* moverse 60 **¡Válame Dios!** Um Gottes Willen! 71 **estar sujeto/-a a continua mudanza** *aquí* cambiar continuamente 76 **Frestón** mago por quien don Quijote se siente perseguido 77 **el aposento** la habitación donde se duerme 83 **al cabo al cabo** al final 85 **la espada** Schwert

Info: Miguel de Cervantes Saavedra

Miguel de Cervantes fue escritor y soldado. Después de sus estudios humanistas en Madrid, se trasladó a Roma en 1569 para escapar de la justicia española. Allí trabajó al servicio de un cardenal. En el mismo año, se sumó a una unidad de la Marina Española en Nápoles y participó, en 1571, en la batalla de Lepanto luchando contra los turcos. Recibió tres heridas de bala; una, en la mano izquierda de la que perdió el uso. Como escritor se destacó como poeta, dramaturgo y novelista, género al que pertenece su obra maestra, «El ingenioso hidalgo Don Quijote de la Mancha» (1605).

Miguel de Cervantes Saavedra (29/9/1547–23/4/1616)

Fuente Ovejuna

Acercarse al tema

En la historia y en la actualidad hay ejemplos de pueblos que protestan y se levantan contra sus políticos porque éstos abusan del poder. ¿Qué pasó en Alemania en 1989?¿Qué ha pasado en 2013/2014 en Ucrania? Comenta con un/-a compañero/-a uno de estos u otro ejemplo.

El texto

Textos dramáticos → p. 252

1 Describe las acciones de los súbditos y nombra los valores / las instituciones a los que se refiere la gente.
2 Describe y explica la reacción del Comendador.
3 Analiza cómo cambia quiénes son los que tienen el poder en la escena.
4 El derecho a la rebelión contra la tiranía y la opresión existe desde la Antigüedad y, en la actualidad, también es reconocido implícitamente por la Declaración Universal de los Derechos Humanos. Comenta el hecho de que la resistencia frente al tirano haya llegado a justificar su muerte en aquella época.

El argumento de la obra de Lope de Vega «Fuenteovejuna» (1614) se basa en hechos reales ocurridos en Fuente Ovejuna, un pueblo de Córdoba en 1476. Fernán Gómez de Gúzman, el Comendador del pueblo, abusa de su poder que le ha sido encomendado por los Reyes Católicos. Cuando quiere aprovecharse de Laurencia, novia de Frondoso, éste le amenaza con un arma. Al ser detenidos Frondoso y Laurencia, los habitantes del pueblo se sublevan y matan al Comendador.
La escena muestra el momento antes de la sublevación del pueblo contra el tirano.

Juan: ¿Qué orden pensáis tener?
Mengo: Ir a matarle sin orden.
Juntad el pueblo a una voz,
que todos están conformes
en que los tiranos mueran.
Esteban: Tomad espadas, lanzones,
ballestas, chuzos y palos.
Mengo: ¡Los reyes nuestros señores
vivan!
Todos: ¡Vivan muchos años!
Mengo: ¡Mueran tiranos traidores!
Todos: ¡Tiranos traidores, mueran!

Vanse todos.

Laurencia: Caminad, que el cielo os oye.
¡Ah, mujeres de la villa!
¡Acudid, porque se cobre
vuestro honor, acudid, todas!

Salen Pascuala, Jacinta y otras mujeres.

Pascuala: ¿Qué es esto? ¿De qué das voces?
Laurencia: ¿No veis cómo todos van
a matar a Fernán Gómez,
y hombres, mozos y muchachos,
furiosos, al hecho corren?
¿Será bien que solos ellos
de esta hazaña el honor gocen,
pues no son de las mujeres
sus agravios los menores?
Jacinta: Di, pues, ¿qué es lo que pretendes?
Laurencia: Que puestas todas en orden,
acometamos a un hecho
que dé espanto a todo el orbe.
Jacinta, tu grande agravio
que sea cabo; responde
de una escuadra de mujeres.
Jacinta: No son los tuyos menores.
Laurencia: Pascuala, alférez serás.
Pascuala: Pues déjame que enarbole
en un asta la bandera:
verás si merezco el nombre.
Laurencia: No hay espacio para eso,
pues la dicha nos socorre:
bien nos basta que llevemos
nuestras tocas por pendones.
Pascuala: Nombremos un capitán.

Laurencia: Eso no.
Pascuala: ¿Por qué?
Laurencia: Que adonde
asiste mi gran valor,
no hay cides ni rodamontes.

Vanse.
Sale Frondoso, atadas las manos;
Flores, Ortuño, Cimbranos y el Comendador

Comendador: De ese cordel que de las manos sobra
quiero que le colguéis, por mayor pena.
Frondoso: ¡Qué nombre, gran señor, tu sangre cobra!
Comendador: Colgadle luego en la primera almena.
Frondoso: Nunca fue mi intención poner por obra
tu muerte entonces.
Flores: Grande ruido suena.

Ruido suene.

Comendador: ¿Ruido?
Flores: Y de manera que interrompen
tu justicia, señor.
Ortuño: Las puertas rompen.

Ruido.

Comendador: ¡La puerta de mi casa, y siendo casa
de la encomienda!
Flores: El pueblo junto viene.
Juan: *Dentro.*
¡Rompe, derriba, hunde, quema, abrasa!
Ortuño: Un popular motín mal se detiene.
Comendador: ¿El pueblo contra mí?
Flores: La furia pasa
tan adelante, que las puertas tiene
echadas por la tierra.
Comendador: Desatalde.
Templa, Frondoso, ese villano alcalde.
Frondoso: Yo voy, señor; que amor les ha movido.

Vase.

Mengo: *Dentro.*
¡Vivan Fernando e Isabel, y mueran
los traidores!
Flores: Señor, por Dios te pido
que no te hallen aquí. ►

Representación de la obra «Fuente Ovejuna» en el Teatro Español, Madrid (1935)

Comendador: Si perseveran,
este aposento es fuerte y defendido.
Ellos se volverán.
Flores: Cuando se alteran
los pueblos agraviados, y resuelven,
nunca sin sangre o sin venganza vuelven.
Comendador: En esta puerta, así como rastrillo,
su furor con las armas defendamos.
Frondoso: *Dentro.*
¡Viva Fuente Ovejuna!
Comendador: ¡Qué caudillo!
Estoy porque a su furia acometamos.
Flores: De la tuya, señor, me maravillo.
Esteban: Ya el tirano y los cómplices miramos.
¡Fuente Ovejuna, y los tiranos mueran!

Salen todos.

Comendador: ¡Pueblo, esperad!
Todos: ¡Agravios nunca esperan!
Comendador: Decídmelos a mí, que iré pagando
a fe de caballero esos errores.
Todos: ¡Fuente Ovejuna! ¡Viva el rey Fernando!
¡Mueran malos cristianos y traidores!
Comendador: ¿No me queréis oír? Yo estoy hablando,
yo soy vuestro señor.
Todos: ¡Nuestros señores
son los Reyes Católicos!
Comendador: Espera.
Todos: ¡Fuente Ovejuna, y Fernán Gómez, muera!

Vanse, y salen las mujeres armadas.

Laurencia: Parad en este puesto de esperanzas,
soldados atrevidos, no mujeres.
Pascuala: ¡Lo que mujeres son en las venganzas!
¡En él beban su sangre! ¿Es bien que esperes?
Jacinta: Su cuerpo recojamos en las lanzas.
Pascuala: Todas son de esos mismos pareceres.
Esteban: *Dentro.* ¡Muere, traidor Comendador!
Comendador: Ya muero.
¡Piedad, Señor, que en tu clemencia espero!

Félix Lope de Vega y Carpio: Fuente Ovejuna

12 **la espada** Schwert 12 **el lanzón** kurze, dicke Lanze 13 **la ballesta** Armbrust 13 **el chuzo** Spieß (Waffe) 17 **el/la traidor/a** Verräter/in 22 **acudir** ir 28 **el mozo** Knecht, Diener 31 **la hazaña** Heldentat 33 **el agravio** Beleidigung, Ehrverletzung 36 **acometer a a/c** etw. in Angriff nehmen 37 **el orbe** el mundo 40 **la escuadra** la tropa, el grupo 42 **el/la alférez** Fahnenträger/in 43 **enarbolar la bandera** Flagge hissen 44 **el asta** *hier* Fahnenmast 45 **merecer a/c** etw. verdienen 47 **la dicha** la suerte 47 **socorrer a alg.** jdm. beistehen, jdm. Hilfe leisten 49 **el pendón** la bandera militar que se usaba para distinguir los regimientos o batallones 55 **el cid** el hombre fuerte y valiente, alusión al Cid Ruy Díaz de Vivar, héroe épico castellano del siglo XI 55 **el rodamonte** héroe, alusión al personaje literario de Orlando Furioso de Ludovico Ariosto 59 **el cordel** Schnur 62 **la almena** Mauerzinne 68 **interrompir** interrumpir 76 **derribar** niederreißen, einschlagen 76 **hundir** versenken 76 **abrasar** verbrennen 77 **el motín** Aufstand, Meuterei 82 **desatar a alg.** jdm. losbinden 87 **Fernando e Isabel** los Reyes Católicos 90 **hallar a alg.** encontrar a alg. 91 **perseverar** durchhalten 92 **el aposento** Gemach 95 **agraviado/-a** beleidigt, *hier* in der Ehre verletzt 96 **la venganza** Rache 98 **el furor** la rabia, la bronca 98 **el arma** Waffe 128 **¡Piedad, Señor!** Gnade, Herr! 128 **la clemencia** Gnade, Milde

Info: Lope de Vega

Su nombre completo era Félix Lope de Vega y Carpio, y a lo largo de su vida se le conocieron facetas muy diversas: desde la de marino hasta la de escritor. Su obra abarca la mayoría de los géneros de su época: narrativo, lírico, épico y dramático. Los temas principales de sus obras son el honor, el amor, el patriotismo, la religión y la familia. Lope de Vega fallece en 1635 en su casa en Madrid que, en 1935, fue transformada en el museo «Casa Museo Lope de Vega» en su honor.

Lope de Vega (25/11/1562–27/8/1635)

Poemas

Acercarse al tema

Describe el ambiente, las asociaciones y emociones que evocan en ti las fotos de abajo.

El poema (Caminante)

Poemas → p. 253

1a Resume con tus palabras el mensaje del poema.
1b Indica a quién se dirige el yo lírico.
2 Explica qué simboliza «el camino» en este poema.
3 Comenta qué efecto ha producido el poema en ti.

Caminante

Caminante, son tus huellas
el camino y nada más;
Caminante, no hay camino,
se hace camino al andar.
Al andar se hace el camino,
y al volver la vista atrás
se ve la senda que nunca
se ha de volver a pisar.
Caminante no hay camino
sino estelas en la mar.

Antonio Machado: Extracto de Proverbios y Cantares (XXIX), 1913

2 **la huella** (Fuß-) Spur 8 **la senda** Pfad 9 **pisar a/c** etw. betreten 11 **la estela** Kielwasser

El poema (El mar también elige)

Poemas → p. 253

1 Identifica la estructura del poema.
2 Explica cuál es el mensaje del poema para ti.
3 Escribe otra estrofa que puedas insertar en alguna parte del poema.

El mar también elige

El mar también elige
puertos donde reír
como los marineros.

El mar de los que son.

El mar también elige
puertos donde morir.
Como los marineros.

El mar de los que fueron.

Miguel Hernández: Cancionero y romancero de ausencias, 1938–1941

4 **el/la marinero/-a** Seefahrer/in

España

Océano Atlántico
Portugal
Marruecos
Francia
Mar Cantábrico
Mar Mediterráneo
Golfo de Cádiz
Costa de la Luz
Estrecho de Gibraltar
Costa del Sol
Costa Blanca
Golfo de Valencia
Costa Brava
Galicia
Asturias
Cantabria
País Vasco
Navarra
La Rioja
Castilla - León
Madrid
Castilla - La Mancha
Extremadura
Andalucía
Murcia
Comunidad Valenciana
Aragón
Cataluña
Baleares
Pontevedra
Santiago de Compostela
Lugo
Orense
Oviedo
León
Santander
Bilbao
San Sebastián
Vitoria
Pamplona
Logroño
Burgos
Palencia
Valladolid
Zamora
Salamanca
Ávila
Segovia
Soria
Madrid
Toledo
Aranjuez
Guadalajara
Cuenca
Ciudad Real
Albacete
Cáceres
Mérida
Badajoz
Huelva
Sevilla
Cádiz
Córdoba
Jaén
Granada
Málaga
Motril
Almería
Murcia
Alicante
Valencia
Castellón de la Plana
Cabo de la Nau
Teruel
Zaragoza
Huesca
Lérida
Tarragona
Barcelona
Gerona
Andorra La Vella
Gibraltar (G.B.)
Ceuta (Esp.)
Melilla (Esp.)
Alborán (Esp.)
Duero
Tajo
Guadiana
Guadalquivir
Ebro
Ibiza
Formentera
Mallorca
Menorca
Palma
La Palma
La Gomera
El Hierro
Tenerife
Santa Cruz de Tenerife
Las Palmas de Gran Canaria
Gran Canaria
Fuerteventura
Lanzarote

América Latina
Canadá
Estados Unidos
San Diego
Nueva York
Nueva Orleans
Miami
Golfo de México
México
Ciudad de México
La Habana
Cuba
Grandes Antillas
República Dominicana
San Juan
Puerto Rico
Haití
Kingston
Jamaica
Puerto Príncipe
Santo Domingo
Pequeñas Antillas
Océano Atlántico
Belmopan
Belice
Honduras
Guatemala
Ciudad de Guatemala
Tegucigalpa
Nicaragua
San Salvador
El Salvador
Managua
Mar Caribe
Canal de Panamá
San José
Costa Rica
Ciudad de Panamá
Panamá
Caracas
Venezuela
Los Llanos
Orinoco
Guyana
Surinam
Guayana Francesca
Georgetown
Paramaribo
Cayena
Macizo de la Guayana
Medellín
Bogotá
Colombia
Ecuador
Quito
Islas Galápagos
Manaos
Amazonas
Selvas
Océano Pacífico
Perú
Brasil
Lima
Machu Picchu
Cuzco
Mato Grosso
Brasilia
Meseta Brasileña
Cordillera de los Andes
La Paz
Bolivia
Sucre
Paraguay
Antofagasta
Asunción
Río de Janeiro
São Paulo
Chile
Gran Chaco
Paraná
Pampa
Uruguay
Montevideo
Santiago de Chile
Buenos Aires
Río de la Plata
Argentina
Patagonia
Islas Malvinas (G.B.)
0 500 1000 1500 2000 km
México D. F.
Villa Nicolás Romero
Cuautitlán
Teotihuacán
Hidalgo
Tlaxcala
Texcoco
Ciudad de México 2238
México
Coyoacán
Ayotla
Xochimilco
Distrito Federal
Puebla
Amecameca
Popocatépetl 5465
Morelos
0 10 20 30 km
México
Mexicali
Tijuana
Estados Unidos
Ciudad Juárez
Baja California
Hermosillo
Río Bravo del Norte
Golfo de California
Chihuahua
Sierra Madre Occidental
Sierra Madre Oriental
Culiacán
Torreón
Monterrey
Matamoros
Golfo de México
Mazatlán
San Luis Potosí
Tampico
Aguascalientes
Guadalajara
León
Ciudad de México
Mérida
Chichén-Itzá
Bahía de Campeche
Morelia
Puebla
Veracruz
Yucatán
Océano Pacífico
Villahermosa
Oaxaca
Palenque
Acapulco
San Cristóbal
Belice
Chiapas
Guatemala
El Salvador
0 250 500 750 km

Fotos

A. COSTA RIFA/EL PERIÓDICO DE CATALUNYA: 210 links, rechts • Abuelas de Plaza de Mayo: 190 oben • Actionpress/ZUMA PRESS, INC.: 156, 161 unten Mitte, 150, 161 Mitte links • akg: 264 oben, akg/Oronoz/Album: 137 unten, akg/Prisma/Album: 264 unten, akg/De Agostini Pict.Lib.: 155, akg-images: 265 oben, akg-images: 265 unten, akg-images: 140, akg-images/IAM: 74 links, akg-images/Philippe Joudiou: 169 • Alamy: 90, Alamy Images: 32 oben, Alamy Images: 86, Alamy Images/Jeff Greenberg: 213 rechts, Alamy/Aflo Co. Ltd: 44, Alamy/Zuma Press Inc.: 144 • Blanca Ordóñez de Tena, Alba González de Molina Soler, Juan Manuel Montalbán: 26 Mitte, unten • bpk/Ethnologisches Museum, SMB/Waltraut Schneider-Schütz: 135 oben, 161 links 2. von oben • ClipDealer: 37 • Corbis: 139, Corbis GmbH/Reuters/Andrea Comas: 207 unten links, Corbis/Arcaid/Alan Weintraub: 100, Corbis/Bettmann: 107, 136, 141 oben, Corbis/David Howells: 222, Corbis/David Turnley: 206 oben links, Corbis/Demotix/Javier Martínez de la Puente Az: 60, Corbis/Demotix/Pau Barrena: 56, Corbis/George Steinmetz: 124, Corbis/Keith Dannemiller: 143, 161 oben Mitte, 206 unten links, Corbis/National Geographic Society/Tino Soriano: 59, 38 rechts, Corbis/Ocean: 142, 161 oben rechts, Corbis/Pablo Corral V: 108, Corbis/Reuters/Eloy Alonso: 162, Corbis/Reuters/Félix Ordóñez: 39 links, Corbis/Reuters/Juan Carlos Ulate: 129 oben, Corbis/Sygma/Bernard Bisson: 102, Corbis/ZUMA Press/Mark Malijan: 152, 161 oben links • Cornelsen/Nusser: 141 unten, 161 unten links, Cornelsen/Angelika Fritsche: 40, Cornelsen/Nusser: 138, Cornelsen/Rodríguez: 11 rechts Mitte, Cornelsen/Ute Gebel: 74 rechts • dpa Picture Alliance/picture-alliance: 276 • EL PAÍS/CARLES RIBAS: 55, EL PAÍS/Saúl Ruiz: 154, EL PAÍS/James Rajotte/S.L. 2011: 219 oben, unten • Estación de Televisón XEIPN Canal Once, 2010: 232 oben links, oben rechts, unten links, unten rechts • Flonline/Prisma: 116 rechts • Fotolia.com/Giuseppe Parisi: 187 • Fotolia/Ibfotomotor: 272 • Fundación Vía Verde de la Sierra: 78 • Getty Images: 32 unten links, Getty Images/Gamma-Keystone: 178, 188, Getty Images/Kevin Schafer: 231 unten links • GlowImages.com/Corbis/Reed Kaestner: 206 unten rechts, GlowImages/Visions of America, LLC: 206 oben rechts • HEARST magazines, España: 28, 29 • imago/GranAngular: 25 • Instituto de Conservación de Ballenas: 104 Mitte links, Mitte Mitte, Mitte rechts, unten links 1. von oben, unten links 2. von oben, unten rechts 1. von oben, unten rechts Mitte, 105 oben links, oben rechts, unten links, unten rechts • INTERFOTO/PHOTOAISA: 275 • iStockfoto/NNehring: 117 • iStockphoto RF/Nancy Nehring: 207 unten rechts, iStockphoto RF/vallefrías: 80, iStockphoto/Adrián Assalve: 91 oben, iStockphoto/annedde: 184, iStockphoto/apomares: 228, iStockphoto/bjones27: 39 unten rechts, iStockphoto/brightstorm: 81, iStockphoto/duncan1890: 129 unten, iStockphoto/dynasoar: 57 unten, iStockphoto/gawrav: 211 rechts, iStockphoto/harrastaja: 89, iStockphoto/hidesy: 10, iStockphoto/Bushuev: 11 oben links, iStockphoto/Illureh: 237, iStockphoto/Ingenui: 57 oben, iStockphoto/José Ignacio Soto: 58 rechts, iStockphoto/Kristina Afanasyeva: 18, iStockphoto/malerapaso: 170, iStockphoto/MissHibiscus: 213 links, iStockphoto/Pablito Tayson: 91 unten, iStockphoto/pedrosala: 70, iStockphoto/Rinelle: 11 oben rechts, iStockphoto/ruffraido: 211 links, iStockphoto/Spanic: 114, iStockphoto/ultraforma: 257, iStockphoto/Windzepher: 137 oben • Juan Carlos Méndez Guédez: 216 • Juan de Dios Ramírez Heredia: 85 • laif/Christian Heeb: 116 links Mitte • Las 13 rosas, 2007: 171 unten rechts, unten links, oben rechts, oben links, 172, 173 oben, Mitte, unten, oben, unten • Latinoamérica, Calle 13: 98 oben links, oben rechts, Mitte links, Mitte rechts, unten links, unten rechts, 99 links oben, links Mitte, links unten, rechts unten • Maria Virginia Cheli/Pachamama: 125 • mauritius images/ib/White Star/Monica Gumm: 38 links, mauritius images/John Warburton-Lee: 145, 146 Mitte rechts, 161 Mitte rechts, mauritius images/Pixtal: 62, mauritius images/Tetra Images: 39 oben rechts, mauritius images/Danita, Delimont: 130, mauritius images/John Warburton-Lee: 131 rechts, mauritius images/Robert Harding: 131 links • Ministerio de Educación, Oficina Anticorrupción: 123 links, rechts • Nicomedes Santa Cruz: 119 • No Apto Para Adultos, TV Cultura: 110 links, rechts, 111 • pa picture alliance/dpa: 206 unten Mitte, pa picture alliance/EPA/VALDRIN XHEMAJ: 207 rechts • Paula Sansone/Abuelas de Plaza de Mayo: 190 unten, 194 oben • Photoaisa: 166 links, 167, Photoaisa, Succession Picasso/VG BILD-KUNST, Bonn 2013: 16, Photoaisa/Iberfoto: 58 links • picture alliance: 112, picture alliance/dpa: 109, 104 unten rechts unten, picture alliance/dpa/picture-alliance: 163 unten, picture alliance/DUMONT Bildarchiv: 205 • Plataforma del Voluntariado de España, 2013: 31 links, Mitte, rechts • Real Fiction Filmverleih: 20 rechts, links • RES/Archivo Parque de la Memoria: 163 oben • REUTERS/Eliseo Fernández: 201, 195, REUTERS/Eloy Alons: 61, REUTERS/Gustau Nacarino: 53 oben • RTVE: 217 links, rechts • Samuel Sánchez/EL PAÍS S.L. 2012: 24 • Shutterstock.com/Massimiliano Pieraccini: 64 • Shutterstock.com/to_mua_to: 157, Shutterstock/Amanda Nicholls: 134, Shutterstock/Andre Helbig: 68 unten Mitte, Shutterstock/Andresr: 67, 207 links, Shutterstock/Arena Photo UK: 69 links, Shutterstock/Eric Crama: 11 links unten, Shutterstock/kstudija: 148, 161 unten rechts, Shutterstock/Marques: 92 links, Shutterstock/Matt Trommer: 69 unten rechts, Shutterstock/oliveromg: 180, Shutterstock/ollirg: 277 • Shutterstock/puchan: 277 • Shutterstock/Quintanilla: 97, Shutterstock/Rido: 11 unten rechts, Shutterstock/Rodrigo Riestra: 92 rechts, Shutterstock/S.Borisov: 68 unten links, Shutterstock/spirit of america: 225 unten, Shutterstock/Stewie74: 76, Shutterstock/Svetlana Privezentseva: 32 unten rechts, Shutterstock/Taras Vyshnya: 116 oben, Hintergrund, Shutterstock/tony4urban: 84, Shutterstock/soft light: 135 unten • Successió Miró/VG Bild-Kunst, Bonn 2013: 177 rechts oben, 177 links unten, 177 rechts unten • SZ Photo/Rue des Archives/PVDE/Süddeutsche Zeitung Photo: 273 • SZ Photo/Rue des Archives/Tallandier/Süddeutsche Zeitung Photo: 273 • Turismo andaluz: 68 Hintergrund, 69 oben, 69 unten Mitte • Ullsteinbild: 166 rechts • Veer/disorderly: 247 • VG Bild-Kunst, Bonn 2013: 155, Banco de México Diego Rivera Frida Kahlo Museums Trust/VG Bild-Kunst, Bonn 2013: 140 • www.jovenesfentealcambioclimatico.com, IES PUERTA BONITA: 82 unten rechts, unten links, oben rechts, oben links.

Text

Academia Mexicana de Historia, Gisela von Wobeser, Historia de México: 138, 139 • Arturo Pérez-Reverte, La Reina del Sur, 2002: 146, 147 • Antonio Skármeta: Los días del arcoíris, Editorial Planeta Chilena, Santiago de Chile 2011: 198 • 199, Asociación Karibu, 2012: 213 • BBC Mundo, Alberto Nájar, 13/9/2010: 152, 153, BBC Mundo.com, Tim Rogers: 102, 103, BBC Mundo, Ana Lucía González: 228, 229 • BBC Mundo, Juanjo Robledo, 4.2.2011: 180, 181 • Bernardo E. Navia, 2006: 200, 201 • Brizz Productions: 224 • Carlo Fabretti, Ediciones SM, 2011: 62, 63 • Carlos Fonseca: Trece rosas rojas, Ediciones Temas de hoy, Madrid: 172–174 • Carlos Fuentes: LA FRONTERA DE CRISTAL © Herederos de Carlos Fuentes, 2013: 150, 151 • Carlos Puerto, Ediciones SM 1997, pp. 56 • 57: 212 • Carolina Téllez, 2009: 80, 81 • Discurso del Presidente de la República de Bolivia, Evo Morales Ayma, ante la Asamblea General de las Naciones Unidas, 19/9/2006: 124, 125 • Ediciones Urano, Un día en Barcelona, Daniel Brühl, Indicios: 44, 45 • El Cruce, Blues al desaparecido, Oveja Negra, 2011: 195 • El Economista, 31.5.2012: 76, 77 • El Horizontal, Gabriela Casas, 5.3.2012: 142, 143 • El Mundo: 39 links, El Mundo, Marta Gómez Rodulfo: 112, 113 • El Mundo, Nazaret Castro, 22.10.2012: 190, 191 • EL PAÍS, 6.11.12 Mercè Vilarrubias: 50, 51, EL PAÍS, María Antonia Sánchez-Vallejo, 8.11.2008: 214, 215 • EL PAÍS, 11.3.2012, Carmen Pérez-Lanzac: 24, 25, EL PAÍS, 11/12/2011, Lola Huete Machado, Virginia Collera: 218, 219, EL PAÍS, 14.1.13, Virginia Luque: 39 rechts, EL PAÍS, 17.5.2012: 225 Mitte, EL PAÍS, 25.1.2012, Pablo Linde: 46, 47, EL PAÍS, 3.5.2010: 221, 222, EL PAÍS, 31.5.2007: 78, 79, EL PAÍS, Jesús Ruiz Mantilla, 24.11.2011: 108, 109, EL PAÍS, Paula Chouza 13.3.2013: 154, 155, EL PAÍS/Jessica Mouzo Quintáns: 54, 55, EL PAÍS/Patricia Ortega Dolz/Joan M. Oleaque: 86, 87 • El Tiempo, Víctor Diusabá Rojas, 10.6.2013: 60, 61 • Elsa Osorio: "La Capitana", 2012, Ediciones Siruela: 18, 19, Callejón con salida, Ediciones Siruela, Madrid: 186, 187 • EUROPA PRESS: 38 oben • F. García Lorca: Canción del jinete, en Canciones (1921-1924): 91 rechts, La guitarra, en Poema del cante jondo (1921): 91 unten, Paisaje, en Poema del cante jondo (1921): 91 oben, La casa de Bernarda Alba, Ediciones Cátedra, Madrid 1989: 92, 93 • Fox News Latino, Rebekah Sage: 272 • Fundación Mario Benedetti, c/o Guillermo Schavelzon & Asociados, Agencia Literaria: 32, 33 • Gina Valdés: 231 • Gioconda Belli, Plaza & Janés, Barcelona 2001: 106, 107 • HEARST magazines España: 28, 29 • Ildefonso Falcones, La mano de Fátima, 2009: 74, 75 • Instituto de Conservación de Ballenas: 104, 105 • Isabel Allende: Mi país inventado, Random House Mondadori, Barcelona 2003: 196, 197 • Jordi Sierra i Fabra, IMC, Agencia Literaria: 48, 49 • José Luis Corral, Muy Historia, N° 13, 2012: 72, 73 • José Luis de Vilallonga, El Rey. Conversaciones con Don Juan Carlos I de España © Salvat Editores, Barcelona 1995: 178, 179 • Juan de Dios Ramírez Heredia/Presidente de Unión Romani: 84 • LA VANGUARDIA, Un sistema educativo a dos velocidades: 22, 23 • Laura Alcoba: La casa de los Conejos, Edhasa, Buenos Aires 2008: 184, 185 • Laura Esquivel, Malinche, Santillana, Madrid, 2007: 136, 137 • Lila Downs: Semilla de piedra EMI, 2000/VG Musikedition: 156 • Los Tiempos, 8.11.2012: 225 • Lucía Etxebarria: Cosmofobia © Ediciones Destino, Barcelona 2007: 16, 17 • Luis Benvenuty, en La Vanguardia, 10.2.2013: 56, 57 • Mario Bencastro: Odisea del norte: 227 • Mario Vargas Llosa: El hablador, 1987: 114, 115 • Melissa Novoa, en El Martes Financiero, 6.11.2007: 116, 117 • Mercedes Neuschäfer Carlón: La primavera no reía © Ediciones Madú, Granada-Siero 2005: 168, 169 • Mikel López Iturriaga, blogs.elpais.com, 7.5.2013: 120, 121 • Nicomedes Santa Cruz: 118 • Niña Pastori: 89 • Odalys Buscarón, en Caribe, N° 44: 134, 135 • P. Pratdesaba/El Periódico de Catalunya: 210, 211 • Pablo Neruda: España en el corazón © Ediciones Ercilla, Santiago de Chile 193: 167 • Patricia Valladares-Ruiz: 216, 217 • Planeta, Barcelona, Ángeles Caso, Un largo silencio 2009: 176, 177 • Plataforma del Voluntariado de España, 2013: 31 • Rafael Espino Navarro, blogs.publico.es, 22.1.2013 • R. Perez/E. Cabra/R. Arcaute © 2010 by Warner Tamerlane Publ. Corp/Residente Music Publ./WB Music Corp/Visitante Music Publ. Latinoamérica, mit freundlicher Genehmigung von Neue Welt Musikverlag GmbH & Co. KG: 99 • Raúl Ricardo Alfonsín: 188, 189 • Reventós/EL PAÍS, 27.4.2012: 39 oben • Roberto Cubero/El Panorama, 14.10.2012: 58, 59 • Ruth Pérez López: 144, 145 • Sabática, 2013: 129 • SPIEGEL ONLINE, 24.2.2012, David Böcking: 267 oben, SPIEGEL ONLINE, Shelina Islam, 22.5.2007: 268, 269 • Süddeutsche Zeitung, 12.3.2013: 270, Süddeutsche Zeitung, Silvia Liebrich, 13.10.2011: 269, 270 • Verónica Díaz Favela, Magis, Universidad Jesuita de Guadalajara: 148, 149 • Warner Chappell Music Spain S.A., Neue Welt Musikverlag GmbH, Hamburg: 14, 15 • WELT, Volker Mehnert, 4.2.2012: 267, 268 • Wirtschaftswoche, 9.6.2012: 271 • www.informador.com.mx, 15.6.2012: 225 unten • ZEIT ONLINE, Eva C. Schweitzer, 18.5.2012: 271, 272, ZEIT ONLINE, Michael Schmidt, 2.4.2009: 270, 271

Grafik

Abuelas de Plaza de Mayo: 192, 193, 164 rechts, 194 links, rechts • Amnistía Internacional España: 183 • Andrés Rábago (El Roto) 2009: 220, Futuro sin jóvenes, jóvenes sin futuro, 2011: 26 links • Armando Caicedo: 225 • Centro de Investigaciones Sociológicas, 2007: 52 • Collection Christophel: 199 • Fabula/DR: 198 • Ediciones de la Flor: Liniers: El Macanudo universal, 2009: 15 • Eneko, 2008: 119, 179, 12 • Europäische Union, 2005: 42, 43, 47 • Faro, 2012: 53 • Fundación Secretariado Gitano/Montse Motos Jiménez: 88 • Fundación Vía Verde de la Sierra: 78 oben • Generalitat de Catalunya, Encomana el català. Participa-hi!: 51 • Instituto Nacional de la Juventud, Chile, 2013: 27 oben • Juventud sin futuro, 2011: 26 rechts • Oficina de Seguridad del Internauta (OSI) www.osi.es, perteneciente al Instituto Nacional de Tecnologías de la Comunicación (INTECO) www.inteco.es: 21 • Mario Bencastro: Odisea del norte © Arte Público Press, Houston: 226 • Memoria Histórica, Gobierno de España: 164 links • Mundo Nuevo Entertainment, LLC: 223 • Organización de las Naciones Unidas (2012), Oficina de las Naciones Unidas contra la Droga y el Delito: 123 links, rechts • Pilar Primo de Rivera: Guía de la buena esposa © Sección Femenina, 1953: 175 • Plataforma del Voluntariado de España, 2013: 30 • ullstein bild/Keith: 266 alle Logos, www.comerciojusto.org: 121